Weltorganisationen

Martin Koch
(Hrsg.)

Weltorganisationen

 Springer VS

Herausgeber
Martin Koch
Fakultät für Soziologie
Universität Bielefeld
Bielefeld
Deutschland

ISBN 978-3-531-18190-5   ISBN 978-3-531-18977-2 (eBook)
DOI 10.1007/978-3-531-18977-2

Die Deutsche Nationalbibliothek verzeichnet diese Publikation in der Deutschen Nationalbi-
bliografie; detaillierte bibliografische Daten sind im Internet über http://dnb.d-nb.de abrufbar.

Springer VS
© VS Verlag für Sozialwissenschaften | Springer Fachmedien Wiesbaden 2012

Gedruckt auf säurefreiem und chlorfrei gebleichtem Papier

Springer VS ist eine Marke von Springer DE. Springer DE ist Teil der Fachverlagsgruppe
Springer Science+Business Media.
www.springer-vs.de

Danksagung

Zum Gelingen dieses Bandes haben viele Kolleginnen und Kollegen beigetragen. Zunächst gilt mein Dank den in diesem Band versammelten Autorinnen und Autoren. Ohne ihre interessanten Beiträge, die unterschiedliche Facetten von *Weltorganisationen* sowohl in theoretisch-konzeptioneller wie in empirischer Hinsicht thematisieren, wäre dieser Band nicht entstanden. Diese Beiträge sind erstmals auf einem Workshop zum Thema „Weltorganisationen", der im November 2010 in Bielefeld stattgefunden hat, vorgestellt und diskutiert worden. Für die finanzielle und administrative Unterstützung des Workshops danke ich dem Institut für Weltgesellschaft. In diesem Zusammenhang möchte ich auch Bettina Mahlert und Rainald Manthe danken, die mich bei der Durchführung des Workshops unterstützt haben. Schließlich gilt mein besonderer Dank Katja Freistein und Jochen Walter, deren konstruktive Kommentare mir eine große Hilfe waren.

Bielefeld im März 2012   Martin Koch

Inhaltsverzeichnis

Angaben zu den Autoren

Göran Ahrne ist emeritierter Professor für Soziologie am Department für Soziologie der Universität Stockholm. Er ist Mitglied des *Stockholm Centre for Organizational Research* (SCORE) und hat zahlreiche Bücher und Artikel veröffentlicht, die sich mit dem Verhältnis von allgemeiner Sozialtheorie und Organisationstheorie beschäftigen. Seine jüngste englischsprachige Publikation „Organization outside organizations: the significance of partial organization" (gem. mit N. Brunsson) ist in *Organization* (2011) erschienen.

Nils Brunsson hat den Lehrstuhl für Management an der Universität Uppsala inne und ist Mitglied des Stockholm Centre for Organizational Research (SCORE). Er hat mehr als 20 Bücher im Feld der Organisationstheorie veröffentlicht, darunter *Mechanisms of Hope* (2006), *The Consequences of Decision-Making* (2007), *Meta-Organizations* (zus. mit G. Ahrne, 2008) und *Reform as Routine* (2009).

Melanie Coni-Zimmer ist wissenschaftliche Mitarbeiterin im Programmbereich „Private Akteure im transnationalen Raum" an der Hessischen Stiftung Friedens- und Konfliktforschung in Frankfurt am Main. Ihre Forschungsschwerpunkte liegen im Bereich nichtstaatliche Akteure und internationale Politik, Multistakeholder-Initiativen und Corporate Social Responsibility-Aktivitäten von Unternehmen. Sie hat kürzlich ihre Dissertation zur globalen Diffusion und lokalen Adaption von CSR-Normen an der Technischen Universität Darmstadt abgeschlossen.

Katja Freistein ist wissenschaftliche Mitarbeiterin am Sonderforschungsbereich 882 (Von Heterogenitäten zu Ungleichheiten) an der Universität Bielefeld. Sie war Mitarbeiterin der Hessischen Stiftung Friedens- und Konfliktforschung und der Goethe-Universität Frankfurt. Ihre Forschungsinteressen umfassen internationale Organisationen, Theorien der Internationalen

Beziehungen und Diskurstheorie. Aktuellste Publikationen ist das *Handbuch Internationale Organisationen* (mit Julia Leininger, Oldenbourg Verlag).

Martin Geiger arbeitet als Banting Postdoctoral Fellow an der Carleton University, Ottawa. Sein Interesse gilt der interdisziplinären Erforschung von Migration als sozialem Prozess und den unterschiedlichen Politiken im Umgang mit grenzüberschreitender Mobilität. Er ist Autor und Mitherausgeber einer Vielzahl von Veröffentlichungen, u.a. *Europäische Migrationspolitik und Raumproduktion* (Nomos), The *Politics of International Migration Management* (co-ed. mit A. Pécoud, Palgrave) und *Freiwillige Rückkehr nach Albanien* (Zeitschrift für Bevölkerungswissenschaft).

Anja P. Jakobi ist wissenschaftliche Mitarbeiterin der Hessischen Stiftung Friedens- und Konfliktforschung (HSFK) und Vertretungsprofessorin für Internationale Organisationenam Exzellenzcluster ‚Normative Orders' der Universität Frankfurt. Ein Schwerpunkt ihrer Arbeit ist die Wirkung internationaler Organisationen in unterschiedlichen Politikfeldern, insbesondere Sicherheitspolitik und Kriminalitätsbekämpfung, Bildungs- und Sozialpolitik. Aktuelle Veröffentlichungen erscheinen u.a. im *Journal of International Relations and Development* und dem *Journal of International Criminal Justice*.

Oliver Kessler ist Professor für Internationale Beziehungen an der Universität Erfurt und International Scholar an der Kyung Hee University in Korea.

Martin Koch ist Akademischer Rat (a.Z.) an der Fakultät für Soziologie der Universität Bielefeld. Seine Forschungsschwerpunkte sind internationale Organisationen, Theorien Internationaler Beziehungen und internationale politische Soziologie. Zu seinen Publikationen zählen *Verselbständigungsprozesse internationaler Organisationen* (VS Verlag) und *Die Europäische Kommission als Lernende Organisation?* (zus. mit T. Kopp-Malek und A. Lindenthal, VS Verlag) sowie Artikel in den Zeitschriften *Journal of European Public Policy* und *International Political Sociology*.

Philip Liste ist wissenschaftlicher Mitarbeiter am Lehrstuhl für Politische Wissenschaft an der Fakultät für Wirtschafts- und Sozialwissenschaften der Universität Hamburg.

Jan D. Reinhardt ist Leiter der Forschungsgruppe „Epidemiology of Functioning and Disability" an der Schweizer Paraplegiker Forschung und Lehrbeauftragter für Gesundheitswissenschaften und Gesundheitspolitik an der Universität Luzern. Seine Forschungsschwerpunkte sind soziale Ungleichheit von Gesundheit und Behinderung, epidemiologische Modelle, (Kosten-) Effektivität von Rehabilitation nach Naturkatastrophen, Identität und Medien,

Behinderung und Weltgesellschaft. Zu seinen Publikationen zählen *Alkohol und soziale Kontrolle: Gedanken zu einer Soziologie des Alkoholismus* (Ergon Verlag) und diverse Artikel in internationalen Fachzeitschriften.

Detlef Sack ist Professor für vergleichende Politikwissenschaft an der Fakultät für Soziologie der Universität Bielefeld. Seine Forschungsschwerpunkte sind Governance zwischen Staat und Markt (insbesondere Public Private Partnerships, Wirtschaftskammern und öffentliche Vergabe), Demokratietheorie und Menschenrechtspolitik. Zu seinen Publikationen zählen *Politics und Governance. Zur Institutionalisierung öffentlich-privater Partnerschaften* (Nomos) sowie Artikel u.a. in den Zeitschriften *Journal of European Integration, Politische Vierteljahresschrift, Zeitschrift für Politikwissenschaft, Zeitschrift für Sozialreform, Österreichische Zeitschrift für Politikwissenschaft* und *European Urban and Regional Studies.*

Jochen Walter ist wissenschaftlicher Mitarbeiter am Bielefelder Sonderforschungsbereich 584 „Das Politische als Kommunikationsraum in der Geschichte" (Fakultät für Geschichtswissenschaft, Philosophie und Theologie). Seine Forschungsschwerpunkte sind Theorie und Empirie der internationalen Gemeinschaft, Weltgesellschaftstheorie, Diskursanalyse sowie Europastudien. Zu seinen Publikationen zählen *Die Türkei – ‚Das Ding auf der Schwelle'* (VS Verlag) und *Transnational Political Spaces* (zus. mit M.Albert, G.Bluhm, J.Helmig, A.Leutzsch, Campus) sowie Artikel in den *Zeitschriften Journal of International Relations and Development* und *Zeitschrift für Internationale Beziehungen.*

Niklas M. Wiegand ist wissenschaftlicher Mitarbeiter an dem Universitätsklinikum Köln und an der Universität zu Köln. Seine Forschungsschwerpunkte sind politische Soziologie und (internationale) Organisationen in der Wissenschaft und Gesundheit. Zuletzt erschien seine Monographie *Beobachtungen organisationalen Wandels: Die Deutsche Forschungsgemeinschaft (DFG) im Gegensatz von Selbst- und Fremdbeschreibung* (Carl- Auer Verlag).

Joel Gwyn Winckler ist Doktorand an der Freien Universität Berlin. Seine Forschungsschwerpunkte sind Friedens- und Konfliktforschung, internationale Organisationen und Interventionen in Nachkriegskontexte. Er ist Mitglied im Forschungsnetzwerk *Cultures of Intervention* und leitet das Forschungsprojekt *United Nations Peace Operations as Organisational Action - Exploring the Daily Usage of Management and Reference Mechanisms in Multidimensional Peacekeeping Operations.* Zu seinen Publikationen zählt u. a. *Managing the Complexities of Intervention* in der Zeitschrift *Peace, Conflict and Development* (Nr. 18, 2011).

Einleitung: Zum Konzept der Weltorganisation

Martin Koch

1.1 Einleitung

Internationale Organisationen sind allgegenwärtig in öffentlichen Diskursen und werden gleichzeitig in der politikwissenschaftlichen Forschung (wieder-)entdeckt – nicht zuletzt, weil ihnen ein zunehmendes Maß an Einfluss auf die Gestaltung zwischenstaatlicher Beziehungen zugesprochen wird.[1] So gibt es gegenwärtig kaum ein internationales Politikfeld, in dem nicht wenigstens eine internationale Organisation tätig ist. Über die reine Koordinationsfunktion an Schnittstellen zwischen Staaten hinweg, die bis in die 1980er Jahre hervorgehoben wurde, ist seit dem Ende des Kalten Krieges eine Zunahme und Verdichtung von Aufgaben und Kompetenzen nachweisbar, die internationalen Organisationen übertragen werden. Sie reichen von der Normgenese, über deren Verbreitung und Unterstützung bei der Implementation bis zu Überwachungs- und in wenigen Fällen auch Sanktionsmaßnahmen; sie fungieren darüber hinaus als Mittler zwischen (streitenden) Staaten, als Informationspool oder Legitimationsinstanz. Dieser Wandel in der Rolle und Bedeutung internationaler Organisationen spiegelt sich auch in der Forschung wider, so lässt sich seit dem Ende des Kalten Krieges ein verstärktes Interesse an internationalen Organisationen als Forschungsgegenstand

---

[1] Insbesondere in den 1960er Jahren gab es eine sehr intensive Phase der Forschung zu internationalen Organisationen, die in Zusammenhang mit der Europäischen Integrationsforschung stand. Dieses Interesse ebbte allerdings in den 1970er Jahren zunehmend ab, als der Integrationsprozess ins Stocken geriet.

M. Koch (✉)
Fakultät für Soziologie, Universität Bielefeld,
Universitätsstrasse 25, 33615 Bielefeld, Deutschland
E-Mail: martin.koch@uni-bielefeld.de

M. Koch (Hrsg.), *Weltorganisationen*, DOI 10.1007/978-3-531-18977-2_1,
© VS Verlag für Sozialwissenschaften | Springer Fachmedien Wiesbaden 2012

konstatieren. Dies trifft insbesondere für eher empirisch gelagerte, aber auch für theoretisch-konzeptionelle Arbeiten zu (Karns und Mingst 2010), die den Einfluss internationaler Organisationen auf die Weltpolitik unterstreichen oder sie gar als Vorboten einer internationalen Regierung oder eines Weltstaats begreifen (Emadi-Coffin 2002; Wendt 2003).

Obwohl internationale Organisationen in der Forschung einen zunehmenden Stellenwert erlangen, trägt die begrifflich-konzeptionelle Arbeit dieser Entwicklung nur unzureichend Rechnung und verstellt den Blick auf internationale Organisationen als eigenständigen Forschungsgegenstand, der nicht auf formalisierte Beziehungen zwischen Staaten reduziert werden kann bzw. dessen Verhalten sich nicht aus dem Willen ihrer Mitgliedstaaten ableiten lässt. Vielmehr bedarf es einer konzeptionellen Neuausrichtung in der Forschung zu internationalen Organisationen, die es erlaubt, internationale Organisationen selbst zum Gegenstand zu machen – etwa als Organisationen bzw. Institutionen, geronnene Diskurse o.ä. –, um damit z. B. das Selbstverständnis internationaler Organisationen oder ihre Innen- und Außenbeziehungen zu ergründen. Der Sammelband schließt damit an Überlegungen an, die in jüngster Zeit zunehmend in den Internationalen Beziehungen diskutiert werden. So haben unterschiedliche Autoren seit den 1990er Jahren den Nutzen gesellschaftstheoretischer Ansätze für die Internationalen Beziehungen betont (Walker 1993; Albert 2002; Kessler 2009). Seit rund zehn Jahren haben auch Forschungsarbeiten zu internationalen Organisationen vermehrt diesen Weg eingeschlagen und vor allem den Mehrwert organisationstheoretische Ansätze für die Untersuchung internationaler Organisationen hervorgehoben (Barnett und Finnemore 2004; Dingwerth et al. 2009a; Koch 2008; Liese 2010). Im Rahmen dieses Sammelbandes wird der Versuch unternommen, diesen konzeptionellen Wandel zu vollziehen und diesen durch den Begriff der *Weltorganisation* zu markieren. Mit diesem Begriff ist hier weniger eine bestimmte *Qualität* von internationalen Organisationen – also nicht ein Mehr oder Weniger – als vielmehr ein analytischer Perspektivwechsel gemeint. Aus dieser Perspektive lassen sich unterschiedliche Facetten von Weltorganisationen (Weltsemantik, (Um-)Weltbeziehungen, Weltordnung) beobachten und analysieren, die mit alternativen Theorieangeboten nur unzureichend erfasst werden können. *Als Weltorganisationen sollen internationale Regierungsorganisationen verstanden werden, die sich nicht regional eingrenzen lassen und prinzipiell auf universale Mitgliedschaft angelegt sind.*[2] Ziel dieses Sammelbandes ist es, den Mehrwert des Konzepts der Weltorganisation in begrifflich-

---

[2] Der Begriff der Weltorganisation wird in diesem Beitrag nur für diesen Typus internationaler Organisationen reserviert, er ließe sich aber auch auf andere Typen internationaler Organisationen erweitern (s. Kap. 11, in diesem Bd.).

konzeptioneller, theoretischer und empirischer Hinsicht zu diskutieren und zu vermessen. Hierfür wird bewusst ein exploratives Vorgehen gewählt, das sich in den vielfältigen Perspektiven spiegelt, die von Beiträgen zur begriffsgeschichtlichen Einordnung, über unterschiedliche theoretische Herangehensweisen und Konzeptionen bis hin zu stärker empirischen Untersuchungen einzelner internationaler Organisationen reicht.

In diesem Einführungskapitel wird es nachfolgend darum gehen, den Begriff der Weltorganisation theoretisch-konzeptionell zu verorten, ihn gegen alternative Begriffe – insbesondere zu internationalen Organisationen – abzugrenzen und zu illustrieren, wie sich der Begriff in theoretischer und empirischer Hinsicht fruchtbar machen lässt. Die nachfolgende Argumentation dieses Kapitels gliedert sich in drei Schritte: Zunächst wird mit Blick auf völkerrechtliche Definitionen und Beschreibungen dargelegt, was unter internationalen Organisationen zu verstehen ist und wie diese in der politikwissenschaftlichen Teildisziplin der Internationalen Beziehungen theoretisch erfasst werden. Daran schließt eine organisationstheoretische Reformulierung an, durch die internationale Organisationen als Organisationen eingeführt werden, die in eine Umwelt eingebettet sind und mit dieser interagieren. Vor diesem Hintergrund wird im dritten Schritt der Begriff der Weltorganisation eingeführt; drei Dimensionen dieses Begriffs werden aufgezeigt und es wird an Beispielen illustriert, welchen konzeptionellen Mehrwert der Begriff und die damit einher gehende Konzeptualisierung verspricht. Im letzten Abschnitt wird der Aufbau des Bandes vorgestellt.

1.2 Zur Begriffsbestimmung und theoretischen Verortung internationaler Organisationen

Die Forschung zu internationalen Organisationen wird durch mangelnde begriffliche Schärfe und deren bisweilen unklare Verwendung erschwert. Einerseits wird der Begriff der internationalen Institution – insbesondere in englischsprachigen Arbeiten – synonym verwendet, andererseits gibt es für den Begriff selbst keine einheitliche Definition (Peters et al. 2012). Nicht selten wird er als Sammelbezeichnung für eine Reihe von Organisationen verwendet, die jenseits des Staats existieren und agieren. So unterscheidet etwa die *Union of International Associations* internationale Organisationen anhand ihrer Mitgliedschaftsstruktur und Zwecke. Demnach können drei Typen internationaler Organisationen unterschieden werden: internationale Regierungsorganisationen, internationale Nicht-Regierungsorganisationen und multi- bzw. transnationale Organisationen, die in der Gruppe der Nicht-Regierungsorganisationen einen besonderen

Typus darstellen (Union of International Associations 2009). Diese etablierte Typisierung wird durch weitere kaum noch überschaubare Binnendifferenzierungen zu unterschiedlichsten Organisationsgruppen weiter verfeinert. Exemplarisch werden internationale Regierungsorganisationen in Abhängigkeit von ihrer Mitgliedschaft in regionale bzw. partikulare vs. globale Organisationen unterschieden oder gemäß ihrer Zuständigkeit in Organisationen mit problemfeldspezifischer und universaler Zuständigkeit unterteilt (Rittberger et al. 2006). Nicht-Regierungsorganisationen (NGOs) werden einerseits nach ihrer Zuständigkeit differenziert, beispielsweise als Umwelt-, Menschenrechts-, Handels- oder religiöse Organisation; andererseits hinsichtlich ihrer Profitorientierung (BINGO (Business International NGOs) oder nicht-profitorientierte NGOs) oder mit Blick auf ihre Mitglieder bzw. Förderquellen unterschieden. Letztgenannte Differenzierung mündet in eine stetig wachsende Liste an Organisationstypen, wie z. B. transnationale Organisationen (TNCs, Transnational Corporations), multinationale Organisationen (MNCs, Multinational Corporations), Grasswurzel-Organisationen (GROs, Grassroot Organizations), GONGOs (governmentally organized NGOs), DONGOs (donor-organized NGOs) oder QUANGOs (Quasi NGOs) (Reinalda 2001). Diese Aufzählung erhebt keinen Anspruch auf Vollständigkeit, sie soll vielmehr illustrieren, dass der Begriff *internationale Organisation* in unterschiedlichen Kontexten Verwendung findet, wiewohl bei nicht näherer Differenzierung üblicherweise von internationalen Organisationen als internationalen Regierungsorganisationen gesprochen wird. In diesem letztgenannten Sinn wird in den weiteren Ausführungen von internationalen Organisationen die Rede sein.

Zur begrifflichen Bestimmung orientieren sich Ansätze der Internationalen Beziehungen zumeist an völkerrechtlichen Definitionen, durch die Kriterien für internationale Organisationen festgelegt und das Verhältnis zu Staaten beschrieben werden. Sie stimmen darin überein, internationale Organisationen als ein zwischenstaatliches politisches Forum zu begreifen, in dem sich Repräsentanten der Mitgliedstaaten treffen, um über Probleme und Fragen von politischem, sozialem und wirtschaftlichem Belang zu beraten und ggf. Lösungsvorschläge zu erarbeiten. Dabei werden sie durch die ständigen administrativen Organe internationaler Organisationen unterstützt. Internationale Organisationen sind in diesem Sinne eine institutionalisierte Form zwischenstaatlicher Beratungen und stellen eine „Kollektivbezeichnung für ihre Mitgliedstaaten" dar (Rittberger und Zangl 2003, S. 24). Virally definiert internationale Organisationen entsprechend als „an association of States, established by agreement among its members and possessing a permanent system or set of organs, whose task it is to pursue objectives of common interest by means of co-operation among its members" (Virally 1977, S. 59). Andere Definitionen weichen nur insofern ab, als sie die Existenz einer internationalen Organisation an einer bestimmten Anzahl von Völkerrechtssubjekten[3] (vor allem Staaten) – in der Regel zwei oder mehr (Klein 2004) – festmachen. Dieses grundlegende Verständnis lässt sich bis in die zweite Hälfte des 19. Jahrhunderts zurückverfolgen, in seiner erstmaligen Verwendung heißt es, „[i]nternational organisation has thus no substantive value. It is not an end in itself. It is sought for the sake of national organisation alone" (Lorimer 1884, S. 190). Mit diesen Definitionen werden in erster Linie Aussagen über das völkerrechtliche Verhältnis von Staaten und den von ihnen gegründeten internationalen Organisationen getroffen. Danach sind internationale Organisationen per Vertrag mit bestimmten Kompetenzen ausgestattet, um partikulare Aufgaben an der Schnittstelle zwischen Staaten zu erfüllen. Was aber das spezifisch *Organisationale* an internationalen Organisationen ist, wird nicht geklärt. Der Terminus *Organisation* wird letztlich nur in einem eher oberflächlichen und wenig spezifizierten Verständnis verwendet, indem Staaten sich zu aufeinander abgestimmten und koordinierten Handlungen verpflichten und dazu Organe errichten, deren Unterstützung sie erhalten. Oder anders gesagt, Staaten *organisieren* ihre Aktivitäten. Im nächsten Schritt wird geprüft, welche Konsequenzen diese Definition für die Theorieformulierung in den Internationalen Beziehungen hat.

Zumeist werden theoretische Ansätze zur Untersuchung internationaler Organisationen in drei (mitunter auch in vier) theoretische Strömungen unterschieden, mit denen das theoretische Gelände abgesteckt wird.[4] In den theoretischen Strömungen werden verschiedene Metaphern internationaler Organisationen transportiert, die jeweils bestimmte Funktionen internationaler Organisationen für die internationale Politik assoziieren. Drei Metaphern dominieren die Diskussion um internationale Organisationen und tauchen wiederkehrend auf: *Instrument, Are-*

---

[3] Der Begriff der Völkerrechtssubjektivität bzw. Völkerrechtsfähigkeit ist allerdings nicht ausschließlich für Staaten reserviert, sondern umfasst auch den Heiligen Stuhl, den Malteser Ritterorden und das internationale Komitee des Roten Kreuzes. Internationale Organisationen können Völkerrechtspersönlichkeit erwerben, wenn Völkerrechtssubjekte „für die Zeit ihrer Zugehörigkeit zu dieser Organisation auf die *Ausübung* eines, sei es auch noch so geringen *Teiles ihrer souveränen hoheitlichen Rechte* – nicht aber auf ihre Souveränität schlechthin – *verzichten*" (Seidl-Hohenveldern und Loibl 1996, S. 5; Mosler 1962).

[4] So unterscheidet Archer die Literatur zu internationalen Organisationen in drei Perspektiven: die realistische, die reformistische und die radikale Perspektive (Archer 2001, S. 112–173). Dagegen differenzieren Rittberger und Zangl zwischen einer rationalistischen, einer institutionalistischen und einer idealistischen Theorieschule (Rittberger und Zangl 2003, S. 33–48), während Karns und Mingst vier Typen von Theorieperspektiven im Hinblick auf die Untersuchung internationaler Organisationen in der Global Governance-Forschung nennen: Liberalismus, Realismus, Konstruktivismus und kritische Theorien (Karns und Mingst 2010, S. 35–60).

na, Akteur. Als *Instrumente* dienen internationale Organisationen ihren Mitgliedstaaten, um deren partikulare Interessen zu verfolgen. Internationale Organisationen werden als „willenlose" Werkzeuge begriffen, die Staaten in ihre politische
Strategien einbinden, sofern sie ihnen dienlich sind, die sie andernfalls aber auch
ignorieren oder aus denen sie austreten können. Dieses Verständnis findet sich
paradigmatisch in realistischen und neo-realistischen Arbeiten. Demnach werden
internationale Organisationen von Staaten gegründet, um deren Macht zu untermauern oder zu steigern:„the most powerful states in the system create and shape
institutions so that they can maintain their share of world power, or even increase
it" (Mearsheimer 1994–1995, S. 13). Internationale Organisationen spiegeln ferner
die Machtverhältnisse im internationalen System, d. h. gerade jene Staaten, die über
hohe Machtpotentiale verfügen, werden diese auch in Verhandlungen im Rahmen
internationaler Organisationen einsetzen – „institutions largely mirror the distri-
bution of power in the system" (Mearsheimer 1994–1995, S. 13). Als *Arenen* können internationale Organisationen zwischenstaatliche Kooperationen erleichtern,
in dem sie Staaten einen Rahmen bieten, um über Themen von gemeinsamen Interesse zu beraten und zu verhandeln. Sie stellen Staaten damit eine konferenz-
diplomatische Dauereinrichtung und ein internationales Verhandlungssystem
(Rittberger et al. 1997) zur Verfügung und leisten damit Vorarbeiten für zwischenstaatliche Zusammenarbeit. Ähnlich wie die Instrumentenmetapher suggeriert die
Arenenmetapher, dass internationale Organisationen „willenlose" Einrichtungen
sind, die sich allerdings nicht instrumentalisieren lassen, sondern insofern eigenständig sind, als sie eine Struktur für zwischenstaatliche Verhandlungen etablieren
und sich nicht von Staaten für deren Interessen vereinnahmen lassen. Sie sind vielmehr neutral und verkörpern bestimmte Regelungen, Normen und Gepflogenhei-
ten. Selbst wenn sie über Überwachungs- und Sanktionsmechanismen verfügen,
sind sie nicht in der Lage, diese eigenmächtig einzusetzen, sondern sind dazu auf
die Unterstützung der Mitgliedstaaten angewiesen. Rittberger und Zangl stellen in
diesem Zusammenhang fest:

> In einer Vielzahl von Fällen wird die Zuschreibung von Tätigkeiten zu bestimm-
> ten internationalen Organisationen nur eine kürzelhafte Bezeichnung der Tatsache
> sein, dass ein Kollektiv von Staaten einmütig oder nach kontroverser Beratung durch
> Mehrheitsentscheid eine Entscheidung im Rahmen der Zuständigkeit der betreffen-
> den internationalen Organisation herbeigeführt hat. So gesehen erscheint es in der
> Tat zweifelhaft, internationale Organisationen als Akteure begreifen zu können, da
> doch nur die Gesamtheit der Mitgliedstaaten gehandelt hat. (Rittberger und Zangl
> 2003, S. 24)

Als *Akteur* wird internationalen Organisationen Handlungskompetenz und zumindest partielle Handlungsautonomie zugeschrieben. Im Gegensatz zum instru-

mentellen und strukturellen Verständnis impliziert der Akteursbegriff, dass internationale Organisationen einen Einfluss auf die zwischenstaatlichen Beziehungen ausüben und auf staatliches Verhalten einwirken können. Damit wird zwar nicht bestritten, dass Staaten *zentrale* Akteure sind, aber internationalen Organisationen wird neben Staaten eine aktive Rolle zugeschrieben. Das Akteurverständnis weist allerdings graduelle Differenzen auf. Während einige Arbeiten betonen, dass internationale Organisationen den zwischenstaatlichen Entscheidungsfindungsprozess vorbereiten (Keohane und Martin 1995), indem sie Informationen generieren und daraus unterschiedliche Entscheidungsoptionen ableiten, heben andere die Überwachungs- oder Sanktionsfunktionen hervor (Croley und Jackson 1996). Wieder andere unterstreichen die Möglichkeit internationaler Organisationen, Normen zu generieren und Ordnungsmuster zu etablieren (Finnemore 1996a) oder sie sehen in internationalen Organisationen Tendenzen einer sich herausbildenden Weltstaatlichkeit oder gar eines Weltstaats (Albert 2007; Wendt 2003). Diese graduell unterschiedlichen Interpretationen zum Akteursverständnis existieren nebeneinander.

An diese theoretischen Überlegungen knüpfen seit Beginn der 1990er Jahre verstärkt Arbeiten der Global Governance[5]-Forschung an, die davon ausgehen, dass sich Ordnungsmuster jenseits des Nationalstaats ausbilden. Global Governanceversteht sich also weder als Weltregierung noch als singuläre Weltordnung, sondern beschreibt ein „governing, without sovereign authority, relationships that transcend national frontiers" (Finkelstein 1995, S. 369). Dabei geht es weniger um die in Global Governance-Prozesse eingebundenen Akteure als um die Aktivität des Regierens jenseits nationalstaatlich begrenzter Räume. Internationale Organisationen sind demnach „means of governance" (Finkelstein 1995, S. 368). Daneben betonen sozialkonstruktivistische Arbeiten die Relevanz von Normen bzw. die Wirkung normativer Ordnungsmuster. Internationalen Organisationen wird in diesem Zusammenhang eine Doppelrolle attestiert. Zum einen erzeugen sie bestimmte Normen und Werte, institutionalisieren sie, unterstützen Staaten bei der Umsetzung und Implementation von Normen und überwachen deren Einhaltung (Finnemore 1996b; Katzenstein 1996). Gleichzeitig bieten sie aber auch (internationalen) Nicht-Regierungsorganisationen ein Forum, das diese nutzen können, um ihre Interessen und Ziele in internationale Organisationen einzubringen (Joachim 2004; Reimann 2006; Reinalda et al. 2001) oder um Staaten an die Einhaltung von Vereinbarungen zu erinnern (Keck und Sikkink 1998). Der Akteurscharakter inter-

---

[5] Im Deutschen finden sich komplementäre Begriffe wie Weltordnungspolitik, komplexes Weltregieren (Zürn 1998) oder Weltinnenpolitik (Senghaas 1992). Allerdings hat sich der englische Terminus auch in deutschsprachigen Arbeiten durchgesetzt – nicht zuletzt um Missverständnisse zu vermeiden.

nationaler Organisationen steht also in direktem Zusammenhang mit Fähigkeiten, in Teilbereichen des internationalen politischen Systems Ordnungsmuster zu etablieren, die vor allem durch Staaten, aber auch durch andere Akteure anerkannt und implementiert werden. Darüber hinaus können internationale Organisationen staatliches Verhalten legitimieren, als Streitschlichtungsinstanzen zwischen Staaten auftreten oder qua ihrer Expertise auf die zwischenstaatlichen Beziehungen einwirken.

Dieser holzschnittartige theoretische Überblick verdeutlicht, dass internationale Organisationen weniger als eigenständige Forschungsgegenstände thematisiert, sondern vielmehr in ihrem Verhältnis zu Staaten untersucht werden. Der Grund hierfür wohnt der Disziplin der Internationalen Beziehungen und ihren Theorien selbst inne: Sie fokussieren auf Staaten als Untersuchungseinheiten und deren Beziehungen zueinander. Diese Beschränkung auf Staaten scheint oftmals weniger bewusst getroffen als vielmehr einer politikwissenschaftlichen Forschungstradition geschuldet zu sein (Ferguson und Mansbach 2004). Auch wenn seit den 1990er Jahren vermehrt darauf hingewiesen wird, dass sich die Staatenwelt zu einer „Gesellschaftswelt" wandelt (Czempiel 1991) und damit die Bedeutung anderer gesellschaftlicher Akteure – neben Staaten – stärker hervorgehoben wird, bleiben theoretische Modelle in den Internationalen Beziehungen nach wie vor einem staatszentrierten Akteursmodell verhaftet. Den Internationalen Beziehungen fehlt somit schlichtweg das begriffliche und analytische Instrumentarium, um internationale Organisationen als eigenständige Untersuchungsgegenstände zu erfassen, die sich nicht auf ihr Verhältnis zu Staaten reduzieren lassen.

Dieser Befund ist freilich nicht ganz neu. Vor rund 25 Jahren haben bereit Ness und Brechin darauf hingewiesen, dass die Lücke zwischen den Internationalen Beziehungen und der Organisationsforschung an der Schnittstelle der Erforschung internationaler Organisationen sinnvoll überbrückt werden könne (Ness und Brechin 1988). Barnett und Finnemore (1999, 2004) haben in diesem Zusammenhang vorgeschlagen, internationale Organisationen als Bürokratien im Weber'schen Sinne und damit als eigenständige Akteure zu begreifen. Sie beschreiben, wie das Verhalten internationaler Organisationen durch bürokratische Merkmale geprägt ist und legen damit eine theoretisch-konzeptionelle Basis, die es erlaubt, den Einfluss internationaler Organisationen auf die Weltpolitik zu untersuchen. Die Autoren argumentieren, dass man internationale Organisationen und deren Autonomie nur verstehen kann, wenn man nicht nur auf staatliche Interessen rekurriert, sondern akzeptiert, dass internationale Organisationen eigene Interessen verfolgen können (Barnett und Finnemore 1999). Barnett und Finnemore sehen in diesem Perspektivwechsel den Schlüssel zum besseren Verständnis internationaler Organisationen und einen analytischen Ansatz für die Untersuchung internationaler Organisationen.

Bureaucracies are not just servants to whom states delegate. Bureaucracies are also authorities in their own right, and that authority gives them autonomy vis-à-vis states, individuals, and other international actors. By „authority" we mean the ability of one actor to use institutional and discursive resources to induce deference from others. (Barnett und Finnemore 2004, S. 5)

Barnett und Finnemore leisten einen zentralen Beitrag zur Theorieentwicklung, sie konzentrieren sich dazu allerdings auf einen Teilaspekt internationaler Organisationen – namentlich: internationale Organisationen als Bürokratien oder Verwaltungen. Diese Konzeptualisierung trifft zwar für einige internationale Organisationen zu, beispielsweise die *United Nations High Commissioner for Refuges* (UNHCR); sie ist allerdings keine hinreichend allgemeine Konzeptualisierung für internationale Organisationen. So lassen sich internationale Organisationen wie die WTO oder die Vereinten Nationen gerade nicht als Bürokratien begreifen, weil sie neben administrativen auch über politische Organe verfügen, in denen mitgliedstaatliche Vertreter an der Entscheidungsfindung mitwirken.[6] In diesem Zusammenhang bleibt auch unklar, wie das Verhältnis zwischen internationalen Organisationen und ihren Mitgliedern, d. h. ihren Mitgliedstaaten, begriffen wird. Diese sind nicht etwa Außenstehende, sondern qua Mitgliedschaft Teil der Organisation und zwar in dem Maße, wie sie an Entscheidungsfindungsprozessen mitwirken können. Schlussendlich vermag dieser Ansatz wenig über die Außenbeziehungen internationaler Organisationen zu sagen.

Hier wird im Anschluss an Ness und Brechin (1988) vorgeschlagen, internationale Organisationen zunächst als *Organisationen* zu begreifen, um in einem nächsten Schritt zu beschreiben, wie sie in ihre Umwelt eingebettet sind. Hierzu soll durch Anschluss an organisationssoziologische Arbeiten ein Verständnis entwickelt werden, wonach Organisationen als *offene Systeme* beschrieben werden, die in eine Umwelt eingebettet sind und mit dieser interagieren (Koch 2008). Mit Blick auf internationale Organisationen heißt das, dass sie nicht nur in eine Staatenwelt eingebettet, sondern Teil der Weltgesellschaft sind und daher als *Weltorganisationen* konzeptualisiert werden können. Auf diesem Wege wird in erster Linie ein theoretisch-konzeptioneller Beitrag zur Verknüpfung von Organisationsforschung und Internationalen Beziehungen am Beispiel internationaler Organisationen geleistet (Dingwerth et al. 2009b).

---

[6] Ausführlicher zur Differenzierung von administrativer und politischer Mitgliedschaft bei Koch (2008, S. 103 ff).

1.3 Internationale Organisationen als „offene Systeme"

Während in den Internationalen Beziehungen nur vereinzelt auf den Organisationsbegriff eingegangen wird, setzt sich die Organisationssoziologie dezidiert mit
Organisationen auseinander. Organisationssoziologische Ansätze fragen danach,
wie Organisationen funktionieren und wie sie in ihre Umwelt eingebettet sind. Insbesondere Ansätze einer *offenen Perspektive* thematisieren das Verhältnis zwischen
Organisationen und ihrer Umwelt (Scott 1992), also dem „ocean of events that sur-
round the organization" (Daft und Weick 1984, S. 284). In diesem Abschnitt soll bewusst keine Organisationstheorie exponiert und deren Beitrag zur Untersuchung
internationaler Organisationen untersucht werden. Mit der offenen Organisationsperspektive wird stattdessen ein konzeptionelles Paradigma im Kuhn'schen Sinne
(Kuhn 1962) eingeführt, das vielmehr einen bestimmten Zugang zu oder eine Perspektive auf internationale Organisationen als Organisationen erlaubt.

Aus einer offenen Perspektive werden Organisationen weniger als kollektive
Entitäten denn als Systeme begriffen, die bestehend aus einer Kombination verschiedener Teile in Beziehungen zueinander stehen und Interdependenzen aufbau-
en (Scott 1992, S. 77).[7] Organisationen zeichnen sich als offene, soziale Systeme
gegenüber anderen Systemen dadurch aus, dass ihre Teile und Elemente lose gekoppelt sind, was eine Flexibilität und Variabilität der Struktur erlaubt (Meyer und
Rowan 1977; Weick 1979). Der Begriff des Systems gegenüber dem des Kollektivs
suggeriert, dass man Organisationen keine singulären Zielrichtungen unterstellen
kann, also weder formale Zwecke noch das Ziel des Systemerhalts. Vielmehr verfolgen verschiedene Organisationseinheiten innerhalb der Organisationen eigene
Interessen. Sie sind in der Lage, eigene Handlungs- und Entscheidungslogiken aus-
zubilden mit dem Ziel, aus der Partizipation in der Organisation einen subjektiven
Nutzen zu ziehen. „The organization is a coalition of groups and interests, each at-
tempting to obtain something from the collectivity by interacting with others, and
each with its own preferences and objectives" (Pfeffer und Salancik 1978, S. 36).

Gleichzeitig sind Organisationen in eine Umwelt eingebettet und interagieren
mit dieser, d. h. auf der einen Seite, dass Organisationen Daten und Informationen
verarbeiten und daraus ihren Output produzieren, der wiederum an die Umwelt
abgegeben wird (Weick 1995; Weick 1979). Dazu orientieren sich Organisationstheorien an kybernetischen Ansätzen, um vor allem Produktionsprozesse in Organisationen als einen *technical flow* von *Input*, *Throughput* und *Output* zu beschrei-

---

[7] Auf diesem Wege entsteht eine emergente Ordnung, die zwar von Individuen in Organisationen abhängt, die sich aber nicht auf Individuen reduzieren lässt (Scott 1992).

ben.[8] Durch Feedback-Schleifen sind Organisationen in der Lage, auf Veränderungen in der Umwelt zu reagieren und den eigenen Output zu verändern (Scott 1992, S. 77 ff.). Auf der anderen Seite hält die Umwelt jene Elemente, Ressourcen und Funktionen bereit, die die Organisation für ihren Systemerhalt braucht.

Every organization exists in a specific physical, technological, cultural, and social environment to which it must adopt. No organization is self-sufficient; all depend for survival on the types of relations they establish with the larger systems of which they are a part.(Scott 1992, S. 20).

Durch die Annahme einer instabilen und dynamischen Umwelt ist die Organisation zu Veränderungen und Anpassungen gezwungen. Die Grenzen zwischen Organisation und Umwelt sind diesem Verständnis folgend unscharf und variabel, zum einen weil Mitglieder der Organisation gleichzeitig auch ihrer Umwelt zuzurechnen sind (Pfeffer und Salancik 1978; Weick 1995), zum anderen weil die Organisation permanent mit der Umwelt in Austauschprozessen steht.

Die Stärke eines offenen Organisationsverständnisses besteht darin, sowohl eine Innenperspektive als auch eine Außenperspektive internationaler Organisationen einnehmen und miteinander verknüpfen zu können. Es kann also zeitgleich untersucht werden, wie Koalitionen von Mitgliedern in internationalen Organisationen diese für ihre eigenen Ziele nutzen, wie Organisationen in ihre Umwelt eingebettet sind bzw. mit dieser in Interaktion treten und auf welche Weise internationale Organisationen sich von Einflüssen ihrer Umwelt lösen können. Für die Untersuchung internationaler Organisationen hat diese theoretische Vorentscheidung drei entscheidende Vorteile. Internationale Organisationen werden erstens nicht als monolithische Entitäten, sondern als aus Mitgliedern und Bündnissen zwischen diesen bestehend wahrgenommen. Mitglieder in internationalen Organisationen stellen sich also nicht bedingungslos in den Dienst der internationalen Organisation, sondern verfolgen mithin eigene partikulare Ziele. Diese Annahme sowie der zunächst nicht näher spezifizierte Mitgliederbegriff, der sowohl staatliche als auch administrative Mitglieder umfasst, erlaubt es, organisationssoziologische Theorien für die Untersuchung internationaler Organisationen fruchtbar zu machen und dazu an bestehende theoretische Modelle anzuschließen (hierzu auch Ahrne und Brunsson in diesem Bd.). Zweitens lassen sich mit diesem offenen organisationssoziologischen Verständnis nicht nur Staaten, sondern auch bürokratische Organe internationaler Organisationen als interessengeleitete Akteure konzeptualisieren,

---

[8] Zu internationalen Organisationen lassen sich bei Rittberger, Zangl und Staisch (2006) ähnliche Überlegungen finden. Sie begreifen internationale Organisationen als politische Systeme und beschreiben den Prozess der Entscheidungsfindung in drei Stadien: input, transformation, output (Rittberger et al. 2006).

beispielsweise die Rolle von Verwaltungsstäben (Liese und Weinlich 2006). Sie agieren neben Staaten in internationalen Organisationen, ihr Einfluss wird aber allzu häufig nur im Entwurf von Agenden und in der Unterstützung von Verhandlungen zwischen Staaten gesehen. In diesem Sinne können auch Bürokratien eigene Interessen verfolgen, Interessenkoalitionen bilden oder sich einem Interessenbündnis anschließen. Sie bilden Handlungs- und Entscheidungslogiken aus und erzielen in dem Maße, wie sie eigenständig Aufgaben erfüllen und Entscheidungen generieren, Unabhängigkeit von bzw. Autorität gegenüber ihren Mitgliedstaaten (Barnett und Finnemore 2004). Drittens erlaubt diese Forschungsperspektive, die Wechselwirkung von Organisation und Umwelt zu untersuchen. So wird von der Annahme ausgegangen, dass Organisation und Umwelt sich wechselseitig bedingen – das eine also von dem anderen abhängt und nicht ohne das andere existieren kann. Organisationen sind von einer als unsicher wahrgenommenen Umwelt umgeben und machen es sich zur Aufgabe, diese Unsicherheit zu reduzieren, um überhaupt in der Lage zu sein, Entscheidungen zu treffen. Gleichzeitig können Anforderungen der Umwelt identifiziert werden, die an die Organisation gerichtet sind und von dieser befolgt werden. Hiervon verspricht sich die Organisation eine bessere Ressourcenausstattung, Anerkennung und Legitimität durch die Umwelt (Meyer und Rowan 1977; Pfeffer und Salancik 1978).

Die explizierte Organisationsperspektive kann zwar allgemein als Startpunkt für die Untersuchungen internationaler Organisationen genutzt werden, hier soll es nachfolgend aber um einen bestimmten Typus internationaler Organisationen gehen – nämlich jene, die sich nicht regional eingrenzen lassen, sondern als internationale Organisationen auf globale Vollmitgliedschaft angelegt sind. Es werden also auch solche internationalen Organisationen als Weltorganisationen begriffen und konzeptualisiert, denen nicht alle Staaten der Welt angehören, denen aber prinzipiell alle Staaten angehören könnten und die satzungsgemäß nicht auf ausgewählte Mitglieder beschränkt sind.

1.4   Das Konzept der Weltorganisation

Obwohl man in den Internationalen Beziehungen wahrlich keinen Mangel an Differenzierungsformen internationaler Organisationen feststellen kann, wird mit *Weltorganisationen* ein Typus internationaler Organisationen beschrieben, der mit bekannten Begriffen nur unzureichend gefasst werden kann. Der Begriff der Weltorganisation ist dabei keineswegs neu, sondern findet sich als Organisation der Welt bereits in völkerrechtlichen Arbeiten zu Beginn des 20. Jahrhunderts Verwendung (Reinsch 1911; Schücking 1908, ausführlicher hierzu Walter, in diesem

Bd.).[9] In aktuellen Debatten wird der Begriff eher unspezifisch verwendet, entweder als Synonym für die Vereinten Nationen als *die* Weltorganisation (Rittberger 2006) oder als Umschreibung für andere internationale Organisationen, die den Weltbegriff im Titel führen. Hier soll mit dem Begriff *Weltorganisation* in mehrfacher Hinsicht einem Phänomen Rechnung getragen werden, das mit der Gründung internationaler Organisationen in der zweiten Hälfte des 19. Jahrhunderts seinen Anfang genommen hat, aber erst seit den politischen Umbrüchen zu Beginn der 1990er Jahre zunehmend beachtet wird: die Omnipräsenz internationaler Organisationen in der Weltpolitik.[10]

Göran Ahrne und Nils Brunsson (2005; 2008) beschreiben ein ähnliches Phänomen; sie konzentrieren sich allerdings nicht auf internationale Organisationen im engeren Sinne, sondern nehmen Organisationen in den Blick, in denen wiederum andere Organisationen Mitglieder sind – „organizations-of-organizations" (Ahrne und Brunsson 2005, S. 430). Für diesen Organisationstypus reservieren sie den Begriff der Meta-Organisation und stellen insbesondere auf das Verhältnis zwischen internationalen Organisationen – hier Meta-Organisation – und den Mitgliedstaaten ab (s. auch Ahrne und Brunsson, in diesem Bd.). Durch die Gründung von Meta-Organisationen schaffen die Mitgliederorganisationen eine Ordnung untereinander, d. h. die Mitgliederorganisationen verregeln ihre Beziehungen.

> When meta-organizations are formed, organizations create a new order among themselves. If the included organizations have previously been in contact with each other, it has been another type of contact; they have been involved in an order other than that offered by a formal organization. They have, in organization theory terms, constituted an environment for each other. (Ahrne und Brunsson 2008, S. 43)

Die Gründung von Meta-Organisationen führt also dazu, dass die Umwelt an Bedeutung verliert, weil durch die mögliche Inklusion aller relevanten Mitglieder die Umwelt sukzessive eliminiert werden kann (Ahrne und Brunsson 2008). Der Begriff der Meta-Organisation lässt sich für internationale Organisationen fruchtbar machen und zeigt viele Anschlussmöglichkeiten für etablierte Theorien Internationaler Beziehungen, weil gerade die Beziehungen zwischen Mitgliederorganisation und Meta-Organisation, zwischen Staaten und internationalen Organisationen also, hervorgehoben werden. Auf diesem Wege wird aber gleichzeitig der Begriff der Umwelt auf Nicht- oder besser Noch-Nicht-Mitgliederorganisationen

---

[9] In Schückings Arbeit ist nicht nur die „Organisation der Welt", sondern bereits die „Entwicklung vom Welt-Staatenbund zum Welt-Bundesstaat" (Schücking 1908, S. 612) angelegt.

[10] Alternative Beschreibungen: „Die Organisierte Welt" (Dingwerth et al. 2009a) oder „Organizing the World" (Dingwerth und Campe 2006).

beschränkt. Der Begriff der Umwelt kann aber weitaus mehr in den Blick nehmen, so sind ja gerade jene Umweltakteure interessant, die nicht Teil der Meta-Organisation sein können und dennoch relevant für diese sind – man denke hier etwa an die Rolle von Nicht-Regierungsorganisationen für internationale Organisationen (vgl. etwa Liese 2010).

Mit Weltorganisationen wird zunächst ein Begriff vorgeschlagen, der quer zu den etablierten Differenzierungsformen liegt, weil er weniger entlang von Politikfeldern, Zwecken oder Mitgliedern differenziert, sondern vor allem auf *das Verhältnis von internationalen Organisationen und (Um-)Welt* abstellt, die neben Staaten auch andere Akteure und Organisationsformen einschließt. Das heißt in einem zweiten Schritt, dass mit Weltorganisation auch eine bestimmte theoretisch-konzeptionelle Rahmung vorgeschlagen wird, die sich von einer staatszentrierten Perspektive emanzipiert. Vor diesem Hintergrund werden internationale Organisationen als Organisationen *in der Weltgesellschaft* begriffen. Mit Weltgesellschaft wird nicht nur der Gesellschaftsbegriff auf die Welt übertragen; Weltgesellschaftsforschung grenzt sich auch von Vorstellungen ab, die Gesellschaft an Nationalstaatsvorstellungen koppeln. Sie präjudiziert gewissermaßen eine gesellschaftstheoretische Einbettung aller sozialer Einheiten, hier internationaler bzw. Weltorganisationen, die durch die umfassendste Sozialordnung – nämlich die Weltgesellschaft – determiniert werden (Greve und Heintz 2005). Weltgesellschaft zeichnet sich dadurch aus, dass sie eine eigene, nicht auf die Summe der Nationalstaaten und ihrer Beziehungen zueinander reduzierbare, emergente Ordnung darstellt, die irreduzible Strukturmerkmale aufweist und damit nicht Strukturen und Prozesse anderer sozialer Einheiten reduzierbar ist (Greve und Heintz 2005). Mit Blick auf internationale Organisationen bleibt nun fraglich, wie und inwiefern sie als Weltorganisationen auftreten. Vermutet wird, dass Weltorganisationen in unterschiedlichem Maße die Welt adressieren und durch diese irritiert und beeinflusst werden. Um dies zu untersuchen, werden hier analytisch drei Dimensionen unterschieden: *Weltsemantik, (Um-)Weltbeziehungen* und *Weltordnungsgenerierung*. Um den Mehrwert des Begriffs, der drei Dimensionen und der konzeptionellen Rahmung zu illustrieren, wird nachfolgend die Weltbank als Weltorganisationen beschrieben. Damit wird eine internationale Organisation ausgewählt, die seit ihrer Gründung 1945 den entwicklungspolitischen Diskurs geprägt hat und damit nicht nur Einfluss auf potentielle Nehmerländer, sondern auch auf die entwicklungspolitischen Programme anderer staatlicher und nicht-staatlicher Akteure hatte (Kanbur und Vines 2000; Park 2010; Weaver 2008).[11]

---

[11] Die nachfolgenden Ausführungen beziehen sich im engeren Sinne auf die Internationale Entwicklungsorganisation, ihre Ziele und Aufgaben im Rahmen der Weltbankgruppe. Dazu werden insbesondere offizielle Dokumente der Weltbank sowie sekundäre Forschungsliteratur zur Weltbank ausgewertet.

1.4.1 Weltsemantik

Weltorganisationen müssen einen semantischen Weltbezug ausweisen. So führen einige Weltorganisationen die *Welt* explizit im Titel (z. B. die Weltbank, die Weltgesundheitsorganisation (WHO)). Andere Weltorganisationen weisen den Weltbezug in ihrem organisationalen Selbstverständnis aus, wie die International Labour Organization (ILO), die sich weltweit für die Einhaltung arbeitsrechtlicher Standards einsetzt. Damit ist inhaltlich freilich noch nichts über Weltsemantik ausgesagt, sondern zunächst einmal lediglich festgestellt, dass ein globaler Bezugsrahmen durch die Weltorganisationen selbst hergestellt wird. Weltsemantik meint die Bedeutungszuschreibung des Weltbegriffs und damit wird partiell auch das Selbstverständnis von Weltorganisationen thematisiert. Wie verstehen Weltorganisationen ihre *Welt* und in welchem Kontext sehen sie sich zu dieser? Ist mit *Welt* ausschließlich die Staatenwelt gemeint, mit der eine Weltorganisationen agiert oder umfasst der Weltbegriff mehr bzw. Anderes? Mit Blick auf die Weltbank lässt sich erkennen, dass diese vor allem auf Armut in der Welt fokussiert (World Bank 1980, S. 1992). Obwohl Armut in Staaten beobachtbar ist, ist sie kein staatliches sondern ein individuelles Merkmal – Menschen sind arm. Darauf weist die Weltbank in zahlreichen einführenden Beispielen der Weltentwicklungsberichte (so etwa die Weltentwicklungsberichte der Jahre 2006, 2007 und 2008), aber auch in ihrer Aufgabenbeschreibung hin – „Our focus is helping the poorest people in the poorest countries" (World Bank 2007, S. 3). Es geht im Besonderen um die Bekämpfung von Hunger, Unter- und Mangelernährung durch die Verbesserung landwirtschaftlicher Produktivität, die Entwicklung der Infrastruktur und durch den Abbau von Korruption. Wenngleich die Weltsemantik der Weltbank auf Armut in der Welt abstellt und damit das Individuum in den Mittelpunkt rückt,[12] setzen die Maßnahmen der Weltbank bei der wirtschaftlichen Entwicklung von Staaten an – „[t]he purposes of the Association are to promote economic development, increase productivity and thus raise standards of living in the less-developed areas of the world" (World Bank 1960, Art. I). Hierzu werden seitens der Weltbank finanzielle Mittel in Form von Krediten bereitgestellt, um die wirtschaftliche Entwicklung ihrer Mitgliedstaaten zu fördern, indem bspw. die Infrastruktur ausgebaut wird. Die Mittel richten sich also nicht direkt an Arme, sondern dienen der wirtschaftlichen Entwicklung von Staaten, in deren Folge auch die Produktivität und der Lebensstandard in den wenig entwickelten Regionen steigen sollen (World Bank 2007, S. 8). Dies ist umso

---

[12] Dieser Befund wird auch durch das Bildmaterial in den Selbstbeschreibungen unterstrichen, die vor allem arme Menschen aus Regionen außerhalb der OECD-Welt bei ihrer Arbeit (etwa beim Fischen oder in der Landwirtschaft) zeigen (World Bank 2007).

erstaunlicher als bereits in den 1980er Jahren ein stärker individualisierter Fokus in
der Weltbank Einzug gehalten hat (Ayres 1983). An dieser Stelle lassen sich keine
weitreichenden Aussagen über die konkreten Weltsemantiken in Weltorganisationen machen, diese müssten vielmehr empirisch erhoben und vermessen werden.
Gleichwohl erlaubt diese Illustration erste Aufschlüsse über Bedeutungszuschrei-
bungen. Hier ist etwa interessant, dass die Welt der Armut eine individualisierte
ist, während die Bekämpfung von Armut auf der Ebene von Staaten bzw. Regionen
in Staaten ansetzt. Insofern decken sich die vorläufigen Erkenntnisse der hier nur
holzschnittartigen geführten Semantikanalyse mit wissenschaftlichen Befunden,
die die Armutsreduzierungsstrategien der Weltbank anzweifeln, weil sie auf makroökonomische Veränderung pochen und die individuelle Armut aus den Augen
verlieren (Weaver 2008).

1.4.2 (Um-)Weltbeziehungen

Weltorganisationen orientieren sich nicht nur an Staaten, sondern sie haben einen
größeren Adressatenkreis, der neben Staaten auch internationale Organisationen,
NGOs, Unternehmen etc. umfassen kann. Anders gesagt, die Umwelt von Weltorganisationen lässt sich nicht ex-ante bestimmen, sondern kann erst durch organisationale Kommunikationen – etwa in Berichten, Protokollen, politischen Programmen und Maßnahmen etc. – erschlossen werden (s. Freistein und Liste, in diesem
Bd.). Die Bestimmung der Umwelt seitens der Weltorganisation ist in zweifacher
Hinsicht problematisch, erstens ist der Adressatenkreis selten klar abgesteckt und
zweitens herrscht Unsicherheit darüber, wie auf Weltorganisationen reagiert wird.
Das gilt für Weltorganisationen selbst dann, wenn sich politische Maßnahmen explizit an Staaten richten, wie z. B. im Fall der Weltbank, deren Vergabekriterien
und politische Maßnahmen neben (Empfänger-)Staaten in hohem Maße auch von
anderen internationalen Organisationen, wie z. B. von der WTO, von NGOs oder
wissenschaftlichen Netzwerken beobachtet werden. Weltorganisationen adressieren die *Welt*. Gleichsam gilt, dass Akteure, die mit Weltorganisationen interagieren,
sich nicht auf einen bestimmten Akteurskreis (z. B. Staaten) beschränken lassen.
Man kann vielmehr vermuten, dass abhängig von konkreten Problemen oder Ereignissen bestimmte Akteure relevant sind. Selbst internationale Organisationen,
deren zentrales Differenzierungskriterium die staatliche Mitgliedschaft ist, greifen
zunehmend auf die Expertise von NGOs oder wissenschaftlichen Netzwerken zurück oder stimmen sich mit anderen internationalen Organisationen ab. Neben der
expliziten Beteiligung von nicht-staatlichen Akteuren im Politikformulierungspro-
zess reagieren Weltorganisationen oft auf die Kritik externer Akteure, selbst wenn

diese nicht unmittelbar von den politischen Maßnahmen betroffen sind. In diesem Zusammenhang lassen sich unterschiedliche Formen der Kooperation differenzieren, die beispielsweise vom formalen Beobachterstatus bei zwischenstaatlichen Verhandlungen, über formelle und informelle Beratung bis hin zur Beteiligung an Entscheidungsfindungsprozessen reichen können.

Veranschaulichen lassen sich diese Beziehungen am Beispiel der Weltbank, die sich seit den späten 1980er und frühen 1990er Jahren zunehmend sozialen und sozialpolitischen Themen widmet. In der Folge wurde Mitte der 1990er Jahre eine *Social Protection Unit* innerhalb der Weltbank gegründet, um damit auch nach außen sichtbar die Ambitionen als globale Entwicklungsbank im Kampf gegen Armut und Ungleichheit zu unterstreichen (Wodsak und Koch 2010). In der Folge veröffentlichte die Weltbank einen Bericht zur Abwendung der Alterssicherungskrise, in dem eine Reform der Renten-und Alterssicherungssysteme vorgeschlagen wird. Diese sollte als Dreisäulenmodell etabliert werden, das eine minimale Absicherung durch eine öffentlich finanzierte Säule, eine privat-finanzierte Säule, die eine Einkommensangleichungsfunktion hat und eine dritte Säule, die aus zusätzlich privat gebildeten Rücklagen besteht, vorsieht (World Bank 1995). Diese Reformempfehlung wurde durch ein Team von Ökonomen und Finanzexperten in der Weltbank erarbeitet und nach der Veröffentlichung des Berichts beworben. Die Weltbank verbreitete den Bericht, um vor allem Mitgliedstaaten von der Notwendigkeit zur Reform der Alterssicherungssysteme zu überzeugen und dazu das von der Weltbank vorgeschlagene Dreisäulenmodell umzusetzen. Als Folge implementierten einige Staaten, wie z. B. Sierra Leone oder Kasachstan, das Dreisäulenmodell. Wenngleich das Dreisäulenmodell von Mitgliedsstaaten akzeptiert wurde – nicht zuletzt weil die finanzielle Last nur zu einem geringen Teil von den Staaten getragen wird –, wurde das Reformmodell der Weltbank von anderen internationalen Regierungs- und Nicht-Regierungsorganisationen sowie von wissenschaftlichen Netzwerken kritisiert. Als Folge der Kritik überarbeitete die *Social Protection Unit* der Weltbank den Bericht und optierte fortan für ein Fünf- oder Multi-Säulenmodell, das sich im Vergleich zum Dreisäulenmodell durch mehr Flexibilität auszeichnet und unterschiedliche Gewichtungen der Säulen zulässt. Dieses Beispiel verdeutlicht, dass die Weltbank auf die Kritik durch andere Akteure in der Umwelt reagierte. Gerade nicht die Mitgliedsstaaten, die die primären Adressaten der Empfehlungen zur Überarbeitung der Alterssicherungssysteme sind, forderten eine Überarbeitung des Berichts und der Empfehlungen, sondern Nicht-Regierungsorganisationen und Experten für soziale Sicherung. Interessant an diesem Beispiel ist ferner, dass die Weltbank diesen Teil ihrer Umwelt offenkundig wahrnimmt und auf deren Kritik reagiert und ihn nicht etwa ignoriert. Auch wurden die Zuständigkeiten für die Überarbeitung des Bericht geändert. Nicht Ökonomen und Finanzexperten, sondern die *Social Protection Unit* legte die Überarbeitung des Berichts vor. Darin wurde zwar an der Tendenz zur Befürwortung privater Finanzierungsmodelle festgehalten, die Empfehlungen waren aber weniger verbindlich und boten dadurch auch weniger Angriffsfläche für Kritiker (Wodsak und Koch 2010).

1.4.3   Weltordnungsgenerierung

Schlussendlich haben Weltorganisationen in einigen Politikfeldern eine ordnungsgenerierende Funktion. Sie setzen Normen und verbindliche Standards für den Welthandel beispielsweise im Rahmen der WTO, sie beobachten die Welt unter dem Gesichtspunkt der guten Regierungsführung wie die Weltbank oder sie entwerfen wie die WHO Pandemiepläne und geben Empfehlungen für weltweite Impfaktionen. Die Ordnungsgenese bleibt nicht notwendigerweise auf ein Politikfeld beschränkt, sondern kann wie im Fall der Weltbank[13] auch mehrere Politikfelder umfassen oder gar mit Blick auf *United Nations Organization* (UNO) eine universelle Zuständigkeit aufweisen, weshalb ja gerade mit Blick auf die UNO von *der* Weltorganisation gesprochen wird (Rittberger 2006). Die ordnungsgenerierende Funktion von Weltorganisationen ist in den Internationalen Beziehungen vergleichsweise gut erforscht, vor allem in der Global Governance-Forschung (vergleichend für viele Karns und Mingst 2010). Das bereits oben eingeführte Beispiel zeigt dies, die Weltbank generiert und etabliert durch das Drei- bzw. Fünfsäulenmodell ein Weltordnungsmodell im Rahmen der Alterssicherung. Dieses Modell war und ist zwar nicht unumstritten, gleichwohl orientieren sich staatliche und nicht-staatliche Akteure gleichermaßen an diesem; entweder, indem sie es vollständig implementieren, sukzessive umsetzen oder aber sich davon abgrenzen. Ein Opponieren gegen die Weltbank lässt sich im Beispiel insbesondere bei nicht-staatlichen Akteuren beobachten, die zwar nicht direkt durch die politischen Programme und Maßnahmen der Weltbank betroffen sind, gleichwohl aber die Weltbank auffordern, das Alterssicherungssystem zu modifizieren und vor allem ein höheres Maß an Flexibilität zu erlauben. Obwohl sich nicht-staatliche Akteure von dem Dreisäulenmodell distanzieren, nehmen sie es als Ausgangspunkt ihrer Kritik und verstärken damit seine Anerkennung als Weltordnungsmodell. Sie fordern keine Abschaffung desselben oder sprechen der Weltbank gar die Legitimität ab, derlei Entscheidungen zu treffen, sondern richten ihre Kritik gegen konkrete Inhalte und Schwächen

---

[13] Die Weltbank beschäftigt sich nicht nur mit Fragen der Armutsreduzierung und konzentriert sich dazu auf Maßnahmen zur Verbesserung der Wirtschafts- und Strukturpolitik, sondern entwirft – wie im Fall des Drei- bzw. Fünfsäulenmodells zur Alterssicherung – auch Vorschläge im Bereich der Sozialpolitik.

des Dreisäulenmodells, das damit als allgemeines Modell bestärkt und durch das Fünfsäulenmodell lediglich modifiziert wird, ohne seine ursprüngliche Gestalt zu ändern (Wodsak und Koch 2010).

Dieses Beispiel weist auf ein weiteres Potenzial von Weltorganisationen hin, womit die Annahme hinterfragt wird, dass Weltorganisationen politische Problemfelder durch Normen, Standards und weitere politische Maßnahmen etc. verregeln und lösen. In erster Linie – so die Hypothese – lösen Weltorganisationen keine globalen Probleme, sondern sie (er-)schaffen und ermöglichen diese überhaupt erst, indem sie diese benennen und zum Gegenstand politischer Programme und Maßnahmen machen. Deutlich wird dies erneut mit Blick auf das genannte Beispiel der Altersicherung. Die Weltbank sieht in diesem Politikfeld ein mögliches Problem für die Staatshaushalte – insbesondere von Entwicklungs- und Transitionsländern. Altersicherung wird zu einem globalen Problem erhoben, das es durch das Drei- bzw. Fünfsäulenmodell zu bekämpfen gilt. Hinzu kommt, dass Weltorganisationen die Akzeptanz globaler Probleme dadurch steigern, dass sie beispielsweise die Vergabe von Finanzhilfen an die Bekämpfung von zuvor identifizierten Problemen knüpfen – unabhängig davon, ob die Empfängerländer dies selbst als Problem perzipieren oder nicht. So mag man in entsprechenden Staaten die hohe Altersarmut als Problem wahrnehmen oder auch nicht, aber sobald beispielsweise finanzielle Hilfen in Aussicht gestellt werden, wenn gleichzeitig Alterssicherungssysteme aufgebaut werden, wird Alterssicherung auch zu einem politischen Problem für Empfängerländer. Sie können diesen Sachverhalt nicht ignorieren, wenn sie nicht riskieren wollen, von weiteren finanziellen Transfers abgeschnitten zu werden.[14] Auf diese Weise konstruieren Weltorganisationen globale Probleme, die sie wiederum durch Weltordnungsprogramme – wie etwa dem Drei- bzw. Fünfsäulenmodell – bearbeiten. Ob diese durch Weltorganisationen identifizierten Probleme als *Welt*probleme wahrgenommen werden, bleibt dabei eine empirische Frage, wenngleich bereits die Bezeichnung eines Problems durch Weltorganisationen einen Referenzpunkt für staatliche und nicht-staatliche Akteure bietet und damit die Emergenz eines Weltproblems vorbereitet.

Mit Blick auf die genannten Merkmale und Dimensionen von Weltorganisationen stellt sich schlussendlich die Frage, welchen wissenschaftlichen Mehrwert dieses Konzept verspricht. Denn gerade die theoretische Konzeptualisierung des dritten Kapitels kann allgemein für internationale Organisationen genutzt werden und erhöht somit die Begründungslast für den hier vorgeschlagenen Begriff. Mit Welt-

---

[14] Damit soll keineswegs Behauptungen Vorschub geleistet werden, die soziale Missstände in der Welt bagatellisieren, es geht vielmehr darum, die ordnungsgenerierende Wirkung von Weltorganisationen und deren Folgen in den Blick zu nehmen.

organisation wird erstens bereits durch den Begriff signalisiert, dass – im Gegensatz zu internationalen Organisationen – die Erklärung nicht bei zwischenstaatlichen Beziehungsgeflechten ansetzt, sondern die Organisation selbst zum Gegenstand der Untersuchung gemacht wird. In diesem Zusammenhang wird zweitens durch den Begriff der Weltorganisation suggeriert, dass auch um das Selbstverständnis geht und damit um die Frage, wie sich Weltorganisationen mit Blick auf *ihre* (Um-) Welt verorten. Drittens – und im Gegensatz zu internationalen Organisationen stehend – begreift dieser Ansatz Weltorganisationen als in die Weltgesellschaft eingebettet. Damit wird insbesondere das Verhältnis zwischen Weltorganisationen und ihrer Umwelt hervorgehoben, die sich gerade nicht ex ante als aus Staaten bestehende Umwelt beschrieben werden kann. Schlussendlich wird viertens mittels der ordnungsgenerierenden Funktion sichtbar, wie Weltorganisationen auf die Weltpolitik einwirken und dazu nicht nur einen Referenzrahmen für staatliches, sondern auch für nicht-staatliches Verhalten schaffen. Gerade der letztgenannte Aspekt schließt an die Global Governance-Forschung an, stellt aber im Gegensatz zu dieser weniger auf das *Regieren* jenseits des Nationalstaats ab, sondern räumt Weltorganisationen einen besonderen Stellenwert in diesem Prozess ein und macht diese selbst zum Forschungsgegenstand. Vor diesem Hintergrund erscheinen Weltorganisationen als ein vielversprechender Gegenstand für die weitere Forschung, den es im Rahmen dieses Sammelbandes zu eruieren gilt.

1.5 Aufbau des Buches

Die nachfolgenden Beiträge beleuchten Weltorganisationen aus unterschiedlichen Perspektiven und fokussieren bestimmte Aspekte von Weltorganisationen. Den Auftakt macht Walter (Kap. 2) mit einer begriffshistorischen Analyse, in der die Genese des Begriffs und dessen Übernahme in die Sprache untersucht wird. Im Anschluss werden in den folgenden drei Beiträgen unterschiedliche Konzeptualisierungen von Weltorganisationen vorgestellt und an Beispielen illustriert. So sprechen Ahrne und Brunsson (Kap. 3) nicht von Weltorganisationen, sondern schlagen mit Meta-Organisationen (s. oben) einen alternatives theoretisches Konzept, mit dem insbesondere auf das Verhältnis von Meta-Organisation zu ihren Mitgliedsorganisationen abgestellt wird. Freistein und Liste (Kap. 4) lassen sich auf den Begriff der Weltorganisation ein und entwerfen einen theoretischen Ansatz, mit dem sich die Umweltbezüge in internationalen Organisationen aufspüren und vermessen lassen. Auf diese Weise lässt sich insbesondere das permanente Prozessieren der Umweltbezüge in Weltorganisationen nachvollziehen, die hier am Beispiel der Vereinten Nationen als *Weltorganisation-im-Kommen* beschrieben werden. Sack und Kessler (Kap. 5) wählen eine andere Perspektive und stellen auf das politische Moment der Sinngebung von Welt ab, mit der sich die Konstitution und Verstetigung von Beobachtungsperspektiven im Rahmen des Menschenrechtsmonitorings in den Blick nehmen lassen. Im Anschluss an diese eher begriffstheoretisch bzw. theoretisch-konzeptionellen Beiträge schließen in einem dritten Schritt stärker empirische Arbeiten an, die den in der Einleitung vorgeschlagenen Begriff der Weltorganisation und die damit in Zusammenhang stehenden Dimensionen auf konkrete internationale Organisationen anwenden und das Konzept somit fruchtbar machen. Geiger (Kap. 6) untersucht hierzu anhand der internationalen Organisation für Migration die drei Dimensionen von Weltorganisationen; Winckler (Kap. 7) beschreibt den weltorganisatorischen Anspruch der Vereinten Nationen im Bereich des Peacekeeping; und Jakobi (Kap. 8) konzentriert sich auf die *Financial Action Task Force on Money Laundering* und die durch sie generierte Weltordnung im Bereich der Geldwäschebekämpfung. In zwei weiteren Beiträgen wird die Dimension der Weltordnungsgenerierung vertieft und erläutert, inwiefern mehrere Weltorganisationen – etwa durch Interaktion – gemeinsam an der Durchsetzung und Implementation globaler Standards mitwirken. Hierzu fokussiert Coni-Zimmer (Kap. 9) die *Corporate Social Responsibility*, während Wiegand und Reinhardt (Kap. 10) die *Internationalen Klassifikation für Funktionsfähigkeit, Behinderung und Gesundheit* thematisieren. Im letzten Beitrag (Kap. 11) werden die Ergebnisse des Sammelbandes resümiert und diskutiert, inwiefern das Konzept der Weltorganisation geeignet ist, um internationale Organisationen zu beschreiben und zu untersuchen. Nachfolgend werden die Beiträge des Sammelbandes in chronologischer Reihenfolge vorgestellt.

Um die Bedeutung und Funktion des Begriffes der Weltorganisation nachzeichnen zu können, konzentriert sich *Jochen Walter* auf das 19. Jahrhundert und die Perzeption der internationalen Sphäre als nichtorganisierte internationale Staatengemeinschaft. Walter geht der These nach, dass dieser nichtorganisierte Zustand der Staatenwelt im Zuge zunehmender zwischenstaatlicher Aggressionen und eines scheinbar unaufhaltsam heraufziehenden Weltkrieges als nicht länger akzeptabel erachtet wird. Um diesen kritischen Zustand zu überwinden, werden Überlegungen angestellt, die die Einführung des Begriffs der Weltorganisation mit sich bringen. Dabei wird der Begriff doppelt eingeführt, zum einen wird er verwendet, um die massiv beschleunigte und intensivierte Globalisierung verschiedener Bereiche der Welt als Prozess zur Weltorganisation zu beschreiben. Da die Staatenwelt aber von diesem Zug zur Weltorganisation noch nicht genügend erfasst worden sei, wird der Begriff der Weltorganisation zum anderen als normatives Programm für die Staatenwelt verwendet. In diesem Sinne müssten die Staaten auf Weltebene organisiert werden, damit unter ihnen der Weltfriede herzustellen wäre. Aus der Kritik der unorganisierten Staatenwelt resultiert ein relativ stabiles Verständnis davon, was unter Weltorganisation zu verstehen und wie diese zu gestalten sei.

Ausgehend von organisationssoziologischen Überlegungen zu Organisationen im Allgemeinen und solchen Organisationen, deren Mitglieder wiederum Organisationen sind, begreifen *Göran Ahrne* und *Nils Brunsson* in ihrem Beitrag internationale Organisationen als Meta-Organisationen. Sie interessieren sich dabei vor allem für die besonderen Merkmale von Meta-Organisationen im Gegensatz zu Organisationen, die auf individuellen Mitgliedschaftsverhältnissen basieren und fragen danach, in welchem Verhältnis Organisationen zu Meta-Organisationen stehen. Sie knüpfen damit an Debatten aus den Internationalen Beziehungen an, die das Verhältnis zwischen internationalen Organisationen und Staaten beschreiben, dazu gehen sie auf die vielfältigen Ordnungsfunktionen von Meta-Organisationen ein und zeigen, welche unterschiedlichen Möglichkeiten Meta-Organisationen haben, um das Verhalten ihrer Mitglieder zu beeinflussen. Auf diese Weise adressiert ihr Beitrag nicht nur die Innenwelt internationaler Organisationen – hier als Meta-Organisationen –, sondern auch das (welt-)ordnungsgenerierende Potenzial, das internationale Organisationen durch ihr Verhältnis zu ihren Mitgliedern und „Noch-Nicht-Mitgliedern" generieren.

Katja Freistein und *Philip Liste* entwickeln in ihrem Beitrag mit dem intertextualen Institutionalismus einen theoretischen Ansatz, um die Konstruktion von Umweltbezügen in internationalen Organisationen sichtbar zu machen. Internationale Organisationen sind in dem Maße Weltorganisationen, wie sie ihre soziale Umwelt als Welt beschreiben und diese in ihren organisationalen Operationen und intertextualen Praktiken attribuieren. Der intertextuale Institutionalismus spannt sowohl eine soziologische als auch eine diskurstheoretische Perspektive auf, indem er das Verhältnis zwischen Organisationen und Umwelt hervorhebt und dazu die (Um-)Weltbezügen durch diskurstheoretische Verfahren aufspürt. Auf diesem Wege werden Organisationen und Diskurs zusammengedacht mit dem Ergebnis, die performative Natur von internationalen Organisationen als Weltorganisationen offen zu legen und detailliert zu vermessen – insbesondere durch die Analyse organisationaler und institutioneller Praktiken. Illustriert werden die theoretischen Überlegungen am Beispiel der Vereinten Nationen, die als *Weltorganisation-im-Kommen* zu verstehen ist, die permanent ihre soziale Welt rekonstruiert.

Der Beitrag von *Detlef Sack* und *Oliver Kessler* behandelt die Rolle von Weltorganisationen im Menschenrechtsmonitoring. Die Autoren betonen in Abgrenzung zu eher klassischen Theorien der Internationalen Beziehungen die Eigenständigkeit internationaler Organisationen und stellen dazu auf das politische Moment der Sinngebung von Welt und damit der Konstitution und Verstetigung von Beobachtungsperspektiven ab, das durch Weltorganisationen geleistet wird. Die Autoren zeigen, wie die Menschenrechte und deren Einhaltung als Beobachtungsperspektiven durch das Menschenrechtsmonitoring verstetigt werden. Gleichzeitig erläutern die Autoren das Leistungsvermögen des Menschenrechtsmonitorings und schließen mit Überlegungen zur Reversibilität von Weltorganisationen, die aus der Kumulation inverser Effekte resultieren kann. Inverse Effekte können etwa durch eine Entlegitimierung des Normenkatalogs, wenn beispielsweise fortwährend ein Nicht-Erreichen der Einhaltung von Menschenrechten dokumentiert wird, oder durch erklärte Devianz vom Normenkatalog entstehen und damit die (welt-) ordnungsgenerierende Funktion von Weltorganisationen untergraben.

Martin Geiger untersucht die *International Organization for Migration* (IOM) als Weltorganisation. Er beschreibt zunächst den Wandel in der Migrationspolitik von einzelstaatlicher Steuerung zu multilateraler Governance, die insbesondere durch die IOM geleistet wird. Geiger beschreibt, dass – obwohl die IOM de facto Migrationsgovernance betreibt – in der Selbstbeschreibung den Begriff des Migrationsmanagements nutzt und damit insbesondere die Verwaltung legaler (Arbeits-)Migration als zentrale Aufgabe betont. Diese Selbstbeschreibung der IOM einerseits sowie ihre (Um-)Weltbeziehungen und Weltordnungsfunktion in der Migrationspolitik andererseits werden kritisch durchleuchtet. Auf diese Weise kann Geiger zeigen, dass die IOM trotz einiger Bemühungen in einem Restriktionsdilemma gefangen bleibt, das durch die Zunahme weltweiter Migrationsströme und dem Streben nach einer liberalen Migrationsordnung einerseits sowie durch die Erwartung restriktiver Managementansätze seitens der Zielstaaten, die gleichzeitig wichtige Auftrag- und Geldgeber der IOM sind, skizziert ist.

Joel Gwyn Winckler fragt in seinem Beitrag, wie die Vereinten Nationen ihren weltorganisatorischen Anspruch des Peacekeeping verwirklichen können. Das Peacekeeping wird als komplexe Unternehmung dargestellt, die durch Differenzierungen hinsichtlich der Semantik, der Umweltbeziehungen und Ordnungsdimension aufgebrochen wird. So wird die Weltsemantik im Hauptquartier der Vereinten Nationen in New York anders verwendet und wahrgenommen als in abgelegenen Dörfern Liberias, Sudans oder Kongos. Die Umwelten variieren gleichermaßen von Mitgliedstaaten bis hin zu kleineren lokalen Einheiten, die häufig politisch fragil sind. Demnach sind auch Peacekeeping-Missionen als Teil einer Weltordnung zu verstehen, deren Umsetzung sich lokal unterschiedlich ausprägt und dabei insbesondere von lokalen bürokratischen Verfahren bzw. der organisatorischen Adaption an lokale Bedingungen abhängt. Um den Prozess der Differenzierung weltorganisatorischen Anspruchs der Vereinten Nationen nachzuvollziehen, entwickelt Winckler ein organisationstheoretisches Schema, das zwischen Kopplung und Kommunikation differenziert, um dadurch das Feld organisationalen Handelns abzustecken. Zur Illustration wird die Rolle des Militärs in Peacekeeping-Missionen einerseits und die Anwendung von *best practices* andererseits vorgestellt, die den weltorganisatorischen Anspruch untermauern.

Anja P. Jakobi befasst sich in ihrem Beitrag mit globalen Standards im Bereich der Geldwäschebekämpfung am Beispiel der *Financial Action Taskforce* (FATF). Obwohl diese inter-gouvernementale netzwerkartige Organisation nie formal bindende Konventionen verabschiedet hat, werden seine Standards weltweit umgesetzt und dadurch eine Weltordnung im Bereich der Geldwäschebekämpfung etabliert. Jakobi analysiert die Arbeit und Wirkungsweise der FATF, indem sie mittels einer quantitativen Netzwerkanalyse der Mitgliedstaaten zeigt, dass die Organisation im Laufe der Zeit weiter und dichter wurde, wobei die Rolle der USA im Lauf der Zeit an Bedeutung verloren hat. Diesem Befund werden die informelleren Strukturen der Mitglieder sowie der Assoziierten im globalen Netzwerk gegenüber gestellt: Während die USA formell eine ähnliche oder gar geringere Bedeutung als andere Mitglieder haben, bleiben sie doch zentraler Akteur im Gesamtnetzwerk. Die fließend verlaufende Netzwerkstruktur ermöglicht über die Bekämpfung illegaler Geldströme und den Zusammenschluss einer Vielzahl sehr verschiedener Akteure hinaus, dass zentrale Akteure – wie die USA – mit anhaltend hohem Einfluss im Hintergrund bleiben können.

Im Beitrag von *Melanie Coni-Zimmer* geht es um die Rolle internationaler Organisationen bei der Verbreitung von *Corporate Social Responsibility* (CSR). Die Autorin bettet ihre Arbeit in der *world polity*-Forschung ein und betont daher das Zusammenwirken verschiedener Weltorganisationen für die Gestaltung von CSR, die Interaktion mit transnationalen Unternehmen und Nicht-Regierungsorganisationen, die an der Politikformulierung und -implementierung beteiligt werden und auf diesem Wege die Diffusion von CSR begünstigt wird. Exemplarisch werden insbesondere die Vereinten Nationen und die Organisation für wirtschaftliche Zusammenarbeit und Entwicklung (OECD) in den Blick genommen, die durch Kooperation untereinander sowie mit anderen internationalen Organisationen die Internalisierung von CSR-Normen bei transnationalen Unternehmen forciert haben und auf diesem Wege zur Weltordnungsgenerierung beitrugen.

Niklas M. Wiegand und *Jan D. Reinhardt* analysieren in ihrem Beitrag den Einfluss von Weltorganisationen auf die Ausbreitung und Implementation der *Internationalen Klassifikation für Funktionsfähigkeit, Behinderung und Gesundheit* (ICF). Ausgehend von dem in der Organisationssoziologie verankerten soziologischen Neoinstitutionalismus untersuchen die Autoren, wie insbesondere die Weltgesundheitsorganisation (WHO) in Kooperation mit der *International Society of Physical and Rehabilitation Medicine* qua ihrer Expertise und ihres humanitären Mandats in der Rehabilitationsmedizin die Durchsetzung der ICF begünstigten. Die WHO fungiert dabei als ein weltgesundheitspolitischer Gatekeeper an der Schnittstelle zwischen Staaten und internationalen Nicht-Regierungsorganisationen (INGOs), der erst dann mit diesen kooperiert und sie an Politikformulierungsprozessen beteiligt, wenn diese Organisationen bestimmte Bedingungen erfüllen. Die Autoren zeigen, dass durch inter-organisationale Kooperation mit INGOs die Ausbreitung und formale Anwendung der ICF verbessert wurde, dass dies aber nicht zwangsläufig die erwartbaren positiven Effekte zeitigte sowie Entkopplungseffekte bei der Implementation der ICF zu beobachten waren.

Im Abschlusskapitel wird vor dem Hintergrund der Erkenntnisse aus den Einzelbeiträgen der analytische Wert des Konzepts der Weltorganisation diskutiert und ausgeflaggt, inwiefern es sich für die weitere Forschung nutzen lässt. Das Konzept mit seinem drei Dimensionen erlaubt zum einen eine differenzierte Untersuchung eines bestimmten Typs internationaler Organisationen, zum anderen wird ein systematischer Vergleich von Weltorganisationen anhand der Dimensionen ermöglicht und eine stärkere Ausdifferenzierung von Weltorganisationen vorbereitet.

Literatur

Ahrne, Göran, und Nils Brunsson. 2005. Organizations and Meta-Organizations. *Scandinavian Journal of Management* 21 (4): 429–449.

Ahrne, Göran, und Nils Brunsson. 2008. *Meta-Organizations.* Cheltenham.

Albert, Mathias. 2002. Zur *Politik Der Weltgesellschaft: Identität und Recht im Kontext internationaler Vergesellschaftung,* Weilerswist.

Albert, Mathias. 2007. Einleitung: Weltstaat und Weltstaatlichkeit: Neubestimmung des Politischen in der Weltgesellschaft. In *Weltstaat und Weltstaatlichkeit. Beobachtung globaler politischer Strukturbildung,* Hrsg. Mathias Albert, und Rudolf Stichweh, 9–23. Wiesbaden.

Archer, Clive. 2001. *International Organizations, 3. Aufl.* London.

Ayres, Robert L. 1983. *Banking on the poor: The world bank and world poverty.* Cambridge, MA.

Barnett, Michael, und Martha Finnemore. 1999. The politics, power, and pathologies of international organizations. *International Organization.* 53 (4): 699–732.

Barnett, Michael, und Martha Finnemore. 2004. *Rules for the world: International organizations in global politics.* Ithaca, London.

Croley, Steven P., und John H. Jackson. 1996. WTO dispute procedures, standard of review, and deference to national governments. *American Journal of International Law* 90 (2): 193–213.

Czempiel, Ernst-Otto. 1991. *Weltpolitik im Umbruch.* München.

Daft, Richard L., und Karl E. Weick. 1984. Toward a model of organizations as interpretation systems. *Academy of Management Review* 9 (2): 284–295.

Dingwerth, Klaus, und Sabine Campe. 2006. Organizing the world – Ein Tagungsbericht. *Zeitschrift für Internationale Beziehungen.* 13 (1): 119–131.

Dingwerth, Klaus, Dieter Kerwer, und Andreas Nölke, Hrsg. 2009a. *Die Organisierte Welt: Internationale Beziehungen und Organisationsforschung,* 1. Aufl. Baden-Baden.

Dingwerth, Klaus, Dieter Kerwer, und Andreas Nölke. 2009b. Einleitung: Internationale Politik und Organisationen. In *Die Organisierte Welt: Internationale Beziehungen und Organisationsforschung,* Hrsg. Klaus Dingwerth, Dieter Kerwer, und Andreas Nölke, 13–37. Baden-Baden.

Emadi-Coffin, Barbara. 2002. Rethinking international organization. *Deregulation and Global Governance.* London u. a.

Ferguson, Yale H., und Richard W. Mansbach. 2004. *Remapping global politics: History's revenge and future shock.* Cambridge, MA.

Finkelstein, Lawrence S. 1995. What is global governance. *Global Governance* 1 (1): 367–372.

Finnemore, Martha. 1996a. Constructing norms of humanitarian intervention. In *The culture of national security,* Hrsg. Peter J. Katzenstein, 153–185. New York, NY.

Finnemore, Martha. 1996b. Norms, culture, and world politics: Insights from sociology's institutionalism. *International Organization.* 50 (2): 325–347.

Greve, Jens, und Bettina Heintz. 2005. Die „Entdeckung" der Weltgesellschaft. Entstehung und Grenzen der Weltgesellschaftstheorie. In *Weltgesellschaft. Theoretische Zugänge und empirische Problemlagen,* Hrsg. Bettina Heintz, Richard Münch, und Hartmann Tyrell, 89–119. Stuttgart.

Joachim, Jutta M. 2004. Framing decisions in the United Nations: The exploitation of the political opportunity structure. In *Decision making within international organizaitons,* Hrsg. Bob Reinalda, und Bertjan Verbeek, 185–198. London.

Kanbur, Ravi, und David Vines. 2000. The world bank and poverty reduction: Past, present and future. In *The world bank: Structure and policies,* Hrsg. Christopher L. Gilbert, und David Vines, 87–107. Cambridge u. a.

Karns, Margaret P., und Karen A. Mingst. 2010. *International organizations: The politics and processes of global governance,* 2. Aufl. Boulder, CO.

Katzenstein, Peter J., Hrsg. 1996. *The culture of national security: Norms and identity in world politics.* New York.

Keck, Margaret E., und Kathryn Sikkink. 1998. *Activists Beyond Borders.* Ithaca, NY.

Keohane, Robert O., und Lisa L. Martin. 1995. The promise of institutional theory. *International Security* 20 (1): 39–51.

Kessler, Oliver. 2009. Towards a sociology of the international? International relations between anarchy and world society. *International Political Sociology* 3 (1): 87–108.

Klein, Eckart. 2004. Die internationalen und supranationalen Organisationen. In *Völkerrecht,* 3. Aufl., Hrsg. Wolfgang Graf Vitzthum, 245–355. Berlin.

Koch, Martin. 2008. *Verselbständigungsprozesse internationaler Organisationen.* Wiesbaden.

Kuhn, Thomas S. 1962. *The structure of scientific revolutions.* Chicago, IL.

Liese, Andrea. 2010. Explaining varying degrees of openness in the food and agriculture organization of the United Nations (FAO). In *Transnational actors in global governance: Patterns, explanations and implications,* Hrsg. Christer Jönsson, und Jonas Tallberg, 88–108. Houndmills, Basingstoke.

Liese, Andrea, und Silke Weinlich. 2006. Die Rolle von Verwaltungsstäben internationaler Organisationen. Lücken, Tücken und Konturen eines (neuen) Forschungsfeldes. In *Politik und Verwaltung. Politische Vierteljahreszeitschrift,* Hrsg. Jörg Bogumil, Werner Jann, und Frank Nullmeier, 491–524. Sonderheft, Wiesbaden.

Lorimer, James. 1884. *The institutes of the law of nations. A treatise of the jural relations of separate political communities,* Vol. 2. Edingburgh, London.

Mearsheimer, John J. 1994–1995. The false promise of international institutions. *International Security* 19 (3): 5–49.

Meyer, John W., und Brian Rowan. 1977. Institutionalized organizations: Formal structure as myth and ceremony. *American Journal of Sociology* 83 (2): 340–363.

Mosler, Hermann. 1962. Die Erweiterung des Kreises der Völkerrechtssubjekte. *Zeitschrift für ausländisches öffentliches Recht und Völkerrecht* 22: 1–48.

Ness, Gayl D., und Steven R. Brechin. 1988. Bridging the gap: International organizations as organizations. *International Organization* 42 (2): 245–273.

Park, Susan. 2010. *World bank group interactions with environmentalists: Changing international organisation identities.* Manchester.

Peters, Dirk, Katja Freistein, und Julia Leininger. 2012. Theoretische Grundlagen zur Analyse Internationaler Organisationen. In: *Handbuch Internationale Organisationen. Theoretische Grundlagen und Akteure,* Hrsg. Katja Freistein, und Julia Leininger, 3–28. München.

Pfeffer, Jeffrey, und Gerald R. Salancik. 1978. *The external contral of organizations: A resource dependence perspective.* New York, NY.

Reimann, Kim. 2006. A view from the top: International politics, norms and the worldwide growth of NGOs. *International Studies Quarterly* 50 (1): 45–67.

Reinalda, Bob. 2001. Private in form, public in purpose: NGOs in international relations theory. In *Non-state actors in international relations,* Hrsg. Bas Arts, Math Noortmann, und Bob Reinalda, 11–40. Aldershot u. a.

Reinalda, Bob, Bas Arts, und Math Noortmann. 2001. Non-state actors in international relations: Do they matter?. In *Non-state actors in international relations,* Hrsg. Bas Arts, Math Noortmann, und Bob Reinalda, 1–8. Aldershot u. a.

Reinsch, Paul S. 1911. *Public international unions: Their work and organization.* Boston, MA.

Rittberger, Volker. 2006. Weltorganisation in der Krise – Die Vereinten Nationen vor radikalen Reformen. In *Weltordnung durch Weltmacht oder Weltorganisation?,* Hrsg. Volker Rittberger, 41–62. Baden-Baden.

Rittberger, Volker, Martin Mogler, und Bernhard Zangl. 1997. *Vereinte Nationen und Weltordnung.* Opladen.

Rittberger, Volker, und Bernhard Zangl. 2003. *Internationale Organisationen – Politik und Geschichte,* 3. Aufl. Opladen.

Rittberger, Volker, Bernhard Zangl, und Matthias Staisch. 2006. *International organization – polity, politics and policies.* Houndmills, Basingstoke.

Schücking, Walther. 1908. Die Organisation der Welt. In *Festgabe für Paul Laband,* Hrsg. Wilhelm van Calker, 533–614. Tübingen.

Scott, W. Richard. 1992. *Organizations: Rational, natural, and open systems,* 3. Aufl. Englewood Cliffs, NJ.

Seidl-Hohenveldern, Ignaz, und Gerhard Loibl. 1996. *Das Recht der internationalen Organisationen einschließlich der supranationalen Gemeinschaften,* 6. überarb. Aufl. Köln u. a.

Senghaas, Dieter. 1992. Weltinnenpolitik – Ansätze für ein Konzept.*Europa-Archiv.* 47: 543–652.

Union of International Associations. 2009. *Yearbook of international organizations* 2009/2010. München.

Virally, Michel. 1977. Definition and classification: A legal approach. *International Social Science Journal* 29 (1): 58–72.

Walker, Robert B. 1993. *Inside/Outside: International relations as political theory.* Cambridge.

Weaver, Catherine. 2008. *Hypocrisy trap: The world bank and the poverty of reform*. Princeton, NJ.

Weick, Karl E. 1979. *The social psychology of organizing*, 2. Aufl. Reading, MA.

Weick, Karl E. 1995. *Sensemaking in organizations*. Thousand Oaks. CA.

Wendt, Alexander. 2003. Why a world state is inevitable. *European Journal of International Relations* 9 (4): 491–542.

Wodsak, Veronika, und Martin Koch. 2010. From three to five—the World Bank's pension policy norm. In *Owning Development*, Hrsg. Susan Park, und Antje Vetterlein, 48–69. Cambridge.

World Bank. 1960. *Articles of agreement of international development association (IDA)*. Washington.

World Bank. 1980. *World development report 1980: Poverty and human development*. Washington D.C.

World Bank. 1992. *Governance and development*. Washington, DC.

World Bank. 1995. *Averting the old age crisis: Policies to protect the old and promote growth*, 2. Aufl. Washington, DC.

World Bank. 2007. *Working for a world free of poverty*. Washington, D.C.

Zürn, Michael. 1998. *Regieren jenseits des Nationalstaats*. Frankfurt am Main.

Organisation der Welt und Weltorganisation – Ein begriffsgeschichtlicher Abriss

Jochen Walter

2.1 Einleitung

Obgleich sich der Begriff Weltorganisation regelmäßig in verschiedenen diskursiven Zusammenhängen finden lässt, hat er in der Literatur bis dato nur relativ wenig explizite Aufmerksamkeit erfahren. Als Begriff ist er weitestgehend un(ter) bestimmt, ganz im Gegensatz etwa zum Organisationsbegriff oder zu dem der internationalen Organisation, die ganze disziplinübergreifende Forschungszweige begründet haben.[1]

Nähert man sich, wie provisorisch auch immer, dem Begriff der Weltorganisation über so etwas wie eine Rekonstruktion eines zeitgenössischen, öffentlich-politischen Allgemeinverständnisses, scheint er für die meisten Beobachter wenig problematisch oder nicht besonders erklärungsbedürftig zu sein. Insbesondere die Organisation der *Vereinten Nationen* (UNO) wird konsequent als Weltorganisation wahrgenommen und bezeichnet.[2] Auch die der UNO zugeordneten Teil- und Sonderorganisationen, wie etwa der *Internationale Währungsfond* (IWF) oder die

---

[1] Hier soll gar nicht der Versuch unternommen werden, die jeweilige Forschungsliteratur repräsentativ abzudecken. Verwiesen sei hier nur ganz global auf solche Werke, die gute Einblicke in die jeweilige Forschungslandschaft gewähren: Für die Organisationsforschung wäre dies etwa Sanders und Kianty (2006), für die Erforschung und Geschichte internationaler Organisationen Hurd (2010); Rittberger und Zangl (2003).

[2] Bezeichnend ist hier etwa der Eintrag zum Begriff „Weltorganisation" in Manfred G. Schmidts „Wörterbuch zur Politik", der wie folgt lautet: „Weltorganisation → Vereinte Nationen" (Schmidt 1995, S. 1068).

J. Walter (✉)
Mühlenstr. 62, 33607 Bielefeld, Deutschland
E-Mail: jochen.walter7@googlemail.com

M. Koch (Hrsg.), *Weltorganisationen*, DOI 10.1007/978-3-531-18977-2_2,
© VS Verlag für Sozialwissenschaften | Springer Fachmedien Wiesbaden 2012

World Health Organization (WHO), sowie einige andere Organisationen mit universellem Zuschnitt, wie etwa die *World Trade Organization* (WTO), werden in den politischen, wissenschaftlichen oder massenmedialen Diskursen häufig mit dem Begriff belegt. Dies erscheint dann besonders plausibel zu sein, wenn diese den Weltbezug direkt im Namen tragen, wenn also der Anspruch auf die Zuständigkeit für die Welt aktiv erhoben wird.

Als typisch für die so bezeichneten Organisationen wird die Kombination von (zumindest prinzipiell) universeller Mitgliedschaft sowie globaler Reichweite ihrer je thematisch definierten Handlungskompetenz erachtet. Die UNO soll, als Zusammenschluss beinahe aller Nationalstaaten der Erde, primär den Weltfrieden sichern bzw. organisieren (s. Winckler, in diesem Bd.), die WHO soll sich um die Weltgesundheit kümmern und globale Gesundheitsmaßnahmen initiieren, die WTO soll den möglichst reibungslosen Ablauf des Welthandels bzw. der Weltwirtschaft gewährleisten.

Weltorganisationen, so könnte man dies holzschnittartig für ein solches Allgemeinverständnis skizzieren, beobachten und bearbeiten die Welt – für ihr jeweiliges Thema – als Ganzes und müssen, um dies tun zu können, weltweit allen maßgeblichen Akteuren offen stehen. Sie sind ein Gebilde mit Akteursqualität und bemühen sich um die *Organisation der Welt*. Mit ihrem globalen Beobachtungsmodus produzieren sie verschiedene Welten (Goodman 1984, S. 20–30), die sie dann durch je eigene organisierende Operationen kleinarbeiten bzw. handhabbar machen. Die WHO bringt beispielsweise Gesundheit überhaupt erst als ein Thema von weltweiter Relevanz auf die Tagesordnung und regt damit neue, nämlich globale, Beobachtungsmaßstäbe an, die dann in die weltöffentliche Wahrnehmung eingespeist werden.[3] Weltorganisationen treiben so Globalisierungsprozesse voran, deren Resultat und/oder Auslöser sie gleichzeitig sind.

Begibt man sich von einem solchen Allgemeinverständnis auf die Ebene des Begriffes selbst, lassen sich einige interessante Fragen formulieren: Was organisiert die Weltorganisation denn eigentlich und wer tut dies in wessen Namen? Wird die Welt *als Ganzes* durch eine solche Organisation organisiert – und was bedeutet das? – oder nur bestimmte Aspekte oder Teilbereiche? Können mehrere Organisationen die Welt organisieren oder ist die Welt sogar als eine große Organisation denkbar? Die Beantwortung dieser Fragen hängt von dem jeweiligen Verständnis der beiden Begriffe *Welt* und *Organisation* sowie von deren Kombination ab. Versteht man etwa Organisation ganz allgemein als eine aktiv-dynamische soziale Operation im Sinne von etwas organisieren, ordnen, regeln, strukturieren etc. – und damit nicht als *Akteur*, sondern als *Aktion* – und Welt als Gesamtzusammen-

---

[3] Siehe hierzu auch die Einleitung von Koch in diesem Band.

hang aller materiellen und immateriellen Phänomene und Dinge, ist Organisation immer Organisation *in der Welt* und damit auch Organisation *der Welt.* Welt wird auch organisiert, wenn die Welt nicht als Ganzes bearbeitet wird, sondern nur ein oder mehrere Teilaspekt(e). Versieht man die Begriffe Welt und Organisation mit anderen, etwa theoretisch gehaltvolleren Inhalten, verschiebt sich auch die Bedeutung des Gesamtbegriffes. Die oben skizzierten Fragen würden je unterschiedlich beantwortet werden. Dies ließe sich im Sinne einer dekonstruierenden Lektüre auf vielfache Weise durchexerzieren.[4]

Dieser Weg soll hier aber nicht verfolgt werden. Vielmehr soll im Folgenden untersucht werden, wie der Begriff der Weltorganisation in die Sprache kommt und welche Funktion er dabei erfüllt. Beschrieben werden soll die Genese des Begriffs bis zu seiner Einführung in die Sprache, die ungefähr auf die Jahrhundertwende des 19./20. Jahrhunderts datiert werden kann. Schnell erhält er eine relativ konkrete Konzeptualisierung, die bis zur Etablierung der UNO nur noch leicht variiert wird. Um die Bedeutung und Funktion des Begriffes der Weltorganisation verstehen zu können, ist es insbesondere nötig, die der Einführung des Begriffes vorhergehenden – und für das 19. Jahrhundert üblichen – Interpretationen der internationalen Sphäre als nichtorganisierte internationale Staatengemeinschaft darzulegen (Kap. 2). Um dies plausibel zu machen, soll zunächst ein kurzer Überblick über das 19. Jahrhundert gegeben (2.2.1) und die Einführung des Organisationsbegriffes in den politisch-sozialen Sprachgebrauch skizziert werden (2.2.2). Der Organisationsbegriff wird Mitte des 19. Jahrhunderts zur Beschreibung der Staatenwelt als nichtorganisierte internationale Gemeinschaft herangezogen (2.2.3.1). Dieser nichtorganisierte Zustand der Staatenwelt – so eine zentrale These dieses Textes – wird im Zuge zunehmender zwischenstaatlicher Aggressionen und eines scheinbar unaufhaltsam heraufziehenden Weltkrieges von vielen Autoren als nicht länger akzeptabel erachtet (2.2.3.2). Pläne zur Überwindung dieses defizitären Zustandes führen schließlich zur Einführung des Begriffs der Weltorganisation. Dies geschieht gleich doppelt: Der Begriff wird einerseits verwendet, um die massiv beschleunigte und intensivierte Globalisierung verschiedener Bereiche der Welt als Prozess zur Weltorganisation zu beschreiben (2.3.1). Da die Staatenwelt andererseits von diesem Zug zur Weltorganisation noch nicht genügend erfasst worden sei, wird der Begriff der Weltorganisation als normatives Programm auf die Staatenwelt angewandt: Die Staaten müssten auf Weltebene organisiert werden, um den Weltfrieden herzustellen. Aus dieser Kritik der Staatenwelt resultiert ein relativ stabiles Verständnis da-

---

[4] Dekonstruktion verstanden als ineinandergreifender Doppelschritt von Destruktion und Konstruktion: Begriffe werden in ihre Bestandteile zerlegt und ganz fundamental auf ihre Bedeutung(en) hin befragt, um diese dann auf neue, oft überraschende und widersprüchliche Weise neu zusammenzufügen (vgl. Derrida 1986, S. 38).

von, wie eine Weltorganisation zu gestalten sei (2.3.2). In einer Schlussbetrachtung
sollen die wesentlichen Ergebnisse zusammengefasst und ein kurzer Ausblick gegeben werden (2.4).

2.2 Die Beschreibung der (Staaten-) Welt als internationale Gemeinschaft

In welcher historischen Konstellation findet der Begriff der Organisation Eingang
in die politisch-soziale Sprache und auf welche Art(en) und Weise(n) wird er daran anschließend zur Interpretation der internationalen Sphäre herangezogen? Dies
gilt es im Rahmen dieses Kapitels zu klären.

2.2.1 Politisch-soziale Grundkonstellationen im 19. Jahrhundert

Das 19. Jahrhundert lässt sich in vielerlei Hinsicht unter dem Aspekt der „Verwandlung der Welt" (Osterhammel 2009) und gleichzeitig als Geburtsstunde der modernen, globalisierten Welt beschreiben (vgl. Bayly 2004, Kap. 6).[5] Maßgeblich von den
Nachwehen der Französischen Revolution geprägt, ist es ganz wesentlich durch die
Spannung zwischen einem florierenden, oftmals aggressiven Nationalismus und
einem gleichzeitig aufblühenden Internationalismus gekennzeichnet. Das 19. Jahrhundert ließe sich zugleich als Epoche der Nation und des Nationalismus als auch
als ein (zunehmend) globaler werdendes Zeitalter charakterisieren (Herren 2009,
S. 3). Restaurativ-konservative, nationalistische, liberale und sozialistische Ideen
wirken gleichzeitig, manchmal mit- meistens jedoch gegeneinander.
   Die nach dem Wiener Kongress 1815 einsetzende verhältnismäßig lange Phase
des (relativen) zwischenstaatlichen europäischen Friedens lieferte zunächst güns-
tige Voraussetzungen für den weiteren und massiven Ausbau der Weltwirtschaft
(vgl. Osterhammel und Petersen 2006, S. 60–63).[6] Mit der Französischen Revolution hatte das Weltwirtschaftssystem in Form des Liberalismus eine schlüssige ideo-
logische Unterfütterung erhalten, die es entscheidend stabilisierte und den freien
Weltmarkt im weiteren Verlauf endgültig zur Realität werden ließ (vgl. Wallerstein

---

[5] Siehe zur Problematik des Ziehens von Epochengrenzen – und insbesondere für das 19.
Jahrhundert – eindrücklich Osterhammel (2009, S. 84–89).

[6] Laut Marx sei es das Kapital selbst, dem die Tendenz inhärent sei „den Weltmarkt zu schaffen", jede Grenze erscheine ihm „als zu überwindende Schranke" (Marx 2005 [1858], S. 321).

1998, S. 313–315; Foucault 2004b, S. 81–111). Ungefähr gleichzeitig verbreitete sich das europäische (National-) Staatenmodell schrittweise über den gesamten Globus. Der durch die Industrialisierung und ökonomische Globalisierung beförderte technische Fortschritt, insbesondere der Kommunikations- und Transporttechnologien, erleichterte und beschleunigte grenzüberschreitende, ja weltweite, Kontaktnahmen und einen regen Informations-, Wissens- und Warenaustausch, woraus laut Alfred Fried ein so noch nicht gekanntes „internationales Leben" resultierte: „Die Maschine hat den Weltverkehr gezeitigt und dieser hatte die Weltwirtschaft, den Welthandel, die Weltpolitik zur Folge" (Fried 1908, S. 1). Die große technische Umwälzung führe zur „Weltverkleinerung" (Fried 1908, S. 1; s. auch Fröbel 1861b, S. 342).

Ab der Mitte des 19. Jahrhunderts wurden in großer Zahl transnationale Unternehmungen, internationale Organisationen und internationale Nichtregierungsorganisationen gegründet, die neben die Staaten traten, die bis dato die allein maßgeblichen Instanzen auf der weltpolitischen Bühne darstellten. Sie ergänzten die Staatenwelt und übernahmen für diese Funktionen, die die vornehmlich egoistisch agierenden Nationalstaaten weder angemessen beobachten noch bearbeiten konnten. Geregelt und standardisiert wurden durch verschiedene internationale Organisation etwa der weltweite Postverkehr, das Telegraphenwesen, die Schifffahrt auf verschiedenen europäischen Flüssen oder der Umgang mit Kriegsverwundeten (vgl. Herren 2009, S. 15–49; Iriye 2004, S. 9–36; Osterhammel 2009, S. 724). Parallel zu diesen Entwicklungen gewann die Friedensbewegung an Boden; 1848 trat der erste Weltfriedenskongress in Brüssel zusammen (vgl. Gollwitzer 1972, S. 433–445). Die Friedensbewegung unternahm den Versuch, der Allgemeinheit ins Bewusstsein zu rufen, „wie sehr die wirtschaftliche, wissenschaftliche und technische Verflechtung der Welt fortgeschritten sei und eine Veränderung des Stils und der Methoden der internationalen Politik notwendig mache" (Gollwitzer 1972, S. 434).

Weltperspektiven spielten sich so auf verschiedenen (Beobachtungs-) Ebenen ein und erweiterten den bis dahin auf die Staaten fokussierten Blick. Doch die zweite Hälfte des 19. Jahrhunderts ist ebenso durch die Abfolge mehrerer Kriege geprägt, an denen verschiedene europäische Großmächte beteiligt waren.[7] Rasant steigende Rüstungsausgaben und ein den übersteigerten Nationalismus nach Außen tragender aggressiver Imperialismus trieben die Bestandteile des europäischen Staatensystems weiter auseinander. Die integrativen Impulse der internationalen Unternehmungen und Ideen konnten die zwischenstaatlichen Konflikte und Gegensätze nicht im entscheidenden Maße abmildern oder aufheben; das sich immer weiter professionalisierende Völkerrecht die verschiedenen zwischenstaat-

---

[7] Nämlich der Krimkrieg (1853–1856), der Italienische Krieg (1859), der Deutsch-Dänische Krieg (1864), der Deutsche Krieg (1866), der Deutsch-Französische Krieg (1870–1871) (vgl. Osterhammel 2009, S. 674).

lichen Gewaltausbrüche nicht verhindern. Wie Jürgen Osterhammel feststellt, stelle die Zeit nach 1871 ein Paradoxon dar, denn spätestens ab diesem Zeitpunkt „gab es selbst die einfachsten Institutionen und die elementarsten Werte der Friedenssicherung nicht mehr, und dennoch herrschte in Europa abermals 43 Jahre lang Frieden" (Osterhammel 2009, S. 675).

Die Haager Friedenskonferenzen 1899 und 1907 sollten der Regelung und Befriedung der internationalen Verhältnisse dienen und einige erfolgte Beschlüsse und Abkommen deuteten in diese Richtung. Die Gründung des Haager Schiedsgerichts (1899) und die Einführung der Haager Landkriegsordnung (1907) weckten vielerorts Hoffnungen auf eine Besserung der Verhältnisse. Mit dem Ausbruch des Ersten Weltkriegs (1914) wurden diese Hoffnungen freilich hinfällig.

2.2.2 Die Einführung des Organisationsverständnisses in die politisch-soziale Sprache

Ungefähr ab der Mitte des 19. Jahrhunderts wurde der Organisationsbegriff im Zusammenhang mit dem Staatensystem verwendet bzw. auf diese Ebene angewendet. Zuvor tauchte er bereits in anderen Kontexten auf:

Der Begriff der Organisation wurde im Zuge der Französischen Revolution in den politisch-sozialen Sprachgebrauch eingeführt (Böckenförde und Dohrn-VanRossum 1978, S. 566; Türk et al. 2006, S. 100–106).[8] Wie Türk et al. feststellen „beziehen sich ‚Organisation' bzw. ‚Organisieren' zunächst auf die politische Neuordnung des staatlichen Gebildes und auf die Reflexion seiner verfassungsmäßigen Grundlagen" (Türk et al. 2006, S. 101). Mit einem aktiv-dynamischen Impetus versehen, bedeutete Organisation (durch den Staat bzw. des Staates) Veränderung, Formung, Gestaltung, Regelung oder Umbildung der politisch-sozialen und institutionellen Verhältnisse (Böckenförde und Dohrn-VanRossum 1978, S. 566/567, 579). Organisation (des Staates), so verstanden als Organisieren, implizierte die Verhältnisse zu gestalten, die Menschen zur friedlichen Koexistenz anzuleiten und einen geregelten wirtschaftlichen, kulturellen, politischen etc. Ablauf in Gang zu bringen, zu kanalisieren und *im Fluss* zu erhalten (Foucault 2004a, S. 469/470).[9]

---

[8] Davor war er ganz vorwiegend in naturwissenschaftlichen Zusammenhängen zu finden oder wurde rein metaphorisch verwendet (vgl. Böckenförde und Dohrn-Van Rossum 1978, S. 566).

[9] Im deutschsprachigen Raum haben insbesondere Kant, Fichte und Hegel den Staat für den Sprachgebrauch prägend als Organisation/„organisiertes Ganzes" bzw. Organismus beschrieben, wenn auch mit teils deutlich differierender Stoßrichtung (Böckenförde und Dohrn-Van Rossum 1978, S. 579–585).

Bald wurde der Organisationsbegriff vom vornehmlichen Bezug auf den Staat abgelöst und auch zur Beschreibung anderer sozialer Phänomene angewandt: Organisation wurde dann als solch ein Zusammenschluss vieler verstanden, „die gleiche Zwecke verfolgen" (Böckenförde und Dohrn-Van Rossum 1978, S. 613): Als Begriff findet er Verwendung, „wo immer es um die Gründung oder Neueinrichtung von Institutionen ging" (Türk et al. 2006, S. 101). Zunehmend erscheint Organisation „als aktiv-dynamischer Wirkungszusammenhang von Willensverhältnissen, wird vollends ein Bewegungsbegriff" (Böckenförde und Dohrn-Van Rossum 1978, S. 613). Das Verständnis der Organisation als ein „aktionsfähiges, auf Ziele hin lenkbares Gebilde" (Böckenförde und Dohrn-Van Rossum 1978, S. 613) wird etwa von der aufblühenden Arbeiter- und Gewerkschaftsbewegung aber auch von anderen gesellschaftlichen Kräften aufgenommen.[10]

Nach und nach wird der Organisationsbegriff auch zum „Grundbegriff zwischenmenschlicher Aktivität" (Böckenförde und Dohrn-Van Rossum 1978, S. 620) überhaupt erweitert, der die „Einheits- und Gemeinschaftsbildung" (Böckenförde und Dohrn-Van Rossum 1978, S. 620) dirigiert.

> Organisation definiert nicht mehr eine feststehende Zuordnung und ein statisches Gliederungsprinzip, sondern sie ist eine willentliche und bewußte Tätigkeit, die sich an der Realisierung von Zwecken orientiert – und zugleich das Ergebnis dieser Tätigkeit, das seinerseits verändert und fortentwickelt, d. h. organisiert werden kann und muss. (Türk et al. 2006, S. 103)

Organisation wird zur Beschreibung und Interpretation einer Vielzahl von Phänomenen angewendet und kann sowohl als aktives Tun (*etwas Organisieren*) als auch passiv (*das Ergebnis dieses Organisierens*) verstanden werden.

2.2.3 Die Beschreibung der Staatenwelt als nicht-organisierte internationale Gemeinschaft und deren Überwindung

Die generelle konzeptuelle Öffnung und der Bezug des Organisationsbegriffs auf weitere gesellschaftliche Bereiche, erlaubte auch dessen Anwendung auf die internationale Sphäre bzw. auf die (Staaten-) Welt als Ganzes. Zunächst einmal geschah dies in der völkerrechtlichen Literatur im Zuge eines Negativbefundes mit der Be-

---

[10] So spricht Marx etwa von der „Organisation der Proletarier zur Klasse" (Marx 2008 [1872], S. 346): „Das Proletariat wird seine politische Herrschaft dazu nutzen, der Bourgeoisie nach und nach alles Kapital zu entreißen, alle Produktionsinstrumente in den Händen des Staats, d. h. des als herrschende Klasse organisierten Proletariats, zu zentralisieren und die Masse der Produktionskräfte möglichst rasch zu vermehren" (Marx 2008 [1872], S. 355).

obachtung und Beschreibung der Staatenwelt als *un-* oder *nichtorganisierter internationaler Gemeinschaft* (2.2.3.1). Zur Überwindung dieses als gefährlich beobachteten Zustandes wird die *Organisation der Welt* gefordert, die maßgeblich durch das Völkerrecht sowie internationale Organisationen in Stand gesetzt werden soll (2.2.3.2).

2.2.3.1 Die völkerrechtliche Beobachtung der (Staaten-) Welt als un- oder nichtorganisierte internationale Gemeinschaft

Die völkerrechtliche Literatur des 19. Jahrhunderts wird durch einen zentralen Selbstzweifel geprägt, der um die Frage kreist, ob es so etwas wie ein Völkerrecht überhaupt gebe bzw. geben könne.[11] Die Beantwortung dieser Frage hängt ganz wesentlich von der Interpretation der Stellung der Staaten für sich und zueinander ab.

Hegel hatte die Frage nach der Existenz eines Völkerrechts im Rahmen seiner Rechtsphilosophie prominent verneint und die Verhältnisse selbstständiger Staaten stattdessen als „äußeres Staatsrecht" (Hegel 1999 [1821], S. 212) bestimmt. Der Staat verstanden als „Wirklichkeit der sittlichen Idee" (Hegel 1999 [1821], S. 207), stellt für Hegel die höchste Ebene, die „absolute Macht auf Erden" (Hegel 1999 [1821], S. 284) dar und „ein Staat ist folglich gegen den anderen in souveräner Selbstständigkeit (Hegel 1999 [1821], S. 284). Zwar stehe der Staat grundlegend in Beziehung zu anderen Staaten, die es auch anzuerkennen gelte, doch die daraus resultierenden Verhältnisse würden von der „beiderseitigen selbstständigen Willkür" (Hegel 1999 [1821], S. 285) bestimmt und könnten höchstens die Form von Verträgen annehmen. Für Hegel gibt es „keinen Prätor, höchstens Schiedsrichter und Vermittler zwischen Staaten, und auch diese nur zufälligerweise, d. i. nach besonderen Willen" (Hegel 1999 [1821], S. 284). Der Staat sei die höchste Entfaltung des menschlichen Willens, eine politische Entwicklungsstufe jenseits des Staates erscheint Hegel widersinnig.

Viele völkerrechtliche Autoren greifen dieses Denken auf. Adolf Lasson stellt etwa fest, dass ein Staat sich „niemals einer Rechtsordnung wie überhaupt keinem Willen ausser ihm unterwerfen" könne (Lasson 1871, S. 22). Und weiter:

> Eine Rechtsordnung mit zwingender Gestalt, der die Staaten unterworfen wären, wäre selber ein Staat, und die ihr unterworfenen Staaten wären nun vielmehr keine Staaten mehr, sondern Unterthanen. Statt der vielen Staaten hätten wir somit einen Universalstaat, und der kann doch und soll nicht sein. (Lasson 1871, S. 23)

---

[11] Diese Frage reicht zugleich wesentlich weiter in die Geschichte des Völkerrechts zurück und könnte so gesehen, als dessen Ausgangsparadoxie bezeichnet werden, s. für das moderne Völkerrecht des 19./20. Jahrhunderts Koskenniemi (2001).

Den Zustand zwischen den Staaten beschreibt Lasson als Naturzustand des unausgesetzten Kriegs (Lasson 1871, S. 36). Zwischen ihnen könne es weder eine rechtliche noch eine sittliche Gemeinschaft geben, allein eine brüchige „Gemeinschaft der Interessen" könne konstatiert werden, die primär um das Friedensbedürfnis kreise (Lasson 1871, S. 43). Doch motiviert sei dieses Friedensbedürfnis allein durch einen klugen Egoismus, die „hohen Ideale von Sittlichkeit, Gerechtigkeit, Menschlichkeit sind nicht für den Staat da" (Lasson 1871, S. 53). Das *sogenannte* Völkerrecht sei immer nur ein prekäres Recht, „ein Förderungsmittel für die Staaten" (Lasson 1871, S. 49), das so lange eingehalten werde, wie es den jeweiligen Interessen diene. Insbesondere zur Erlangung bestimmter wirtschaftlich-materieller Interessen würden zumindest temporär Abkommen und *Befreundungen* zwischen Staaten geschlossen. Ansonsten walten laut Lasson mechanische Kräfte in der zwischenstaatlichen Sphäre, in der sich entweder ein Gleichgewicht entwickle oder der Stärkere den Schwächeren unterwerfe oder sich einverleibe (Lasson 1871, S. 35, 56–75). Das *wirkliche* Völkerrecht sei so gesehen einfach das Recht des Stärkeren.

Als Richtmaß für ein *echtes* Recht wird so in den meisten Fällen das staatlich verfasste und sanktionierte Recht angesehen, das von einer übergeordneten, gesetzgebenden Instanz erlassen und von sanktionsbewehrten Exekutivorganen verbindlich um- und durchgesetzt werde.

Wie Henry Wheaton in seinen „Elements of International Law" von 1855 feststellt, existiere in der „great society of nations [...] no legislative power, and consequently there are no express laws" (Wheaton 1855, S. 1). Im Vergleich mit der staatlichen Ordnung erscheint die zwischenstaatliche Sphäre vielen Autoren zwangsläufig als defizitär bzw. als nur primitiv ausgebildet (Maine 1863, S. 126).[12] Geprägt sei sie laut Johann Caspar Bluntschli ganz wesentlich durch das „Nebeneinanderbestehen der verschiedenen Staaten" (Bluntschli 1872, S. 20). Robert von Mohl spricht von einer völkerrechtlichen „*Verbindung* zur Ordnung des Nebeneinanderbestehens der gleichzeitigen, an sich von ein ander unabhängigen Völkerorganismen" (von Mohl 1962 [1860], S. 583).

Dieses Nebeneinander der Staaten wird in der völkerrechtlichen Literatur des 19. Jahrhunderts mehrheitlich mit dem Begriff der internationalen (Staaten-) Ge-

---

[12] So stellt etwa Lassa Francis Lawrence Oppenheim etwas später fest, „that the absence of a legislature in the relations of States can be explained only by reference to the assumption that their relations are those of a primitive community" (Oppenheim 1967 [1905], S. 9). Die völkerrechtliche Sphäre wurde und wird so oder ähnlich immer wieder mit einer primitiven, staatenlosen, segmentär differenzierten Stammesgesellschaft verglichen. Siehe etwa Barkun (1968); Masters (1964).

meinschaft bzw. Gesellschaft belegt.[13] Im Grunde bezeichnet der Begriff der internationalen Gemeinschaft zunächst einmal die auf der Gleichheit der souveränen Staaten beruhende segmentäre Ordnung. Die Staaten bilden eine Gemeinschaft, da sie etwas *gemein* haben: die Existenz als unabhängige, souveräne Gebilde.[14] Wie Georg Jellinek feststellt, trete in die „natürliche Gemeinschaft der Staaten […] jeder Staat durch sein blosses Dasein ein, dadurch, dass er einen organisierten Theil der Menschheit repräsentiert" (Jellinek 1882, S. 99). Sie bilde quasi den nicht hintergehbaren Urgrund oder Naturzustand der Staatenwelt. Man könnte, in loser Anlehnung an Niklas Luhmann, auch von einem medialen Substrat – verstanden als loser Kopplung zwischen Elementen – sprechen, aus dem sich konkrete Formen – verstanden als Verknüpfungen von Elementen – realisieren (Luhmann 1997, S. 196–202). Die natürliche Gemeinschaft der Staaten sei weitestgehend virtuell bzw. potentiell, ihr fehle *etwas*, um real zu werden (vgl. Levi 1951, S. 15). Laut Jellinek bedürfe ein Staat der Anerkennung der anderen Staaten, um in die internationale Rechtsgemeinschaft aufgenommen zu werden (Jellinek 1882, S. 99). Die gegenseitige implizite oder explizite Anerkennung als souveräne Staaten stifte die Rechtsgemeinschaft, die sich aus der natürlichen Gemeinschaft empor erhebe. Die Rechtsgemeinschaft bilde die Grundlage für den wie auch immer gearteten Austausch und die engere Verknüpfung zwischen den Staaten. Der Einzelstaat sei so auf „allen Gebieten seines Daseins und Wirkens […] durch die Gesammtheit der anderen" (Jellinek 1882, S. 93) bedingt und damit Teil einer Gemeinschaft. Eine solche sei „überall da vorhanden, wo es Verkehr gibt. Mit einander verkehren können nur Wesen, die irgend ein gemeinsames Band umschlingt" (Jellinek 1882, S. 94).

Die in Gemeinschaft gestellten Staaten würden je für sich nach dem Besten streben, doch dies sei nur im grundlegenden Bezug zu den anderen, das heißt, mit und durch diese zu erreichen. Robert Phillimore beschreibt dies wie folgt:

As it is ordained by God that the individual man should attain to the full development of his faculties through his intercourse with other men, and that so a people should be formed, so it is divinely appointed that each individual society should reach that degree of perfection of which it is capable, through its intercourse with other societies. (Phillimore 1854, S. 48)

---

[13] Die Begriffe Gemeinschaft, Gesellschaft oder auch Genossenschaft werden dabei zunächst noch weitestgehend synonym verwendet, was unter anderem auch daran liegt, dass die Unterscheidung von Gemeinschaft und Gesellschaft erst mit dem Soziologen Ferdinand Tönnies (2005 [1887]) in die wissenschaftliche Debatte eingeführt wird. Das Völkerrecht bleibt davon zunächst weitestgehend unberührt.

[14] Es handelt sich um eine naturrechtliche Konstruktion, die analog zur Annahme der *einen* Menschheit aufgebaut ist, die durch das geteilte Menschseins gegeben sei. Mit den Worten Bluntschlis: „Die gemeinsame Menschennatur ist das natürliche Band, welches alle Völker zur Einen Menschheit verbindet" (Bluntschli 1872, S. 58).

Friedrich von Martens zielt auf etwas ganz Ähnliches ab, wenn er die internationale Gemeinschaft als „freie Verbindung unter den Staaten zur Erreichung der höchsten Ausbildung ihrer Kräfte und Befriedigung ihrer vernünftigen Bedürfnisse durch gemeinsame Thätigkeit" (von Martens 1883, S. 200) bestimmt. Sie konstituiere „unter den Nationen eine Rechtsordnung, welche die Selbstständigkeit und volle Entwicklung jedes Staates im Einklang mit den Rechten und Interessen der anderen garantieren soll" (von Martens 1883, S. 205; vgl. Bluntschli 1872, S. 20; Treitschke 1898, S. 546). Aus der zwingend notwendigen Bezugnahme zu den anderen Staaten fließen ebenso zwingend bestimmte die Gemeinschaft ordnende Regeln und Rechte.[15]

Insbesondere das europäische Staatensystem wird von vielen völkerrechtlichen Autoren Mitte/Ende des 19. Jahrhunderts als die erste (und einzige) konkrete historische Realisation bzw. Verknüpfung zu einer internationalen Gemeinschaft beschrieben. Konzipiert wird die europäische Staatengemeinschaft als jene die europäischen Staaten umfassende Gemeinschaft, die durch geteilte religiöse und moralische Werte, kulturell-intellektuelle Errungenschaften und historische Erfahrungen im ausgehenden europäischen Mittelalter – mit dem Ende der päpstlichen und kaiserlichen Weltherrschaft – entstanden sei.[16] Laut von Martens sei es ein Faktum, „dass die internationale Gemeinschaft blos die Völker europäischer Civilisation in sich schliesst" (von Martens 1883, S. 203), da nur diese „ein wesentlich übereinstimmendes Rechtsbewusstsein" (von Martens 1883, S. 15) aufweisen würden. Darauf basierend habe sich der materiell-wirtschaftliche, kulturelle und intellektuelle Austausch rasant entwickeln können, der ein europäisches Völkerrecht und auch eine Form der zwischenstaatlichen Solidarität befördert habe (vgl. von Mohl 1962 [1860], S. 613; von Martens 1883 S. 202; Zateski 1866 S. 34, 55, 84).

Mit dem Aufkommen und der zunehmenden Anerkennung nichteuropäischer Staaten als (gleich-) gewichtige Handels- und Verhandlungspartner – insbesondere die USA und Japan – wird das Kriterium *europäisch* ab dem Ende des 19. Jahrhunderts durch das der *Gesittetheit* oder *Zivilisiertheit* ersetzt (Gong 1984, S. 41). Die internationale Gemeinschaft wird erweitert zur Gemeinschaft zivilisierter Staaten, in die Aufnahme finde, wer ein hinreichendes Maß an zivilisatorischen Werten und Einrichtungen aufweise (vgl. Westlake 1894, S. 81/82; Oppenheim 1911, S. 7; Gong 1984, S. 14–21).

---

[15] Phillimore beschreibt dies wie folgt: „From the nature then of States, as from the nature of individuals, certain rights and obligations towards each other necessarily spring; these are defined and governed by certain laws" (Phillimore 1854, S. 48).

[16] Siehe etwa Jellinek (1882, S. 96); Maine (1888, S. 34); von Martens (1883, S. 5, 15); von Treitschke (1898, S. 523); Westlake (1894, S. 78–81); Wheaton (1855, S. 22); Zateski (1866, S. 17).

Jellinek betont, dass die zeitgenössische internationale Staatengemeinschaft bei all dem „eine natürliche Nebenordnung, aber keine organisirte Ueber- und Unterordnung" (Jellinek 1882, S. 93), eine Ordnung ohne „souveräne Gewalt über den Staaten" (Jellinek 1882, S. 98) sei. Ähnlich beschreibt von Martens die existierende internationale Gemeinschaft als „eine freie Gesellschaft der Nationen, welche durch die Solidarität gewisser Interessen und Bestrebungen verbunden" (von Martens 1883, S. 201) sei.

> Die Staatengemeinschaft ist also die auf der Thatsache der Vielheit der Staaten beruhende, durch gegenseitige Anerkennung zur Rechtsgemeinschaft erhobene, nicht organisirte Verbindung der mit einander in Verkehr stehenden Staaten. (Jellinek 1882, S. 100)[17]

Zu beobachten ist hier die Anwendung des Organisationsbegriffs auf die Staatenwelt als Ganzes, wenn auch in einer negativen Weise: Der als internationale Gemeinschaft konstituierten Staatenwelt Mitte/Ende des 19. Jahrhunderts fehle es an *einer* Organisation. Wie John Westlake feststellt, weise der Zusammenhang der Staaten kaum eine Organisation und keinerlei Büros auf und sie sei nicht in der Lage wirklich kollektiv, sondern immer nur vereinzelt, durch ihre Teile, zu handeln (Westlake 1898, S. 6; vgl. Jellinek 1883, S. 93/94). Der Organisationsbegriff wird benutzt, um einen Mangel auf der Ebene der Staatenwelt als Ganzem aufzuzeigen, der insbesondere aus dem Vergleich mit dem staatlichen Arrangement resultiert.

Zwar besitze die internationale Gemeinschaft in der Form von internationalen Kongressen und Konferenzen durchaus ihre eigenen Organe, doch dies seien eben keine „Organe der gesetzgebenden, vollziehenden und richterlichen Gewalt, wie der Staat sie besitzt" (von Martens 1883, S. 217). Im Vergleich zu diesem, sei die Staatenwelt eben „nur" eine aus organisierten Staaten gebildete Gemeinschaft und nicht selbst staatlich verfasst und organisiert.[18]

Die Staaten könnten im Rahmen dieser Gemeinschaft auf vielfache Weise interagieren und auch partielle Zusammenschlüsse etablieren; dies geschehe aber ohne

---

[17] Julius Fröbel kommt in seiner einflussreichen „Theorie der Politik" (Fröbel 1861a, b) zu einem ähnlichen Schluss und stellt fest, dass „keine organisierte politische Macht über einer Mehrzahl von Staaten denkbar" (Fröbel 1861b, S. 364) sei. Ein „Universalstaat", den viele andere Autoren ersehnen oder entwerfen würden, sei nur eine „Mißgeburt des Denkens" (Fröbel 1861a, S. 328). Fröbel weist dann interessanterweise der Religion bzw. der Kirche die – völkerrechtliche – Aufgabe zu, die sittliche Ordnung und Integration des weltpolitischen Systems herzustellen und zu wahren (vgl. Fröbel 1861b, S. 362).

[18] Ganz ähnlich stellt Phillimore fest: „The great community, the universal commonwealth of the world, comprehends a variety of individual members manifesting their independent national existence through the medium of an organized government, and called by the name of States" (Phillimore 1854, S. 47).

zentrale Koordination, oftmals situativ, ohne explizit institutionalisierte Verfahrenswege oder eine allen Staaten übergeordnete Sanktionsinstanz. Das aus diesen Verhältnissen fließende allgemeine Völkerrecht sei dementsprechend eine *lex imperfecta*, ein „ewig werdendes Recht" (Treitschke 1898, S. 546); ein Konglomerat zusammengesetzt aus ganz verschiedenen Quellen: aus Gewohnheitsrecht, aus einem unterstellten Gemeinwillen der Staaten, aus allgemein unterstellten Verhaltenserwartungen, aus Klugheitsregeln und aus zwischen einzelnen oder mehreren Mitgliedern der Gemeinschaft geschlossenen Abkommen und Verträgen.[19] Parallel zur internationalen Gemeinschaft wird das bestehende Völkerrecht als eine verwirrend ungeordnete und unorganisierte Ansammlung disparater Elemente angesehen.[20]

2.2.3.2 Die doppelte Überwindung der nichtorganisierten internationalen Gemeinschaft bei Fallati und Fichte

Die ab der Mitte des 19. Jahrhunderts vermehrt einsetzenden zwischenstaatlichen Gewaltausbrüche und Kriege führen vielen Autoren die gefährlichen Konsequenzen einer nicht- oder unorganisierten Gemeinschaft und eines nur schwachen Völkerrechts vor Augen. Das für diese Zeit typische Fortschrittsdenken bricht sich auch in den völkerrechtlichen Diskussionen Bahn und führt zu verschiedenen Konzeptionen einer neuen, besseren völkerrechtlichen Ordnung. Laut von Martens sei das „Grundgesetz der gesammten Völkerrechtsgeschichte […] das Gesetz der progressiven Entwicklung der internationalen Verhältnisse" (von Martens 1883, S. 25). Die „Organisation der Welt" (Bluntschli 1866, S. 8) besteht laut Bluntschli noch nicht, erstrebenswert und das eigentliche Ziel sei sie allemal. Das bestehende Völkerrecht könne nur als ein Übergang dienen, das „aus der unsicheren Rechtsgemeinschaft der Völker zu der endlichen vollbewußten Rechtseinheit der Menschheit" führe (Bluntschli 1866, S. 9).[21]

Den Weg dorthin hatten einige Jahre zuvor bereits Johannes Fallati und Immanuel Hermann von Fichte aufzuzeigen versucht und zwar interessanterweise *mit*

---

[19] Siehe etwa von Martens (1883, S. 12); Oppenheim (1967 [1905], S. 9, 13); Phillimore (1854, S. 14–29); Wheaton (1855, S. 22).

[20] Henry Sumner Maine umschreibt diese unübersichtliche Gemengelage wie folgt: „The Law of Nations is a complex system, composed of various ingridients. It consists of general principles of right and justice, equally suitable to the government of individuals in a state of natural equality, and to the relations and conducts of nations; of a collection of usages, customs, opinions, the growth of civilisation and commerce; and of a code of positive law" (Maine 1888, S. 33).

[21] Weltgeschichte sei ein „fortlaufender Organisationsvorgang" (Fried 1916, S. 36/7), wie dies etwas später Fried umschreibt.

Hegel *gegen* Hegel (vgl. Fallati 1843, 1844a, b; Fichte 1969 [1853]). Unter Bezugnahme auf Hegels Denken einer stufenweisen Entfaltung des menschlichen Willens, die laut Hegel sein Ende und seine Krönung im Staat finde, stellen Fallati und
Fichte die Frage, warum der Staat eigentlich die höchste organische Form darstellen
solle und die Entwicklung des Menschenwillens nicht auch in „bisher nicht organisirten Gebieten" (Fallati 1843, S. 166) voranzutreiben sei? Warum solle sich nicht
eine staatliche Völkergesellschaft oder ein Weltstaatenbund über der Völkergenossenschaft erheben, so wie sich der Staat über die bürgerliche Gesellschaft spanne,
um diese zur wirklich vollen Entfaltung zu bringen (vgl. Fallati 1843, S. 173; Fichte
1969 [1853], S. 344/355)?

Für Fallati reiche das bisher bestehende Völkerrecht noch kaum über das Gewohnheitsrecht oder die Sitte hinaus. Die mit diesem Zustand korrelierende Einheit
bezeichnet er als Völkergenossenschaft, die – analog zur bürgerlichen Gesellschaft
– „in ihrer höchsten Ausbildung den Willen vieler Einzelner zur wesentlichen und
einzigen Grundlage" (Fallati 1844b, S. 558) habe. Bedingt durch einen sich beständig ausdehnenden „Handel, Wanderungen, Austausch geistiger und realer Güter"
(Fichte 1969 [1853], S. 355), erstrecke sich die Völkergenossenschaft bereits „über
die Welttheile und über die Meere hinaus" (Fallati 1844b, S. 568). Verschiedene
bürgerliche Gesellschaften gebe es „auf der Erde nur, sofern es überhaupt noch
Kreise von Menschen gibt, die mit einander in gar keinem Verkehr stehen" (Fallati
1844b, S. 568). Der Völkerverkehr und Welthandel habe die Menschheit in „einen
und denselben gesellschaftlichen Kreis" überführt (Fallati 1844b, S. 569). Doch die
Völkergenossenschaft sei noch nicht verfasst, noch nicht von einem organisierten
Willen und einigenden Band beherrscht.[22]

Auch die von Fallati so bezeichneten polizeilichen Erscheinungen auf völker-
rechtlicher Ebene – die „Wohlfahrtspolizei", in der Form von Zoll- und Handels-
vereinen, die „Sicherheitspolizei", verstanden als System des politischen Gleichge-
wichts, und die „Culturpolizei", in der Form von verschiedenen Interventionsbünd-
nissen – seien noch „in früher Kindheit" (Fallati 1844a, S. 318) begriffen und un-

---

[22] Spätestens hier wird die Nähe Fallatis und Fichtes zu Immanuel Kant offensichtlich. In
dessen „Idee zu einer allgemeinen Geschichte in weltbürgerlicher Absicht", stellt Kant fest,
dass das „Problem der Errichtung einer vollkommenen bürgerlichen Verfassung [...] vom
Problem eines gesetzmäßigen äußeren Staatenverhältnis abhängig" (Kant 2005 [1784], S. 41)
sei. Kant spricht weiter von einem künftigen großen Staatskörper (Kant 2005 [1784], S. 47),
der nötig für diese Entwicklung sei, zunächst sei aber ein Völkerbunde zu begründen, „wo
jeder, auch der kleinste Staat seine Sicherheit und Rechte, nicht von eigener Macht, oder
eigener rechtlichen Beurteilung, sondern allein von diesem großen Völkerbunde [...], von
einer vereinigten Macht, und von der Entscheidung nach Gesetzen des vereinigten Willens,
erwarten könnte" (Kant 2005 [1784], S. 42). Kant verwendet indes nicht den Organisationsbegriff zur Charakterisierung der zwischenstaatlichen Sphäre.

genügend in ihrer Wirkung: „Alle diese Formen der Völkerpolizei [...] sind jedoch sehr unzureichend zur Herstellung einer das Wohl der Völker allseitig schützenden Ordnung der Dinge" (Fallati 1844a, S. 323/324). Fichte spricht, dem beipflichtend, von nur „sporadischen Anfängen, dunkel instinctiven Regungen, ‚frommen Wünschen'" (Fichte 1969 [1853], S. 356). Die internationale Sphäre befinde sich in einem instabilen Übergangsstadium, in beständiger Unruhe. Krieg lauere als Möglichkeit beständig unter diesem unruhigen Grund.

Diesen nur rudimentär organisierten Zustand in einen organisierten zu überführen und analog zum Staat zu gestalten, sei der nächste Schritt zum Besseren und Höheren und damit die Aufgabe für die Zukunft (Fallati 1844a, S. 326, b, S. 590).[23] Von der zukünftigen Geschichte erwartet Fallati „die Verwirklichung der Völkermonarchie" (Fallati 1844b, S. 601) als „Form des wahren Staates" (Fallati 1844b, S. 597). Fichte spricht von einem „Weltstaatenbund der Humanität" (Fichte 1969 [1853], S. 358, Hervorh. dort), der mit den „Waffen des Lichts" (Fichte 1969 [1853], S. 358) geschaffen werden solle. Noch sei er eine „Region der Zukunft" (Fichte 1969 [1853], S. 345).

Und auch Bluntschli stimmt diesem Streben zur weltstaatlichen Organisation zu, wenn er feststellt, dass wohl erst die späteren Jahrhunderte „den Weltstat sich verwirklichen sehen" (Bluntschli 1863, S. 43) würden. Aber, so Bluntschli weiter, „die Sehnsucht nach einer solchen organisirten Lebensgemeinschaft aller Völker ist schon in der bisherigen Weltgeschichte von Zeit zu Zeit offenbar geworden und die civilisirte europäische Menschheit faszt bereits das hohe Ziel fester ins Auge" (Bluntschli 1863, S. 43).

Zu erkennen sind bei Fallati und Fichte bereits die wesentlichen Elemente der im vorherigen Kapitel dargelegten Interpretation der zwischenstaatlichen Sphäre als nichtorganisierter Gemeinschaft und des Nebeneinanders der Staaten. Die von Fallati so genannte Völkergenossenschaft ist weitestgehend mit der zuvor skizzierten un- oder nichtorganisierten internationalen Gemeinschaft identisch. Angetrieben vom Hegelschen Entwicklungsdenken weisen Fallati und Fichte jedoch weit über die bestehenden Verhältnisse und damit in die Zukunft hinaus.

---

[23] William Ladd hatte in seinem Werk „An Essay on a Congress of Nations" (Ladd 1840) bereits einige Jahre vorher unter Verwendung des Organisationsbegriffes die Umrisse eines friedensstiftenden Nationenkongresses skizziert, der die zivilisierten Nationen in einen fest organisierten Zusammenhang stelle und auch einen rechtsprechenden Gerichtshof etabliere. Ein solcher Gerichtshof solle jedoch nur empfehlende Rechtssprüche erlassen (Ladd 1840, S. 11). Ladd geht davon aus, dass von der öffentlichen Meinung ein dermaßen starker Druck zur Einhaltung dieser Rechtssprüche erzeugt würde, dem sich die zivilisierten Staaten nicht entziehen könnten (Ladd 1840, S. 23). Siehe auch Sartorius (1837: 197–200, 228–310).

2.3   Die (doppelte) Einführung des Begriffes der Weltorganisation

Angedeutet sieht man bisher also mindestens zwei Wege zur Organisation der Welt: Einerseits eine solche, die – wie rudimentär auch immer – durch zwischenstaatliche Organisationen und Organisationsprozesse bereits dezentral – *von unten* – in Gang gesetzt sei und die es weiterzutreiben gelte. Andererseits – *von oben* – die Überwölbung und Organisation der internationalen Gemeinschaft bzw. Völkergenossenschaft durch ein singuläres weltstaatliches Konstrukt. Dieses löse die Staaten nicht auf, sondern bringe sie in ein geordnetes, organisiertes Verhältnis, das befriedend wirke.[24]

Während letzterer Ansatz an eine reiche, heterogene, jahrhundertealte aber weitestgehend abstrakt bzw. normativ gebliebene Tradition weltstaatlichen Denkens anschließt (vgl. Albert 2007), betritt der erste weitestgehend Neuland. Die sich just zu dieser Zeit neu entwickelnden inter- und transnationalen Organisationen werden auf ihre Funktionen für das Staatensystem hin reflektiert. Interessant ist diese Perspektive schon allein deshalb, weil sie weniger normative Überlegungen eines zukünftig Seienden anstellt, als dass sie auf der empirischen Beobachtung realer inter- und transnationaler Organisationsprozesse beruht, die gleichsam als Vorstufen zu einem in der Zukunft darauf aufbauenden weltstaatlichen Arrangement betrachtet werden können.

Die Weiterentwicklung und Ausarbeitung der beiden Wege zur Organisation der Welt bzw. Weltorganisation greifen also durchaus ineinander, sollen aber nachfolgend aus heuristischen Gründen getrennt voneinander dargestellt werden.

2.3.1   Instandsetzung der Weltorganisation durch internationale Organisation(en)

Die sich ab der zweiten Hälfte des 19. Jahrhunderts zahlreich entwickelnden inter- und transnationalen Organisationen und die durch diese ausgelösten Internationalisierungs- bzw. Globalisierungsprozesse werden in der völkerrechtlichen und insbesondere auch friedens-ethischen Literatur schnell zur Kenntnis genommen und lösen unterschiedliche Einordnungsversuche aus.

---

[24] Auch James Lorimer identifiziert und benennt die mangelnde *internationale Organisation* als das Hauptproblem der internationalen Jurisprudenz und des daran hängenden Weltfriedens (vgl. Lorimer 1884, S. 186–195). Um dieses Problem zu überwinden, skizziert Lorimer ein „Scheme for the Organisation of an International Gouvernement" (Lorimer 1884, S. 279).

Als grundlegendes Gerüst und Wegbereiter für eine Organisation der internationalen Gemeinschaft bzw. für eine gemeinsame Weltordnung wird von vielen Autoren zunächst einmal das sich über die ganze Welt spannende Netz der ständigen diplomatischen Gesandtschaften angesehen (Bluntschli 1872, S. 61). Um diese herum hätten sich laut Bluntschli Konsulate und weitere private Zusammenhänge entwickeln können, die die Gemeinschaft der Welt durch vertieften wirtschaftlichen Handel, intellektuellen, technischen und spirituellen Austausch vorantreiben würden (vgl. Bluntschli 1872, S. 24–26; vgl. Fried 1908, S. 70/71). Zunehmend international – wenn nicht weltweit – verregelt werde die Sorge um die Bevölkerung, die Gesundheitspflege, der Schutz der industriellen Tätigkeit, der Verkehr und der Handel, durch verschiedene Vereine, Zünfte, Kompanien und Korporationen (Zateski 1866, S. 61–85; von Martens 1883, S. 214–216). In der Folge entstünden zahlreiche Regeln, „welche die Gemeinschaft als eine geordnete erscheinen lassen" (Oppenheim 1911, S. 14, 21).

Insbesondere die sich etablierenden zwischenstaatlichen Verwaltungsbündnisse bzw. Verwaltungsvereine, wie etwa die internationalen Flusskommissionen, die Post- und Telegraphenunion oder die Meterkonvention finden erhöhte Aufmerksamkeit. Jellinek bezeichnet diese als Formen von organisierten Staatenverbindungen (Jellinek 1882, S. 58/9; vgl. von Martens 1883, S. 211). Organisiert seien diese, weil sie zur gemeinschaftlichen Bearbeitung bestimmter Themen geteilte Organe mit autoritativen Entscheidungs- oder Durchsetzungskompetenzen entwickelt hätten. Organisiert würden so bestimmte Bereiche und Themen durch das organisierte Zusammentreten von Staaten, jedoch nicht die internationale Rechtsgemeinschaft der Staaten an sich.

Alfred Fried fügt einige Jahre später die sich rasant entwickelnde Gemengelage internationalisierender Organisationsprozesse zum Bild einer bereits existierenden Weltorganisation zusammen: „Das Netz der internationalen Organisationen, das sich über die Kulturwelt breitet, soll nicht erst geschaffen werden; es besteht" (Fried 1908, S. III). Die Gegenwart sei durch die große technische Weltumwälzung geprägt, der Weltverkehr habe die „Weltwirtschaft, den Welthandel, die Weltpolitik zur Folge" (Fried 1908, S. 1; 1916, S. 57). Alles menschlich-soziale Zusammenwirken finde nun prinzipiell bzw. potentiell auf der Weltebene statt. Der Begriff der Weltorganisation wird benutzt, um der grundlegenden Öffnung der Welt für Organisation Rechnung zu tragen. So wie der Organisationsbegriff in der nationalstaatlich verfassten Gesellschaft zum „Grundbegriff zwischenmenschlicher Aktivität" (Böckenförde und Dohrn-Van Rossum 1978, S. 620) wird, so wird er nun zur Charakterisierung des internationalen Lebens als großem, weltweiten Organisationszusammenhang herangezogen.

Geregelt und geordnet würden die verschiedenen weltweit gewordenen Bereiche durch diverse internationale Organisationen und Abkommen. All diese internationalen Organisationen zusammengenommen, spricht Fried von *einer* internationalen Organisation, die sich der gesamten Kulturwelt bemächtigt habe, „die
unser gesamtes soziales Leben immer mehr beeinflußt und über den Staatengebil-
den das Gerüst einer neuen höheren Ordnung errichtet" (Fried 1908, S. 13). Die
Gesamtheit der internationalen Organisationen setze die Organisation der Welt
bzw. die Weltorganisation ins Werk.

Die Staatenwelt stellt für Fried nur einen – wenn auch gewichtigen – Teilaspekt
der Welt dar. Anzeichen für die Höherentwicklung der zwischenstaatlichen Organisation, sei die zunehmende Entrückung des Völkerrechts aus der politischen Sphäre, das bisher um die Einzelinteressen der Staaten kreise, hin zu einem wirklich
rechtlichen Arrangement, das sich mit den Gemeinschaftsinteressen der Staaten
befasse (Fried 1908, S. 20). Der Ausbau von Instanzen der internationalen Schieds-
gerichtbarkeit etwa im Zuge der zweiten Haager Friedenskonferenz sorge dafür,
dass rohe Gewalt zunehmend in regulierte Gewalt umgewandelt würde und diese
regulierte Gewalt sei Recht (Fried 1916, S. 36). Den Ausbau der Organisierung der
Staaten durch Schiedsgerichtsbarkeit bezeichnet Fried als „Lebensfrage der gesamten Staatengemeinschaft" (Fried 1916, S. 19). Wenn es nicht gelänge, das Verhalten
der Staaten untereinander zu regulieren und zu organisieren, drohe der Krieg und
damit auch das Auseinanderbrechen der in den Grundzügen bereits vorhandenen
Weltorganisation. Dabei sei auch die Weltorganisation der politischen Sphäre bereits viel weiter fortgeschritten, „als es der Mehrheit der Genossen bewußt wird.
Das Leben aller Völker wird heute bereits von der Tatsache einer hochentwickelten
Organisation der Staaten beeinflußt" (Fried 1916, S. 37/38).

Für die Welt als Ganzes konstatiert Fried einen Entwicklungsprozess hin zum
Internationalismus und zur Weltorganisation. Organisiert würde sie fortlaufend
und stufenförmig im Sinne der Spencerschen Evolutionstheorie. Das soziale Leben folge den Gesetzen des organischen Lebens und hier wie dort, herrsche „eine
von den Zellen ausgehende, fortwährend aufsteigende Organisation (Integration)
mit gleichzeitiger Trennung der Teile und ihrer Konzentrierung zu bestimmten
dem Ganzen dienenden Teilzwecken (Differenzierung)" (Fried 1908, S. 15; 1916,
S. 36/37). Die Organisation verlaufe nicht überall gleich schnell und mit derselben
Intensität. Es komme auch zu Rückschlägen: Fried nennt das vermehrte Aufkommen national-chauvinistischer Tendenzen. Doch solche zentrifugalen Erscheinungen seien letztlich nur Zeichen der Hinüberleitung zu einer höheren Stufe der Entwicklung (Fried 1908, S. 16/17).

Fried nimmt die Welt in ihren verschiedenen funktionalen Facetten und Zusammenhängen in den Blick. Beispiele für eine zunehmende Höherorganisation verschiedener Bereiche und Aspekte der Welt sieht Fried zuhauf: Die Herausbildung

internationaler Verwaltungen und die Beschäftigung von Beamten *in Diensten der internationalen Gemeinschaft* – etwa bei den internationalen Flusskommissionen, den internationalen Sanitätskommissionen, dem internationalen Prisengerichtshof etc. (Fried 1908, S. 21–23). Der Weltpostverein oder die Genfer Konventionen seien zudem Beispiele, „wo aus ganz kleinen Organisationen wirkliche Weltorganisationen hervorgingen" (Fried 1908, S. 32). Ursprünglich von nur einigen wenigen Akteuren begründet, sei ihnen schnell die Mehrzahl der Staaten beigetreten und diese hätten gemeinschaftlich an thematisch bestimmten Verregelungsprozessen und damit an der Organisation eines Teilaspektes der Welt mitgewirkt. Solche Weltorganisationen – im Plural – sind Teil und Element der gesamten, *einen* Weltorganisation.

Auch ursprünglich zwischenstaatlich abgeschlossene Verträge würden zunehmend einen universellen Charakter annehmen, da sie oftmals – implizit oder explizit – weltweit adaptiert würden. Alle diese Verträge zusammengenommen, bilden laut Fried ein „System ohne eine zusammenfassende Konstitution" (Fried 1908, S. 33), es entstünde ein großes, die ganze Erde umfassendes Vertragsnetz. Hinzu trete ein privater Internationalismus, der dem Staateninternationalismus sogar vorausgegangen sei, und eine „Art internationalen Empfindens und Denkens" (Fried 1908, S. 27) bzw. eine „internationale Mildtätigkeit" (Fried 1908, S. 28).

Alle wichtigen Bereiche des internationalen Lebens – wie Verkehr, Handel, Rechtspflege, Polizei, Wissenschaft, Sozialpolitik, Landwirtschaft und Krieg (Fried 1908, S. 35–70) – würden durch verschiedene internationale Organisationen oder Abkommen bearbeitet und verregelt, auch wenn dies teilweise nur in den Anfängen begriffen sei.

All dies sei bereits vorhanden und wirksam, doch erst wenn „all diese Embryos […] entwickelt sein werden, wenn die Zahl der internationalen Organe sich vermehrt haben wird […], dann wird man ganz allgemein die Weltföderation erkennen" (Fried 1908, S. 34). Das Hauptproblem der Zeit sei ein „Problem der geistigen Optik" (Fried 1916, S. 41). Verbreitet sei die Ansicht, dass die Welt eine anarchisch strukturierte Staatenwelt, bestehend aus egoistisch handelnden Staaten, sei. Der Blick sei überhaupt auf staatliche Politik verengt und dabei noch durch einen falsch verstandenen Nationalismus getrübt.

Was jetzt noch fehle, sei „die bewußte Mitwirkung der Menschen, auf daß die Organisation vollkommen werde" (Fried 1916, S. 38). Und weiter: „Bis jetzt ist die Mitwirkung zum größten Teile noch eine unbewußte. Die Menschheit arbeitet mit an der Weltorganisation, ohne daß sie es weiß" (Fried 1916, S. 38).

> Was noch fehlt, um dieses Bauwerk der internationalen Organisation auch weiteren Kreisen sichtbar zu machen, das ist eine ihre Existenz veranschaulichende Fassade. Darunter verstehe ich eine Organisation der bereits vorhandenen Organisationen. (Fried 1908, S. 34)

Die Weltorganisation bestehe in der Einheit der Vielheit, sie erscheint als ein Geflecht verschiedenster, die nationalstaatlichen Grenzen überschreitender, dezentraler Organisationsprozesse, die verschiedene thematisch spezifizierte Bereiche verregelt und damit gewaltfrei halte. Sie unterliege keiner singulären, ordnenden bzw. organisierenden Hand. Sie passiere vielmehr, als das sie zentral oder autoritär geplant werde. Die Konstruktion eines einigenden Symbols sei allein nötig, um die bereits existierende Weltorganisation für die öffentliche Beobachtung erfahrbar zu machen und dadurch deren weiteren Ausbau und vertiefte Integration zu befördern.

2.3.2 Instandsetzung der Weltorganisation durch (Welt-) Organisation der Staatenwelt

Etwa zur selben Zeit analysieren Autoren wie Walther Schücking oder Benjamin Trueblood den Zustand der Welt in den Grundzügen ganz ähnlich wie Fried, kommen aber hinsichtlich der Interpretation der Stellung und Entwicklung der Staatenwelt in der Weltorganisation zu einer anderen Einschätzung.

Man lebe in einem neuen Zeitalter des internationalen Lebens, die Welt sei erfasst von einer „Flutwelle des Internationalismus" (Schücking 1909, S. 61), die durch die „erst im 19. Jahrhundert aufgetauchte Gemeinschaft der internationalen Interessen" (Schücking 1909, S. 61) hervorgerufen worden sei. Der Schauplatz „der gemeinsamen und der widerstreitenden internationalen Interessen" (Schücking 1909, S. 64) sei nun die ganze Welt. Laut Trueblood bestehe eine so geartete soziale, ökonomische und politische Struktur der Welt, das „man nicht umhin könne, von einer vielgestaltigen Weltgesellschaft zu sprechen: „This world society may be traced in many directions" (Trueblood 1899, S. 91). Die Telegraphie, Telefone und die Presse ermöglichten weltweit simultane Kontaktnahmen. Handel, Finanzen, Arbeit, Glauben, Wissenschaft seien grundlegend weltweit verwirklicht und hätten entsprechende Organisationen ausgebildet. Ein Weltschiedsgericht erhebe sein Haupt, die Gründung der Interparlamentarischen Union (1888) und die Haager Friedenskonferenzen bildeten weitere Vorboten einer Organisation der Welt (vgl. Schücking 1909, S. 65; Trueblood 1899, S. 94, 105).

Trotz all dieser Entwicklungen bestehe ein schwerwiegendes „Problem der Weltorganisation" (Schücking 1909, S. 65), da der souveräne Staat die Weiter- und Höherentwicklung des Völkerrechts und damit den weiteren Ausbau der Weltorganisation entscheidend hemme (Schücking 1909, S. 79). Die menschliche Einheit, die in so vielen Bereichen längst herrsche, müsse deshalb endlich auch für die politische Sphäre erreicht werden, ansonsten sei ein zukünftiger Krieg nicht zu verhindern. Der Nationalstaat stehe, in seinem nur rudimentär organisierten Nebeneinander, der Verwirklichung der Weltorganisation im Weg.[25] Ohne eine zentrale, auf der Weltebene angesiedelte, friedenssichernde Instanz, in der die Staaten organisiert und eingehängt seien, sei keine auf Dauer gestellte Weltorganisation möglich.

Mit den weitestgehend negativen Erfahrungen der ersten Haager Friedenskonferenz im Rücken, legt Trueblood einen im Gegensatz zu den Haager Beschlüssen wesentlich weitergehenden Plan zur Erschaffung einer Weltföderation zum Zwecke der Friedenserhaltung vor: Ziel müsse die Errichtung einer „complete unity of the world" (Trueblood 1899, S. 125) sein, verstanden als „a great international world state [...] with supreme legislative, judicial and executive functions touching those interests which the nations have in common" (Trueblood 1899, S. 125). Ein wichtiger Grund für die Etablierung eines Weltstaates sei „the removal of friction and danger of war by the creation of a feeling of unity in a common organization" (Trueblood 1899, S. 126). Die ins Werk zu setzende Weltregierung solle die Welt nur anhand weniger Grundprinzipien steuern und organisieren, den Rest würden die Nationalstaaten regeln: „Such an organization will not mean the stagnation or the end of civilization" (Trueblood 1899, S. 146), vielmehr helfe sie dabei, Krieg für die Zukunft unmöglich zu machen und die Menschheit in all ihren unterschiedlichen Facetten zur vollen Entfaltung zu bringen.

Schücking setzt seine Überlegung zu Durchsetzung der Weltorganisation bei der zweiten Haager Konferenz an, die es als Weltstaatenbund auszubauen gelte, bis dieser „dann allmählich die einzelnen Staatenvereine" aufgesaugt habe (Schücking 1909, S. 80/81; 1912; vgl. Oppenheim 1911, S. 21). Das Ideal und Endziel sei der republikanische Weltstaat, der seine Einheit in der Vielheit habe (Schücking 1909, S. 83). Die letzten Ziele des Staates seien „nur zu erreichen [...] durch die Verknüpfung der Staaten" (Schücking 1909, S. 9). Als Parole gibt Schücking aus: „Je mehr Staatsgesinnung, um so mehr Weltbürgertum, und ihr Ziel kann nur eins sein: die internationale Organisation" (Schücking 1909, S. 9).

Schücking und Trueblood spitzen das Problem der Weltorganisation auf die Ordnung und Organisierung der internationalen Staatengemeinschaft zu. Deren mangelnde Organisation bilde die Achillesferse der gesamten sich entfaltenden Weltorganisation. Ohne die geordnet-ordnende Hochtransformation des Staatensystems auf die Weltebene, sei auch die tiefergehende Internationalisierung und Integration der anderen Sphären der Welt – und damit die Weltorganisation an sich – gefährdet bzw. verhindert. Die Weltorganisation sei nur über die Organisation

---

[25] Ähnlich argumentiert auch Robert Redslob, laut dem der Staat der zentrifugalen Kraft der internationalen Arbeitsteilung eine zentripetale entgegensetze: „Er ist eine schwere Hemmung der völkervereinenden Kraft" (Redslob 1917, S. 61).

aller Staaten letztgültig zu entfalten und zum Laufen zu bringen. Wirkliche Weltorganisation verschiedener weltgesellschaftlicher Sphären ist nur vermittelt durch die Weltorganisation der Staatenwelt denkbar. Diesem Denken liegt natürlich die klassisch-moderne Interpretation des Primats der Politik zugrunde (Willke 2001, S. 39). Die Politik wird als Dreh- und Angelpunkt einer sozialen Ordnung angesetzt, als zentral steuernde und zielerreichende Instanz der Gesellschaft, die über den anderen Bereichen der Gesellschaft stehe. Weltorganisation verschiebt sich so auf die Idee der (und das Streben zur) Weltstaatenorganisation.

In Folge der Auseinandersetzung mit den beiden Haager Friedenskonferenzen spielt sich ein typisches Muster für eine solche Verwendung des Begriffes der Weltorganisation ein, das zwar variiert wird, sich im Kern aber nur noch unwesentlich ändert. Er kreist um einen zu schaffenden Weltfrieden der über die immer weiterführende Organisation der Welt zu erreichen und weiter zu stabilisieren sei (vgl. Levi 1951, S. 44). Im Grunde stellt die Weltorganisation das zu erreichende Ideal dar, zu dem jedoch nur die Weltorganisation der Staatenwelt hinführen könne. Weltorganisation ist das Ziel *und* das Mittel. Organisation wird so relativ klassisch verstanden, als die (Welt-) Verhältnisse zu ordnen, zu gestalten, zu verändern und zu regeln. Da die Staaten die maßgeblich Instanzen auf der Weltebene seien und diese miteinander im geringsten Maße organisiert seien, müsse das Verhältnis dieser organisiert werden. Die Staaten müssen verbindlich zusammengeführt werden, gemeinschaftliche Entscheidungsprozeduren etabliert und Sanktionsmechanismen für den möglichen Verstoß gegen gemeinsam getroffene Entscheidungen und Regeln bereit stehen. Zur Weltorganisation der Staatenwelt, seien alle Staaten der Welt in eine Organisation einzuspannen, die verbindliche Regeln aufweise, in der das Völkerrecht als Gemeinschaftsrecht anerkannt, angewendet und durchgesetzt werde und in deren Rahmen bei Rechtsbrüchen sanktionierende Maßnahmen ergriffen werden könnten.

Die Haager Friedenskonferenzen, die oftmals als der erste Versuch angesehen werden, „die Welt tatsächlich zu organisieren" (Ter Meulen 1917, S. 82, 356; Lammasch 1918, S. 9) werden entsprechend der gerade formulierten Bedingungen für eine Weltorganisation der Staatenwelt kritisiert. Die Normen und Beschlüsse seien „vielfach tote Buchstaben geblieben" (Lammasch 1918, S. 9). Das Problem der Haager Konferenzen sei gewesen, dass die Mitwirkung der Staaten, etwa an schiedsgerichtlichen Verfahren, auf deren freien Willen beruht habe. Mit der Erfahrung des Ersten Weltkriegs im Rücken müsse man zu der Überzeugung kommen:

> 1. daß das, was im Haag nur empfohlen worden ist, den Staaten zur Pflicht [...] gemacht werden muß, 2. daß diese Pflicht einer Sanktion ausgestattet werden muß und daß 3. die Handhabung dieser Sanktion einem möglichst umfassenden Verbande der Staaten übertragen werden muß. (Lammasch 1918, S. 10)

Der Ausbruch des Ersten Weltkrieges, der vielerorts als das endgültige Scheitern des Internationalismus gewertet wird, löst gleichzeitig eine wahre Flut an Schriften aus, die die Organisation zum Frieden durch eine Weltstaatenföderation, einen Weltstaatenbund, einen Weltbundesstaat oder einen Weltstaat zum Thema haben (etwa Hobson 1915). Diese Tendenz verstärkt sich noch im Vorlauf der Gründung des Völkerbundes nach dem Ersten Weltkrieg und während seines bald absehbaren Scheiterns (Kaspary 1920, S. 15–18). Frederick F. Blachly und Miriam Oatman stellen im Hinblick auf den Völkerbund und bereits über diesen hinaus fest, dass nichts törichter sein könnte, „than to adopt a system of world organization which does not carry with it a sanction strong enough for all possible emergencies" (Blachly und Oatman 1919, S. 81). Eine zukünftig zu schaffende Weltorganisation der Staatenwelt müsse sanktionsbewehrt sein, um den Frieden bewahren zu können und sie müsse eigenständige und entscheidende Organe zur Streitschlichtung besitzen (vgl. Zitelmann 1919, S. 50).

Auch der Zweite Weltkrieg setzt dem Denken des Weltfriedens durch Weltorganisation der Staatenwelt kein Ende, ganz im Gegenteil: Noch während des Krieges finden sich eine Vielzahl von Schriften, die die zukünftige Beschaffenheit und Ausgestaltung einer die Staaten vergemeinschaftenden, weltweiten Organisation skizzieren.[26] Die Idee und Ausgestaltung der Vereinten Nationen gründet ganz wesentlich in diesem Denken. Die UNO wird laut Präambel der Charta der Vereinten Nationen als Organisation gegründet, „um den Weltfrieden und die internationale Sicherheit zu wahren". Sie führt zur Erreichung dieses Ziels die ganz überwiegende Zahl der Staaten der Welt zusammen und versucht, diese in gemeinsame Entscheidungsprozeduren einzuspannen. Mit dem Internationalen Gerichtshof umfasst die UNO auch ein judikatives Element. Verschiedene Unter- und Nebenorganisationen wirken an der weltweiten Verregelung und Organisation bestimmter funktional bestimmter Themenbereiche mit.

2.4 Schlussbetrachtung

Die UNO, die für die meisten Beobachter den Inbegriff einer Weltorganisation darstellt, bleibt ganz wesentlich dem internationalen Denken des 19. und frühen 20. Jahrhunderts verhaftet. Dies ist nicht weiter verwunderlich, ist sie doch dessen direktes Resultat. So wie die Einführung des Begriffes der Weltorganisation aus der Kritik an einer nichtorganisierten, zur Gewalt tendierenden Staatengemeinschaft

---

[26] Siehe etwa Kelsen (1944, S. 56–57); Levi (1951, S. 3–43); MacIver (1943, S. 154–166); Mitrany (1943, S. 1948); Madriaga (1940, S. 246–268); Nash (1942).

resultierte, die der sich globalisierenden Welt nicht mehr gerecht werde, wurde die
UNO gegründet, um einen Weltkrieg für die Zukunft zu verhindern, indem die
Staatengemeinschaft in eine weltumspannende Organisation überführt wurde, die
die Welt gemeinsam gestalten soll.

Der Begriff der Weltorganisation ist so in gewisser Hinsicht ein Krisenbegriff.
Die Verwendung des Begriffes steigt immer im unmittelbaren Zusammenhang mit
der Wahrnehmung weltweiter Krisen an, insbesondere vor, während und zwischen
den beiden Weltkriegen. Werner Levi begründet dies wie folgt: „In short, planning
conveys a feeling of security. For this reason, planning for international organization is usually at peak during wars, when insecurity is high" (Levi 1951, S. 201). Die
Verwendung des Begriffes kann so als ein Indikator für die Wahrnehmung drama-
tischer (welt-) gesellschaftlicher Umwälzungen betrachtet werden. Angerufen und
heraufbeschworen wird die Weltorganisation immer dann, wenn die weltpolitische
Lage unübersichtlich und bedrohlich erscheint. Das Gleiches für die internationale
Gemeinschaft gilt, ist alles andere als ein Zufall, sondern verweist auf die von Beginn an eng verwobene Beziehung beider Begriffe.

Literatur

Albert, Mathias. 2007. Weltstaat und Weltstaatlichkeit: Neubestimmungen des Politischen in
    der Weltgesellschaft. In *Weltstaat und Weltstaatlichkeit. Beobachtungen globaler politischer
    Strukturbildung*, Hrsg. Albert Mathias, und Rudolf Stichweh, 9–23. Wiesbaden.
Barkun, Michael. 1968. *Law without sanctions. Order in Primitive Societies and the World
    Community*. London.
Bayly, C. A. 2004. *The birth of the modern world, 1780–1914. Global connections and compa-
    risons*. Malden, MA.
Blachly, Frederick F., und Miriam E. Oatman. 1919. Difficulties of world organization. *Politi-
    cal Science Quarterly* 34 (1): 79–103.
Bluntschli, Johann Caspar. 1863. Allgemeines Statsrecht, Erster Band, München, 3., umgearb.
    Aufl.
Bluntschli, Johann Caspar. 1866. *Die Bedeutung und die Fortschritte des modernen Völker-
    rechts*. Berlin.
Bluntschli, Johann Caspar. 1872. *Das moderne Völkerrecht der civilisirten Staaten als Rechts-
    buch dargestellt*. Nördlingen.
Böckenförde, Ernst-Wolfgang, und Gerhard Dorn-Van Rossum. 1978. Organ, Organismus,
    Organisation, politischer Körper. In *Geschichtliche Grundbegriffe. Historisches Lexikon
    zur politisch-sozialen Sprache in Deutschland*, Hrsg. Otto Brunner, Werner Conze, Rein-
    hart Koselleck, Bd. 4, 519–622. Stuttgart.
Derrida, Jacques. 1986. *Positionen*. Wien.
Fallati, Johannes. 1843. Die Genesis der Völkergesellschaft. Ein Beitrag zur Revision der Völ-
    kerrechtswissenschaft (Erste Parallele: Die Familie und der Bundesstaat). *Zeitschrift für
    die gesammte Staatswissenschaft* 1 (1): 160–189.

Fallati, Johannes. 1844a. Die Genesis der Völkergesellschaft. Ein Beitrag zur Revision der Völkerrechtswissenschaft. Zweite Parallele: Die bürgerliche Gesellschaft und die Völkergenossenschaft. *Zeitschrift für die gesammte Staatswissenschaft,* 260–328.

Fallati, Johannes. 1844b. Die Genesis der Völkergesellschaft. Ein Beitrag zur Revision der Völkerrechtswissenschaft. Dritte und letzte Parallele: Der Staat und die staatliche Völkergesellschaft. *Zeitschrift für die gesammte Staatswissenschaft,* 558–608.

Fichte, Immanuel Hermann von. 1969 [1853]. *System der Ethik, Bd. 2, II: Die Lehre von der rechts-sittlichen und religiösen Gemeinschaft oder die Gesellschaftswissenschaft.* Aalen.

Foucault, Michel. 2004a. *Geschichte der Gouvernementalität I: Sicherheit, Territorium, Bevölkerung.* Frankfurt a. M.

Foucault, Michel. 2004b. *Geschichte der Gouvernementalität II: Die Geburt der Biopolitik.* Frankfurt a. M.

Fried, Alfred H. 1908. *Das internationale Leben der Gegenwart.* Leipzig.

Fried, Alfred H. 1916. *Die Grundlagen des ursächlichen Pazifismus,* 2. Aufl. Zürich.

Fröbel, Julius. 1861a. *Theorie der Politik als Ergebniss einer erneuerten Prüfung demokratischer Lehrmeinungen, Bd. 1: Die Forderungen der Gerechtigkeit und Freiheit im State.* Wien.

Fröbel, Julius. 1861b. *Theorie der Politik als Ergebniss einer erneuerten Prüfung demokratischer Lehrmeinungen, Bd. 2: Die Thatsache der Natur, der Geschichte und der gegenwärtigen Weltlage, als Bedingungen und Beweggründe der Politik.* Wien.

Gollwitzer, Heinz. 1972. *Geschichte des weltpolitischen Denkens, Bd. 1: Vom Zeitalter der Entdeckungen bis zum Beginn des Imperialismus.* Göttingen.

Gong, Gerrit W. 1984. *The standard of „Civilization" in international society.* Oxford.

Goodman, Nelson. 1984. *Weisen der Welterzeugung.* Frankfurt a. M.

Hegel, Georg Wilhelm. 1999 [1821]. *Grundlinien der Philosophie des Rechts.* Hamburg.

Herren, Madeleine. 2009. Internationale organisation seit 1865. *Eine globalgeschichte der internationalen Ordnung.* Darmstadt.

Hobson, John A. 1915. *Towards international government.* London.

Hurd, Ian. 2010. International organizations. *Politics, law, practice.* Cambridge.

Iriye, Akira. 2004. Global Community. *The role of international organizations in the making of the contemporary world.* Berkely.

Jellinek, Georg. 1882. *Die Lehre von den Staatenverbindungen.* Wien.

Kant, Immanuel. 2005 [1784]. Idee zu einer allgemeinen Geschichte in weltbürgerlicher Absicht. In *Schriften zur Anthropologie, Geschichtsphilosophie, Politik und Pädagogik (Werke in sechs Bänden, Bd. 6),* Hrsg. Immanuel Kant , 33–50. Darmstadt.

Kaspary, Joachim. 1920. *Durch den Völkerbund zum Weltfrieden.* London.

Kelsen, Hans. 1944. *Peace through law.* Chapel Hill, NC.

Koskenniemi, Martti. 2001. The gentle civilizer of nations. *The rise and fall of international law.* Cambridge.

Lammasch, Heinrich. 1918. *Der Friedensverband der Staaten.* Leipzig.

Lasson, Adolf. 1871. *Princip und Zukunft des Völkerrechts.* Berlin

Levi, Werner. 1951. *Fundamentals of world organization.* Minneapolis, MIN.

Lorimer, James. 1884 The institutes of the law of nations. *A treatise of the jural relations of separate political communities, Vol. II.* Edinburgh.

Luhmann, Niklas. 1997. *Die Gesellschaft der Gesellschaft.* Frankfurt a. M.

MacIver, Robert M. 1943. *Towards an abiding peace.* New York.

Madariaga, Salvador de. 1940. *The world's sesign.* London.

Maine, Henry Sumner. 1863. Ancient law. Its connection with the early history of society, and its relation to modern ideas. London.

Maine, Henry Sumner. 1888. International law (the whewell lectures). London.

Marx, Karl. 2005 [1858]. Grundrisse der Kritik der politischen Ökonomie. In Werke, Bd. 42, Hrsg. Karl Marx, und Friedrich Engels, 15–768. Berlin.

Marx, Karl. 2008 [1872]. Manifest der kommunistischen Partei. In Kapital und Politik, Hrsg. Karl Marx, 339–365. Frankfurt a. M.

Masters, Roger D. 1964. World politics as a primitive political system. World Politics 16 (4): 595–619.

Mitrany, David. 1943. A working peace system. An argument for the functional development of international organization. New York.

Nash, Walter. 1942. Steps to world organization. Pacific Affairs 15 (3): 280–286.

Oppenheim, Francis Lawrence. 1911. Die Zukunft des Völkerrechts. Leipzig.

Oppenheim, Francis Lawrence. 1967 [1905]. International law. A treatise, Vol. I (Peace), 8. Aufl. London.

Osterhammel, Jürgen, und Niels P. Petersson. 2006. Geschichte der Globalisierung. Dimensionen, Prozesse, Epochen, 3. Aufl. München.

Osterhammel, Jürgen. 2009. Die Verwandlung der Welt. Eine Geschichte des 19. Jahrhunderts. München.

Phillimore, Robert. 1854. Commentaries upon international law. Philadelphia.

Redslob, Robert. 1917. Das Problem des Völkerrechts. Eine Studie über den Fortschritt der Nationen zu einem universellen Staatensystem, das die Geltung der Völkerrechts verbürgt. Leipzig.

Rittberger, Volker, und Bernhard Zangl. 2003. Internationale Organisationen. Politik und Geschichte, 3. überarb. Aufl. Wiesbaden.

Sanders, Karin, und Andrea Kianty. 2006. Organisationstheorien. Eine Einführung. Wiesbaden. Sartorius, Johann B. 1837. Organon des vollkommenen Friedens. Zürich.

Schmidt, Manfred G. 1995. Wörterbuch zur Politik. Stuttgart.

Schücking, Walther. 1909. Die Organisation der Welt. Leipzig.

Schücking, Walther. 1912. Der Staatenverband der Haager Konferenz. München.

Ter Meulen, Jacob. 1917. Der Gedanke der internationalen Organisation in seiner Entwicklung, Bd. 1, 1300–1800. Haag.

Tönnies, Ferdinand. 2005 [1887]. Gemeinschaft und Gesellschaft. Grundbegriffe der reinen Soziologie, 4. Aufl. Darmstadt.

Trueblood, Benjamin F. 1899. The federation of the world. Boston, MA.

Türk, Klaus, Thomas Lemke , und Michael Bruch. 2006. Organisation in der modernen Gesellschaft. Eine historische Einführung. Wiesbaden.

von Martens, Friedrich. 1883. Völkerrecht. Das Internationale Recht der Civilisirten Nationen. Berlin.

von Mohl, Robert. 1962 [1860]. Staatsrecht, Völkerrecht und Politik. Erster Band: Staatsrecht und Völkerrecht. Graz.

von Treitschke, Heinrich. 1898. Politik. Vorlesungen gehalten an der Universität zu Berlin, Bd. 2. Leipzig.

Wallerstein, Immanuel. 1998. Evolution of the modern world-system. In Strukturelle Evolution und das Weltsystem. Theorien, Sozialstruktur und evolutionäre Entwicklungen, Hrsg. Gerhard Preyer, 305–315. Frankfurt a. M.

Westlake, John. 1894. *Chapters on the principles of international law.* Cambridge.
Wheaton, Henry. 1855. *Elements of international law.* Boston, MA.
Willke, Helmut. 2001. *Atopia. Studien zur atopischen Gesellschaft.* Frankfurt a. M.
Zateski, Witold. 1866. *Zur Geschichte und Lehre der internationalen Gemeinschaft.* Dorpat.
Zitelmann, Ernst. 1919. *Die Unvollkommenheit des Völkerrechts.* München.

How Much do Meta-Organizations Affect Their Members?

3

Göran Ahrne and Nils Brunsson

3.1 Introduction

In the contemporary world there is a large and growing number of formal organizations. There are more states, firms and associations than ever before (Drori et al. 2006). Many firms and associations transgress state boundaries and can be called international or transnational. International associations – often called "international organizations" – have spurred considerable interest from scholars studying international relations, internationalization and globalization. The interest demonstrated by scholars studying organizations in general has been weaker. Most scholars in the field of organizations studies have concentrated more on the study of firms than of associations, let alone international associations.

The connections and influences between students of international relations and students of organizations have been weak (Jönsson 1986). General theories of organization have been little affected by studies of international associations. And while organization theories have had a strong influence on research about multinational firms, they do not seem to have had the same degree of influence on research about international associations (Koch 2009).

G. Ahrne (✉)
Stockholm University, Department of sociology,
106 91 Stockholm, Sweden
e-mail: goran.ahrne@sociology.su.se

N. Brunsson
Department of Business Studies,
75120 Uppsala, Sweden
e-mail: nils.brunsson@fek.uu.se

M. Koch (Hrsg.), *Weltorganisationen*, DOI 10.1007/978-3-531-18977-2_3,
© VS Verlag für Sozialwissenschaften | Springer Fachmedien Wiesbaden 2012

One reason for the limited impact of organization theory may be the limited interest for states among contemporary students of organization. Although states have all the typical traits of organizations in general and although other organizations have inspired states and have been inspired by them, organization theorists have generally treated states as environments of organizations rather than as organizations in their own right. Parts of states, such as various departments, have often been considered and studied as organizations but very seldom states as a whole. Such a perspective on states may make organization theory seem of limited relevance to those interested in the numerous international organizations where states constitute the membership.

Another reason why organization theories may seem of little relevance is the fact that these theories almost always are based on the assumption that the members of organizations are individuals, whereas the large majority of international associations have other organizations – be they states, firms or associations – as their members: they are "meta-organizations" rather than individual-based organizations. Traditional organization theory does not address this kind of organization and some of its assumptions and conclusions do not apply here.

3.2 Studying International Organizations

In the face of this situation students of international organizations can draw different conclusions. One conclusion is to consider traditional organization theory as irrelevant because of its concentration on individual-based organizations and its neglect of states. Scholars may even dismiss the usefulness of almost any general knowledge about organizations, considering the organization they study (e.g. the EU) as unique and not really comparable to other organizations.

An even more extreme version of this position is to deny the significance of organization in general. One may argue that at least some international organizations constitute merely a label for interaction among organizations, and that the fact that a formal organization has been formed is of no real significance for the members, for what they are and what they do, and hence no real significance for their interaction. One expects no difference between interaction under the label of an organization and interaction without such a label. For example, in order to understand the outcomes of interaction among states, one may claim that it is enough to understand the states' interests, power, negotiation strategies and the like – whether these states have together created an organization or not does not matter. This position is close to the one taken by the so-called "neo-realists" when analysing state interaction during the cold war (Mayntz 2009).

A position at the extreme other end of the scale is to treat international meta-organizations as if they were individual-based organizations. For example, scholars may define the employees of the organization as their real members, while considering the organizations that are judicially the members of the organization as some kind of environment to the alleged organization of employees (for an example of this tendency, see Barnett and Finnemore 2004). This position makes traditional organization theory seem highly relevant. On the other hand, it requires that one neglects how the organization defines itself and that one restricts the study to one part of the organization, the secretariat.

We argue that there is space for a position in between these two extremes. First, in accordance with general organization theory one can be open to the possibility that formal organizations matter, that they are something more than the sum of their members. All organizations have instruments for controlling their members whether the latter are organizations or individuals. They have a right to issue commands and set binding rules, to monitor members' activities and to issue sanctions, although it varies to which extent the instruments can be used and have effects. Second, one can take the special form of organization seriously. One does not have to redefine meta-organizations as individual-based organizations, and one can avoid the presumption that organizations that claim that they have other organizations as their members are no different from organizations with individuals as their members.

In this paper we argue that there is some reason for scepticism against the impact of organization in the case of meta-organizations: meta-organizations tend to have a weaker position towards their members than individual-based organizations usually have. But this should not make us jump to the conclusion that meta-organizations do not matter at all, that their existence leaves their member organizations and their interaction unaffected. Meta-organizations are not mere labels but they also have an impact on their members' identity and autonomy. The impact varies among meta-organizations, however, and it is important to find explanations for this variation.

In the rest of the paper we first summarize some factors that reduce the impact of meta-organizations on their members as compared to individual-based organizations. Second, we point to some processes by which organizations tend to be affected by belonging to a meta-organization. Third, we present some hypotheses about the conditions and processes that may explain why some meta-organizations have a greater impact on their members than others.

3.3 Organizing Organizations

The vast majority, about 90 per cent, of international associations are meta-organizations. Examples include WTO (World Trade Organization), EU (European Union), UPU (Universal Post Union), IATA (International Air Transport Association), CISDA (the Confederation of International Soft Drinks Association) IEC (International Egg Commission, FIFA (Féderation Internationale de Football Association) and Birdlife International.

Meta-organizations are associations but their members may have other organizational forms. The members may be states as in the UN, WTO, IMF or OECD. They may be firms as in national industry associations or in ACEA (Association des Constructeurs Européens d'Automobiles). They may be associations as in Birdlife International. Often the members of international meta-organizations are themselves meta-organizations. For example, national meta-organizations for firms in a certain industry or national sport federations regularly belong to international "meta-metaorganizations". EURELECTRIC and FIFA provide examples.

For the individual organization forming or joining a meta-organization means to transform some of its environment into organization. Other relevant organizations in the environment of the organization now become members of a common organization. Once formed, the meta-organization finds itself in a similar situation. Non-members are part of the meta-organizations's environment. By recruiting new members the meta-organization transforms environment into organization in order to escape the pitfalls of an uncertain environment and increase its control and influence over other organizations. The power of a meta-organization rests to a substantial extent on its attractiveness for other organizations and its ability to recruit them as members. Organizations are not forced to become members nor are they bought. Membership in a meta-organization is voluntary and the members are free to leave the organization if they wish. Yet, in most meta-organizations the turnover of members is very low.

There are several reasons for turning parts of organizational environment into organization. One important reason is the wish to increase the chances for interaction among organizations and to increase the predictability of this interaction. The main purpose of meta-organizations such as EU (European Union), UPU (Universal Postal Union), ITU (International Telecommunication Union) and IATA (International Air Transport Association) is to regulate the interaction among their members, their cooperation or competition. Another purpose is to form a collective actor that can have an impact outside the organization: it may be in the form of forceful action as in the case of NATO or it may be in the form of expressions of opinions as in the case of European industry associations (such as ACEA och EURELECTRIC) that are expected to formulate various standpoints in their interaction with the EU.

Yet another common purpose is to confirm or reinforce the identity of the members. The meta-organization provides the members with a clear common identity, preferably a high-status one. One example is CEMS (Community of European Management Schools and International Companies) in which only the "best" management school in each European country can be a member; another is EPA (European Parking Association) which only accepts "serious" parking firms associated to national meta-organizations. Other meta-organizations want to regulate the status order among their members. This is true for all international sport associations that want to appoint world champions.

In order to understand meta-organizations it is possible and useful to build on the great number of theories about organizations in general. But these theories are not enough – we also have to consider how membership of organizations matters. All meta-organizations have some common characteristics that differ from individual-based organizations. There are similarities among organizations such as the EU, the IEC and FIFA, and a theory about meta-organizations in general is useful for understanding the single meta-organization – all organizations have (and must have) some unique characteristics, but no organization is completely unique. Also, if there is a theory for meta-organizations it is less tempting to treat them as if they were individual-based organizations. In another context we have developed such a theory of meta-organizations (Ahrne and Brunsson 2008), which we will draw from.

3.4   Autonomy and Identity in Meta-Organizations

The members of meta-organizations are autonomous organizations, but at the same time they all belong to a common organization with special rules, forms of control and decision-making. The paradox of meta-organizations is that the members want to remain independent organizations, yet choose to be members of another organization. A fundamental question is to what extent members of meta-organizations can keep their autonomy and identity.

3.4.1   Competition Between Organization and Member

Organizations are entities having a certain degree of autonomy towards other individuals or organizations as well as a certain distinctive identity in the form of a specific purpose or specific characteristics. In order to make people believe that they are dealing with an organization or a "true" organization one has to be able to convince them that the entity one is considering is characterized by identity and autonomy. This is a fundamental reason why organizations have to defend these characteristics.

Membership in a meta-organization, however, provides a fundamental challenge to identity and autonomy. As a member of an organization one is expected to adapt one's identity and give up some of one's autonomy to the organization – for it to work as a "true" organization. But if the member is itself an organization, such an adaptation to another organization provides a threat to the image of the member itself as an organization. The meta-organization and the members undermine each other. The organizations compete for identity and autonomy.

A meta-organization threatens the autonomy of its members when it has the right to make and enforce decisions of its own that affect the members – even when the members have influenced the contents of these decisions. Such decisions are problematic for the members in many ways. The members' own members or other organizations or individuals that they interact with may not easily accept that decisions are made by the meta-organization. Employees or customers of a firm may not accept references to decisions made by a meta-organization instead of by the organization they are tied to or interacting with. For citizens of individual states decisions made in the UN or the EU are not necessarily legitimate. And if people would in fact accept such decisions on a broad scale, they may find it hard to see the relevance of the member firm or member state. They would probably start interacting with and paying attention to the meta-organization instead.

Strong similarities among the members reinforce the identity of the meta-organization. A situation in which the members have similar objectives, programs or organizational structures does not only facilitate interaction; it also creates an image of the meta-organization as an entity with great internal consistency and a representative of a distinct type of organizations. For the member organizations the effect is the opposite: too strong similarities with the other members threaten their identity, their ability to claim uniqueness.

In the extreme case strong similarities or too much delegation of decision making to the meta-organization challenges the very existence of the member organizations: why continue as separate organizations, why not merge into one large individual-based organization?

In other words the members of meta-organizations have strong reasons to restrict the impact of the meta-organization, instead maintaining their own autonomy and identity. But if all members succeed in doing so, the very point of constructing a meta-organization risks getting lost and it may be impossible to attain its purpose. If the members make decisions on their own, it becomes difficult to achieve coordination, ordered competition, collective expressions of opinion or collective action. If each member keeps its own identity, the common identity, status and perhaps the ease of interaction are threatened.

3.4.2 Differentiated and Strong Members

Members in meta-organizations do not only have strong reasons to keep most of their autonomy and identity. They also have a high capacity to do so. They have a relatively strong ability to resist claims for adaptation because meta-organizations are highly dependent on their singular members, more so than most individual-based organizations are. This dependency, in turn, is due to the fact that the many members of meta-organizations are more resourceful and have a higher status than their meta-organization. The typical meta-organization is relatively poor, controlling much fewer resources than most of its members – a situation that is rare in individual-based organizations. Specific actions often require extra resources from the members. This is one reason why the leaders of meta-organizations typically have lower status and less power than the leaders of the member organizations.

Furthermore, meta-organizations become more dependent on their members than individual based organizations because organizations are more differentiated than individuals. Even if it is often claimed that each individual is unique, we have many conceptions of individuals as fundamentally similar. They have equal value and rights, the same fundamental needs, and they have the same structure. For the latter type of organization it is seldom important exactly who is a member: Amnesty International or the Red Cross can choose from billions of people when recruiting their members.

Our ideas about organizations, however, are characterized by differences and diversity: organizations vary enormously in size, they have different members and different purposes. In daily life there is little talk about organizations in general and more about states, banks, schools, factories, hospitals, armies, sport clubs, etc. A meta-organization must always decide which type of organization can be a member. Usually they are interested in a strictly limited number of members, as for instance South American states, European car producers or bird associations. The potential members are typically well known and can easily be contacted, which facilitates the creation of meta-organizations. But it also makes the organization dependent on the decision to join or not by the single member. The legitimacy of the organization in the eyes of external parties is often dependent on its actual success to recruit potential members – less than 100 per cent is often met with suspicion.

The meta-organization's dependence on single members is also due to the members being dependent on each other. If certain organizations are already members, others find it attractive to join. Some organizations are more attractive than others, and in order to recruit all relevant members, the meta-organization has to recruit the most attractive ones. If the purpose is collective action, organizations with many resources and a high competence are particularly attractive. If the purpose is to maintain or increase the status of the members, the meta-organization is dependent on being able to recruit and keep members with the highest status. At the same time the most attractive organizations tend to be those that need a membership the least, making them particularly difficult to recruit and keep as members.

The high degree of differentiation among organizations renders decision-making difficult. In associations for individuals there is a highly institutionalized rule for voting: one person one vote. There is no similar institution for meta-organizations. A rule giving one vote per member can easily be challenged. Shall not members with more members of their own or those contributing more resources have more votes? The rules for voting vary widely among meta-organizations and are often criticised, thus delegitimizing decisions made by voting.

If one tries to avoid voting, instead trying to persuade each other or find compromises, one meets another problem: that one cannot meet with an organization. One can only meet with representatives of the members, and one cannot be certain that a representative is able to convince the members of her organization about the merits of a decision coming out of a process of persuasion and compromises.

A common reaction to these difficulties is to reduce the number of decisions. One way is to make decisions only when all members agree. All meta-organizations we have studied say that they strive for consensus and most find it difficult to make decisions. In this way the scope of the meta-organizations activities or rules is significantly reduced. Another strategy is to abstain from the right of organizations to make decisions that are binding for its members. Instead, one decides on standards, rules that are voluntary for the members to follow, and which therefore create less opposition and discussion (Brunsson and Jacobsson 2000). In meta-organizations terms such as recommendations, guidelines, policies, protocols, white books and soft laws are common.

The strength of the members creates certain weaknesses in the typical meta-organization. In particular, meta-organizations meet difficulty in being "actors", acting in a coordinated way or expressing common opinions. Individual car producers or individual states constitute actors to a higher degree than meta-organizations such as ACEA or the EU (Jutterström 2004).

3.4.3 Weak Organizations?

In conclusion, we should not expect that meta-organizations are generally as effective in changing their members' behaviour as individual-based organizations tend to be. Members can be expected to defend their own autonomy and identity and there are some characteristics of meta-organizations that help them succeed. In this respect meta-organization can be considered as a relatively weak organizational form. This weakness may reduce its capacity to reach its goals.

Yet, most meta-organizations are not as weak as they may appear from the discussion so far. There are other conditions and processes that contribute to a certain strength of meta-organizations. In the long run meta-organizations may have a substantial impact on their members. This is the topic of the next section.

3.5   The Consequences of Meta-Organization

Even if the members of meta-organizations are stronger and have a higher status than the meta-organizations of which they are members, the membership is rarely without consequences. In this section we discuss how and to what extent membership in meta-organizations affects the members and why members, despite their need for independence, nevertheless often yield to the authority and pressure of the meta-organization they belong to. We first consider the limitations of the autonomy that come with the membership and then the changes in the identity of the members that may occur.

3.5.1   A Bounded Autonomy

The constraints in the forms and content of decisions of meta-organizations have proven to be weaker in principle than in practice. The use of the principle of consensus for decision-making and the formulation of decisions as standards do not seem to protect the members to the same extent as could be expected. As a member of an organization that works with the principle of consensus in decision-making it is not quite acceptable to use the right to veto too often in order to obstruct decisions. And members have to argue from the standpoint of the common purposes, values and perspectives of the meta-organisation rather than from their own self-interest.

Moreover, in practice it is difficult in the long run to resist standards even though they are voluntary. One important reason is that a member organizations own members may refer to such standards. Those of the members that approve of the standards will have strong arguments on their side, which may be hard for the leaders to neglect. The demands to adopt a standard may also come from the environment of the organization. A member organization that does not implement a standard of the meta-organization is likely to be questioned and criticised by some external actors such as customers or financiers.

Another explanation for the adoption of standards by meta-organizations is that even if the meta-organization does not use its hierarchical authority making their rules compulsory, they may use other organizational elements. They can use their right to monitor the operations of their members and they can report which members do not follow a certain standard, and at times they can also use their right to sanction. The EU has, for instance, developed routines in order to monitor the extent to which members follow standards in certain areas. So-called peer reviews in which members are encouraged to monitor each other constitute one example In many cases this practice has brought about a broad acceptance of standards (Jacobsson 2005). The member that does not follow a standard gets a bad reputation. This phenomenon has been called "naming and shaming" (Héritier 2003). Meta-organizations have difficulty in using negative sanctions, but sometimes they award prizes or the like to those members that are exceptionally good followers of a certain standard.

Some meta-organizations construct a large secretariat and hire many experts in order to prepare or implement decisions (Barnett and Finnemore 2004). Such employees may gain substantial power vis-à-vis the members and press them towards adaptation to the purpose of the meta-organization, and sometimes even to the interests of the employees. But it remains to explain why secretariats sometimes are able to grow and to become powerful and why they more often remain small and less powerful. In order to provide such explanations we believe that the relation between the meta-organization and its members is a key factor.

The fundamental similarity between a meta-organization and its members – that all of them are organizations – makes the boundaries between the organization and its members less sharp and distinct than in an individual-based organization. The members get involved in and adjust themselves to the decision-making procedures of the meta-organization. In this way the boundaries between the organizations can easily be dissolved, for instance when it comes to various administrative tasks; the administration of the member organization may be integrated into the administration of the meta-organization or the other way around.

Such integration is common when it comes to states that are members of international meta-organizations such as the EU, OECD or WTO. But it may also happen in voluntary associations that are members of meta-organizations such as Birdlife International or companies that are members of international business associations. The administrative tasks of the member organizations are often highly affected by the administrative routines and solutions of the meta-organization. And it is not unusual that the administrative staff of the meta-organizations delegates tasks directly to some or all of their members. As a consequence, some administrative divisions of a member-organization can be regarded as enclaves of the meta-organization within the member organizations (Vifell 2006).

3.5.2   Changing Identities and Increasing Similarities

When an organization becomes a member of a meta-organization something happens to its identity. The name of the meta-organization is not just a label; it also has consequences and implications and it becomes a kind of last name of the member. It is like being adopted into a family. Our image of organizations is affected by their membership in meta-organizations: it makes a difference whether a European state is a member of the EU or not, whether a company is a member of a well known business association or not, or whether a sports association is a member of the international meta-organization for its sport or not.

Members of meta-organizations may belong to the same industry or the same geographical region or they may have common interests in a certain issue. Thus, already from the start there is a similarity between the organizations that become members of the same meta-organization, and this similarity is often expressed in the name of the meta-organization. In most meta-organizations, however, there is also a process that sooner or later, to a varying extent, will increase the similarities between the members, for instance by adding new directives or standards or by introducing new forms of control. This process of increasing similarities is generally connected to the purpose of the meta-organization. In order to facilitate the coordination among the members it is often necessary to regulate various forms of communication or to adopt common rules for goods that will be exchanged. If the purpose is to increase and emphasize the status of the members they agree upon some measures of quality. Steps towards an increasing similarity also take place when the purpose of the meta-organization is to form a collective actor and, for instance, express its opinion or to make demands on other organizations on behalf of the members; when they are striving to speak with one voice. Another reason to increase the similarity between the members is to facilitate mobility among the members members, for instance, between the citizens in the states that are members of the EU or the students of the business schools that are members of CEMS (Community of European Management Schools and International Companies).

Moreover, the preferences of the member organizations may change and affect their identities. In order to gain influence it is essential for the member to express its own position in various issues that are debated within the meta-organization. But this may also mean that the member organization has to take a stand on issues that it has not had to tackle before (Jacobson 2006; Jutterström 2004). And a certain standpoint, once it has been reached, also implies a certain inflexibility. The organization is expected to keep its standpoint for a certain time and in different situations.

Although there are variations among meta-organizations in the speed and strength of these processes towards similarity, the tendency towards similarity is typical for meta-organisations. As members the organizations inevitably become involved in the operations and decisions of the meta-organization and they always carry their membership with them and it becomes a distinct part of their identity.

3.6 Weak or Strong Meta-Organizations?

Most international organizations are meta-organizations and we have argued that as such they cannot be understood in quite the same way as organizations with individuals as their members. Yet the fact that they are organizations has important implications. Many international organizations start as loosely organized international conferences that evolve into more or less advanced organizations. But there is a great variation in this development. Some meta-organizations seem to slowly evolve towards establishing a strong position vis-à-vis their members, whereas others remain rather weak with few consequences for their members, and some may loose their former strength and risk becoming dissolved. How can we explain these differences?

Much of the variation between the trajectories of various meta-organizations can be related to the issues we have discussed so far: the differentiation of members, the dependence of the members on their membership, and the competition between organization and members. Below we suggest some hypotheses.

First, we suggest that meta-organizations where the members are highly differentiated will be weaker than others, while the more similar the members are, the stronger the meta-organization. It is easier to formulate rules for members the more similar they are, and it is also very likely that the decision-making of the meta-organization will be facilitated if the members are similar. Also the number of members affects the smoothness of decision-making. It is probably a good strategy for a meta-organization to start with a limited number of members (probably less than 10) in order to acquire a firm position before more members are accepted. In fact, this may be one explanation of the relative success of the EU, which started very small with the European Coal and Steel Community (ECSC). When the EU at a later stage has accepted new members it has been able to put strong demands on these to become similar to those states that were already members; sometimes stronger demands than what the existing members themselves could match. This EU trajectory can be compared to that of the Council of Europe, which started with many more members and has remained a relatively weak meta-organization.

Second, we suggest that the more dependent the members are on the meta-organization for their operations, the stronger will be the meta-organization. Examples of relatively strong meta-organizations due to the dependence of their members can be found in the area of sports. In order to compete with other clubs or teams and become champions of some kind (World, African, European, etc.) they have to be members of a meta-organization in order take part in the competitions. The situation is similar in certain businesses where the companies are heavily dependent on their membership in a business association in order to get a license for carrying out their business.

In contrast there are meta-organizations the members of which have little use or need of their membership. This may happen under circumstances where organizations have strong incentives to appear unique and independent and very little need for a 'last name'. Under such circumstances the meta-organization remains weak and has trouble in keeping or even getting members. One example is the lack of meta-organizations for management consultants. The few attempts to establish meta-organizations for consultant firms have had very little success generally because of the wish of these firms to appear unique (Alexius 2007). Political internationals that aim to organize similar political parties from different countries constitute other examples of meta-organizations that remain weak because the members have little use for a last name. A membership in political internationals may even become a burden for a political party if its independence is questioned or if it risks being hold responsible for the opinions or actions of other members.

Third, we suggest that the greater similarity between members and meta-organization, the stronger the meta-organization. This effect stems from the potential competition between the meta-organization and its members. If the meta-organization devotes itself to the same kind of operations as their members, it may ultimately outcompete the members and make them seem superfluous. This similarity between member and meta-organization is usually more obvious when the members are states or associations (including other meta-organizations) than when they are firms. Meta-organizations such as business associations are not involved in the same kind of operations to the same extent as their members because they are not themselves involved in or interested in doing business.

For a meta-organization, strong similarities in the organizational structure and agenda of its members are not only useful and efficient but they also reinforce its identity – it will appear as an organization with a strong internal consistency and as a representative of a very specific group of organizations. For the member the effect is the opposite: too many similarities with other members threatens its own identity and ability to appear as a unique organization. This situation may even result in a reduction of the number of members. In many labour union confederations, for instance, increasing similarities between members have led to numerous mergers among them (Chaison 2004).

In the extreme case too much similarity threatens the very existence of the members: if the members are so similar, why continue as separate organizations instead of merging into one large individual-based organization? If the EU would succeed in harmonizing most of its rules among its members it would eventually be difficult for the members to demonstrate that they were needed and that a European state would not be a better solution.

Thus, there are significant variations in the strengths and weaknesses of meta-organizations and the relations between a meta-organization and its members are constantly under pressure. And different members may be affected to different degrees. The outcome has to be understood in a combination of various circumstances. But one thing is certain, membership matters; a membership in a meta-organization is a commitment that always leaves its mark on the organization.

References

Ahrne, Göran, and Nils Brunsson. 2008. *Meta-organizations*. Cheltenham.
Alexius, Susanna. 2007. *Regelmotståndarna*. Stockholm.
Barnett, Michael, and Martha Finnemore. 2004. *Rules for the world. International organizations in global politics*. Ithaca.
Brunsson, Nils, and Bengt Jacobsson eds. 2000. *A world of standards*. Oxford.
Chaison, Gary. 2004. Union mergers in the US and Abroad. *Journal of Labor Research* 25 (1): 97–115.
Drori, Gili, S., John W. Meyer, and Hokyu Hwang eds. 2006. *Globalization and organization. World society and organizational change*. Oxford.
Héritier, Adrienne. 2003. New modes of governance in Europe—Increasing political efficiency and policy effectiveness. In *State of the European Union. Volume Six*, ed. Tanja Boerzel, and Rachel A. Cichowski. Oxford.
Jacobsson, Bengt. 2006. Regulated regulators: Global trends of state transformation. In *Transnational Governance. Institutional Dynamics of Regulation*, eds. Marie-Laure Djelic, and Kerstin Sahlin-Andersson. Cambridge.
Jacobsson, Kerstin. 2005. Trying to reform "The best pupils in the class"? the open method of coordination in Sweden and Denmark. In *The open method of coordination in action: The european strategies*, ed. Jonathan Zeitlin, Philippe Pochet, and Lars Magnusson. Bryssel.
Jutterström, Mats. 2004. *Att påverka beslut – företag i EUs regelsättande*. Stockholm.
Jönsson, Christer. 1986. Interorganization theory and international organization. *International Studies Quarterly* 30 (1): 39–57.
Koch, Martin. 2009. Autonomization of IGOs. *International Political Sociology* 3 (4): 431–448.
Mayntz, Renate. 2009. Prolog. In *Die Organiserte Welt. International Beziehungen und Organisationsforschung*, ed. Klaus Dingwerth, Dieter Kerwer, Andreas Nölke. Baden-Baden.
Vifell, Åsa. 2006. Enklaver i staten. Internationalisering, demokrati och den svenska statsförvaltningen. *Stockholm Studies in Politics 113. Stockholm University: Department of Political Science*.

Organisation-im-Kommen: Intertextualer Institutionalismus in der Analyse von Weltorganisation

4

Katja Freistein und Philip Liste

4.1 Einleitung

Weltorganisationen sind Organisationen mit der Tendenz, ihre soziale Umwelt als „Welt" zu beschreiben. Die Analyse von Weltorganisationen sucht folglich nach Spuren der Welt in Organisationen. Sinngemäß lassen sich derlei Spuren am ehesten in den Abläufen weltumspannender Organisationsformen wie bei den Vereinten Nationen (VN) finden. Prinzipiell, und darauf liegt der Schwerpunkt dieses Beitrags, geht es indes nicht um die Situierung in einem „tatsächlich" globalen Problemhorizont, sondern um Performanz, d. h. um die Art und Weise, wie das Verhältnis der Organisation zu ihrer sozialen Umwelt hergestellt wird (s. auch Sack und Kessler, in diesem Bd.). Organisationen produzieren Text. In diesem Text wird auf Ereignisse Bezug genommen, die in der sozialen Umwelt der Organisation vonstattengehen, deren Relevanz im organisationalen Sinne aber erst dadurch generiert wird, dass sie im Zuge organisationaler Kommunikation als für die Organisation relevant anerkannt werden. Organisationen rekonstruieren ihre Umwelt durch Kommunikation (Teubner 1989). Dies verweist auf Kontingenz, so dass auch die Frage, ob eine Organisation eine Weltorganisation ist, sich nur beantworten lässt, indem wir organisationale Operationen daraufhin beobachten, ob und inwieweit eine Weltsemantik (Albert 2007) zum Tragen kommt.

K. Freistein (✉)
Fakultät für Soziologie – SFB 882, Universität Bielefeld,
Universitätsstrasse 25, 33615 Bielefeld, Deutschland
E-Mail: katja.freistein@uni-bielefeld.de

P. Liste
Fakultät Wirtschafts und Sozialwissenschaften, Universität Hamburg,
Allende-Platz 1, 20146 Hamburg, Deutschland
E-Mail: Philip.Liste@wiso.uni-hamburg.de

M. Koch (Hrsg.), *Weltorganisationen*, DOI 10.1007/978-3-531-18977-2_4,
© VS Verlag für Sozialwissenschaften | Springer Fachmedien Wiesbaden 2012

In der Antwort auf aktuelle Forderungen nach einer Soziologie internationaler
Politik stellen wir hier einen Ansatz vor, der eine Soziologie „des Globalen" auf das
Feld internationaler Organisationen, von Verrechtlichung, Bürokratisierung und
Formalisierung erweitert (Albert 2007; Kessler 2009). Soziologische Ansätze in den
Internationalen Beziehungen haben lange dazu geneigt, sich mit (Meta-)Institutio-
nen wie Souveränität oder Diplomatie zu befassen, haben dabei aber die Mikro-
phänomene regimischer Verflechtungen vernachlässigt. Dies verweist sowohl im
Blick auf globale „Assemblages" (Sassen 2006) oder private Regime (Teubner 2010)
als auch intergouvernementale Organisationsformen auf ein Forschungsdeside-
rat, zumal gerade letztere seit langem als herausragende Fluchtpunkte der Global
Governance (Kennedy 1987), als anerkannte Völkerrechtssubjekte (Mosler 1962)
und damit als zentrale Akteure internationaler Politik gewürdigt werden. Aus diesem Grund wollen wir mit unserem Ansatz eines intertextualen Institutionalismus
eine soziologische und zugleich diskurstheoretische Perspektive auf internationale
Organisationen vorstellen. Wir entwickeln einen analytischen Ansatz, der die alltäglichen intertextualen Praktiken internationaler Organisationen (als Weltorganisationen) in den Mittelpunkt stellt. Dazu soll eine soziologische Perspektive auf
Organisation mit ihrer Hervorhebung der Organisation-Umwelt-Differenz (Luhmann 2000; Meyer und Rowan 1977) durch diskursorientierte Beschreibungsformen ergänzt werden. Mit diesem Beitrag schließen wir an institutionalistische Ansätze (Powell und DiMaggio 1991), an Überlegungen in den Critical Legal Studies
(Überblick: Frankenberg 2006), insbesondere im Völkerrecht (Fischer-Lescano
und Teubner 2006; Kennedy 1999) und an interpretative, diskursanalytische Arbeiten in den Internationalen Beziehungen (IB) (Bartelson 1995; Neumann und Sending 2010; Walker 1993) an. Darin sehen wir sowohl einen Beitrag zu theoretischen
Debatten als auch zu einer interpretativen IB-Forschung, die eigene analytische
Vorgehensweisen braucht, um empirischen Phänomenen im Rahmen institutiona-
listischer Forschung auf den Grund zu gehen.

Organisationen und Diskurs, so argumentieren wir, sollten zusammen gedacht
werden. Die Institutionalisierung von Diskursen und, noch wichtiger, die diskursive Institutionalisierung von Organisationen sind untrennbar verbunden und
sollten auch so untersucht werden. Wir stellen daher hier einen Ansatz vor, der
diese Verbindung zwischen Diskurs und Organisationen ernst nimmt und als Ausgangspunkt einer diskursorientierten Analyse institutioneller und organisationaler
Praktiken konzeptualisiert. Aufgrund der theoretisch angezeigten Zurückweisung
ontologischer Vorannahmen (s. unten) unterscheiden wir Institutionen und Organisationen praxistheoretisch, d. h. beide Phänomene werden im Blick auf die ihnen
eigenen Praktiken differenziert.

Institutionelle Praktiken sind Anknüpfungspraktiken; organisationale Praktiken
sind Entscheidungspraktiken. Die Funktion *institutioneller Praktiken* besteht in

der Herstellung gesellschaftlicher Anschlusskommunikation. Es werden Anknüpfungen an gesellschaftlich bereits Etabliertes vorgenommen. Auf diese Weise lassen sich gesellschaftliche Narrative fortschreiben, wodurch Entscheidungen nicht immer wieder aufs Neue getroffen werden müssen und gesellschaftliches Erwarten stabilisiert wird. Es wird auf diese Weise schließlich Legitimität erzeugt, was den Rechtfertigungsaufwand gesellschaftlicher Praktiken in Grenzen hält. Diese soziale Reproduktion von Institutionen erfolgt als stabilisierende Praktik, die in einer fortwährenden Anknüpfung „politischer" Skripte u. a. an bereits institutionalisierten Text (wie Resolutionen, rechtliche Entscheidungen etc.) besteht. Angeknüpft wird dabei insbesondere an textuale Monumente (z. B. Gründungsdokumente wie eine Charta). Dies deutet bereits an, dass sich institutionelle Praktiken auch (oder gerade) in Organisationen beobachten lassen. In den hochformalisierten Arenen internationaler Organisationen wird zwar auch an Text angeknüpft, der außerhalb der jeweiligen Organisation produziert worden ist (Rekonstruktion der Umweltkommunikation innerhalb organisationaler Zentren), doch finden sich regelmäßig zunächst Anknüpfungen an Dokumente der Organisation, also an Dokumente, welche die Organisation selbst produziert hat. Es kommt an diesem Punkt also die Grenze zwischen Organisation und Umwelt ins Spiel, deren Bedeutung aber insbesondere im Blick auf die organisationalen Praktiken der Organisation zu betonen ist.

Organisationale Praktiken zeichnen sich dadurch aus, dass über Gesellschaftliches entschieden und dabei einem organisationalen Skript gefolgt wird, also beispielsweise einem formal-institutionalisierten Entscheidungsverfahren und/oder institutionalisierten Normen, deren Anwendung sich letztlich in der Entscheidung manifestiert, die *universale* bzw. *abstrakt-generelle* Norm auf *partikulare* bzw. *konkret-individuelle* Fälle anzuwenden. Während die Anwendungsentscheidung als organisationale Praktik die Organisation/Umwelt-Grenze (außerhalb der Grenze: gesellschaftliche Kommunikation; innerhalb der Grenze: gesellschaftlich-autoritative Entscheidungskommunikation) bestätigt, ist sie gleichsam auch institutionelle Praktik, insofern erstens gesellschaftliche Anschlusskommunikation hergestellt wird und zweitens die Entscheidung selbst durch ihre Textualisierung fortan als Ressource gesellschaftlicher Kommunikation zur Verfügung steht (also beispielsweise als im Internet veröffentlichtes Dokument). Organisationale Praktiken sind mit anderen Worten stets auch Beiträge zur Institutionalisierung von Intertextualität. Es entsteht im Zuge der diversen Aktivitäten von IOs ein virtuelles Netz von Texten, ein Textgewebe, das bei der Produktion von Dokumenten als Anknüpfungsressource zur Verfügung steht. Dabei ist zu beachten, dass dieses Gewebe grundsätzlich in jedem einzelnen Text neu (und anders) geflochten werden kann und wird. Intertextualität ist deshalb auch und gerade ein Kontingenzbegriff. Eine rechtstheoretische Annäherung an das Phänomen der Intertextualität lässt dies noch deutlicher werden.

In seiner Bedeutung ist ein Text nicht mehr als der momentan durch die Lektüre fest-
geschriebene, semantische Schnittpunkt einer Fülle von Texten, die gewissermaßen
in ihm als Brennpunkt kumulieren. […] Text ist also lediglich eine Momentaufnahme
im Fluss der jeweiligen Kultur. […] Texte sind Knoten, momentan geknüpft in das
Gewebe der Produktion und Emergenz von Sinn. (Christensen und Fischer-Lescano
2007, S. 82)

Der Ansatz eines intertextualen Institutionalismus ist zum einen ein theoretischer
Versuch, institutionalistische Forschung für textuale, diskursive Praktiken zu öff-
nen; zum anderen verstehen wir den Ansatz als analytisches Instrument zur kom-
binierten Untersuchung von Institutionen als soziale Anknüpfungs- und Organisationen als Entscheidungsdiskurse. Auf Basis soziologisch informierter Konzepte
von Institutionen und Organisation sowie der dekonstruktiven Techniken Jacques
Derridas können wir die performative Natur internationaler Organisationen auf-
zeigen und die Grenzziehungsproblematik Organisation/Umwelt als konstitutive
Beziehung zwischen Text und Kontext von Weltorganisationen sichtbar machen.

Der Kontext der Weltorganisation sind hier alle globalen Phänomene, auf die
diese Bezug nimmt. Erst diese selbstreferentielle Konstruktion ihrer globalen Umwelt macht eine Organisation zur Weltorganisation – genauer: durch ihre Bezugnahme auf die Welt als Entscheidungskontext erschafft sich die Organisation als
Weltorganisation. Die Haupt- und Nebenorgane der Vereinten Nationen weisen
eine solche weltsemantische Tendenz zweifellos auf – und zwar von Beginn an.
Das Skript der Vereinten Nationen, die UN-Charta, ist dabei aber keineswegs eindeutig. Konzeptionell ließen sich „internationale Organisationen" und „Weltorganisationen" womöglich noch unterscheiden; empirisch ist dies schwierig, wurden
doch die Vereinten Nationen gewissermaßen als eine „internationale Organisation"
der „Menschheit" gegründet (s. unsere Diskussion zur Präambel der UN-Charta). Historisch greifen die Semantiken der zwischenstaatlichen Beziehungen und
der Weltgesellschaft jedenfalls ineinander, und dies gilt wohl gleichermaßen für
die Beschreibungsformen der politischen Zentren, der Diplomatie, etc. wie die der
wissenschaftlichen Auseinandersetzung. Traditionell wird im Fach IB die „international society of states" (Bull 1995) als die soziale Umwelt internationaler Orga-
nisationsphänomene gefasst, wobei aber zu bedenken wäre, dass etwa Hedley Bull
zurecht Staaten- und Weltgesellschaft nicht konsequent als historische Entwick-
lungsschritte konzipiert hat (Bull 1995), dass also von einer globalen Gleichzeitig-
keit verschiedener Sozialbeziehungen auszugehen ist. David Kennedy (1987) hat in
seiner Studie des Völkerbundes nicht zuletzt gezeigt, wie die Staatenzentriertheit
des Systems zu Beginn des 20. Jahrhunderts im „move to institutions" transzendiert
und paradoxerweise durch das für die Zivilisierung des Staatensystems geschaffene
Reflexionsorgan selbst unterminiert wird (zu internationalen Organisationen als
Völkerrechtssubjekte einschlägig: Mosler 1962).

Bei der Gründung der Vereinten Nationen konstituiert sich die Staatengesellschaft vor dem Hintergrund zweier „Welt"-Kriege und reproduziert sich damit eben nicht ausschließlich „international", sondern durchaus auch „weltsemantisch" bzw. global. Viele Formulierungen der Präambel wie etwa der Bezugspunkt der „Menschheit" verdeutlichen dies. Während aber die Vereinten Nationen ihrer Intention Ausdruck verleihen, „Kräfte zu vereinen, um den Weltfrieden und die internationale Sicherheit zu wahren", bleiben sie, wie die Architektur der Charta verdeutlicht,[1] dennoch einem Imaginär verhaftet, in dem „Weltfrieden" *durch* „internationale Sicherheit" gewahrt werden soll.

Gerade vor dem Hintergrund der Ambivalenz des organisationalen Skripts der Vereinten Nationen gehen wir davon aus, dass sich das *Sein* der Organisation – als „internationale" Organisation oder „Welt"-Organisation bzw. als „internationale" und „Welt"-Organisation zugleich – erst auf der Prozessebene international-gesellschaftlicher oder weltgesellschaftlicher Beziehungen soweit verdichtet, dass sinnvollerweise von der jeweils einen oder anderen Form die Rede sein kann. Die Vereinten Nationen sind als eine *Weltorganisation-im-Kommen* zu verstehen, und sie bleiben „im Kommen" (Derrida), insofern die fortwährend organisationsinterne Rekonstruktion der sozialen Umwelt und damit die Reproduktion der Organisation/Umwelt-Grenze theoretisch als Notwendigkeit gefasst werden muss (s. auch Winckler, in diesem Bd.). Um dieses „Im-Kommen" begrifflich zu erschließen, ist es sinnvoll, einen analytischen Rahmen zu etablieren, in dem auch ontologische Fragen über (internationale/Welt-) Organisationen berücksichtigt werden können.

4.2 Weltorganisationen und Intertextualer Institutionalismus

Die wesentlichen Merkmale eines solchen diskursorientierten intertextualen Institutionalismus erschließen sich über eine Beobachtung von Praktiken, die man im Rahmen nahezu aller global (aber auch regional und themenspezifisch) operierenden internationalen Organisationen machen kann. Unser Ausgangspunkt ist der folgende: der textuale Output internationaler Organisationen, ihr tägliches Geschäft, um es so zu sagen, erweckt falsche Erwartungen. Dokumente, die in diesen organisierten Arenen produziert werden, fangen zumeist mit einem ermüdenden Satz von Wiederholungen an – wohin wir sehen, beobachten wir Bekräftigungen und Betonungen dessen, was bereits bekräftigt und betont wurde (etwa in Formeln wie „noting", „recalling", „reaffirming" etc.). Obwohl diese Wiederholungen nur

---

[1] Insbesondere zeigt sich dies freilich in der Umsetzung der Idee „kollektiver Sicherheit" (hierzu weiterhin instruktiv: Claude 1971, Kap. 12).

eine rituelle Funktion zu haben oder bloße Leerformeln zu sein scheinen, erfüllen sie in der Politik internationaler Organisationen einen wichtigen Zweck. Sie
sind der Kern institutioneller Praktiken, die wiederum den Kern organisationalen
Outputs darstellen. Diese formelhaften Wiederholungen scheinen zunächst das
höchste Maß an Stabilität zu repräsentieren, doch sie unterwandern auch ständig
diese scheinbare Stabilität durch diskursive Bedeutungsverschiebungen. Das heißt,
die Formeln erfahren im Zuge immer neuer Konstellationen und Kontextualisie-
rungen neue Bedeutungen. Diese Beobachtung verweist auf eine bemerkenswerte
Differenz zwischen institutionellem *Output* (nämlich textuale Trägheit) und orga-
nisationalem *Outcome* (also neuartigen Entscheidungspraktiken). Dennoch verändern sich internationale Organisationen – und zwar auch in der Abwesenheit sicht-
barer Reformen durch formale (und intentionale) Umgestaltungen. Wir sehen dies
als institutionelle Entwicklung, die durch eine, wie Nietzsche es formuliert, „ewige
Wiederkehr des Gleichen" verdeckt wird: Was wir beobachten, ist ein paradoxer
Wandel durch Wiederholung.

Nehmen wir als Beispiel eine willkürlich ausgewählte Resolution des UN-Si-
cherheitsrats: die Resolution 1975 (2011) zur Situation in der Elfenbeinküste. Zunächst wird in diesem Dokument eine Anschlusskommunikation an die vorherige
Praxis des Sicherheitsrats hergestellt:

> Recalling its previous resolutions, in particular resolutions 1572 (2004), 1893 (2009),
> 1911 (2010), 1924 (2010), 1933 (2010), 1942 (2010), 1946 (2010), 1951 (2010), 1962
> (2010), 1967 (2011), 1968 (2011) […],

Sodann findet sich eine „re-affirmative" Anknüpfung an abstrakt-generelle Prinzipien der internationalen Beziehungen:

> Reaffirming its strong commitment to the sovereignty, independence, territorial
> integrity and unity of Côte d'Ivoire, and recalling the importance of the principles of
> good-neighbourliness, non-interference and regional cooperation,

Und es werden Entscheidungen, die in der Umwelt der Organisation, sprich: in
anderen Organisationen, hier der Afrikanischen Union, „willkommen geheißen".

> Welcoming the decision of the Peace and Security Council of the African Union adop-
> ted at its 265th meeting at the level of Heads of State and Government, held on 10
> March 2011 in Addis Ababa, which reaffirms all its previous decisions on the rapidly
> deteriorating post-electoral crisis facing Côte d'Ivoire since the second round of the
> presidential election, on 28 November 2010, which recognize the election of Mr Alas-
> sane Dramane Ouattara as the President of the Republic of Côte d'Ivoire,

Es sind dies die Wiederholungspraktiken, im Zuge derer die selbst vorgenommene
Textualisierung des Umweltereignisses sowie der Text mehr oder weniger hoch-

formalisierter Bereiche der entsprechend institutionalisierten Umwelt des Sicher-heitsrats *nachvollzogen* werden. Gleichsam finden wir Umweltbeschreibungen, welche das organisationale Umweltnarrativ fortschreiben und die bereits erfolgten Textualisierungen von Umweltereignissen mit der Beschreibung neuer Ereignisse ergänzen. So werden im Blick auf die Eskalation von Gewalt „grave concerns" zum Ausdruck gebracht; es werden die Konfliktparteien zur Zurückhaltung aufgerufen; es werden provokative Aktionen und Äußerungen sowie Rechtsbrüche verurteilt – und zwar nicht ohne erneute Anknüpfungen an zuvor etablierten Text:

> Condemning the serious abuses and violations of international law in Côte d'Ivoire, including humanitarian, human rights and refugee law, reaffirming the primary responsibility of each State to protect civilians and reiterating that parties to armed conflicts bear the primary responsibility to take all feasible steps to ensure the protection of civilians and facilitate the rapid and unimpeded passage of humanitarian assistance and the safety of humanitarian personnel, recalling its resolutions 1325 (2000), 1820 (2008), 1888 (2009) and 1889 (2009) on women, peace and security, its resolution 1612 (2005) and 1882 (2009) on children and armed conflict and its resolution 1674 (2006) and 1894 (2009) on the protection of civilians in armed conflicts.

Worauf es an dieser Stelle ankommt ist, dass hier eine Konstellation von Text produziert wird, die auch anders hätte produziert werden können. Im Zuge dieser institutionellen Praxis, also der mehr oder weniger wiederholenden Umweltbeschreibungen, verdichtet sich ein Textgeflecht, das der Organisation als Basis für eine organisationale Praxis dient: die Organisation entscheidet und die Entscheidung, die sie trifft, ist für Bereiche ihrer Umwelt, in diesem Fall der ehemalige ivorische Präsident Gbagbo sowie einige Mitglieder seiner Regierung, von großer Tragweite (s. Annex der Resolution 1975). Die Organisation entscheidet, dass die Situation in der Elfenbeinküste weiterhin eine Gefährdung des internationalen Friedens und der Sicherheit darstellt; sie entscheidet, nach Kapitel VII UN-Charta tätig zu werden, ruft zu einem bestimmten Tun und Unterlassen auf und verhängt schließlich sogenannte „targeted sanction", also auf Individuen gerichtete Sanktionen. Was dies im einzelnen Fall bedeutet, kann an dieser Stelle nicht ausgeführt werden. Es soll hier der Hinweis ausreichen, dass die Sanktionierung von Individuen sicherlich nicht die Praxis des Sicherheitsrats ist, welche die an der Gründung der Organisation Beteiligten in den 1940er vor Augen hatten. Doch obwohl dies nicht der Fall zu sein scheint, obwohl das Konzept individueller Sanktionierung im „ursprünglichen Skript der Vereinten Nationen nicht vorgesehen war, werden derlei Entscheidungen heute vorgenommen, und zwar: unter dem impliziten und teilweise gar expliziten Verweis auf eben dieses Skript sowie unter dem expliziten Verweis auf die Kette von Dokumenten, die an eben dieses Skript anschließen. Organisationales Handeln ist pfadabhängig im Sinne einer diffusen Abhängigkeit von einem stets nur vorläufigen Pfad immer neuer Anknüpfungspraktiken. Organisationales Entscheiden und institutionelles Anknüpfen bieten sich hierfür gegenseitig eine Basis. Die erstere Praktik bettet sich in das institutionalisierte Textgeflecht und damit in einen Korridor gesellschaftlich sinnhafter Praxis ein und steht gerade dadurch fortan der Gesellschaft als Anknüpfungsressource bereit. Die in dieser Weise institutionalisierten Entscheidungen hinterlassen Spuren im gesellschaftlichen Textgeflecht.

In diesem Beitrag zur Analyse von (Welt-)Organisationen befassen wir uns mit dieser Form institutioneller Wiederholung als Praktik der Gerinnung und stellen die Produktivität der ständigen Wiederholungen mit Verweis auf die institutionelle Gründung heraus. Darüber hinaus stellen wir den ontologischen Status von Organisationen in Frage, der auf diesem Paradoxon beruht. Organisationen werden als stets gleich, als organisationales Kontinuum, repräsentiert, doch diese Repräsentationen sind nicht stets die gleichen, sondern werden je nach sozialem Kontext unterschiedlich performiert. Dieser Unterschied ist ein „politischer", wie wir noch ausführen werden.

Beginnen wir mit dem zentralen Paradoxon: Wie ist institutioneller Wandel möglich, wenn internationale Organisationen doch zu repetitiver Trägheit neigen? Oder, anders ausgedrückt, wie gewährleisten internationale Organisationen Stabilität im Widerstand gegen Wandel durch Wiederholung, den sie ständig (re-) produzieren? Um diesen Widerspruch aufzulösen, wenden wir uns den intertextualen Diskurspraktiken zu, die das hervorbringen, was Max Weber bezeichnet als „geronnener Geist", als „jene lebende Maschine, welche die bürokratische Organisation mit ihrer Spezialisierung der geschulten Facharbeit, ihrer Abgrenzung der Kompetenzen, ihren Reglements und hierarchisch abgestuften Gehorsamsverhältnissen darstellt" (Weber 1980, S. 835). Der Schlüssel zu diesem Paradoxon ist die Praktik der Gerinnung. Darum verstehen wir die konstante Reproduktion von Institutionen – in einem wissenssoziologischen Sinn als geronnenes Wissen (Berger und Luckmann 1967) – als diskursive Gerinnungspraktik. Mehr noch, was wir hier vorschlagen, nämlich eine analytische Verlagerung hin zu einem Verständnis internationaler Organisationen als Textgewebe, bringt ontologische Folgen mit sich. Während nicht nur die Mehrheit bekannter IB-Theorien sich mit der Annahme zufrieden gibt, dass Institutionen mehr oder weniger durch Skripte bestimmt sind, denen die dominanten Akteure im System zugestimmt haben und damit letztlich das sind und auch sein sollen (in dieser normativen Variante: Morgenthau 1929), was Staaten wollen (Abbott et al. 2000; s. aber Zürn et al. 2007), beabsichtigen wir, selbsterzeugende Prozesse in Organisationen des Globalen zu beobachten. Die dauernde Spannung, die durch das Stabilitätsstreben von Institutionen gegen fortwährenden Wandel erzeugt wird, entzieht dem ontologischen Status von Organisationen die Grundlage. Organisationen existieren nicht einfach „da draußen", sie müssen sich als Organisationen permanent ihrer sozialen Umwelt selbstvergewis-

sern und als Institutionen – je nach dem: der „Staatengemeinschaft" oder „Weltgesellschaft" – permanent reproduziert werden. Die Frage nach der Ontologie internationaler Organisationen ist – als empirische Frage – Teil unseres Ansatzes, denn
die institutionellen Praktiken, die wir beobachten, sind reproduktive Prozesse sozialer Ontologisierung in internationalen Organisationen. Die Reproduktionsleis-
tungen vollziehen sich textual bzw. diskursiv und generieren über die Einbettung in
soziale Umwelten gleichermaßen Stabilität und Wandel.

Mit unserer Auffassung von Diskurs lehnen wir uns an Chantal Mouffe und
Ernesto Laclau an: „Any discourse is constituted as an attempt to dominate the
field of discursivity, to arrest the flow of differences, to construct a centre" (Laclau
und Mouffe 2001, S. 112). Diskurs hat hier nicht nur eine analytische Dimension,
sondern auch eine ontologische, nämlich als Ort des Politischen/Sozialen. Eines
der wichtigsten Merkmale dieser Definition ist die Zurückweisung einer Trennung
zwischen Diskurs und Handlung. Handlung wird verstanden als Praktiken, und
diese werden hier als diskursive Praktiken konzeptualisiert, insofern sie als Beitrag
zur Reproduktion von sozialer Bedeutung gelten können:

> Our analysis rejects the distinction between discursive and non-discursive practices.
> It affirms: a) that every object is constituted as an object of discourse, insofar as no
> object is given outside every discursive condition of emergence; and b) that any dis-
> tinction between what are usually called the linguistic and behavioural aspects of
> practice, is either an incorrect distinction or ought to find its place as a differentia-
> tion within the social production of meaning, which is structured under the form of
> discursive totalities. (Laclau und Mouffe 2001, S. 107)

Diskurs und Praktiken werden so als „diskursive Praktiken" in eins gebracht und
als voneinander abhängige soziale Phänomene konzeptionalisiert. Die Kombination von Textproduktion und performativen Praktiken im institutionalisierten Diskurs umfasst alle bedeutungsvollen (textualen) Praktiken in diesem besonderen
sozialen Kontext. Damit können auch institutionelle und organisationale Praktiken
als diskursive Praktiken verstanden werden.

4.3   Die Ontologie internationaler Institutionen

Die soziale oder kulturelle Umwelt von Institutionen wird verstanden als der zentrale Faktor in ihrer Entstehung und Verbreitung. Diese Einbindung des kulturellen
und historischen Kontexts finden wir auch in sozialkonstruktivistischen Arbeiten
zu Institutionen (Checkel 1999; Jepperson 1991; Johnston 2001). Institutionen sind
demnach nicht (nur), was Akteure sie zu sein erwählen, sondern Institutionen bil-

den sich im Zuge sozialer Interaktion (oft unintendiert) heraus und fungieren fortan als Rahmen für die Produktion intersubjektiver Bedeutung (Hopf 1998; Wendt
1994). Ähnlich wie neo-institutionalistische Arbeiten oder die English School
konzentrieren sich viele sozialkonstruktivistische Studien zu Institutionen auf die
strukturelle Rolle von Institutionen – etwa als intersubjektive Bedeutungsstruktu-
ren oder als Rahmen für Sozialisationsprozesse.[2] Damit reproduzieren sie ein Verständnis von Institutionen als feste Gefüge, die zwar nicht notwendigerweise als
physische Strukturen existieren, aber als etablierte Entitäten wirken. Diese Betonung der strukturellen Effekte von Institutionen führt wiederum dazu, dass sie eine
Ontologisierung von Institutionen voraussetzt, die wir hier eben bestreiten wollen.

Eine ähnliche Ontologisierung kann man auch – mit Überraschung – bei den
diskurstheoretischen Arbeiten in den IB, also meist bei Vertretern poststrukturalis-
tischer Strömungen beobachten. In den vielen interpretativen und diskursanalyti-
schen Arbeiten in den IB stehen traditionell Diskurse im Mittelpunkt des Interesses,
Institutionen hingegen nicht. In diskurstheoretischen Beiträgen, die sich empirisch
mit Institutionen befassen, werden diese alternativ oder deckungsgleich als diskursive Foren oder Arenen verstanden, d. h. der Diskurs findet innerhalb eines institutionellen Settings statt (Diez 2001; Hansen und Williams 1999). Institutionen/
Organisationen werden aber auch als Akteure betrachtet, die beispielsweise in der
Lage sind, zu Gemeinschaftsbildung (Rumelili 2004) und Identitätsformation beizutragen (Klein 1990; Neumann 1994; Rumelili 2004). So lautet der verblüffende
Befund, dass Institutionen in der Mehrzahl diskursanalytischer Studien als a priori
existent dargestellt werden. Man kann daraus schließen, dass viele Autoren dieser
Schule einfach die Annahme übernehmen, Institutionen seien manifeste und stabile Einheiten. Ein so eindeutiger ontologischer Status würde damit Institutionen von
ihrer diskursiven Reproduktion unabhängig machen.

Doch die Aufgabe einer interpretativen Lesart von Institutionen kann es nicht
sein, einen weiteren Beitrag zur Debatte über die Ontologie von Strukturen und
Akteuren zu leisten, die Akteure innerhalb von Institutionen und Institutionen
als Strukturen erfasst. Gerade das kritische Hinterfragen der *agency* von Staaten
und die gleichzeitige Zurückweisung von Staaten als prä-diskursive Einheiten des
internationalen Systems, auf denen diskurstheoretische oder poststrukturalistische
Ansätze aufbauen, machen eigentlich eine Ontologisierung von internationalen In-

---

[2] Es wäre hierbei die Einschränkung zu machen, dass zumindest Bull (1995) die „soziologische" Annäherung an Institutionen der International Society nicht durchhält, insofern diese
letztlich nur der Aufrechterhaltung einer Ordnung dienen, die selbst auf eigenartige Weise
dem intersubjektiven Prozessen der Staatenwelt wie der Weltgesellschaft enthoben zu sein
scheint. Institutionen sind nach dieser Lesart Instrumente, wenn nicht (immer) der Staaten, so
doch der Staatenordnung, deren Reproduktion keine ausreichende Berücksichtigung findet.

stitutionen unplausibel (Campbell 1992; Walker 1993). Wenn wir davon ausgehen, dass Staaten im internationalen System kontingente, aber äußerst stabile Einheiten politischer Praktiken sind,[3] die deutlich länger und fester etabliert sind als internationale Organisationen, überrascht es, dass zwar diese Einheiten immer wieder in poststrukturalistischen Studien in Frage gestellt werden, internationale Institutionen jedoch nicht. Besonders aus Sicht interpretativer Arbeiten, die anti-essentialistisch argumentieren, ist nur schwer zu akzeptieren, dass internationale Institutionen stabiler als andere Konstrukte (wie eben Staaten) sein sollten. Im Gegenteil müsste man doch vermuten, dass sie genau wie Staaten oder Identitäten (die ja in den Arbeiten Campbells, Hansens, Neumanns etc. hinterfragt werden) permanent reproduziert werden müssen. Gerade in diesen diskurstheoretischen Ansätzen müsste noch systematischer das Verhältnis von Institutionen und Diskurs aufgezeigt werden – eine Ontologisierung von Institutionen jedenfalls scheint uns nicht kompatibel mit den wesentlichen Annahmen dieser Schule. Hier sehen wir einen Beitrag des intertextualen Ansatzes, nämlich Institutionen ebenso wie Staaten als diskursive Konstrukte zu konzeptualisieren und zu analysieren.

Einen sehr aktuellen Vorstoß, Institutionen und Diskurstheorie zu verbinden, wollen wir im Folgenden kurz diskutieren, um Möglichkeiten der Anknüpfung, aber auch der Abgrenzung aufzuzeigen. Vivien A. Schmidt spricht von ihrem Ansatz als einem neuen – vierten – Institutionalismus, den sie „diskursiven Institutionalismus" nennt und den sie versteht als „a framework within which to theorize about the dynamics of institutional change" (Schmidt 2010, S. 4). Damit ist letztlich ein Unterfangen benannt, das dem unseren auf den ersten Blick ähnelt. Dennoch sehen wir einige Schwächen des Ansatzes, deren Kritik wir nutzen wollen, das Anliegen eines „intertextualen Institutionalismus" noch deutlicher werden zu lassen.

Gerade die ontologischen Annahmen sowohl über Diskurs als auch über Institutionen, die bei Schmidt vorgestellt werden, erscheinen aus unserer Sicht problematisch. An einem Beispiel:

---

[3] Jens Bartelson (1995) beispielsweise macht geltend, dass Staaten nicht als unveränderliche Einheiten gedacht werden können, da ihre Ontologie sozialem Wissen (auf globaler Ebene) unterworfen sei – und dieses Wissen wiederum sei politisch.Der Staat – als ‚souveräne' Einheit – ist Subjekt eines globalen Souveränitätsdiskurses, der wiederum unserer Ansicht nach als Institution analysiert werden könnte. In Kombination mit differenzierteren Überlegungen zu Institutionen, nämlich „foundational institutions" und „regimes" (Reus-Smit 1997) beziehungsweise „primary" und „secondary institutions" (Buzan 2004), kann man Bartelsons Ideen als analytisches Skript für die Dekonstruktion ständiger Institutionalisierungsprozesse verstehen. Wir weichen nur dort ab, wo wir die Beobachtungen verorten, nämlich auf der Ebene (re)institutionalisierender Mikropraktiken in internationalen Organisationen.

These foreground discursive abilities are essential to explaining institutional change, because they refer to peoples' ability to think outside the institutions in which they continue to act, to talk about such institutions in a critical way, to communicate and deliberate about them, to persuade themselves as well as others to change their minds about their institutions, and then to take action to change them, (…). (Schmidt 2010, S. 16)

In Schmidts Worten sind es die „foreground discursive abilities" von Akteuren, die institutionellen Wandel ermöglichen. Doch mit Blick auf unseren Forschungsgegenstand, die intertextuale Reproduktion internationaler Organisationen, erscheint es uns unplausibel, Akteure – oder Subjekte – unabhängig von Institutionen zu denken. Das heißt keineswegs, sie in ihrer Präsenz zu negieren. Als Individuen lassen sich Subjekte prä-diskursiv oder prä-institutional beobachten. Doch ihre Sprechpositionen werden stets auf diskursive Positionierungen bzw. institutionelle Typisierungen zurückgeführt. Während wissenssoziologische Arbeiten zumindest in einem ersten Schritt noch den Versuch unternommen haben, die Herausbildung von Institutionen etwa über Prozesse der Habitualisierung und Typisierung letztlich auf das soziale Wesen des Menschen zurückzuführen (Berger und Luckmann 1967, S. 47–52), haben insbesondere poststrukturalistische Arbeiten diesen Versuch gar nicht erst gestartet.[4]

Die Frage lautet dann, wie Diskurse bzw. Institutionen durch Praktiken reproduziert werden. Wenngleich diese Praktiken sicherlich von bestimmten Subjektpositionen aus vollzogen werden, geht es nun nicht mehr darum, diese Praktiken in ihrem Zustandekommen zu erklären. In Institutionen werden Akteure über ihre jeweilige Funktion bestimmt, beispielsweise als ständiger Vertreter eines Staates bei der Europäischen Union oder als Generalsekretär. Der individuelle Erfahrungshintergrund mag beim Handeln dieser Personen eine Rolle spielen, nicht jedoch für die institutionellen Prozesse – jedenfalls solange diese nicht innerhalb des entsprechenden institutionellen Diskurses thematisiert werden.[5] Die soziale Position oder der Status von Akteuren wird also durch die Verbindung von Institution und Diskurs erklärt. Ein institutioneller Diskurs definiert Rollen bzw. Subjektpositionen, wird aber letztlich nur durch solche Diskursbeiträge aktualisiert, die sinnhaft an den institutionellen Diskurs anknüpfen. Rollen sind in institutionalisierten Räumen bedeutsamer Praktiken nicht einfach für Akteure verfügbar (Berger und

---

[4] Interessanterweise liegen aber wissenssoziologische und diskurstheoretische im Ergebnis gar nicht allzu weit auseinander, zumindest dort, wo Institutionen als objektive Wirklichkeit konzipiert werden (Berger und Luckmann 1967, S. 47–128, s. v. a. 60).

[5] Vorstellbar wäre eine solche Thematisierung etwa im Zuge von Beratungen über Neubesetzungen eines Amtes. Dann könnte durchaus sinnhaft thematisiert werden, ob beispielsweise eine Person aus einem afrikanischen oder asiatischen Kulturkreis Generalsekretär der Vereinten Nationen werden soll.

Luckmann 1967, S. 72–3), denn Subjekte können nicht ohne Weiteres „außerhalb der Institution denken", wie auch Schmidt andeutet. Im Gegenteil: Akteure bzw. Subjekte werden im Diskurs der Institution konstituiert und rekonstituiert. „The institution posits that actions of type X will be performed by actors of type X" (Berger und Luckmann 1967, S. 72). Die Gerinnungspraktiken von Institutionen tragen eben dazu bei, ihre diskursiven Arenen so zu strukturieren, dass Subjekte produziert und reproduziert werden, deren Rolle eine bestimmte Bedeutung im Diskurs der Institution hat.

Als soziale Praktiken sind Beiträge zur institutionellen Reproduktion also stets institutionelle Praktiken und lassen sich ausschließlich in ihrem Institutionenbezug verstehen. Nicht warum Akteure Anstrengungen unternehmen, Institutionen zu verändern, ist die ausschlaggebende Fragestellung, sondern wie sich Institutionen „selbst" verändern (oder nicht verändern). Dies gibt uns letztlich auch Auskunft über die Beziehung zwischen Diskurs und Organisationen. Denn Organisationen sind nicht unabhängig vom Diskurs, der sie ausgestaltet. Eine enge Lesart des Diskursbegriffs kann dem „little effect" nichts abgewinnen; eine kausale Gegenüberstellung von Diskursen und den „frozen landscapes of rationalist incentives, historical paths, and cultural frames" (Schmidt 2010, S. 21) ist nicht nachvollziehbar. Vielmehr sind Diskurse als analytischer Fokus sozialer Reproduktion zu sehen und eben nicht als exogene Faktoren organisationaler Praktiken. Das Verhältnis von Organisation und Umwelt, also die Relevanz der Umwelt für die Organisation sowie die der Organisation für die soziale Umwelt, muss theoretisch anders konzipiert werden.

Damit die Umwelt internationaler Organisationen relevant werden kann, müssen Ereignisse wie Schocks, Krisen, Veränderungen des Systems o.ä. in den organisationalen Diskurs eingespeist werden (Koch 2009; Teubner 1989). Eine Unterscheidung zwischen exogenem und endogenem Wandel wird damit überflüssig, da die Organisation selbst Kontext verarbeiten muss, damit dieser überhaupt Bedeutung erlangt. Folgt man unserer Beobachtung (ebenso wie denen systemtheoretischer Provenienz), kann exogener Wandel, also die Veränderung institutioneller Gefüge in der Umwelt der Organisation, organisationale Operationen nie „bewirken"; die Organisation muss zunächst auf Umweltereignisse Bezug nehmen und exogenen Wandel somit „endogenisieren". Findet hingegen eine kausale Beeinträchtigung „organisationalen" Entscheidens durch Umweltfaktoren statt, so haben wir es strenggenommen nicht mit Organisation zu tun, zumindest aber mit prekären Organisationsphänomenen bzw. organisationaler Korruption. Es haben sich also in der Gesellschaft nicht wirklich organisationale Zentren ausgebildet. Die Verlagerung der Beobachtung auf die Ebene institutioneller und organisationaler Praktiken führt also konsequenterweise dazu, die Unterscheidung zwischen exogen und endogen insgesamt zurückzuweisen. Die Repräsentation von Ereignissen in der Umwelt finden wir (nur) in der textualen Reproduktion von Organisationen wieder. Dies bringt uns zu einem Artikel über Institutionen von Friedrich Kratochwil und John Ruggie zu internationalen Regimen und Organisationen. Ihre zentrale Herausforderung darin lässt sich reformulieren als epistemologische Frage: wie nämlich kommen wir zu Erkenntnissen über Institutionen, und wo muss unsere Beobachtung ansetzen?

Institutionen haben keinen festen „Körper". So stellen Kratochwil und Ruggie fest: „regimes are conceptual creations not concrete entities" (1986, S. 764). Organe, im englischen „bodies", werden zwar durch Organisationssatzungen wie die Charta der UN „verkörpert", und sie müssen immer wieder aufs Neue „verköpert" bzw. re-materialisiert werden. Institutionen haben aber auch in dieser Hinsicht keinen stabilen ontologischen Status, selbst dann nicht, wenn sie formal als Organisationskörper gesatzt worden sind. Sie bleiben, wie unten am Beispiel des sogenannten „Bernadotte"-Gutachtens des Internationalen Gerichtshofs zu illustrieren sein wird, dauerhaft „im Kommen" (Derrida 1993). Diese instabile Stabilisierung, im Zuge derer die beständige Beschaffenheit internationaler Organisationen institutionell reproduziert wird, die Rolle der Gerinnungspraktiken und das repetitive Wesen institutionellen Alltags sind die paradoxen Momente, die selbst „verkörperte" Institutionen kennzeichnen.

4.4   Die (N)Ontologie internationaler Organisationen

Wenngleich Derrida sich nicht systematisch mit politischen Institutionen, geschweige denn internationalen Organisationen, auseinandergesetzt hat, sind seine Überlegungen zur Dekonstruktion des Rechts im Blick auf unseren intertextualen Zugang zu internationalen Organisationen (sowie zum Phänomen der Weltorganisation) instruktiv.[6] Wir wollen so ein Verständnis von Organisation entwickeln, das institutionelle Praktiken in den Vordergrund stellt, ohne die Organisation als solche zu reifizieren. Ein analytischer Ansatz, der sich auf Text(ualisierungen) von Institutionen konzentriert – und der provokative Aphorismus eines „il n'y a pas d'hors-texte" (Derrida 1967, S. 222) ist hier nicht zufällig gewählt –, beruht auf keinem analytischen Konzept individueller *agency*. Die Performanz, die jeder Entscheidung innewohnt, fungiert als wichtigste organisationale Praktik, wobei die Argumentation gerade nicht darauf zielt, diese auf den Akteur zurückzuführen,

---

[6] Zwei Werke Derridas sind dabei zentral: „Gesetzeskraft" (1984) und „Unabhängigkeitserklärungen", eine Lektüre der amerikanischen Unabhängigkeitserklärung (1984, S. 12–32).

sondern Akteurshandeln konsequent als Umwelt der Organisation zu fassen. Die Beweggründe für das Einbringen eines Resolutionsentwurfs sind nicht relevant, solange sie nicht im Zuge organisationaler Operationen thematisiert werden. Damit ist auch eine Machtperspektive impliziert, die aber Macht – dies zu betonen wäre wichtig – in organisationalen Entscheidungen verortet und nicht an Akteure knüpft.

Performanz spiegelt sich in allen institutionellen und organisationalen Praktiken. Eine sehr zentrale aber, wie wir zeigen werden, nur vermeintlich fundamentale Praktik ist die Gründung einer Organisation. Derridas Essay „Unabhängigkeitserklärungen" befasst sich mit der Frage, wer eigentlich die Unterzeichnenden der amerikanischen Unabhängigkeitserklärung von 1776 seien. In welchem Namen wurde dieser deklarative Akt unterzeichnet und auf Grundlage welcher Ermächtigung? Diese Frage ist zentral: wenn der konstituierende Akt (die Unabhängigkeitserklärung) erst die Unterzeichnenden als Gruppe („the people") konstituiert, woher können dann eben jene ein legitimes Recht auf Unterzeichnung beziehen und wie kann in ihrem Namen unterzeichnet werden? Derrida bringt das unterliegende Paradoxon auf eine prägnante Formal: „La signature invente le signataire" (Derrida 1984, S. 21). Es geht folglich um nicht mehr oder weniger als die Performanz der Deklaration.

Der performative Charakter dieser Artikulation liegt darin, dass ein identifizierbares Kollektiv („We") agiert – die Vorannahme der Artikulation ist demnach, dass es ein solches Kollektiv bereits gibt – und zwar prä-textual. Damit konstituiert der Text etwas, das angeblich bereits konstituiert worden ist. Diese Art der Performativität nennt Derrida eine „Retroaktivierung". Wir argumentieren nun, dass jede institutionelle Praktik als Anknüpfungspraktik ein Moment der Retroaktivierung aufweist. Gleichsam ist jede Retroaktivierung im institutionellen Kontext eine performierte Institutionalisierung, die sich selbst die (legitime) Macht zur Institutionalisierung gibt, und zwar: in ihrer je eigenen Partikularität. Doch obwohl wir es mit einem performativen Akt zu tun haben, der im Kontext der Institutionalisierung unverzichtbar ist, soll seine performative Natur verschleiert werden: „Il fonde les lois naturelles et donc tout le jeu qui tend à présenter des énoncés performatifs comme des énoncés constatifs" (Derrida 1984, S. 24–25).

Diese Präsentation performativer als konstative Äußerungen gehört zu den ständigen Praktiken jeder Institution; jeder (performative) Akt der Institutionalisierung ist Teil dieses Verfahrens, das sich als reine Konstatierung tarnt. Nicht jede textuale Praktik, das Alltagsgeschäft der Institution, soll gerechtfertigt werden müssen. Denn dies ist ja gerade die basale soziale Funktion jedweder Institution. Sie hat einen rationalisierenden Charakter; Entscheidungen müssen nicht immer wieder auf Neue getroffen werden (Berger und Luckmann 1967). Die ständigen

Wiederholungen in institutionellem Text verweisen auf die Spannung zwischen konstativen und performativen Artikulationen. Selbst unverdächtig scheinende Passagen wie „reaffirming", „recalling" oder „reiterating", wie sie oft in Dokumenten zu finden sind, erfüllen eine spezifische Funktion. Sie stellen eine institutionelle Anschlusskommunikation her, verhehlen dabei aber, dass durch ihre Kombination sowie ihre damit einhergehende aktuelle Kontextualisierung neue Bedeutung generiert wird, weil Anschlüsse stets so oder anders hergestellt werden können. Institutionelle Praktiken bleiben, selbst wenn sie vor dem Hintergrund eines sogenannten langen „institutionellen Gedächtnisses" vollzogen werden, stets Praktiken unter Bedingungen sozialer Kontingenz. Sie konstatieren und performieren. Reine Performanz, also beispielsweise organisationales Entscheiden ohne institutionelles Anknüpfen, wäre eine Entscheidung ohne Rückbindung an Gesellschaft und damit quasi „anti-institutional"; reine Konstatierung wäre dagegen der bloße Nachvollzug gesellschaftlicher Dynamiken ohne den Versuch der Fixierung (oder Gerinnung) mit der Konsequenz, dass eine Entscheidung zwar getroffen wird, dies strenggenommen aber nicht im Rahmen der Organisation geschieht. Um also gesellschaftliche Relevanz zu gewährleisten, müssen Konstatierung und Performanz zusammenkommen. Damit erklärt sich nicht nur die latente Instabilität von Institutionen: Trotz aller Bemühungen um höchstmögliche Kontinuität und Stabilität können und müssen Institutionen immer auch durch subversive Praktiken unterwandert werden. Jede Performierung institutionellen Textes birgt diese Möglichkeit.

Eine Entscheidung, die subsumptionsmechanisch stur einem organisationalen Skript folgt, wird der sozialen Umwelt der Organisation nicht gerecht, weil die fortschreitende Komplexität der Umwelt bei der Gründung der Organisation nicht vorhersehbar ist. Eine sozial relevante Organisation, Derrida spielt dies am Beispiel richterlichen Entscheidens durch, muss praktisch die Kontingenz ihres Entscheidens in die Reflexion einbeziehen. Die Rechtsentscheidung muss sich auf etablierte Normen stützen, sich aber gleichsam von ihnen emanzipieren, muss „fresh judgment" (Derrida 1990, S. 961) sein. Ist dies nicht der Fall, ist die Entscheidung also nicht „teilweise gewaltförmig", ist sie nach Derrida keine *Entscheidung* im eigentlichen Sinne, sondern *Kalkulation*.[7] Eine „wahre" Entscheidung zeichnet sich dadurch aus, dass sie auch anders hätte getroffen werden können. Gerichtsurteile sind deshalb mit einer Begründung versehen (Fischer-Lescano und Christensen 2005), Resolutionen, wie die des Sicherheitsrats, mit dem zuvor dargestellten Wiederholungsapparat. Es wird, ganz ähnlich wie auch bei Resolutionen internationaler Organisationen, an institutionell Etabliertes (Normen, Prinzipien, vorangegangene

---

[7] „For if calculation is calculation, the decision to calculate is not of the order of the calculable, and must not be" (Derrida 1990, S. 963).

Entscheidungen, etc.) angeknüpft und so die soziale Relevanz der Entscheidung wie der institutionalisierten Normen, auf die sich die Entscheidung stützt, sicherge-stellt. Diese Relevanz steht und fällt also mit der Möglichkeit repetitiven Wandels.

Organisationen sind also permanent auf diese Re-Institutionalisierungen ange-wiesen, um ihren Status in ihrer sozialen Umwelt zu untermauern – sei es ein natio-naler, internationaler oder globaler Kontext.[8] Daher stimmen wir mit Koch über-ein, der zu bedenken gibt, dass organisationaler Wandel eine typische Beobachtung sei, wohingegen Stabilität erklärungsbedürftig bleibe (Koch 2009, S. 441). Dies ist insofern zutreffend, als die soziale Funktion von Institutionen gerade darin be-steht, dass Entscheidungen (vermeintlich) nicht immer wieder aufs Neue getroffen werden müssen, wodurch freilich eine notwendige Stabilisierung des Sozialen erst vollzogen wird. Institutionenforschung müsste folglich zunächst an der Erklärung dieses Stabilitätsphänomens interessiert sein. Es wäre hier zu ergänzen, dass Wan-del eine typische Beobachtung sowohl des Funktionierens wie des Scheiterns einer Organisation sein kann. Dies hängt ab von den institutionellen Anknüpfungsprak-tiken, die mit jeder organisationalen Entscheidung für Wandel einhergehen. Ge-lingt es der Organisation, eine schlüssige Anschlusskommunikation herzustellen und aufrechtzuerhalten, ist Wandel eine typische Beobachtung des Funktionierens; gelingt dies nicht, droht der Organisation das Scheitern. Wandlung und Perpetuie-rung lassen sich deshalb nicht gegeneinander ausspielen.

Wir argumentieren nun, dass die hier entfaltete intertextuale Perspektive für die Analyse vielfältiger internationaler Organisationen ein geeignetes Instrument dar-stellt – auch und gerade im Blick auf den Topos der Weltorganisation, insofern wir davon ausgehen, dass sich Organisationen als Weltorganisationen erst einrichten und dies im Zuge der beschriebenen textualen Modi tun. Um die empirische Ana-lyse institutionell-organisationalen Texts zu illustrieren, wenden wir uns im nächs-ten Abschnitt dieses Papiers zwei performativen Akten der Vereinten Nationen zu. Es handelt sich dabei um die Gründung der Organisation im Text der Charta und insbesondere ihrer Präambel. Einen weiteren Beobachtungspunkt bildet das his-torisch ähnlich weit zurückliegende Rechtgutachten des Internationalen Gerichts-hofs (IGH) im sogenannten „Bernadotte"-Fall von 1949, in dem wir ebenfalls eine eigenartige Praxis der Selbstermächtigung beobachten.

---

[8] Ähnliches nimmt auch Martin Nonhoff an: „Eine Eigenschaft aber, die allen Institutionen eigen ist, seien sie nun von großer Reichweite oder von kleiner, materiell oder immateriell, ist ihre Performativität. Institutionen haben nur performativ Bestand, eben weil sie auf regel-mäßigen artikulatorischen Akten beruhen. Mit anderen Worten: Institutionen existieren nur als kontinuierliche Institutionalisierungen, das heißt als wiederholte Artikulationen, die Vorhandenes immer aufs Neue bestätigen" (Nonhoff 2006, S. 181).

4.5 Das illustre Leben internationaler Organisationen

Die UNO ist eine inklusive, universale und gleichsam heterogene internationale Organisation. In einer wandelbaren Welt sieht sie sich mit einer weltpolitischen Situation konfrontiert, die kaum mehr Ähnlichkeiten mit der Situation von 1945, dem Gründungsmoment, aufweist. Das Skript der Organisation, die Charta, ist ein Skript der Menschheitsrettung. Schon hierin, die Weltsemantik insbesondere der Präambel der Charta verdeutlicht dies, manifestiert sich ein Anspruch auf Weltorganisation. Die so institutionalisierten Skripte organisationalen Handelns haben indes selten so „funktioniert" wie vorgesehen, zumindest ist das Scheitern organisationaler Skripte am Horizont stets präsent gewesen und ist es fortan. Doch wird durch diese Reibung zwischen der Organisation und ihrer gesellschaftlichen Umwelt gesellschaftliche Relevanz erzeugt. Findet Reibung nicht statt, ist die Grenze entweder totalisiert, d. h. organisationales Entscheiden vollzieht sich fernab jedweder weltgesellschaftlicher Relevanz, so dass eine kognitive Offenheit des Systems infrage steht; oder es lässt sich aufgrund transzendierter Entscheidungshorizonte eine Grenze zwischen Organisation und Umwelt nicht ausmachen. In der organisationalen Umwelt getroffene Entscheidungen würden in so einem Fall in der Organisation lediglich „nachvollzogen" ohne dabei aber eigentliche Entscheidungen zu sein. Forderungen nach einem solchen Nachvollzug hat es immer wieder gegeben, so beispielsweise durch US-Präsident Bush, der die UN-Generalversammlung im Vorfeld des Irakkriegs letztlich vor die Wahl stellte, die US-Amerikanische Entscheidung für die militärische Intervention nachzuvollziehen oder bedeutungslos zu werden (Liste 2011, S. 66–69). Das organisationale Grunddilemma wird in dieser Situation besonders deutlich. Eine Organisation, die das „entscheidet", was die Regierungen mächtiger Staaten zuvor entschieden haben, bleibt als eigenständige Organisation bedeutungslos; eine Organisation, die sich gegenüber der weiterhin sektorial differenzierten Macht in den internationalen Beziehungen verschließt, erfüllt ihre Funktion ebenfalls nicht und wird als Konsequenz (wohl) bedeutungslos werden. Es stellt sich deshalb die Frage, wie eine Organisation ihre Grenze organisiert, wie sie sie zieht, diese Grenzziehung reproduziert und ggf. anpasst.

Eine solche Grenzziehungspraktik, und zwar eine, die mit dem Anspruch einhergeht, fundamental zu sein, ist die Charta und darin insbesondere die Präambel. Die Präambel lässt sich in diesem Zusammenhang als Abschnitt eines (vermeintlich) fundamentalen Dokuments betrachten, in dem sich die Organisation der Grenze zwischen Organisation und Umwelt manifestiert. Bereits in dieser Formulierung zeigt sich ein grundlegendes Dilemma einer schleichenden Selbstermächtigung, das keineswegs ein Alleinstellungsmerkmal der Charta ist. Es ist das

Grunddilemma jedwedes konstitutionellen Texts, das Neil Walker (2009, S. 153) als den „double focus of constitutionalism as concerned with both description and prescription" bezeichnet und das Derrida (1984), wie oben bereits erwähnt, an der amerikanischen Unabhängigkeitserklärung eindrucksvoll „durchgespielt" hat. Im Anschluss an unseren institutionell-organisational differenzierten Praktikbegriff lässt sich die Präambel der Charta funktional ferner als *institutionelle Einbettung* der Charta als *organisationales Skript* verstehen. Präziser: Der Text der Präambel repräsentiert die Umwelt der Organisation, schafft somit eine Umwelt für die Organisation und gründet schließlich die Organisation. Es bietet sich daher an, die „Welt", wie sie durch die Präambel repräsentiert und für die Organisation gestiftet wird, eines genaueren Blickes zu würdigen. Es lässt sich auf diese Weise zudem deutlich machen, wie die Welt zur „sozialen" Welt wird, und wieso es sich anbietet, diese soziale Welt im neo-institutionalistischen Sinne (Meyer und Rowan 1977) als institutionelle Umwelt der Organisation zu fassen.

> *Wir, die Völker der Vereinten Nationen* – fest entschlossen, künftige Geschlechter vor der Geißel des Krieges zu bewahren, die zweimal zu unseren Lebzeiten unsagbares Leid über die Menschheit gebracht hat, unseren Glauben an die Grundrechte des Menschen, an Würde und Wert der menschlichen Persönlichkeit, an die Gleichberechtigung von Mann und Frau sowie von allen Nationen, ob groß oder klein, erneut zu bekräftigen, Bedingungen zu schaffen, unter denen Gerechtigkeit und die Achtung vor den Verpflichtungen aus Verträgen und anderen Quellen des Völkerrechts gewahrt werden können, den sozialen Fortschritt und einen besseren Lebensstandard in größerer Freiheit zu fördern, und für diese Zwecke Duldsamkeit zu üben und als gute Nachbarn in Frieden miteinander zu leben, unsere Kräfte zu vereinen, um den Weltfrieden und die internationale Sicherheit zu wahren, Grundsätze anzunehmen und Verfahren einzuführen, die gewährleisten, daß Waffengewalt nur noch im gemeinsamen Interesse angewendet wird, und internationale Einrichtungen in Anspruch zu nehmen, um den wirtschaftlichen und sozialen Fortschritt aller Völker zu fördern – *haben beschlossen, in unserem Bemühen um die Erreichung dieser Ziele zusammenzuwirken.* Dementsprechend haben unsere *Regierungen* durch ihre in der Stadt San Franzisko versammelten *Vertreter* […] diese Charta der Vereinten Nationen angenommen und *errichten hiermit eine internationale Organisation, die den Namen „Vereinte Nationen" führen soll.* (Hervorhebungen durch die Autoren)

Die Zirkularität des Verfassungsmoments, in dem „Wir, die Völker der Vereinten Nationen" eine Organisation gründen, „die den Namen „Vereinte Nationen" tragen soll", wird in diesem Text dadurch aufgebrochen, dass die Präambel aus zwei Sätzen besteht. Es haben zunächst „Wir, die Völker […] beschlossen, in unserem Bemühen um die Erreichung dieser Ziele zusammenzuwirken". Es sind aber schließlich die Vertreter der Regierungen, die den Text als die Charta der Vereinten Nationen annehmen und die Organisation namens „Vereinte Nationen" einrichten. Dieser

Zweischritt war bei den Verhandlungen keineswegs unumstritten (Fassbender 2008).[9] Allerdings bleibt das Grundproblem bestehen, selbst wenn es hier nicht, wie es Derrida (1984) in seiner dekonstruktiven Geste von der amerikanischen Unabhängigkeitserklärung behauptet, die Unterschrift ist, die die Unterzeichnenden erfindet. Der Text stiftet nicht allein die Organisation, sondern die Wirklichkeit, in der sie verortet wird, gleich mit. Im Fokus des Texts kumuliert eine doppelte Performanz: Im perlokutionären Moment der Präambel als Sprechakt wird die Entstehung der Organisation *bewirkt*; dies fügt sich im Text in eine Relevanzstruktur ein, die wiederum in einer fortgeschriebenen Objektivierung von Wirklichkeit sich vollzieht.

Auch der Beschluss, in Bemühungen zum Erreichen der Ziele zusammenzuwirken, setzt die Konstruktion eines „Wir" voraus, das wiederum im Text mit Bedeutung versehen wird und folglich durch ihn generiert, mindestens aber reproduziert wird. Der Verweis auf das Menschheitsleid des Krieges als gemeinsame Erfahrung einer Generation, auf den Glauben, den zu „bekräftigen" es gilt, der also bereits in der Welt ist, wenn auch durch die zuvor konstruierte gemeinsame Leiderfahrung geschwächt, und schließlich auf die zu schaffenden Bedingungen dafür, dass Recht und Gerechtigkeit „gewahrt" werden können – all diese Momente deuten auf einen bereits vorhandenen sozialen Weltzusammenhang, schaffen diesen aber letztlich erst als soziale Umwelt der Organisation, um deren Stiftung es geht. Die Präambel ist gleichsam Teil des Gründungsdokuments der Organisation sowie ihr erster organisationaler Akt; sie ist eine Entscheidung für „eine" Umwelt und damit gleichsam für „einen" bestimmten Verlauf der konstituierenden Grenze zwischen Organisation und Umwelt.

Nun ist es sinnvoll, diesen konstruierten Sozialzusammenhang als institutionelle Umwelt zu fassen. Im Blick auf die genannten Quellen des Völkerrechts, die durch die Aktivitäten der Vereinten Nationen gewahrt werden sollen, ist die Rede von der Umwelt als institutionelle Umwelt wohl als wenig kontrovers zu sehen. Im zuvor erwähnten soziologischen Sinne ist ferner Gesellschaft ohne Institution (bzw. fortwährende Institutionalisierung) gar nicht zu denken (so wohl Berger und Luckmann 1967). Soziale Umwelt wäre damit zwingend auch institutionelle Umwelt. Doch wird auch der Glaube an Grundrechte, Würde und Gleichberechtigung von Menschen und Staaten als ein geteilter Glaube konstruiert, als eine intersubjektive Positionierung sozial relevanter Entitäten. Benannt ist also der Kern dessen, was als die Institutionalisierung der Gesellschaft gelten darf.

---

[9] Für eine weitergehende Diskussion der „Schwächen" der Präambel aus juristischer Perspektive: Kelsen 1946.

Es wird an „das Soziale" angeschlossen, die Charta wird zu einer gesellschaftlichen Anschlusskommunikation, wobei auch hier zu betonen ist, dass dieses Anschließen eine Entscheidung für eine partikulare Repräsentation des Universalen impliziert, dass die soziale Umwelt der Organisation in einer Weise repräsentiert wird, die das nachfolgende Regulierungsskript als sinnvoll erscheinen lässt. Derrida hat dies im Blick auf die Dekonstruktion immer wieder betont. Der Text schafft sich seine eigene Grundlage selbst.

Dieser Zusammenhang, diese Wertgebundenheit sind aber als Hintergrundannahme keinesfalls unproblematisch. Der Text verweist und generiert so ein weltgesellschaftliches Erwarten, das erst kurz zuvor und, so könnte man sagen, noch während die Entwürfe des Texts diskutiert wurden, bitter enttäuscht worden ist. Diese Enttäuschung erhält einen Namen: die Geißel des Krieges. Aber wer sagt eigentlich, dass die Geißel des Krieges auf der gesamten Welt in gleicher Weise erfahren worden ist, dass also von „der" Geißel des Krieges überhaupt als „einer" weltweit geteilten Erfahrung die Rede sein kann? Menschen in den USA, in Deutschland, in der Sowjetunion, in Japan oder den kolonisierten Lagen des globalen Südens haben den Zweiten Weltkrieg in unterschiedlicher Form und Intensität und wohl mit unterschiedlichen kulturellen Erfahrungshintergründen erlebt.[10] Zu behaupten, dass es eine objektive Übereinstimmung all dieser subjektiven Erfahrungen gibt, ist keineswegs unproblematisch. Geteilte Erfahrung „entsteht" folglich nicht aus objektiver Übereinstimmung, sondern im Zuge sozialer Konstruktion. Damit ist einmal mehr auf Kontingenz verwiesen, insofern etwa Räume geteilten Erfahrens so oder anders „bestimmt" werden können, beispielsweise als regionale, nationale oder Welterfahrung. In eben dieser Weise ist auch der Text der Charta ein Beitrag zur sozialen Konstruktion einer durch gemeinsame Kriegserfahrung geeinten Menschheit. Es wird „die Welt" als ein sozialer Raum konstruiert, das in der Charta etablierte Beziehungsgeflecht als Weltinstitution, die etablierten Organe als Organisationskörper in einer weltumspannenden sozialen Umwelt und so schließlich als Weltorganisationen.

Es geht insofern um die Vergegenwärtigung einer bestimmten Identität der Organisation vor dem Hintergrund einer als soziale Realität konstruierten Gegenwart. Die so gestiftete Organisation ist indes auf die permanente Erneuerung dieser Konstruktion angewiesen, mit anderen Worten: auf die Vergegenwärtigung zum Zwecke des Schritthaltens mit einer stets fortschreitenden Gegenwart. Es besteht gerade hierin, so die These, das Proprium institutioneller Praxis. Es geht um die Herstellung von Anschlusskommunikation, durch die erst ein Anschließen orga-

---

[10] Die nach herrschender Meinung obsolete Feinstaatenregelung der Art. 53 und 107 UN-Charta mag an dieser Stelle unbesehen bleiben.

nisationalen Entscheidens an gesellschaftlich etablierte Sinnzusammenhänge möglich ist. Monumentale Dokumente wie die Charta haben dabei nur auf den ersten
Blick eine Ausnahmestellung. Denn ebenso wie die eher alltäglichen Dokumente
wie Resolutionen, in denen letztlich auf Normen, wie sie in der Charta etabliert
worden sind, Bezug genommen wird, konstatiert auch die Charta eine Umwelt vor
dem Hintergrund sozialer Kontingenz, d. h. in dem konstativen Akt hätte die Umwelt auch anders beschrieben werden können, genauer: die Entscheidung für den
konstativen Akt hätte auch anders ausfallen können, und es wird somit nur einmal
mehr deutlich, dass der *konstative* eigentlich ein *performativer* Akt gewesen sein
muss.

Die Notwendigkeit der performativen Umweltbeschreibung ist aber mit der
Niederschrift des Gründungsdokuments keineswegs erledigt. Die Umwelt konfrontiert die Organisation so mit der oben beschriebenen Unentscheidbarkeit: Weder
der Nachvollzug von, noch die kognitive Schließung gegenüber gesellschaftlichen
Entwicklungen kommen als Optionen infrage, weil dies die soziale Relevanz der
Organisation gefährden würde. Sehr anschaulich ist in dieser Hinsicht eine rechts-
praxisorientierte Formulierung des ehemaligen chilenischen IGH Richters Alvarez:

> the fact should be stressed that an institution, once established, acquires a life of its
> own, independent of the elements which have given birth to it, and it must develop,
> not in accordance with the views of those who created it, but in accordance with the
> requirements of international life. (Judge Alvarez, quoted in: Ress 2002, S. 24)

Solche dekonstruktive Überlegungen betreffen also auch die Legitimität internationaler Organisationen. In Übereinstimmung mit eher soziologischen Annäherungen
an den Legitimitätsbegriff (Berger und Luckmann 1967, S. 92–128; Weber 1980)
folgen wir hier der Auffassung, dass institutionelle Legitimität nicht in normativen
Ideen legitimen Regierens (meist verstanden im demokratischen Sinne) verankert
ist, sondern in Legitimierungspraktiken. Vielmehr verweist der hier zugrundege-
legte Legitimitätsbegriff auf Herrschaft in dem Sinne, dass sich Macht in sozialen
Beziehungen zu Autorität verdichtet, indem der autoritativen Machtausübung regelmäßig ein *Legitimitätsglauben* gegenübersteht. Diese Legitimität muss im Zuge
sozialer Prozesse immer wieder auf Neue generiert werden – über Legitimierungspraktiken. Diese sind zunächst auf ein bestimmtes organisationales Handeln bezogen, d. h. es dienen Legitimierungspraktiken dem Zweck, politisches Handeln
in institutionalisierte Räume der Angemessenheit einzubetten und darüber gegen
oppositionale Anfechtungen abzusichern. Ein Sonderfall hiervon sind Praktiken
der Selbst-Legitimierung. Unseren vorherigen Überlegungen folgend sind diese
Legitimierungspraktiken in institutionalisierte Textgeflechte eingebunden bzw.
knüpfen in ihren Operationen daran an. Legitimierungspraktiken sind intertext-

uale Praktiken, indem sie den textualisierten Gründungsmoment befragen, um eine Positionsbestimmung vorzunehmen. Unter Berufung auf die Behauptung und permanente Wiederbehauptung des institutionellen Gründungsmoments gründen Organisationen sodann in einer Selbstlegitimierung, die mittels der fortgeführten Retroaktivierung des Gründungsakts letztlich in einem niemals endenden *coup de force* ihren Ausdruck findet. Ein bemerkenswertes Beispiel organisationaler Re-institutionalisierung ist der sogenannte „Bernadotte"-Fall vor dem Internationalen Gerichtshof in Den Haag, einem der Hauptorgane der UNO.

4.6   Das Gutachten im „Bernadotte"-Fall

Am Beispiel des „Bernadotte"-Falls, offiziell bezeichnet als „Reparation for Injuries Suffered in the Service of the United Nations",[11] lässt sich der auto-generative Prozess organisationaler Intertextualität ausgezeichnet veranschaulichen. Im Jahre 1948 wurden der Graf Bernadotte, der als Vermittler der Vereinten Nationen in Palästina aktiv war, sowie einige seiner Mitarbeiter in Jerusalem Opfer eines Attentats durch radikale Zionisten. Kommen Diplomaten in Ausübung ihres Dienstes zu Schaden, kann üblicherweise der Entsendestaat Schadensersatz bei dem Staat einfordern, in dem der Schaden eingetreten ist. In diesem Fall war es jedoch die UNO, in deren Dienst Bernadotte stand, und Israel argumentierte, die Organisation sei nicht berechtigt, Schadensersatzforderungen zu stellen. In diesem Zusammenhang ersuchte die UN-Generalversammlung am 7. Dezember 1948 den IGH um ein Rechtsgutachten zur Frage „has the United Nations, as an Organization, the capacity to bring an international claim against the responsible de jure or de facto government".[12] In Auseinandersetzung mit diesem Ansinnen reformulierte das Gericht die Frage – als Rechtsfrage – wie folgt:

> But, in the international sphere, has the Organization such a nature as involves the capacity to bring an international claim? In order to answer this question, the Court must first enquire whether the Charter has given the Organization such a position that it possesses, in regard to its Members, rights which it is entitled to ask them to respect. In other words, does the Organization possess international personality?[13]

---

[11] International Court of Justice, Reparation for Injuries Suffered in the Service of the United Nations, Advisory Opinion of April 11th, 1949 (im Folgenden zit als *Reparations*), verfügbar unter: http://www.icj-cij.org/docket/index.php?p1=3&p2=4&code=isun&case=4&k=41. Zugegriffen: 13. Jan. 2012.

[12] UN Dok A/674, 7. Oktober 1948, verfügbar unter: http://www.icj-cij.org/docket/files/4/10815.pdf. Zugegriffen: 13. Jan. 2012.

[13] *Reparations*, S. 9.

Im Verweis auf die Charta verlagert das Gericht die Auseinandersetzung bereits auf eine fundamentale Ebene, die der Auseinandersetzung mit dem Fundament der Organisation. Die Frage nach der Kompetenz wird zu einer Frage nach der Position der Organisation, die wiederum bereits relational zu der der Mitglieder gefasst wird. Die Frage nach dem *Dürfen* wird als Frage nach der „internationalen Persönlichkeit" reformuliert und damit als eine Frage nach dem *Sein*. Es geht um nicht mehr oder weniger als die Ontologie der Vereinten Nationen. Die Charta, als Gründungsdokument der Organisation, erfährt damit eine „Zuwendung", im Zuge derer sie als Ausgangspunkt der „Prüfung" dient. Als Rechtstext fasst das Rechtsgutachten den Gründungsakt nicht mehr als politischen Akt, sondern setzt die Charta als einen rechtlichen Reflexionsstopp und nachvollzieht damit letztlich die Verrechtlichung des Politischen. Nicht die Zustimmung der Staaten ist das ausschlaggebende Moment, sondern der „Bauplan" der Charta.[14] Kurz: Welche Position hat die Charta der Organisation verliehen? Selbst angesichts oder aber gerade aufgrund der Einschätzung, nach der Frage durch die „actual terms of the Charter"[15] nicht geklärt sei, weist die Erörterung des Gründungsdokuments eine deutliche auto-generative Tendenz auf.

> The Charter has not been content to make the Organization created by it merely a centre „for harmonizing the actions of nations in the attainment of these common ends" (Art. 1, para. 3). It has equipped that centre with organs, and has given it special tasks. It has defined the position of the Members in relation to the Organization by requiring them to give it every assistance in any action undertaken by it (Art. 2, para. 5), and to accept and carry out the decisions of the Security Council; by authorizing the General Assembly to make recommendations to the Members; by giving the Organization legal capacity and privileges and immunities in the territory of each of its Members; and by providing for the conclusion of agreements between the Organization and its Members.[16]

Die bereits in der Reformulierung der Rechtsfrage angelegte Emanzipation von der Zustimmung der Staaten wird hierdurch fortgeführt. Diese semantische Verlagerung von *Zustimmung* auf *Auto-Genesis* ist ein wichtiges Moment der „Autonomisierung" der Organisation (vgl. Koch 2009), und die Diskussion zeigt, dass die zentrale Ressource dieser Autonomisierung bereits im Gründungsdokument angelegt ist. Die Organisation wird in eben dieser emanzipatorischen Geste nicht als Arena internationaler Kooperation repräsentiert, sondern als Schöpfung der Charta gewissermaßen mit dem Auftrag, sich zu „mehren". Nicht mehr die Staaten haben in

---

[14] Für eine instruktive Diskussion von Verfassung als „Bauplan": Brunkhorst 2010, S. 308.

[15] Reparations: S. 8.

[16] (Reparations, S. 10)

dieser Diktion durch die Charta die Position der Organisation bestimmt. Sie haben diese Funktion gewissermaßen aus der Hand gegeben. Die Charta tut dies nun, inklusive der Relationierung von Organisation und Mitgliedsstaaten.

> In the opinion of the Court, the Organization was intended to exercise and enjoy, and is in fact exercising and enjoying, functions and rights which can only be explained on the basis of the possession of a large measure of international personality and the capacity to operate upon an international plane. [17]

Mit anderen Worten: Weil die Organisation das tut, was sie tut, muss sie in der Position sein, das auch tun zu können. Es ist dies indes kein Verweis auf ein Recht des Stärkeren im Sinne eines „Wer kann, darf auch", durchaus aber eines „Wer kann, muss auch in die Lage versetzt worden sein". Die „Autonomisierung" nimmt also in der Organisierung (genauer: der Organsations-Werdung) ihren Ausgangspunkt. Als internationale Institution autonomisiert sich die Organisation schon an dem Punkt, an dem sie Organisation wird; sie organisiert sich, wo sie autonom wird.

4.7 Ausblick

Rekapitulieren wir kurz noch einmal unseren Beitrag zur theoretischen, aber vor allem auch analytischen Konzeptualisierung von Weltorganisationen. Wir schlagen einen intertextualen Institutionalismus vor, der Organisationen (und Institutionen) nicht essentialisiert, also als etwas – einen Akteur, eine Struktur, eine Bürokratie – fest definiert. Damit gestehen wir internationalen Organisationen und Institutionen auch keinen stabilen ontologischen Status zu. Denn gerade der Prozess der Ontologisierung treibt uns um, und wir verstehen ihn als diskursiven Prozess internationaler Institutionalisierung. Diese Prozesse lassen sich in den Kopplungen von institutionellen und organisationalen Praktiken beobachten, die einerseits Institutionen stabilisieren, andererseits aber durch diskursive Bedeutungsverschiebungen immer wieder unterwandern. Dies ist das zentrale Paradoxon organisationalen Alltags. In der Performierung von Textualität reproduziert sich eine Organisation selbst und wirkt den Stabilisierungstendenzen intertextualer Verweise entgegen. Damit verweist die Perspektive eines intertextualen Institutionalismus auf Gewalt (im Sinne Derridas) in den Praktiken internationaler Organisationen. Diese gegenläufigen Prozesse von Stabilisierung und diskursiven Verschiebungen sind es, die eine Organisation stets in ihrem Status als *Organisation im Kommen* halten – und ihr einen stabileren ontologischen Status zwar punktuell verleihen, perspektivisch

---

[17] (Reparations, S. 10.)

aber vorenthalten. Die Konkurrenz performativer und konstativer Äußerungen, die sich ständig im institutionellen Text vollzieht, schafft gleichzeitig den Raum für ganz unterschiedliche politische Ausgestaltungen organisationaler Prozesse.

Wie wir in einem – zunächst illustrativen, aber wie wir argumentieren, auch repräsentativen – Fall gezeigt haben, gilt all dies auch für Weltorganisationen. Hier haben wir uns in erster Linie mit den Vereinten Nationen befasst, doch denkbar wäre eine textuale Analyse wie die hier vorgestellte auch im Falle anderer (oder gar aller) Weltorganisationen, Organisationen also, die ihre Umwelt als „Welt" einrichten. Aus unserer theoretischen Sicht ist jedoch nicht unabhängig von der diskursiven Reproduktion organisationaler Umwelt festzustellen, ob wir es mit einer Weltorganisation zu tun haben oder nicht. Nur die Bezugnahme auf die „Welt" als Umwelt im organisationalen Text ließe uns eine solche Feststellung treffen – die bereits erwähnte „Weltsemantik" ist hier zentral. Wo eine Organisation also verortet ist, können wir in ihren selbstreferenziellen und selbstreproduktiven Praktiken beobachten. Denn aus unserer theoretischen Sicht können wir als Beobachter keine vom institutionellen Text unabhängige Bewertung vornehmen, sondern nur in den textualen Repräsentationen mit Bezügen auf die Welt als Umwelt erkennen.

Dabei könnten auch intertextuale Bezüge zu anderen Weltorganisationen – etwa in der Reproduktion bestimmter als „global" verstandener Normen, z. B. in Umweltstandards, die von unterschiedlichen Weltorganisationen aufgenommen werden – die Weltsemantik reproduzieren. Die Welt als Umwelt kann man also auch als ein intertextuales Netz verstehen, das weltgesellschaftliche Bezüge liefert, die in Weltorganisationen verarbeitet werden. Die kognitiv offene organisationale Kommunikation, insbesondere aber eine inter-organisationale Intertextualität kann hier einen wichtigen Bezugspunkt darstellen. Es wäre etwa zu vermuten, dass in den Skripts von ganz unterschiedlichen internationalen Organisationen Verweise insbesondere auf Weltorganisationen zu finden sind. Damit könnte man zum einen möglicherweise zeigen, dass auch Weltorganisationen in ihrer textualen Reproduktion darauf angewiesen sind, dass ihre Umwelt „Welt" immer wieder bestätigt wird, nämlich durch Verweise anderer auf diese „Welt". Dies könnte man etwa daran zeigen, dass auch Regionalorganisationen wie die südostasiatische ASEAN in ihren Verfassungsdebatten auf die VN-Charta verweisen. Und zum anderen müsste man die organisationalen Entscheidungen der Weltorganisationen auch als Hinweise darauf sehen, wie diese Welt wiederum von Weltorganisationen mit gestaltet wird. Dieses Wechselspiel zwischen Umwelt und Organisation allerdings müsste noch systematischer untersucht werden.

Wir schließen mit einem Ausblick, welche weiteren Fragen der hier vorgestellte intertextuale Institutionalismus noch in den Blick nehmen sollte. Denn vor allem sehen wir mit einer intertextualen Perspektive Anknüpfungsmöglichkeiten für die weitere Forschung über Weltorganisationen. Die erste Richtung weiterer Forschung ist die Frage von Legitimität. Ähnlich den Vorstellungen von Inis Claude in seiner VN-Studie (1966) geht auch unser Ansatz nicht von vorgeschalteten normativen Ideen über Legitimität aus, sondern konzentriert sich eher auf Prozesse der Legitimierung. Die Legitimierungspraktiken von Organisationen sind intertextuale Praktiken. Indem der *coup de force* der institutionellen Gründung angenommen und immer wieder bestätigt wird, bauen Institutionen auf Prozessen permanenter Selbstlegitimierungen auf, die in der Retroaktivierung des Gründungsaktes erfolgen. Die Verweise sowohl auf zentrale Dokumente und deren Performierung ist eine alltägliche institutionelle Praktik und dient der Re-Institutionalisierung und Re-Legitimierung der Institution. Damit sind legitimatorische Praktiken immer Teil institutioneller und organisationaler Praktiken.

Eine weitere, zweite Richtung für die weitere Forschung an Weltorganisationen betrifft die Vorstellung von Pfadabhängigkeit, die in nahezu allen institutionalistischen Ansätze angesprochen wird, wenn auch in unterschiedlicher Form: Rationalisten und historische Institutionalisten nehmen an, dass Institutionen so gestaltet sind, dass sie möglichst wenig Veränderung erfahren, außer wenn Akteure dies so möchten – damit werden Pfadabhängigkeiten, die aus der Gründung einer Organisation entstehen, die wichtigsten Stabilisierungsmechanismen. Normative soziologische Institutionalisten sehen in der „Logik der Angemessenheit" (March und Olsen 1998) eine ähnliche Arbeitsweise von Institutionen, die als eine Art funktionales Äquivalent pfadabhängiger Entwicklung operiert (Müller 2004). Intertextualität wiederum – als Hinzufügen, Verbinden, Verweisen von Text – erfüllt eine ähnliche Rolle. Sie etabliert institutionelle Routinen und verwebt organisationale Dokumente mit anderen Dokumenten. In den Gerinnungspraktiken dieser intertextualen Textverknüpfungen liegt das Moment potentieller Pfadabhängigkeiten, die jedoch ständig durch diskursive Bedeutungsverschiebungen herausgefordert werden. Die Vorstellung realisierbarer Pfadabhängigkeiten wird damit kaum haltbar. Dies wiederum verweist auf die paradoxe Beziehung zwischen institutionellen und organisationalen Praktiken: Denn wenn Wandel erwartbar ist und Stabilität aufrecht erhalten werden muss, ist institutionelle Praxis vor allem damit befasst, Pfadabhängigkeiten, die im *coup de force* der Gründung etabliert wurden, zu reinstitutionalisieren. Allerdings unterwandern organisationale Entscheidungen diese Pfadabhängigkeiten auch immer wieder. Somit sind Versuche, Pfadabhängigkeiten zu etablieren, Teil der andauernden widerstreitenden Praktiken im institutionellen/organisationalen Alltag.

Wie wir in diesem Beitrag zeigen, gibt uns der intertextuale Institutionalismus ein analytisches Werkzeug, um konkrete Prozesse in Weltorganisationen zu analysieren und in ihren textualen Repräsentationen nachzuvollziehen. Damit werden sowohl der ständige Wandel von Weltorganisationen als auch ihre Stabilisierungen sichtbar. Überdies vermeidet die intertextuale Perspektive auf Weltorganisationen, die wir hier vorstellen, bewusst das, was wir an vielen diskurstheoretisch orientierten anti-essentialistischen Arbeiten bereits kritisiert haben – nämlich eine Ontologisierung. Während andere Ansätze der IB Institutionen und Organisationen ontologisieren (müssen), um sie zu untersuchen, haben wir hier gezeigt, dass Organisationen auch dekonstruktiv analysiert werden können, ohne ihnen einen ontologischen Status unabhängig von ihrer diskursiven Reproduktion zuzugestehen. Denn Weltorganisationen bleiben Organisationen-im-Kommen.

Literatur

Abbott, Kenneth W., Keohane Robert O, Andrew Moravcsik, Slaughter Anne-Marie, und Duncan Snidal. 2000. The concept of legalization. *International Organization* 54 (3): 401–419.

Albert, Mathias. 2007. „Globalization theory". Yesterday's fad or more lively than ever? *International Political Sociology* 1 (2): 165–182.

Albert, Mathias. 2007. Weltstaat und Weltstaatlichkeit: Neubestimmungen des Politischen in der Weltgesellschaft. In *Weltstaat und Weltstaatlichkeit: Beobachtungen globaler politischer Strukturbildung*, Hrsg. Mathias Albert, und Rudolf Stichweh, 9 – 23. Wiesbaden.

Bartelson, Jens. 1995. *A genealogy of sovereignty*. Cambridge.

Berger, Peter, und Thomas Luckmann. 1967. The social construction of reality: *A treatise in the sociology of knowledge*. New York.

Brunkhorst, Hauke. 2010. Neustart – Kritische Theorie Internationaler Beziehungen. *Zeitschrift für Internationale Beziehungen* 17 (2): 293–316.

Bull, Hedley. 1995. The anarchical society: *A study of order in world politics*. New York.

Buzan, Barry. 2004. *From international to world society? english school theory and the social structure of globalization*. Cambridge.

Campbell, David. 1992. Writing security. *United States foreign policy and the politics of identity*. Minneapolis.

Checkel, Jeffrey T. 1999. Norms, institutions, and national identity in contemporary Europe. *International Studies Quarterly* 43 (1): 83–114.

Christensen, Ralph, und Andreas Fischer-Lescano. 2007. *Das Ganze des Rechts: Vom hierarchischen zum reflexiven Verständnis deutscher und europäischer Grundrechte*. Berlin.

Claude, Inis L. 1971. *Swords into plowshares: The problems and progress of international organization*. New York.

Claude, Inis L. 1966. Collective legitimization as a political function of the United Nations. *International Organization* 20 (3): 367–379.

Derrida, Jacques. 1967. *De la Grammatologie*. Paris.

Derrida, Jacques. 1984. *Otobiographies: l'enseignement de Nietzsche et la politique du nom propre*. Paris.

Derrida, Jacques. 1990. Force de Loi: Le „Fondement Mystique de l'Autorité"/Force of Law: The „Mystical Foundation of Authority". *Cardoso Law Review* 11 (5)--6: 919–1045.

Derrida, Jacques. 1993. *Spectres de Marx*. Paris.

Diez, Thomas. 2001. Europe as a discursive battleground. Discourse analysis and European integration studies. *Cooperation and Conflict* 36 (1): 5–38.

Fassbender, Bardo. 2008. „We the peoples of the United Nations": Constituent power and constitutional form in international law.In *The paradox of constitutionalism: Constituent power and constitutional form,* Hrsg. Martin Loughlin, und Neil Walker, 269–290. Oxford.

Fischer-Lescano, Andreas, und Gunther Teubner. 2006. Regime-Kollisionen. *Zur Fragmentierung des globalen Rechts.* Frankfurt am Main.

Fischer-Lescano, Andreas, und Ralph Christensen. 2005. Auctoritatis interpositio. Die Dekonstruktion des Dezisionismus durch die Systemtheorie. *Der Staat* 44 (2): 213–242.

Frankenberg, Günter. 2006. Partisanen der Rechtskritik: Critical Legal Studies etc. In *Neue Theorien des Rechts,* Hrsg. Sonja Buckel, Ralph Christensen, und Andreas Fischer-Lescano, 97–116. Stuttgart.

Hansen, Lene, und Michael C. Williams. 1999. The myths of Europe: Legitimacy, community and the „Crisis" of the EU. *Journal of Common Market Studies.* 37 (2): 233–249.

Hopf, Ted. 1998. The promise of constructivism in international relations theory. *International Security* 23 (1): 171–200.

Jepperson, Ronald L. 1991. Institutions, institutional effects, and institutionalism. In *The new institutionalism in organizational analysis,* Hrsg. Walter W. Powell und Paul J. DiMaggio, 143–163. Chicago.

Johnston, Alastair I. 2001. Treating International Institutions as Social Environments. *International Studies Quarterly.* 45 (4): 487–515.

Kennedy, David. 1987. The move to institutions. *Cardozo Law Review* 8 (5): 841–988.

Kennedy, David. 1999. The disciplines of international law and policy. *Leiden Journal of International Law* 12 (1): 9–133.

Kessler, Oliver. 2009. Toward a sociology of the international? International relations between anarchy and world society. *International Political Sociology* 3 (1): 87–108.

Klein, Bradley S. 1990. How the west was one: Representational politics of NATO. *International Studies Quarterly (Special Issue: Speaking the Language of Exile: Dissidence in International Studies)* 34 (3): 311–325.

Koch, Martin. 2009. Autonomization of IGOs. *International Political Sociology* 3 (4): 431–448.

Kratochwil, Friedrich, und John G. Ruggie. 1986. International organization: A state of the art on an art of the state. *International Organization* 40 (4): 753–775.

Laclau, Ernesto, und Mouffe Chantal. 2001. *Hegemony and socialist strategy: Towards a radical democratic politics.* London and New York.

Liste, Philip. 2011. Völkerrecht-Sprechen. *Die Konstruktion demokratischer Völkerrechtspolitik in den USA und der Bundesrepublik Deutschland.* Baden-Baden.

Luhmann, Niklas. 2000. *Organisation und Entscheidung.* Opladen.

March, James G., und Johan P. Olsen. 1998. The institutional dynamics of international political orders. *International Organization* 52 (4): 943–969.

Meyer, John W. und Brian Rowan. 1977. Institutionalized organizations: Formal structure as myth and ceremony. *American Journal of Sociology* 83 (2): 340–363.

Morgenthau, Hans. 1929. *Die internationale Rechtspflege, ihr Wesen und ihre Grenzen.* Leipzig.

Mosler, Hermann. 1962. Die Erweiterung des Kreises der Völkerrechtssubjekte. *Zeitschrift für ausländisches öffentliches Recht und Völkerrecht* 22:1–48.

Müller, Harald. 2004. Arguing, bargaining and all that: Communicative action, rationalist theory and the logic of appropriateness in international relations. *European Journal of International Relations* 10 (3): 395–435.

Neumann, Iver B. 1994. A region-building approach to Northern Europe. *Review of International Studies* 20: 53–74.

Neumann, Iver B., und Ole Jakob Sending. 2010. *Governing the global polity: Practice, mentality, rationality.* Ann Arbor.

Nonhoff, Martin. 2006. Politischer Diskurs und Hegemonie. *Das Projekt„Soziale Marktwirtschaft".* Bielefeld.

Powell, Walter W., und Paul DiMaggio, Hrsg. 1991. *The New institutionalism in organizational analysis.* Chicago.

Ress, Georg. 2002. Interpretation. In *The charter of the United Nations: A commentary*, Hrsg. Brunna Simma, 13–32. Oxford.

Reus-Smit, Christian. 1997. The constitutional structure of international society and the nature of fundamental Institutions. *International Organization* 51 (4): 55–89.

Rumelili, Bahar. 2004. Constructing identity and relating to difference: Understanding the EU's mode of differentiation. *Review of International Studies* 30 (1): 27–47.

Sassen, Saskia. 2006. *Territory, authority, rights: From medieval to global assemblages.* Princeton, NJ.

Schmidt, Vivien A. 2010. Taking ideas and discourses seriously: Explaining change through discursive institutionalism as the forth „New Institutionalism". *European Political Science Review* 2 (1): 1–25.

Teubner, Gunther. 1989. How the law thinks: Toward a constructivist epistemology of law. *Law & Society* 23 (5): 727–757.

Teubner, Gunther. 2010. Fragmented foundations: Social constitutionalism beyond the Nation State. In *The twilight of constitutionalism?*, Hrsg. Petra Dobner, und Martin Loughlin, 327–41. Oxford.

Walker, Neil. 2009. Reframing EU Constitutionalism. In *Ruling the World? Constitutionalism, International Law, and Global Governance*, Hrsg. Jeffrey L. Dunoff und Joel P. Trachtmann, 149–176. Cambridge.

Walker, R.B.J. 1993. *Inside/Outside international relations.* Cambridge.

Weber, Max. 1980.Wirtschaft und Gesellschaft. *Grundriss der Verstehenden Soziologie.* Tübingen.

Wendt, Alexander. 1994. Collective identity formation and the international state. *American Political Science Review* 88 (2): 384–396.

Zürn, Michael, Binder Martin, Ecker-Ehrhardt Matthias, und Radtke Katrin. 2007. Politische Ordnungsbildung wider Willen. *Zeitschrift für Internationale Beziehungen* 14 (1): 129–164.

Weltorganisationen und Menschenrechtsmonitoring. Rechtfertigungspflicht in der Weltgesellschaft und inverse Effekte

5

Detlef Sack und Oliver Kessler

5.1 Einleitung

Die Frage nach der Möglichkeit einer neuen Weltordnung ist direkt angebunden an die Frage nach Geltung, Strukturprägekraft und Begründung von Menschenrechten. Je mehr sich die Einsicht durchsetzt, dass souveräne Staatlichkeit alleine keine adäquate Fundierung der Weltpolitik mehr bereitstellen kann, desto mehr richten die Internationalen Beziehungen als Disziplin ihren Blick auf inter-, supra-, und transnationale Regelsysteme, Organisationen und Koordinationsmechanismen, die auf die Wahrung und Durchsetzung von Menschenrechten programmiert sind bzw. werden. Fragen einer möglichen Schutzverantwortung oder der Herausbildung eines Völkerstrafrechts lassen sich ohne den Verweis auf Menschenrechte nicht beantworten. Das sich gerade formierende Feld der Internationalen Politischen Theorie (IPT) zum Beispiel nimmt diese Entwicklung zum Anlass, den sich abzeichnenden Konflikt zwischen staatlicher Souveränität und der allgemeinen Geltung von Menschenrechten darzustellen und in diesem Konflikt die Frage nach der Politik der Menschenrechte zu verorten (vgl. Niesen 2010, S. 267 ff). Ebenso wird innerhalb der Global Governance Literatur an dieser Stelle die Frage nach einer notwendigen demokratischen Verfasstheit globaler Prozesse gestellt (vgl. Held 1995; McGrew 1998; Greven und Pauly 2000; Zürn 2000). Eine unzuläng-

D. Sack (✉)
Fakultät für Soziologie, Universität Bielefeld,
Universitätsstrasse 25, 33615 Bielefeld, Deutschland
E-Mail: detlef.sack@uni-bielefeld.de

O. Kessler
Andreasstr 7/8, 99084 Erfurt, Deutschland
E-Mail: oliver.kessler@uni-erfurt.de

M. Koch (Hrsg.), *Weltorganisationen*, DOI 10.1007/978-3-531-18977-2_5,
© VS Verlag für Sozialwissenschaften | Springer Fachmedien Wiesbaden 2012

liche demokratische Legitimierung globaler Praktiken wird so zu einer notwendigen Kritik globaler Prozesse umformuliert, um anscheinend notwendige Reformen einzufordern (vgl. Risse et al. 2002).

Obwohl die Frage nach einer Verfasstheit der Weltpolitik auf Basis von Menschenrechten relevant ist und wir an dieser Stelle auch keine Kritik an diesen Ansätzen formulieren wollen, zeigt sich mit Blick auf das Thema dieses Bandes an dieser Stelle eine mögliche Leerstelle: die Rolle von internationalen Organisationen. Freilich ist die allgemeine Bedeutung von einzelnen Organisationen für und in der Weltpolitik innerhalb der Internationale Beziehungen durch empirische Untersuchungen hinreichend beschrieben worden (vgl. O'Brien et al. 2000). Dies wollen wir auch gar nicht bezweifeln. Doch wenn internationale Organisationen bei der Formulierung und Durchsetzung internationaler oder sogar globaler Normen wichtig sind, ein Punkt, der in der Global Governance Literatur heute einen allgemeinen Konsens darstellt, steht eine ähnliche Relevanz bei der Formulierung, Wahrung und Durchsetzung von Menschenrechten zu vermuten. Damit wäre aber die Frage nach den politischen Konsequenzen der Menschenrechte mit dem Verweis auf einen Konflikt zwischen partikularen souveränen Rechten und einer universellen Geltung von Menschenrechten nicht ausreichend erschöpft. Vielmehr ist es notwendig, Organisationen mit in den Blick zu nehmen, welche mit einer weltordnungsgenerierenden Funktion dauerhaft auf die Durchsetzung der „Universal Human Rights" (Donnelly 2003) programmiert sind. In seinem methodologischen Zugriff grenzt sich dieser Beitrag zudem von der rein politikwissenschaftlichen Organisationsforschung ab: Internationale Organisationen werden innerhalb der Internationale Beziehungen als Gegenpart zur staatlich verfassten Politik konzipiert. Dabei besteht eine konzeptionelle Dominanz staatszentrierter Ansätze, in der internationale Organisationen – wenn überhaupt – als „intervening variable" fungieren oder als Bedrohung für staatliche Autonomie verstanden werden. Im Gegensatz dazu fragt dieser Beitrag nach der Eigenständigkeit von Organisationen „als" Organisationen. Er rekurriert auf organisationssoziologische Ansätze und reiht sich damit in konstruktivistische Beiträge zu Organisationen ein (vgl. Barnett und Finnemore 1999; Ness und Brechin 1988). Das politische Moment von Organisationen konstituiert sich nicht dadurch, dass sie zwischen Staaten die Kooperation erleichtern oder politische Akteure ihre Mitglieder sind. Unser Vorschlag lautet, dass das politische Moment von Organisationen eben in ihrer Sinngebung von Welt liegt (s. auch Freistein und Liste, in diesem Bd.). Sie konstituieren und verstetigen Beobachtungsperspektiven. Genau aus diesem Grund ist es möglich, von Weltorganisationen zu sprechen: der Begriff der Weltorganisation unterscheidet sich vom Begriff der transnationalen Organisation dadurch, dass nicht ihre spezifische Form der Organisation und Strukturbildung in Relation zum Staat zum Ausdruck gebracht werden soll. Ebenso bedeutet Weltorganisation nicht einfach eine globale Ausbreitung der Organisationsstruktur. Vielmehr bedeutet Weltorganisation eine Verstetigung der vergleichenden Beobachtung von Welt durch Organisationen anhand von Maßstäben, die aus einem weltgesellschaftlichen Erwartungshorizont abgeleitet werden.

Deshalb diskutieren wir hier das Menschenrechtsmonitoring in der Weltgesellschaft. Dabei interessieren uns das organisatorische Arrangement und die Spezifik dieser vergleichenden Beobachtung, die in eigentümlicher Weise den weltgesellschaftlichen Erwartungshorizont festhält, semantisch zur Geltung bringt und doch Devianz erlaubt. Uns wird abschließend interessieren, ob und auf welche Weise im Menschenrechtsmonitoring eine Reversibilität der weltordnungsgenerierenden Funktion angelegt ist.

Wir argumentieren in folgenden Schritten: Erstens wird kurz die Frage nach den internationalen Organisationen innerhalb der Internationale Beziehungen gestellt. An dieser Stelle ist es in den Internationale Beziehungen üblich, realistische, liberale, und konstruktivistische Ansätze zu unterscheiden. Im Gegensatz dazu unternehmen wir den Versuch, die Rolle von Organisationen in drei Phasen einzuteilen: im Kontext der internationalen Organisation (im Singular), der Global Goverance/ Globalisierungsforschung und der Weltgesellschaftsforschung. Diese Diskussion mündet in eine eigene Definition von Weltorganisation, die sich auf die von Koch in diesem Band vorgestellte Konzeptualisierung in spezifischer Weise bezieht. Im nächsten Schritt wird das Weltordnungsmodell der Menschenrechte vorgestellt, um sodann in eine Darstellung des Menschenrechtsmonitorings einzutreten und dessen spezifisches Leistungsvermögen zu beleuchten. Abschließend stellen wir die Frage nach immanenten Tendenzen des Menschenrechtsmonitoring, die inverse Effekte zeitigen können und damit den weltordnungsgenerierenden Charakter in Frage stellen. Schließlich münden wir in ein methodologisches Postulat, das an die Weltorganisationen-Forschung adressiert ist, nämlich in die Aufforderung, sich systematisch mit der Möglichkeit zu befassen, dass Weltorganisationen Mechanismen der Reversibilität innewohnen können.

5.2 Die Disziplin der Internationalen Beziehungen und die Frage nach der Organisation

Die Analyse von internationalen Organisationen erfreut sich steigender Aufmerksamkeit und schickt sich an, die Grundkoordinaten der Internationalen Beziehungen neu abzustecken (vgl. Barnett und Finnemore 1999, S. 711; Koch 2008; Dingwerth et al. 2009, S. 13). Das bedeutet nicht, dass die Internationale Beziehungen erst jetzt die Existenz von Organisationen anerkennen und auf diesem Auge nicht mehr ganz so blind wären – ganz im Gegenteil.[1] Bereits 1986 haben Friedrich Kratochwil und John Ruggie deutlich vor Augen geführt, dass die Befassung mit internationale Organisationen ein ständiger Begleiter der theoretischen Auseinandersetzungen in den Internationale Beziehungen war, auch wenn das Erkenntnisinteresse und die inhaltliche Fragestellung sich durchaus geändert haben (Kratochwil und Ruggie 1986, S. 761). Ob die Fragestellung auf die formale Organisationsstruktur, Institutionalisierungsprozesse, deren Rolle oder später auf Regime bezog, Organisationen selbst waren immer präsent. Jedoch verrät ein kurzer Blick in die Literatur, dass diese theoretische Auseinandersetzung sehr einseitig erfolgte: die Analyse von Organisationen folgte den vorherrschenden Einstellungen, Vorstellungen und realpolitischen Gegebenheiten der Internationalen Beziehungen (vgl. Koch 2008: Kap. 1). Für organisationstheoretische Entwicklungen zeigt sich die Theorie der Internationale Beziehungen eher irritationsresistent.

An dieser Stelle ist es daher auch in traditioneller Manier der Internationalen Beziehungen üblich, zwischen realistischen, liberalen und konstruktivistischen Ansätzen zu unterscheiden (Barnett und Finnemore 1999, S. 702; Rittberger und Zangl 2003). Obwohl diese Unterscheidung sicherlich nützlich ist, möchten wir eine andere Unterteilung vorschlagen, die den Zugang zu internationalen Organisationen in den Kontext dreier unterschiedlicher Konzeptionen des „Internationalen" betont: welche Rolle, Funktion und Akteursqualität den Organisationen zugeschrieben wird, hängt auch von der Konzeptualisierung des internationalen Systems ab.

Obwohl eine Rekapitulation verschiedener Entwicklungen, Überlappungen und Verzerrungen der Internationale Beziehungen deutlich mehr Platz in Anspruch nehmen muss, als es der Umfang eines Buchbeitrags leisten kann und wir daher notwendigerweise mit Verkürzungen und Vereinfachungen arbeiten müssen, so kann man dennoch drei unterschiedliche Konzeptualisierungen des Internationalen unterscheiden: Internationale Organisation, Global Governance und Weltgesellschaft.

Ihren Anfang finden die Internationale Beziehungen in der Frage nach der internationalen Organisation (Kratochwil und Mansfield 2006, S. x; Hoffmann 1956, 1959, S. 346). Der Begriff der internationalen Organisation ist durch zwei konstitutive Grenzziehungen bestimmt: zum einen herrschte damals ein allgemeiner Konsens darüber, dass internationale Politik „zwischen" Staaten zu verorten sei. In diesem Kontext fragen die Internationale Beziehungen primär nach der

---

[1] Für eine ausgezeichnete Rekonstruktion des „Moves to Institutions" s. vor allem Kennedy 1988 und Kratochwil 1998.

Stabilität und Unversehrtheit von territorialen Grenzen und sieht auch hier ihre Aufgabe und gesellschaftlichen Nutzen. Zum anderen ist das internationale System über Souveränität als grundlegendes Organisationsprinzip mit einer konstitutiven Anarchie ausgestattet. Anarchie wiederum erlaubt den Anspruch eigener, von der nationalen Politik unabhängiger Gesetzmäßigkeiten, die innerhalb der Internationale Beziehungen wissenschaftlich bewiesen, erklärt und am besten auch nutzbar gemacht werden können. Über Anarchie wird die Eigenständigkeit des internationalen Systems und damit auch der Internationale Beziehungen betont. Der Fokus wird somit unweigerlich auf die Konsequenzen der Anarchie auf Form und Maß staatlicher Kooperation gelenkt.

Dieser Fokus auf Staaten und Anarchie erlaubt für internationale Organisationen nur einen sehr bedingten Spielraum.[2] Coase (1937) folgend stellte man sich die Frage, warum Organisationen überhaupt existieren. Vertreter des politischen Realismus sehen Organisationen als weiterer Arm staatlicher Interessenspolitik. Organisationen sind keine eigenständigen Akteure, sondern reine Instrumente staatlicher Machtpolitik. Ein Verständnis internationaler Organisationen muss somit unweigerlich das globale Mächtegleichgewicht in den Blick nehmen. Liberale Antworten räumen ihnen zwar einen größeren Spielraum ein, da Organisationen zur Unsicherheitsreduktion zwischen den Staaten beitragen. Organisationen erlauben einen geregelten Informationsaustausch und eine Einschränkung des Erwartungshorizonts möglichen Verhaltens. Aber obwohl Organisationen zu einer größeren Kooperationswilligkeit von Staaten beitragen, erfolgt die Evaluation durch Staaten innerhalb einer durch Anarchie geprägten Weltpolitik.

Erst im Zuge der Global Governance- und Globalisierungsforschung wird den internationalen Organisationen ein eigenständiger Akteurstatus zugeschrieben. Möglich wird diese neue Sicht durch ein Bruch mit bisherigen zentralen Annahmen: Im Kern betont Global Governance den dualen Prozess einer horizontalen Dezentrierung nationaler Systeme und Herausbildung neuer Hierarchien im internationalen System.[3] Die für die Internationale Beziehungen klassische Bifurkation der Weltpolitik in nationale und internationale Politik wird zugunsten einer Pluralität verschiedener politischer Räume aufgegeben. Insbesondere der Multilevelgovernance Ansatz verweist hier auf das Zusammenspiel und die Überlagerung subnationaler, nationaler, regionaler, transnationaler und globaler Räume (vgl. Hooghe und Marks 2001), die sich nicht mehr in eine staatszentrierte Logik einfügen. Ebenso halten internationale Regeln, Verträge und Konventionen nicht an den Staatsgrenzen an, sondern reichen weit bis in die Grundfesten nationaler Poli-

---

[2] Unterteilung in realistische, liberale und neogramscianische Ansätze.

[3] Instruktiv an diesem Punkt Zürn (2002).

tik hinein (Zürn 2005). Risse und Sikkink stellen mit Blick auf die Durchsetzung von Menschenrechten einen ebenenübergreifenden Spiralprozess vor. In diesem können aufgrund des Beitritts von Nationalstaaten zu den menschenrechtlichen Konventionen und der einhergehenden Selbstverpflichtung jene Menschenrechts- verletzungen, die in diesen Staaten begangen werden, von lokal und transnatio- nal agierenden Nichtregierungsorganisationen (welt-) öffentlichkeitswirksam und durchsetzungsstark thematisiert werden (Risse et al. 1999).

Damit verschieben sich die disziplinären Grundkoordinaten der Internationa- le Beziehungen, denn die zuvor liebgewonnene Abgrenzung von Internationalen Beziehungen, Demokratietheorie und Organisationssoziologie wird letztlich damit hinfällig. Wenn internationale Regeln und Verträge nationale Politik zunehmend strukturieren und prägen, dann stellt sich die Frage nach deren demokratischer Legitimierung. Im Umkehrschluss lässt sich damit das internationale System nicht über die Kunstformel der Anarchie hinreichend beschreiben. Vielmehr wird das internationale System als ein Netz internationaler Regelwerke und Übereinkom- men verstanden, in dem zwar Staaten eine wichtige Funktion einnehmen, aber ihre Souveränität als Organisationsprinzip der Weltpolitik nicht mehr ausreicht, um ak- tuelle Praktiken hinreichend verständlich zu machen. Gerade an dieser Stelle bietet sich z. B. die Unterscheidung von Michael Zürn in *governance by government, go- vernment without government und governance with governance* an (Zangl und Zürn 2004). *Governance without governance* verweist auf Konstitution und Regulierung transnationaler Räume. *Governance with Government* betont die bedeutende Rol- le nichtstaatlicher Akteure, einer anscheinend sich konstituierenden globalen Zi- vilgesellschaft (vgl. Bartelson 2006) bei der Herausbildung, Überwachung und Durchsetzung globaler Rechtsnormen. Nichtstaatliche Organisationen spielen eine wichtige Rolle bei der Formulierung wichtiger internationaler Übereinkommen, wie z. B. bei dem Übereinkommen zum Verbot von Landminen, zum Artenschutz und zur Biodiversität. Ebenso haben sich im Bereich der Globalfinanz private Re- gulierungsformen zum tragenden Element globaler Finanzmärkte etabliert (Graz und Nölke 2007).

Diese Dreiteilung verdeutlicht die veränderte Position von internationalen Or- ganisationen. Sie sind nicht nur eine einfache Projektionsfläche staatlicher Interes- senspolitik, sondern entwickeln eine emergente Kraft. Organisationen bieten eine eigene Antwort auf Fragen von Legitimität sowie der Kontrolle und Durchsetzung internationaler Normen und Standards. Um die veränderte Rolle der internationa- len Organisationen in der Weltpolitik zu markieren, wird, analog zur Unterschei- dung von governance without government und governance with governance, ger- ne eine Unterscheidung von transnationalen und internationalen Organisationen getroffen: transnationale Organisationen folgen nicht mehr den Imperativen der

Staatenlogik, sondern bilden eigene Strukturen und Gesetzmäßigkeiten heraus, die von den Staaten selbst nicht mehr kontrolliert werden können (vgl. Keohane und Nye 1971, S. 329). Der Basler Ausschuss für Bankenaufsicht und Ratingagenturen übernehmen bei der Bankenaufsicht öffentliche Aufgaben und führen zur Herausbildung hybrider Regulierungsstrukturen. Das International Accounting Standard Board, gegründet und geführt von den Wirtschaftsprüfungs- und Consultingunternehmen PriceWaterhouseCoopers, KPMG, Deloitte & Touche und Ernst& Young zeichnet sich für die Entwicklung und Verbreitung von Standards für Wirtschaftsprüfer verantwortlich, die im Widerspruch zum Handelsgesetzbuch stehen und somit auch die deutschen Regeln nachhaltig verändern. Global agierende Anwaltskanzleien übernehmen wichtige Aufgaben bei der Durchsetzung europäischer Wettbewerbsregeln (Perry und Nölke 2006). Selbst rein öffentliche internationale Organisationen wie der Internationale Währungsfonds bilden transnationale Strukturen aus, in dem er z. B. global Staatsbeamte ökonomisch weiterbildet und somit zur Durchsetzung spezifischer Ideen beiträgt.

Diese Autonomie internationaler Organisationen verändert die grundlegende Fragestellung innerhalb der Internationale Beziehungen. Die faktische Existenz internationaler Organisationen wird nicht mehr in Frage gestellt und der Coase'sche Problemkontext verlassen. Er wird ersetzt durch die Frage nach Design und der Innenperspektive von Organisationen. Es überrascht nicht mehr, dass Organisationen in einem anarchischen System überhaupt existieren. Vielmehr wird nach Struktur, Wirkungsweise und möglichen systematischen Verzerrungen von Organisationen gefahndet (Koremenos et al. 2001). An dieser Stelle greifen auch konstruktivistische Beiträge ein, die primär politikwissenschaftlichen Erklärungsmodi um soziologische Erklärungsansätze erweitern, um die „Innenwelt" der Organisationen in den Blick nehmen. Bezeichnend für diese Variation konstruktivistischer Theoriebildung fragen Barnett und Finnemore in einem vielbeachteten Aufsatz nach der „Kultur" von Organisationen und finden die Antwort im Verhalten von Bürokratien (Barnett und Finnemore 1999, S. 699–701). Interessanterweise nehmen Barnett und Finnemore im zweiten Teil ihres Artikels dann die Frage auf, wie Organisationen Bedeutungen fixieren können (Barnett und Finnemore 1999, S. 711). Organisationen spielen demnach eine prägende Rolle, wie Entwicklung, Sicherheit, finanzielle Stabilität und weitere internationale Normen definiert werden. Diesen Punkt werden wir weiter unten wieder aufnehmen (hierzu auch Ahrne und Brunsson, in diesem Bd.).

In den letzten Jahren lässt sich ein neues Verständnis von internationalen Organisationen im Kontext der Weltgesellschaftsforschung identifizieren. Der Begriff der Weltgesellschaft bezeichnet einen globalen Horizont in der Erwartungsbildung und der Anschlussfähigkeit von Kommunikation (Luhmann 1971; Greve und

Heintz 2005). Weltgesellschaft bezeichnet die Herausbildung globaler Strukturen, bei der sich sozialer Wandel als interne Grenzverschiebungen verstehen lässt. Weltpolitik findet nicht in der Anarchie ihren Anfang, sondern in der Kommunikation.

Der Begriff der Weltgesellschaft erfordert eine kurze Klärung der Begriffe von Welt und von Gesellschaft, um auch die Unterschiede zur Global Governance Literatur genauer zu bezeichnen. Die Frage von Barnett und Finnemore, welche Rolle Internationale Organisationen bei der Definition von Sachverhalten einnehmen, muss unweigerlich mit unserem alltäglichen Weltbegriff brechen. Die Frage nach der Weltorganisation setzt auch einen adäquaten Begriff von Welt voraus, der über die einfache Definition von Welt als die Summe aller Dinge abweicht. Wenn Organisationen Bedeutungen festschreiben und Sachverhalte definieren können, muss die Frage nach der Herausbildung und Konstitution von Welt gestellt werden. Ein Weltbegriff, der Dinge als empirische Fakten auffasst, greift hier zu kurz. Vielmehr erscheint es nützlich Welt als den unmarkierten Raum semantischer Unterscheidungen zu definieren, der zugleich unabgeschlossen und unerreichbar ist und damit einen Horizont anschlussfähiger Kommunikation darstellt (Luhmann 1997, S. 57). Analog grenzt sich der Weltgesellschaftsansatz von territorial definierten Gesellschaften ab. Gesellschaft ist nicht einfach eine Ansammlung von Individuen, die über gemeinsame Normen ihre Handlungen koordinieren und sich so in die Gesellschaft integrieren. Gesellschaft bezeichnet nicht eine Aggregierung menschlichen Verhaltens, die gemeinsame Normen voraussetzt. Obwohl dieser Gesellschaftsbegriff im Kontext der englischen Schule an Prominenz gewinnen konnte, essentialisiert dieser Begriff Gesellschaft. Man findet sich unweigerlich mit der Frage konfrontiert, was den Kern einer Gesellschaft ausmacht und wie er sich bestimmen lässt. Eine Gesellschaft würde sich so durch Konformität auszeichnen und gerade Abweichungen, Konflikte und gerade die Konstitution von Individualität als gesellschaftliche Phänomene problematisieren.

Aus Sicht der Weltgesellschaftstheorie geht eine Autonomie von Organisationen einher mit der internen Produktion von Weltsichten, Perspektiven oder Beobachtungsstandpunkten, die je eigene Verhaltens- und Argumentationsweisen generieren.[4] In den Blick geraten somit Fragen von kollektiver Intentionalität, von sozialen Interaktionen und Prozesse innerhalb von Organisationen und der Pluralität spezifischer Wissensformen. Folgerichtig muss weder von internationalen noch von transnationalen, sondern von Weltorganisationen gesprochen werden: der Begriff der Weltorganisation bezeichnet nicht zuvorderst die globale Ausbreitung von Organisation, sondern die Produktion von Weltsichten und Beobachtungen von Welt

---

[4] Zum Stellenwert von Organisationen in der weltgesellschaftlichen Debatte vgl. grundsätzlich Hasse und Krücken 2005.

durch Organisationen. Im Gegensatz zu den „klassisch" konstruktivistischen Beiträgen stellt dieser Ansatz nicht auf die „innere" Lebenswelt von Organisationen oder ihre Kultur, sondern auf Differenzierungsprozesse ab (s. hierzu auch Ahrne und Brunsson, in diesem Bd.). Die Frage lautet nicht, wie Organisationen intern aufgebaut sind oder was ihre Kultur ausmacht, sondern wie sie zusammengesetzt werden. Wie sich Organisationen von ihrer Umwelt abkoppeln und mit anderen Organisationen kommunikativ vernetzen, um Beobachtungsperspektiven zu stabilisieren.

5.3 Weltorganisation und Programmierung

Damit sind wir an einem Punkt angelangt, an dem wir unsere Begriffsbestimmung von Weltorganisationen einführen können: Diese ist als prozessierende und ressourcenbindende Struktur zu verstehen, die sich gegenüber der Umwelt abgrenzt und von dieser zugleich irritiert wird, einen Akteursstatus einnehmen und sich zu anderen Organisationen in Beziehung setzen kann. Schließlich programmiert sie sich auf eine *bestimmte* Sinnproduktion, nämlich auf einen universal ausgerichteten Erwartungshorizont und eine Sicht auf die Welt als Ganzes. Insofern sind Weltorganisationen Strukturen, in denen die weltgesellschaftliche Orientierung *manifest*[5] formuliert und eine entsprechend ordnungsgenerierende Funktion übernommen wird. Notwendig ist der ausgesprochene Bezug dieser Organisationen zu „der Welt" und eine allgemein und universell adressierte Bedeutung. Das politische Moment von Weltorganisationen konstituiert sich nicht dadurch, dass sie zwischen Staaten die Kooperation erleichtern oder politische Akteure ihre Mitglieder sind. Unser Vorschlag lautet, dass das politische Moment von Organisationen eben in ihrer manifesten Sinngebung von Welt liegt. Daraus entwickeln sie Standards und Kriterien, die Sinn in überprüfbare Kriterien überführen. Aus ihren Sinnhorizonten leiten sie Maßstäbe und Kriterien für eine kontinuierliche und vergleichende Überwachung (im Sinne von surveillance) gesellschaftlicher Prozesse ab. Sie konstituieren und verstetigen Beobachtungsperspektiven.

Weltorganisationen relationieren sich zu anderen gesellschaftlichen Einheiten und bestimmen die Art und Weise dieser Interaktion. Sie verfolgen eine doppelte Programmierung: Sie sind erstens kommunikativ auf bestimmte universale Werte ausgerichtet, deren Geltung allgemein, nicht partikular gesellschaftlich durchge-

---

[5] Die manifeste Formulierung als distinktes Merkmal von Weltorganisationen erscheint deshalb unabdingbar, da in einer analytischen makrosoziologischen Perspektive der Weltgesellschaft (Greve und Heintz 2005) auch dann Entitäten des weltgesellschaftlichen Zusammenhangs sind, wenn sie sich selber nicht oder lediglich latent entsprechend programmieren.

setzt werden soll; in unserem Fall handelt es sich um die allgemeinen Menschenrechte. Sie programmieren zweitens die Art und Weise, wie sie selbst mit anderen oder andere Akteure unter sich zueinander in Beziehung treten. Das ist ihre administrative Dimension. Durch bestimmte Koordinationsweisen bzw. Governance-Modes wird die Umsetzung der Werte angestrebt und Gesellschaft auf opportunistisches Verhalten gegenüber diesen orientiert. In unserem Fall handelt es sich dabei eben um das Menschenrechtsmonitoring als ein Modus der vergleichenden Beobachtung entlang bestimmter universaler Standards. Spezifisch für Weltorganisationen ist dabei, dass der explizite Anspruch ausgewiesen wird, dass sich die gesamte Gesellschaft in die Koordination fügt. Es wird also „die Welt" organisiert (s. auch Walter, in diesem Bd.).

Hinsichtlich der Art und Weise der Koordination lässt sich im Anschluss an die Kategorienbildung in der Governance-Debatte (vgl. Bell und Hindmoor 2009; Benz und Dose 2010) zwischen wettbewerblicher, hierarchischer, gemeinschaftlicher oder kooperativer Interaktion differenzieren. Gleichsam quer zu dieser Unterscheidung liegt die zweck- bzw. konditionale Programmierung von Weltorganisationen auf universal geltende Normen: Konditionalprogramme lassen sich als eine Wenn-Dann-Relation charakterisieren. Bei diesen ist die Weltorganisation relativ neutral gegenüber dem Resultat des einzelnen Verfahrens. Es gibt Routinen, die darauf abstellen, dass bestimmte prozedurale Kriterien (Input-Orientierung) erfüllt werden. Beispielsweise reicht es, dass im administrativen Ablauf des Menschenrechtsmonitorings ein Bericht fristgerecht eingereicht und an die entsprechenden Gremien versandt wird. Ob die menschenrechtlichen Standards tatsächlich eingehalten werden, ist hier eher zweitrangig. Zweckprogramme sind demgegenüber von Grund auf anders gelagert. Hier verfolgt die Ausrichtung der Koordination unmittelbar an dem Sinn der Organisation; sie wird direkt an die spezifische Leistung in Form von messbaren Ergebnissen gekoppelt (Output-Orientierung). Auf unser Beispiel bezogen: Im zweckprogrammatischen Modus würde es belohnt, wenn statt der Erstellung von Berichten die administrativen Ressourcen auf die tatsächliche Beseitigung von Menschenrechtsverletzungen konzentriert werden. Diese Unterscheidung bedeutet nicht, dass bei Konditionalprogrammen der Output und bei Zweckprogrammen der Input epiphenomenal sind. Doch ist die Strukturprägekraft bei beiden Programmen unterschiedlich ausgerichtet mit der Konsequenz, dass bei Konditionalprogrammen die organisationale Einheit neutral aber enttäuschungsinvariant; bei Zweckprogrammen wertgebunden und enttäuschungsoffen ist. Damit ergibt sich auch eine unterschiedliche Trennung von Einheit und Umwelt: Während Konditionalprogramme über den definierten Input (etwa einen Antrag oder Berichte) eher indifferent gegenüber ihrer Umwelt sind, ist ein zweckprogrammatisches Verfahren auf die Unterstützung und Mitwirkung der Umwelt angewiesen (Luhmann 1975, S. 207–213; Luhmann 2010, S. 205–249). Mit einer Konditionalprogrammierung können sich also im Hinblick auf die Durchsetzung von Normen eigentümliche Folgen ergeben, weil die einhergehende Routinisierung der administrativen Prozesse in der vergleichenden Beobachtung von Weltorganisationen diese einerseits stabilisiert, sie andererseits aber auch von dem gesetzten Sinn entfernt. Weltorganisationen können sich dann einem Prozess der Entlegitimierung ausgesetzt sehen, da intern und extern die weltordnungsgenerierende Funktion nicht mehr oder nur noch sehr unvollständig glaubhaft vertreten werden kann.

Mit dieser Überlegung legen wir auch nahe, dass der analytische Blick auf eine mögliche Reversibilität von Weltorganisationen gerichtet werden sollte. Entlegitimierung ist ein Effekt, der das distinkte Merkmal der manifesten weltgesellschaftlichen Orientierung mit glaubhaft vertretener Weltordnungsfunktion beeinträchtigt, da keine Folgsamkeit mehr beansprucht werden kann. Wenn wir die Reversibilität von Weltorganisationen als Möglichkeit einbeziehen und sie dabei als die Kumulation inverser Effekte verstehen, dann stellt sich folgende Frage: Gibt es Mechanismen einer graduellen rückwärtsgerichteten Transformation, aufgrund derer Weltorganisationen ihren Anspruch auf einen weltgesellschaftlichen Sinn und Standard dann nicht mehr einlösen können? Neben dem Verweis auf Folgen einer Konditionalprogrammierung denken wir hier in folgende Richtungen, weisen aber an dieser Stelle auch sehr deutlich auf den hypothetischen Charakter unserer Überlegungen hin. Wir vermuten folgende Reversibilität von Weltorganisationen implizierenden Effekte: So können a.) sich durchsetzungsstarke Organisationen etablieren, die einen alternativen Weltordnungsentwurf vertreten. Im Grunde entstehen dann konkurrierende Weltorganisationen und durch die entsprechende Ressourcenverteilung und die Folgsamkeit adressierter Akteure wird entschieden, welcher Sinn seinen universellen Anspruch geltend machen kann. Sodann ist denkbar, dass b.) intern der Erwartungshorizont ausgehöhlt und entkräftet wird. Ausgehend von einer möglichen Ambiguität des Katalogs von Kriterien und von Normenkollisionen innerhalb des standardisierten Erwartungshorizontes ist denkbar, dass eine semantische Neuorientierung einsetzt, da jeweils nur auf bestimmte Kriterien rekurriert und dadurch der manifeste Erwartungshorizont substantiell geändert wird. Auch ist es möglich, dass aufgrund der Breite des Normenkatalogs die Orientierung an bestimmten Standards dauerhaft zuungunsten anderer gepflegt wird. Damit verändert sich die Sinnproduktion der Weltorganisation und es ist nun empirisch zu ermitteln, ob ein universell ordnungsgenerierender Anspruch noch vertreten wird. Schließlich ist c.) an eine andere interne Entlegitimierung zu denken, nämlich daran, dass eine permanente Nichterfüllung von Standards zum Rückgang einer diffusen Unterstützung für das Weltordnungsmodell führen kann.

Eine Input-orientierte Konditionalprogrammierung kann dem Vorschub leisten, wenn etwa auf wiederholte menschenrechtliche Lippenbekenntnisse abgestellt wird. Eine Entlegimierung der Weltorganisation ist dann zu erwarten, wenn erkennbar und permanent die Standards nicht eingehalten werden. Hier ist dann das typische Problem der „doppelten Standards" in der Weltpolitik angesprochen. Ausschlaggebend ist hier, dass die Weltorganisation infolge der dauernden Nicht-Erfüllung keine Geltung ihres Sinns und keine Folgsamkeit von Akteuren mehr glaubhaft beanspruchen kann.[6]

Es sind sicher weitere Mechanismen denkbar, aufgrund derer Weltorganisationen ihren Status verändern und verlieren. Ausschlaggebend erscheint uns hier, die Möglichkeit der Reversibilität überhaupt anzusprechen und nicht mit einem modernisierungstheoretischen Bias einen weltgesellschaftlichen Automatismus das Wort zu reden. Wir werden anhand des Menschenrechtsmonitorings auf jene inversen Effekte zu sprechen kommen, die in dem Feld zu identifizieren sind (vgl. Abschn. 5.6).

5.4 Menschenrechte in der Weltpolitik

Diese Vorüberlegungen zu Weltorganisationen, deren Sinnproduktion, Programmierung und Koordinationsweisen möchten wir nun mit Blick auf die weltgesellschaftliche Menschenrechtspolitik und insbesondere auf das Menschenrechtsmonitoring vertiefen. Die Menschenrechte scheinen als das Paradebeispiel universeller Standards zu gelten (Koenig 2005, S. 378; Donnelly 2003; Kennedy 2007, S. 209–239). Der Prozess der Verrechtlichung der Menschenrechte hat verschiedene Vorläufer, etwa beim Verbot von Sklaverei (1926), der Zwangsarbeit (1930), und der Einrichtung der Internationalen Arbeitsorganisation (1919). Der wichtigste weltgesellschaftliche Bezugs ist mittlerweile die Allgemeine Erklärung der Menschenrechte (AEM) vom 10.12.1948 mit ihren 34 Artikeln, in denen in knapper Form der Anspruch auf Freiheit und Gleichheit und Sicherheit, die Rechtsfähigkeit von Subjekten, ihr Schutz vor Eingriffen in die private Sphäre, das Recht auf Gedanken, Gewissens und Religionsfreiheit, auf freie Meinungsäußerung und Versamm-

---

[6] Allerdings ist die Problematik der ‚doppelten Standards' durchaus eine, die Weltorganisationen dann prägt, wenn die Standards *noch nicht* durchgesetzt wind. Zudem wird in dem Begriff der ‚doppelten Standards' semantisch der Bezug zu den (weltgesellschaftlichen) Standards ausgewiesen. Es ist methodologisch und empirisch anspruchsvoll, den Prozess der dauerhaften Entlegimierung zu erfassen, in dem Standards *nicht mehr* angestrebt werden und durchsetzbar sind.

Tab. 5.1 Monitoringkomitee und Abkommen (Jahr), Anzahl Ratifikationen. (Quelle: Eigene Zusammenstellung nach http://www2.ohchr.org/english/bodies/treaty/index.htm, 20.7.2010)

Monitoringkomitee und Abkommen (Jahr)	Anzahl Ratifikationen
Committee on the Elimination of Racial Discrimination (CERD); International Convention on the Elimination of All Forms of Racial Discrimination (1965)	173
Human Rights Committee (CCPR); International Covenant on Civil and Political Rights (1966)	166
Committee on Economic, Social and Cultural Rights (CESCR); International Covenant on Economic, Social and Cultural Rights (1966)	160
Committee on the Elimination of Discrimination Against Women (CEDAW); Convention on the Elimination of All Forms of Discrimination against Women (1979)	186
Committee Against Torture (CAT) monitors implementation of the Convention against Torture and Other Cruel, Inhuman or Degrading Treatment (1984)	147
Committee on the Rights of the Child (CRC); Convention on the Rights of the Child (1989)	193
Committee on Migrant Workers (CMW); International Convention on the Protection of the Rights of All Migrant Workers and Members of Their Families (1990)	44
Committee on the Right of Persons with Disabilities (CRPD); International Convention on the Rights of Persons with Disabilities (2006)	96

lungsfreiheit, aber auch das Recht auf soziale Sicherheit, auf Arbeit auf Bildung und Fürsorge festgeschrieben wird. Der Normenkatalog, der hier durchgesetzt und präsentiert wird, ist klar strukturiert, knapp formuliert, expansiv und völkerrechtlich unverbindlich. Es ist ein „universal declaration model" (Donnelly 2003, S. 23) und damit der „Ausdruck des weltzivilisatorisch erreichten Erwartungshorizonts, an dem sich ihre [die der UN-Mitgliedsstaaten, DS/OK] Rechtsetzung und -praxis orientieren und messen lassen sollten" (Fassbender 2008, S. 4). Organisatorisch wurde die 1946 beim ECOSOC gegründete Menschenrechtskommission schrittweise mit der Sonderberichterstattung zum Stand der Umsetzung der menschenrechtlichen Standards beauftragt (Gareis 2008, S. 15).

In der Folge der AEM werden ab Mitte der 1960er Jahre unterschiedliche Konventionen verabschiedet, in denen Staaten sich völkerrechtlich darauf verpflichten, bestimmte Normen einzuhalten. Die Tab. 5.1 zeigt die unterschiedlichen Konventionen. Es wird deutlich, dass der Normenkatalog der allgemeinen Erklärung der Menschenrechte in unterschiedliche Normenpakete segmentiert worden ist, so dass Abwägungsprobleme zwischen der Geltung unterschiedlicher Normen reduziert, zugleich aber die Folgsamkeit gegenüber dem spezifischen Normenpaket durch völkerrechtliche Verbindlichkeit und die Einführung von turnusmäßigen Berichts- und Beschwerdeverfahren erhöht wird. Den themenspezifische Abkommen werden organisatorisch wiederum je eigene Treaty Bodies zugeordnet, d. h. ein internationales, die Vertragseinhaltung kontrollierendes Komitee, welches das jeweilige Monitoring organisiert (Oberleitner 1998; Bolin Pennegard 2001). Dieses ist dafür zuständig, sowohl die Berichte der Unterzeichnerstaaten zu rezipieren als auch die Gruppen- und Individualbeschwerden zu bearbeiten und in Handlungsempfehlungen umzumünzen. Die organisatorische Struktur der Berichterstattung im Rahmen der themenspezifischen Konventionen charakterisiert Crawford als ein „establishment of specialist bodies […], regular reporting obligations for states parties […], absence of decision-making powers […]." (2000, S. 1–2). Die entsprechenden Staatenberichte trugen in diesem weltgesellschaftlichen Erwartungshorizont „zur semantischen Standardisierung in der Selbstrepräsentation von Staaten [bei]" (Koenig 2005, S. 379).

Im Rahmen der Entwicklung einer internationalen „Humanitarian Order" (Barnett 2010) sind die 1990er Jahre von einer markanten Demokratisierungswelle, einer Reihe von UN-Weltkonferenzen, von der Einrichtung von Ad-hoc-Tribunalen zu den Kriegsverbrechen und Menschenrechtsverletzungen im ehemaligen Jugoslawien (1993) und in Ruanda (1994) und dem Internationalen Strafgerichtshof (1998) ebenso geprägt wie von der Zunahme „humanitärer" Interventionen. 1993 findet die „World Conference on Human Rights" in Wien statt, die zwei Ergebnisse zeitigt: Erstens werden der weltgesellschaftliche Erwartungshorizont und das Weltordnungsmodell spezifiziert: Die Abschlusserklärung von Wien (United Nations General Assembly 1993) ist im Vergleich zur AEM eine relativ unsystematische und umfassende Ansammlung von Normen. Schwerpunkte werden auf die Elimination von Rassismus, Minderheitenrechte, die Rechte indigener Bevölkerung, Frauenrechte, Rechte von Kindern, die Freiheit von Folter und Rechte für Behinderte gelegt. Der Normenkatalog wird also – nicht zuletzt aufgrund der jeweiligen Verhandlungspositionen der beteiligten Regierungen – deutlich ausdifferenziert und lässt keine Priorisierung bestimmter Menschenrechte erkennen. Das Abschlussdokument offenbart eine Varianz disparater Normen. Zweitens hält das Dokument fest, dass die „United Nations machinery for human rights" in Bezug auf die Durchsetzung von Menschenrechten gestärkt werden solle (United Nations A/CONF.157/23: 12). Es geht also um den Ausbau des organisatorischen Feldes, die Stärkung der exekutiven Umsetzung und darin im besonderen Maße um menschenrechtliche Bildung (19–20) und Monitoring (20–22). Dieses soll besser koordiniert werden. Dabei wäre zu beachten, „the need to avoid unnecessary duplication and overlapping of their mandates and tasks" (United Nations A/CONF.157/23:

20). 1993 wird also das „Office of the UN High Commissioner for Human Rights" (OHCHR) mit Sitz in Genf durch die UN-Generalversammlung gegründet.

Ein weiterer historischer Einschnitt erfolgt dann im Jahr 2005 anlässlich des UN-Jubiläums. Dieser ist aus zwei Gründen bedeutsam: Erstens wurde die 1946 gegründete Menschenrechtskommission (MRK) abgeschafft und in den „Human Rights Council" überführt. Mit Blick auf unsere Definition von Weltorganisation ist die MRK tatsächlich einer massiven Entlegitimierung in ihrer Geschichte ausgesetzt gewesen: Die Spannung zwischen Staatensouveränität, Menschenrechtsrelativismus und doppelten Standards haben die Unterstützung für die MRK dermaßen schwinden lassen, dass deren Auflösung vom damaligen UN-Generalsekretär Kofi Annan gefordert und durchgesetzt wurde (Gareis 2008, S. 16). Weltorganisationen sind also reversibel. Geschaffen wurde am 15.3.2006 der UN-Menschenrechtsrat mit Sitz in Genf. Nach einem Regionalschlüssel setzt er sich aus 47 Mitgliedstaaten zusammen. Kandidaten müssen nach einer programmatischen Darlegung ihrer Menschenrechtspolitik in der UN-Generalversammlung in geheimer Wahl die absolute Mehrheit der Stimmen erreichen. Wie auch bei der Vorläuferorganisation waren unmittelbar nach den Wahlen im Mai 2006 Staaten präsent, denen massive Menschenrechtsverletzungen zugeschrieben werden (China, Russland, Kuba und Pakistan; Gareis 2008, S. 17).

Zweitens wurde innerhalb der „UN-maschinery" ab 2006 ein neuer Monitoring-Prozess installiert: das Universal Periodic Review (UPR). Das UPR-Verfahren besteht aus fünf Stufen. Es gibt einen Staatenbericht, in dem dieser mit Bezug auf die Allgemeine Erklärung der Menschenrechte und ihre völkerrechtlichen Verpflichtungen aus internationalen Menschenrechtsverträgen den Stand der Umsetzung darstellen. Das UN-Menschrechtskommissariat ergänzt die Berichte. Es wird ein Bericht mit den Einlassungen und der Kritik internationaler Nichtregierungsorganisationen erstellt. Die Informationen werden im Menschenrechtsrat diskutiert und verhandelt, um dann in einen nicht rechtsverbindlichen Empfehlungskatalog zu münden. „Das UPR-Verfahren ist grundsätzlich kooperativ angelegt, was eine wichtige Voraussetzung für die weltweite Akzeptanz dieses Mechanismus ist. Nicht öffentlichkeitswirksame Anklagen und Verurteilungen stehen im Vordergrund, sondern die Unterstützung der Staaten bei der Verankerung menschenrechtlichen Standards sowie der Verbesserung ihrer Menschenrechtssituation insgesamt" (Gareis 2008, S. 19).

Die Gründung des Human Rights Council und das UPR sind nach einer langen Phase der normativen (Wien-Menschenrechtserklärung) und organisatorischen (Treaty Bodies der Konventionen) Differenzierung und der Entlegimierung einer etablierten Weltorganisation als Versuch zu deuten, organisatorische Re-Integration mit einem wirkungsvollen Koordinationsmechanismus zu verbinden. Im Hinblick auf unseren eingeführten Begriff von Weltorganisationen lässt sich vorerst festhalten, dass Menschenrechte in der Weltpolitik von Weltorganisationen auf zwei miteinander systematisch verbundene Weisen adressiert werden: Erstens existiert nicht allein ein (welt-)semantischer Bezug auf die „Universal Human Rights" (Donnelly 2003), sondern die ordnungsgenerierende Funktion ist auf Extension der umzusetzenden Standards ausgerichtet.[7] Der Normenkatalog der allgemeinen Menschenrechte ist dabei in sich zumindest inkohärent, wenn nicht widersprüchlich. Individuelle bürgerliche und politische Rechte, allgemeine soziale Rechte, indigene Rechte und die besondere Förderung von Gruppen stehen nebeneinander. Es besteht ein Bedarf an Normenabwägung. In dem Katalog sind beispielsweise jene Widersprüche angelegt, mit denen wohlfahrtsstaatliche Politiken immer wieder befasst sind: Wie genau ist das Verhältnis zwischen sozialer Gerechtigkeit und individueller Freiheit zu bestimmen? Wo endet das Recht auf Eigentum gegenüber den Ansprüchen auf Wohnung und Gesundheit? Wie umfassend darf der Zugriff des Staates auf das Individuum, beispielsweise in der Steuerpolitik, sein, um Ausbildung zu finanzieren? Es ließen sich weitere Fragen auflisten. An dieser Stelle ist jedoch festzuhalten, dass in den Katalog der allgemeinen Menschenrechte durchaus Kollisionen von Normen angelegt sind. Wenn das so ist, dann sind schlussendlich ganz unterschiedliche Praktiken jeweils mit menschenrechtlichem Bezug legitimierbar. Dies gilt umso mehr, wenn man sich vor Augen führt, dass mittlerweile drei Generationen von Menschenrechten – die bürgerlichen und politischen Rechte, die wirtschaftlichen, sozialen und kulturellen Rechte, die Rechte auf eigenständige Entwicklung und auf eine saubere Umwelt (Fassbender 2008, S. 5–6) – nicht nur diskutiert, sondern auch wechselseitig in Anschlag gebracht werden. Dabei gebührt einem Abwägungsbelang besondere Aufmerksamkeit: „Ungeachtet der förmlichen Bindung fast aller Staaten der Erde an die wichtigsten universalen Menschenrechtsverträge und wiederholter Bekenntnisse der Regierungen zur Universalität, Unteilbarkeit und Interdependenz aller Menschenrechte ist das Spannungsverhältnis zwischen universalen Menschenrechten und der Autonomie nationaler, regionaler oder religiös bestimmter (Rechts-)Kulturen bis heute ungelöst" (Fassbender 2008, S. 6). Die Inkohärenz im manifest formulierten weltgesellschaftlichen Erwartungshorizont ging und geht einher mit organisatorischer Differenzierung. In der Menschenrechtspolitik ist nicht die eine Weltorganisation zu identifizieren; auch wenn der Human Rights Council und das Office of the High Commissioner for Human Rights (OHCHR) als explizite UN-Organe ausgewiesen sind. Es gibt daneben eine Vielzahl von Treaty Bodies und intergouvernementalen Kommissionen im Rahmen der Menschenrechtskonventionen, eine Fülle transnational agierende Nichtregierungsorganisationen, wie etwa Human Rights Watch und Amnesty International, und eine erkleckliche Anzahl von Think Tanks und Stiftungen, die

---

[7] Eine aktuelle Liste findet sich in Landman und Carvalho (2010, S. 20).

sich die Förderung von Menschenrechten auf die Fahnen geschrieben haben. Das organisatorische Feld ist zudem von einer Regionalisierung der Menschenrechtspolitik geprägt; zu denken ist hier etwa an das Nebeneinander von Europarat, der OSZE und der Grundrechteagentur der Europäischen Union. Diese sind je auf den regionalen Kontext ausgerichtet; und damit offenkundig keine Weltorganisation, da sie „die Welt" nicht manifest adressieren. Zugleich orientieren sie sich aber am benannten weltgesellschaftlichen Erwartungshorizont. Inkohärenz der normativen Standards und organisatorische Pluralisierung mit erheblichen Abgrenzungsschwierigkeiten des jeweiligen ordnungsgenerierenden Anspruchs charakterisieren das Feld der Weltorganisation. Und wie der Fall der 2005 vollzogenen Auflösung der 1946 gegründete UN-Menschenrechtskommission belegt: Weltorganisationen können sich nicht sicher sein, in diesem Feld zu überleben.

5.5 Die vergleichende Beobachtung von Menschenrechten durch Weltorganisationen

Die weltordnungsgenerierende Funktion von Weltorganisation ist jedoch nicht hinreichend mit dem Blick auf die Varianz und Inkohärenz des anzustrebenden Normenkatalogs und der Fülle an Organisationen in dem Feld der globalen Menschenrechtspolitik erfasst. Die manifest weltgesellschaftliche Sinnproduktion geht mit der Koordination entsprechender Praktiken einher, die Akteure auf diesen Sinnbezug verpflichten. Dazu gehört auch, aber nicht nur, die vergleichende Beobachtung der Entwicklung der jeweiligen Standards. Es geht hierbei um eine permanente menschenrechtliche Berichterstattung, die als Kriterien für die Bewertung von Zuständen und Ereignissen die menschenrechtlichen Normen nutzt. Dabei handelt es sich beispielsweise um Medienberichterstattung in Rundfunk, Fernsehen, Presse und Internet, in der Verstöße gegen das Menschrecht skandalisiert und kommentiert werden. Nichtregierungsorganisationen wie Human Rights Watch, Amnesty International und andere legen jährliche Berichte „zur weltweiten Lage der Menschenrechte" (Amnesty International 2011) vor. Mittlerweile existiert eine Fülle von ereignis-, umfrage- und standardbasierten Umfragen, die Auskunft über den Stand der Verwirklichung und Verletzung grundlegender bürgerlicher, politischer und sozialer Rechte geben (Landman und Carvalho 2010). Diese rekurrieren ihrerseits auf je unterschiedliche menschenrechtliche Normen: So orientiert sich die Berichterstattung von Freedom House etwa an einem engen pluralistischen Begriff von zivilen und politischen Rechten mit einer deutlich US-amerikanisch verzerrten Perspektive, während der Bertelsmann Transformation Index ersichtlich von einer eher deutschen modernisierungstheoretischen Sichtweise geprägt ist, in der demokratische Rechte mit Kriterien einer sozialen Marktwirtschaft verbunden werden. In der „Global Reporting Initiative" berichten Unternehmen über die Akzeptanz menschenrechtlicher Standards in ihrer Tätigkeit (Berg-Schlosser 2007; Landman und Carvalho 2010, S. 64–90; Global Reporting Initiative 2010; Bertelsmann Stiftung 2010). Es ist hier nicht der Platz, die unterschiedlichen Instrumente der vergleichenden Beobachtung einer detaillierten Kritik zu unterziehen, die sich auf die (menschenrechtliche und demokratietheoretische) Konzeption, die (intersubjektiv nachvollziehbare quantitative und qualitative) Datenerhebung, die (mitunter statistisch grob fahrlässigen) Auswertungsmethoden, die Medienpolitik und die Effekte zu beziehen hätten (Berg-Schlosser 2007; Landman und Carvalho 2010).[8] Wir können an dieser Stelle jedoch festhalten, dass diese Beobachtungsinstrumente offenkundig einer bestimmten Zweckprogrammierung folgen: Sie „messen" menschenrechtliche Standards, um damit Regierungen und Unternehmen auf einen weltgesellschaftlichen Erwartungshorizont hin zu verpflichten. Sie nehmen dabei – organisationssoziologisch gesprochen – durch die Kategorienbildung, Datenerhebung und Auswertung eine Selektion innerhalb des variantenreichen menschenrechtlichen Normenkatalogs vor und verstetigen diesen durch die mediale Darstellung, Wiederholung der Datenerhebung und den Ausweis von Zeitreihen (Retention).

Ebenfalls auf einen bestimmten Zweck ausgerichtet, nämlich darauf Vertragsstaaten menschenrechtlicher Konventionen auf die Umsetzung zu verpflichten, ist das staaten- und UN-basierte „Human Rights Monitoring", welches im Rahmen der oben beschriebenen Konventionen und des UPR stattfindet. „Monitoring by intergovernmental organizations is often a key element in pushing states forward compliance with the international standards" (Alfredsson et al. 2001, S. 916). Wie oben bereits skizziert findet hier eine anlassunabhängige Berichterstattung der Staaten statt, die turnusmäßig entsprechende Reporte bei den entsprechenden Komitees vorlegen müssen. Diese werden durch UN-Organisationen und durch Schattenberichte von Nichtregierungsorganisationen ergänzt und korrigiert, dann in intergouvernementalen UN-Kommissionen diskutiert und in Empfehlungskataloge überführt. Diese Beobachtungsverfahren nehmen die Staaten als Autoren, sie beinhalten keine direkten Sanktionen bei Verletzungen des Menschenrechts. Nichtregierungsorganisationen erhalten die Möglichkeit, ihre Kritik in angemessener Form einzubringen. Es findet zwischen den Regierungsvertretern ein diplomatischer Abwägungsprozess statt. Die Abschlussdokumente sind sprachlich zurück-

---

[8] Hinweisen möchten wir jedoch darauf, dass es eine klare Tendenz in der statistischen Auswertung standard-basierter Instrumente gibt durch die Berechnung arithmetischer Mittelwerte bei ordinal skalierten (sic!) Daten eine Kommensurabilität mathematisch zu erzeugen, die es im Grunde erlaubt, bestimmte Menschenrechtsverstöße durch privatrechtlichen Eigentumsschutz und Wirtschaftspolitik zu kompensieren.

haltend formuliert. Die Verfahren werden von Amts wegen durchgeführt und sind vom Einzelfall des Menschrechtsverstoßes dabei relativ unabhängig. Die Berichterstattung soll thematisieren, die Vertragskonformität überwachen, zur konstruktiven Diskussion anregen und bezweckt damit schließlich die Menschenrechtslage zu verbessern (Alfredsson et al. 2001; Alston und Crawford 2000; Oberleitner 1998, S. 55–67).

Es handelt sich also um eine Berichterstattung, in der die einzelnen Menschenrechtsverstöße nicht bestraft und sanktioniert, aber thematisiert werden. Die menschenrechtliche Staatenberichterstattung enthält eine Rechtfertigungspflicht, die auf die unterzeichneten menschenrechtlichen Konventionen referieren muss und dadurch die selektierten menschenrechtlichen Standards verstetigt. Die Retention des weltgesellschaftlichen Erwartungshorizont erfolgt im Rahmen dieses staatenberichtsbasierten Menschenrechtsmonitorings aber auch auf eine besondere Weise, die gleichsam Anknüpfungspunkte für inverse Effekte bietet: Durch fehlende Sanktionen wie auch durch die Staatenrepräsentanz in dem Menschenrechtsrat und in den Treaty Bodies (inklusive der einhergehenden Verhandlungssituationen) findet eine „erlaubte" Entkoppelung von respect, protect und fulfill (Landman und Carvalho 2010, S. 127–133) der Menschenrechte statt. Für das Monitoring ausschlaggebend ist die Berichterstattung, also der niedergelegte Respekt vor den Konventionen. Aufgrund der fehlenden Sanktionen sind der Schutz und die Umsetzung von Menschenrechten deutlich nachgeordnet. Durch die Konzentration auf *talk*, nicht auf *decision* und *action* werden Mitgliedsstaaten also Heuchelei und Implementationsdefizite ermöglicht und gegen die Anwesenheit in Prozessen der diskursiven Rechtfertigung „getauscht" (vgl. Brunsson 2006).

Damit geht eine Tendenz der Umstellung von Zweck- auf Konditionalprogrammierung im Menschenrechtsmonitoring einher, die sich an zwei Beobachtungen exemplifizieren lässt: So beschreibt ein Beteiligter am Menschenrechtsmonitoring, dass die Berichtspflichten zunähmen, die Berichte zahlreicher und länger würden und ein „erheblicher Arbeitsaufwand bei der Sammlung der Informationen und der Abstimmung mit anderen Behörden" entstünde. Die „Papierflut" werde größer (Meyer-Ladewig 2011, S. 106). Das ist die Sicht derer, die von Seiten des Nationalstaates berichten. Umgekehrt wird man auch in Weltorganisationen einen administrativen Wandel festhalten müssen: Das OHCHR hat einen erkennbaren Bedeutungsgewinn auch durch einen leichten Anstieg der Personalausstattung zwischen 2006 und 2010 erzielen können. Diesbezüglich ist interessant, dass der personalen Anstieg damit einhergeht, dass eine Konzentration des Personals bei der Verwaltung in Genf stattfindet und relativ weniger Personen im Feld arbeiten. Nach Angaben des OHCHR hat sich der Personalbestand in den vier Jahren 2006–2010 von 851 auf 1.005 erhöht, dabei ist insbesondere die Anzahl der OHCHR Beschäftigten

in der Genfer Zentrale von 391 auf 520 gestiegen. Das ist ein Indiz für eine zunehmende Orientierung für die Menschenrechtsarbeit „am Schreibtisch" (OHCHR
2010, S. 20; 2011, S. 8).

Beides, die Entkoppelung von *talk* und *action* einerseits und die Zunahme von
Verwaltungstätigkeiten andererseits, ist für Weltorganisationen durchaus funktional im Hinblick auf die Retention des weltgesellschaftlichen Erwartungshorizontes.
Sie zeigen jedoch auch erkennbare Elemente einer Konditionalprogrammierung
des Menschenrechtsmonitorings die, sich von der materiellen Erreichung des Zwe-
ckes entfernt. Die Durchsetzung von Menschenrechten könnte sich im Rahmen der
vergleichenden Beobachtung gegenüber dem „Speichern" des Normenkatalogs die
weltordnungsgenerierende Funktion begrenzen und als „Papiertiger" entlarven.

5.6   Inverse Effekte und Reversibilität

Damit ist in pointierter Form ein möglicher inverser Effekt des staatenberichtsbasierten Menschenrechtsmonitorings ausgewiesen. Wir schließen damit an unsere Vorüberlegungen zur möglichen Reversibilität von Weltorganisationen an (vgl.
Abschn. 5.3). In unserem letzten Argumentationsschritt haben wir nunmehr zwei
miteinander verbundene Fragen zu beantworten: Welche Effekte hat das Monitoring
für a.) die Durchsetzung der Standards und damit b.) für den Bestand von Weltorganisationen? Damit verbindet sich auch die abschließende Diskussion, wo wir
konzeptuelle Möglichkeiten für die weitere Weltorganisationen-Forschung sehen.

Um das Leistungsvermögen globaler Menschenrechtspolitik, darin eben auch
die der hier vorgestellten Weltorganisation inklusive ihrer vergleichenden Beobachtung anzudeuten, nehmen wir zunächst einen Perspektivwechsel vor. Der Respekt vor Menschenrechten ist nicht selbstverständlich und es lassen sich einige
Gründe dafür anführen, warum diese systematisch verletzt werden (Carey et al.,
S. 128–151): Politische Regime, die sich durch eine erstarkende Opposition gefährdet sehen, greifen zwecks Machterhalt auf Folter und Repression zurück. Unternehmen halten es im Rahmen transnationaler Wertschöpfungsketten für gerechtfertigt, sich natürliche Ressourcen gewaltförmig anzueignen und kollektive Organisierung repressiv zu verändern, um sich auf globalisierten Märkten durchzusetzen.
In der Kommodifizierung sozialer Ressourcen und Beziehungen ist stets auch die
Tendenz angelegt, Menschenrecht nicht zu beachten. Regierungen, auch in demokratischen Staaten, rechtfertigen Folter und Verfolgung auch mit Sicherheitserwä-
gungen und dem Schutz vor Terrorismus in der Post-9/11-Dekade. Diese drei Beispiele zeigen, dass ein – weltgesellschaftlich aufgeladener (Meyer 2005) – säkularer
Rationalitätsbegriff zwecks Legitimierung von systematischen Menschenrechts-

verletzungen durchaus greifen kann. Überdies gründen systematische Menschenrechtsverletzungen in lokalen Dominanzkulturen, z. B. in repressiven patriarchalen Familienstrukturen oder der Verfolgungen definierter Minderheiten; ein Beispiel ist etwa die unsichere Lage und Verfolgung von sog. Albinos in Tansania.

Vor diesem Hintergrund ist eine vergleichende Observation, welche Beobachter und zu Beobachtende auf gemeinsame weltgesellschaftliche Standards festlegt, als ein Erfolg zu werten. So kommt Tistounet in seiner Auswertung von Staatenberichten im Rahmen unterschiedlicher Konventionen zu dem Schluss, dass trotz einiger Differenzen im Detail in der Summe doch klarer Normenkatalog und eine einheitliche länderspezifische Situationsbeschreibung zu identifizieren ist: „In most cases, concluding observations or comments by different treaty bodies on the same country present a comprehensive and rounded picture of the situation of human rights in that country" (2000, S. 389). Ähnliches wird man für weitere Instrumente der vergleichenden Beobachtung konstatieren können (Berg-Schlosser 2007). Es wird ein Kern an bürgerlichen und politischen Rechten selektiert, gespeichert und als Bewertungsmaßstab festgelegt. Damit einhergehend werden bestimmte Länder und Ländergruppen mit Referenz auf den weltgesellschaftlichen Erwartungshorizont weitgehend ähnlich zugeordnet und klassifiziert. Insoweit Menschenrechte auf einen diskursiv erzeugten Konsens angewiesen sind (Reese-Schäfer 2007, S. 235), erfüllen die skizzierten Weltorganisationen hier offenkundig ihren Zweck.

Die Weltorganisationen, ihre Sinnproduktion und Ordnungsfunktion erfahren jedoch auch eine Stärkung durch eine transnationale Netzwerkbildung: Vergleichende Beobachtung wird „gemacht", es sind (extra abgestellte) Personen. Zwischen Expert/innen aus den Weltorganisationen, aus regionalen Organisationen, aus den berichtenden Nationalstaaten und von Nichtregierungsorganisationen bilden sich auf der Interaktionsebene dauerhafte Wissensproduktionsgemeinschaften (Haas 1990) heraus. Personen tauschen sich dauerhaft über Normen, Instrumente und Umsetzungsstände aus. Sie sind für diese Tätigkeit abkömmlich, sichern sich die Ressourcen für ihre personale Reproduktion durch diese Tätigkeit und tragen damit dazu bei, auf die Implementierung des weltgesellschaftlichen Erwartungshorizontes hinzuwirken.

Organisationsübergreifende Netzwerkbildung einer Wissensproduktionsgemeinschaft und Etablierung eines Normenkonsenses sind also Effekte des Menschenrechtsmonitorings, welche die manifeste weltgesellschaftliche Orientierung und die ordnungsgenerierende Funktion in einem Kontext glaubhaft machen, der eben nicht „selbstverständlich" auf die Akzeptanz grundlegender Menschenrechte angelegt ist.

Zugleich ist ein „Steuerungsproblem" im Feld der globalen Menschenrechtspolitik offenkundig: „There remains a large and variable gap between the expectations for human dignity outlined through human right standards and the reality of precariousness of those rights as they are variously enjoyed around the world" (Landman und Carvalho 2010, S. 1). Diese „Lücke" stellt nicht allein ein praktisch-politisches, sondern auch ein methodologisches Problem der Weltorganisationen-Forschung dar. Schließlich ist der Umsetzungsstand des weltgesellschaftlichen Erwartungshorizontes zu temporalisieren: Ist eine Implementation noch nicht erfolgt? Finden schon wieder Rückschritte statt? Hat sich ein Niveau der Normabweichung dauerhaft etabliert?

Wir wollen an dieser Stelle weder die Fortschritte bei der Menschenrechtslage in vielen Regionen der Erde in Frage stellen noch einem teleologisch-modernisierungstheoretischen Fortschrittsglauben verfallen. Deshalb halten wir es – wie in Abschn. 5.3 skizziert – für angemessen, den Blick eben nicht allein auf den Erfolg, sondern auch auf die mögliche Begrenzung und Rückholbarkeit des glaubhaften Anspruchs auf eine weltordnungsgenerierende Funktion in den Blick zu nehmen. Mit Bezug auf unseren Untersuchungsgegenstand lassen sich einige inverse Effekte identifizieren, die den Charakter von Weltorganisationen grundsätzlich ändern (können).

Die laufende (Selbst-)Beschreibung von Weltorganisationen ist auch von einer gewissen Unzufriedenheit und einhergehenden Bestrebungen nach Veränderung gekennzeichnet: Die Klage von ungenügenden und nicht hinreichenden Ressourcen, von nicht eingehaltenen Berichtspflichten und von „demoralising restrictions" (Evatt 2000, S. 462) prägt weite Teile der Literatur zum Menschenrechtsmonitoring. Auch wird eine „gewisse Erschöpfung" (Fassbender 2008, S. 7) oder eben eine kaum zu bewältigende „Papierflut" (Meyer-Ladewig 2011, S. 106) diagnostiziert. In diesen (Selbst-)Beschreibungen wird ein bestimmtes Dilemma offenkundig: Es fehlt eine hinreichende Ressourcenausstattung, um die Menschenrechtslage vor Ort materiell zu überprüfen und zugleich wird der Stand der Umsetzung als enttäuschend wahrgenommen. Offenkundig erscheint zum jetzigen Zeitpunkt, dass innerhalb der Wissensproduktionsgemeinschaft aufgrund der mangelnden Folgebereitschaft von Staaten, ihre menschenrechtlichen Verbindungen einzuhalten und aufgrund einer geringen Ressourcenausstattung einer enttäuschungsimmunisierenden Konditionalprogrammierung das Wort geredet wird: Die Anforderung, Berichte vorzulegen (und zu diskutieren), wird in Vordergrund gestellt und dabei von dem Zweck (materielle Verbesserung der Menschenrechtslage) zunehmend entkoppelt. Sollte sich eine derartige Autonomisierung und Routinisierungder Verfahren durchsetzen, so stellt sich die Frage, ab welchem Punkt die vergleichende Beobachtung mit einem Weltordnungsanspruch diesen dann verliert, wenn sie neben dem Erwartungshorizont fortwährend das Nicht-Erreichen dokumentiert und speichert. Es könnte eine Entlegitimierung einsetzen, die sich daraus ergibt, dass der zu erwartende Impact dauerhaft verfehlt wird.

Neben die Retention der enttäuschungsgenerierenden und entlegitimierenden „large and variable gap" (Landman und Carvalho 2010, S. 1) tritt im Rahmen der Rechtfertigungspflicht ein weiterer möglicher inverser Effekt, nämlich ein intentionales und offenes Difference-Making, also die Formulierung von anzustrebenden Unterschieden zum universalen Normenkatalog. Die diskursive Verständigung der Berichterstattung verkehrt sich in ihrem Zweck, weil entgegen des Anspruchs auf menschenrechtliche Konvergenz entsprechende Abweichungen und Alternativen zu Protokoll gegeben werden: Soweit wir sehen, geschieht dies derzeit auf vier Weisen: 1.) ist mit der Festschreibung indigener Rechte in der Wiener-Menschenrechtserklärung einer explizit partikularen Ordnungsvorstellung Wert zugemessen worden, die dann in der Berichterstattung wieder aufgenommen wird. Damit geht eine manifest formulierte Abkehr vom weltgesellschaftlichen Ordnungsmodell einher; 2.) erfolgen Rechtfertigungen von Menschenrechtsverstößen, so in den UPR-Berichten Chinas und Saudi-Arabiens mit Verweis auf die Notwendigkeit, im „Krieg gegen den Terror" Sicherheit gewährleisten zu müssen; 3.) zeigen die UPR-Berichte aus Weißrussland und Libyen eine deutliche Fokussierung auf die erreichten sozialen Rechte und nehmen damit eine Reformulierung des Menschenrechtskatalogs vor; 4.) sind die umfassenden Staatenberichte Irans und Saudi-Arabiens trotz erheblicher Differenzen zwischen ihnen im Kern darauf angelegt, über die Betonung der Pflichten einen autoritären alternativen Weltordnungsentwurf zu vertreten. Das Menschenrechtsmonitoring speichert also nicht allein den Konsens des Normenkatalogs, sondern ebenso die offene Devianz. Derartige differenzorientierte Beschreibungen können analytisch durchaus im weltgesellschaftlichen Rahmen verortet werden (Greve und Heintz 2005), aber sie unterspülen den manifest formulierten und glaubhaft zu vertretenen Anspruch von Weltorganisationen auf eine weltordnungsgenerierende Funktion.

5.7 Konklusion

Der Begriff der Weltorganisation stellt eine theoretische Innovation dar, die die veränderte Funktion, Rolle und Bedeutung von internationalen Organisationen in den Blick nimmt. In diesem Beitrag näherten wir uns dem Begriff der Weltorganisation über den weltgesellschaftstheoretischen Zugang. Die Forschung zu Weltorganisationen kann ihren Platz in und jenseits der traditionellen Grenzen der Disziplin der Internationale Beziehungen dann finden, wenn sie – das unser Vorschlag – „klassische" Organisationsforschung mit Fragen nach der Art und Weise der Sinnproduktion und -verstetigung verbindet. Weltorganisationen sind dabei im Besonderen auf einen manifest formulierten weltgesellschaftlichen Erwartungsho-

rizont hin ausgerichtet und können gegenüber ihrer Umwelt eine weltordnungsgenerierende Funktion glaubhaft beanspruchen. Ihre Umwelt muss durch diesen
Anspruch erkennbar irritiert sein. In unserem konkreten Untersuchungsbereich
– dem Menschenrechtsmonitoring – sind Weltorganisationen ressourcenbasierte
Strukturen, die sich an den „Universal Human Rights" (Donnelly 2003), also an
einem allgemein geltenden Normenkatalog orientieren und eine wechselseitige
Beobachtung im Hinblick auf die Speicherung und Durchsetzung dieser Normen
organisieren, eben das Monitoring. In der langen Linie der menschenrechtlichen
Entwicklung seit 1948 erfolgen dabei die Retention eines identifizierbaren Nor-
menkerns (bürgerliche und politische Menschenrechte) wie auch Vernetzungen
zu entsprechenden transnationalen Wissensproduktionsgemeinschaften. Zugleich
bleibt aber die Lücke zwischen formulierter Erwartung (respect) und tatsächlicher
Umsetzung der Menschenrechte (fulfill) beträchtlich. Im Rahmen der vergleichenden Beobachtung ist die innewohnende Ermöglichung zum „Heucheln" solange
durchaus funktional, wie der weltgesellschaftliche Erwartungshorizont als etwas
Anzustrebendes gespeichert wird. Weltorganisationen-Forschung sollte also auf
diesen universalen Sinn und dessen Kommunikation fokussieren und diese empirisch erfassen.

Zugleich haben wir auch argumentiert, dass sich erkennbar inverse Effekte des
Monitorings im Hinblick auf diese Kommunikation ergeben (können). Daraus
folgt für die Weltorganisationen-Forschung ein methodologisches Postulat, nämlich die Reversibilität von Weltorganisationen im Forschungsprozess anzunehmen
und sich nicht a priori auf eine modernisierungstheoretische Teleologie einzulas-
sen. Wir haben hier die Entlegitimierung des Normenkatalogs durch konditional-
programmiertes Monitoring ebenso genannt wie Formen der manifest kommu-
nizierten Devianz, welche den Weltordnungsanspruch von Weltorganisationen
untergraben kann. Weitere Effekte sind im Feld der Weltorganisationen-Forschung
möglich. Aus unserer Sicht gilt es nicht nur, diese zu identifizieren, sondern methodologisch zwei weitere Forschungsfragen zu bearbeiten, die wir hier nicht aufgreifen konnten: Erstens haben wir Reversibilität als Kumulation inverser Effekte
definiert. Zum jetzigen Zeitpunkt können wir jedoch (noch?) keinen Schwellen-
wert formulieren, an dem die Koordination der Sinnproduktion „umkippt" und
in ihr Gegenteil verkehrt wird. Zweitens haben wir hier das Menschenrechtsmonitoring isoliert betrachtet und damit aus dem gesamten Arrangement der „Humanitarian Order" (Barnett 2010) dekontextualisiert. Begründungen von „humanitären" Militäreinsätzen, Anklagen vor dem Internationalen Strafgerichtshof oder
etwa die Koppelung von Entwicklungsgeldern an bestimmte menschenrechtliche
Standards (und Indices) erweitern das Feld der Kommunikation über den weltgesellschaftlichen Erwartungshorizont, dessen Umsetzung und dessen Verkehrung.

Weltorganisationen-Forschung erscheint uns dann einen deutlichen Mehrwert zu haben, wenn sie nicht allein die universal ausgerichtete Sinnproduktion, sondern auch jene Tendenzen systematisch einbezieht, die den weltgesellschaftlichen Erwartungshorizont unterminieren.

Literatur

Alfredsson, Gudmundur, Jonas Grimheden, Bertram G. Ramcharan, und Alfred de Zayas Hrsg. 2001. International human rights monitoring mechanisms. Den Haag.

Alston, Philip, und James Crawford Hrsg. 2000. The future of UN human rights treaty monitoring. New York, NY.

Barnett, Michael. 2010. The international humanitarian order. London.

Barnett, Michael N., und Martha Finnemore. 1999. The politics, power and pathologies of international organizations. *International Organization* 53 (4): 699–732.

Bartelson, Jens. 2006. Making sense of global civil society. *European Journal of International Relations* 12 (3): 371–395.

Bell, Stephen, und Andrew Hindmoor. 2009. Rethinking governance. *The centrality of the state in modern society.* Cambridge.

Benz, Artur, und Nicolai Dose Hrsg. 2010. Governance. *Regieren in komplexen Regelsystemen. Eine Einführung, 2. Aufl.* Wiesbaden.

Berg-Schlosser, Dirk. 2007. Concepts, Measurements and Sub-Types in Democratization Research. In *Democratization. The state of the art,* Hrsg. Dirk Berg-Schlosser, 31–43. Opladen.

Bertelsmann Stiftung Hrsg. 2010. Transformation Index 2010. *Politische Gestaltung im internationalen Vergleich.* Gütersloh

Bolin Pennegard, und Ann Marie. 2001. Overview over human rights–the regime of the UN. In International human rights monitoring mechanisms, Hrsg. Gudmundur Alfredsson, Jonas Grimheden, Bertram G. Ramcharan, und Alfred de Zayas, 19–66. Den Haag.

Brunsson, Nils. 2006. The Organization of Hypocrisy: Talk, Decisions and Actions in Organizations. Oslo.

Carey, Sabine C., Mark Gibney, und Steven C. Poe. 2010. The politics of human rights. The Quest for Dignity. Cambridge.

Coase, Ronald. 1937. The nature of the firm. *Economica* 4 (16): 386–405.

Dingwerth, Klaus, Dieter Kerwer, und Andreas Nölke, Hrsg 2009. *Die Organisierte Welt. Internationale Beziehungen und Organisationsforschung.* Wiesbaden.

Donnelly, Jack. 2003. *Universal Human Rights in Theory and Practice, 2. Aufl.* Ithaca, NY.

Evatt, Elizabeth. 2000. Ensuring effective supervisory procedures: The need for resources. In *The future of UN human rights treaty monitoring,* Hrsg. Philip Alston, und James Crawford, 461–480. New York, NY.

Fassbender, Bardo. 2008. Idee und Anspruch der Menschenrechte im Völkerrecht. *Aus Politik und Zeitgeschichte (APuZ)* 46: 3–8.

Gareis, Sven Bernhard. 2008. Der UN-Menschenrechtsrat. Neue Kraft für den Menschenrechtsschutz?. *Aus Politik und Zeitgeschichte (APuZ)* 46:15–21.

Global Reporting Initiative. 2009. Year in Review 2008/2009. http://www.globalreporting. org/NR/rdonlyres/E8B6ED9E-1A29-4154-A6DA-F14E6F71A2C9/3830/GRI_Year_In_ Review_241209.pdf. Zugegriffen: 12. Aug. 2010.

Global Reporting Initiative. 2010. G3–Human Rights. http://www.globalreporting.org/CurrentPriorities/HumanRights. Zugegriffen: 12. Aug. 2010.

Graz, Jean-Christophe, und Andreas Nölke Hrsg. 2007. *Transnational private governance and its limits.* London.

Greve, Jens, und Bettina Heintz. 2005. Die „Entdeckung" der Weltgesellschaft.Entstehung und Grenzen der Weltgesellschaftstheorie. *Zeitschrift für Soziologie: Sonderheft Weltgesellschaft*, 89–119.

Greven, Michael, und Louis W. Pauly Hrsg. 2000. *Democracy beyond national limits: the european dilemma and the emerging global order.* Lanham.

Haas, Ernst B. 1990. *When Knowledge is Power. Three models of change in international organizations.* Berkeley

Held, David. 1995. *Democracy and the global order. From the modern state to cosmopolitical governance.* Cambridge.

Hoffmann, Stanley. 1956. The role of international organization: Limits and possibilities. *International Organization* 10 (3): 357–72.

Hooghe, Liesbeth, und Gary Marks. 2001. *Multi-level governance and european integration.* Lanham.

Kennedy, Paul. 2007. Parlament der Menschheit. *Die Vereinten Nationen und der Weg zur Weltregierung.* Bonn.

Keohane, Robert, und Jospeph Nye. 1971. Transnational relations and world politics. An Introduction. *International Organization* 25 (3): 329–349.

Koch, Martin. 2008. *Verselbständigungsprozesse internationaler Organisatonen.* Wiesbaden.

Koenig, Matthias. 2005. Weltgesellschaft, Menschenrechte und der Formwandel des Nationalstaats. *Zeitschrift für Soziologie: Sonderheft Weltgesellschaft.* 374–393.

Koremenos, Barbara, Charles Lipson, und Duncan Snidal. 2001. The rational design of international institutions. *International Organization* 55 (4): 761–800.

Kratochwil, Friedrich. 1998. Politics, norms and peaceful change: Two moves to institutions. *Review of International Studies* 24 (5): 193–218.

Kratochwil, Friedrich, und Edward Mansfield Hrsg. 2006. *International organization and global governance: A Reader, 2. Aufl.* New York, NY.

Kratochwil, Friedrich, und John Ruggie. 1986. *The state of the Art on the Art of the state. International Organization* 40 (4): 753–775.

Landman, Todd, und Edzia Carvalho. 2010. *Measuring human rights.* New York.

Luhmann, Niklas. 2010. *Politische Soziologie.* Frankfurt a. M.

Luhmann, Niklas. 1997. *Die Gesellschaft der Gesellschaft, Bd. 1, 7. Aufl.* Frankfurt a. M.

Luhmann, Niklas. 1975. *Legitimation durch Verfahren.* Frankfurt a. M.

Luhmann, Niklas. 1971. Die Weltgesellschaft. *Archiv für Rechts- und Sozialphilosophie* 57: 1–35.

McGrew, Anthony. 1998. *The transformation of democracy.* Cambridge.

Meyer, John W., und Georg Krücken Hrsg. 2005. *Weltkultur. Wie die westlichen Prinzipien die Welt durchdringen.* Frankfurt a. M.

Meyer-Ladewig. 2011. Selbstberichterstattung der Staaten zwischen Selbstkontrolle und Papierflut. In *Grundrechtsmonitoring. Chancen und Grenzen außergerichtlichen Menschenrechtsschutzes*, Hrsg. Christoph Gusy, 105–111. Baden-Baden.

Ness, Gayl, und Steven Brechin. 1988. Bridging the gap: International organizations as organizations. *International Organization* 42 (2): 245–273.

Niesen, Peter. 2010. Internationale Politische Theorie. Eine disziplinengeschichtliche Einordnung. *Zeitschrift für Internationale Beziehungen* 17 (2): 267–277.

O'Brien, Robert, Anne-Marie Goetz, Jan Aart Scholte, und Marc Williams. 2000. *Contesting global governance: Multilateral economic institutions and global social movements.* Cambridge.

Oberleitner, Gerd. 1998. *Menschenrechtsschutz durch Staatenberichte.* Frankfurt am Main.

OHCHR. 2010. Report 2009. Activities and Results. Genf.

OHCHR. 2011. Report 2010, Genf.

Perry, James, und Andreas Nölke. 2006. The political economy of international accounting standards. *Review of International Political Economy* 13 (4): 559–586.

Reese-Schäfer Walter. 2007. Politisches Denken heute. *Zivilgesellschaft, Globalisierung und Menschenrechte.* München.

Risse, Thomas, Anja Jetschke, und Hans-Peter Schmitz Hrsg. 2002. Die Macht der Menschenrechte. *Internationale Normen, kommunikatives Handeln und politischer Wandel in den Ländern des Südens.* Baden Baden.

Risse, Thomas, Stephen C. Ropp und Kathryn Sikkink Hrsg. 1999. The Power of Human Rights, Cambridge. 1–38.

Rittberger, Volker, und Bernhard Zangl. 2003. *Internationale Organisationen.* Opladen.

Tistounet, Eric. 2000. The problem of overlapping among different treaty bodies. In The future of UN human rights treaty monitoring, Hrsg. Philip Alston, und James Crawford, 383–401. New York, NY.

United Nations General Assembly. 1993. Vienna declaration and programme of action. *World conference on human rights.* Vienna, 14–25 June 1993 (Distr. General A/CONF.157/23, 12 July 1993).

Zangl, Bernhard, und Michael Zürn Hrsg. 2004. Verrechtlichung. *Baustein für Global Governance?* Bonn.

Zürn, Michael. 2005. Global governance. In *Governance-Forschung. Vergewisserung über Stand und Entwicklungslinien,* Hrsg. Gunnar Folke-Schuppert, 121–146. Baden-Baden.

Zürn, Michael. 2002. From interdependence to global governance. In *Handbook of international relations,* Hrsg. Walter Carlsnaes, Thomas Risse, und Beth Simmons, 235–254. London.

Zürn, Michael. 2000. Democracy beyond the Nation State. *European Journal of International Relations* 6 (2): 183–221.

Weltorganisationen in der Gestaltung globaler und regionaler Migrationspolitik: Die International Organization for Migration (IOM)

6

Martin Geiger

6.1 Einführung

Der Begriff *Migrationsmanagement* ist in den letzten beiden Jahrzehnten zum großen Schlagwort der global zu Migration und Migrationspolitik geführten Diskussion geworden. Mit Migrationsmanagement als viel verwendetem *buzz word* ist der Gedanke verbunden, dass grenzüberschreitende Mobilitäts- und Wanderungsvorgänge angesichts fortgeschrittener Internationalisierungs- und Transnationalisierungsprozesse heute in einer völlig anderen Weise wahrgenommen und steuernd beeinflusst werden sollten als früher. Das propagierte neue *Management* grenzüberschreitender Mobilitäten und Migrationen fußt dabei auf einem grundsätzlichen Perspektivenwechsel: Statt als Problem und Gefahr für Nationalstaaten und deren Gesellschaften werden auf Dauerhaftigkeit oder lediglich auf temporäre (Zwischen-)Aufenthalte angelegte räumliche Bevölkerungsbewegungen im Rahmen von Migrationsmanagement als Chance begriffen und als Vorgänge, die ökonomischen Mehrwert generieren, deshalb aus dem Blickwinkel des ökonomischen Neoliberalismus und Utilitarismus erleichtert und gefördert werden sollen (Geiger und Pécoud 2010b; Kalm 2010). Der Begriff Migrationsmanagement und die hinter ihm stehende Grundidee einer größeren Liberalität im Umgang mit grenzüberschreitenden Mobilitäts- und Migrationsprozessen ist zu Beginn der 1990er Jahre auf der internationalen Politikebene der Vereinten Nationen (UN) und in einigen auf Migration spezialisierten internationalen Regierungsorganisationen und mul-

M. Geiger (✉)
Department of Political Science, Carleton University,
B640 Loeb Building, K1S 5B6 1125 Colonel By Drive, Ottawa, ON, Canada
E-Mail: martin_geiger@carleton.ca

M. Koch (Hrsg.), *Weltorganisationen*, DOI 10.1007/978-3-531-18977-2_6,
© VS Verlag für Sozialwissenschaften | Springer Fachmedien Wiesbaden 2012

tilateralen Konsultationsforen entstanden. Eine Schlüsselrolle in der konkreten Definition und Ausarbeitung des Konzepts, bei dessen Propagierung und bei der praktisch-operativen Umsetzung dieses Ansatzes kommt der *International Organization for Migration* (IOM) zu (Georgi 2010a, b).

Im vorliegenden Beitrag soll diese internationale, von Staaten gegründete und finanzierte Regierungsorganisation als *Weltorganisation* analysiert und diskutiert werden: Zunächst beschäftigt sich Kapitel 6.2 mit dem allgemeinen Wandel von Migrationspolitik – dem „*Shift*" von einzelstaatlicher Migrationssteuerung (Government) hin zu multilateraler Migrationspolitik (Governance). Kapitel 6.3 stellt dann die IOM als bedeutsame Akteurin auf dem Gebiet des Migrationspolitischen vor und widmet sich ihren Aktivitäten. Die genauere Analyse der IOM als einer *Weltorganisation* erfolgt in Kapitel 6.4 entlang der drei Dimensionen *Weltsemantik, (Um-)Weltbeziehungen* und *Weltordnungsgenerierung* (s. Einleitung). Als Fazit und Ausblick beschäftigt sich Kapitel 6.5 mit den Befunden zur IOM und zum Migrationsmanagement der IOM.

Die Perspektive, die IOM als eine Weltorganisation und nicht lediglich als eine internationale Organisation zu betrachten, liegt aus folgenden Gründen nahe: 1) IOM propagiert weltweit eine neue globale Ordnung, eben das sogenannte Migrationsmanagement. Zu den Adressaten der IOM zählen hierbei neben Staaten (darunter sowohl Mitgliedsstaaten als auch Nicht-Mitgliedsstaaten der IOM) auch andere internationale Regierungsorganisationen (beispielsweise UN oder EU), internationale und lokale Nichtregierungsorganisationen, private Unternehmen, organisierte Migranten- und Diasporagruppen sowie Migranten, die Bevölkerung der Implementationsländer von IOM und die Weltöffentlichkeit an sich. 2) IOM ist mit seinen migrationsbezogenen Aktivitäten allerdings nicht nur auf einer globalen und einer nationalen Ebene der entsprechenden Implementationsländer aktiv, sondern operiert ganz allgemein auf allen möglichen Ebenen oder *scales* des Migrationspolitischen (regional/weltregion-bezogen, national, substaatlich sowie kollektive und individuelle Ebene von Bevölkerungsgruppen oder menschlichen Individuen) und trägt auf diesen auch entscheidend zur Gestaltung und Umsetzung von Migrationspolitik bei. Der Mehrwert der Weltorganisationsperspektive liegt demzufolge darin, dass mit ihrer Hilfe gewährleistet wird, dass nicht zu eng – beispielsweise nur auf die IOM und ihre Beziehungen zu Staaten oder ausschließlich auf zwischen-*staatliche* Beziehungen – fokussiert wird. Außerdem liegen die Perspektive und der Begriff der Weltorganisation deshalb nahe, weil die IOM in ihrem Anspruch einer Weltordnungsgenerierung nicht ausschließlich partikularistisch ist (Referenz auf einzelne Staaten oder einzelne Regionen), sondern sie neben einzelnen Implementationsländern auch andere Einheiten und Ebenen des Migrationspolitischen adressiert und neben einem räumlich fokussierten und thematisch spezialisierten Ansatz eben auch einen globalen und holistischen Ansatz verfolgt. 3) Wenn die IOM semantisch von *Welt* spricht, meint sie dabei also nicht ausschließlich die Staatenwelt. Welt bedeutet im Falle der IOM (auch) Gesellschaftswelt und insbesondere „Welt der Migrationsbewegungen" und der mit Migration verbundenen (teilweise ursächlichen) Prozesse. Mit dem Begriff Migration referiert die IOM dabei auf alle Formen internationaler Bevölkerungswanderung (inklusive Flucht und Asylsuche), ungeachtet der Ursachen oder Umstände dieser Bevölkerungsbewegungen.

6.2 Von Migrationssteuerung zu Migration Governance

Seit der Formulierung und beginnenden Durchsetzung des *ius territoriale* im 17. Jahrhundert steht die internationale Migration für einen devianten Prozess und für eine Abweichung von der als Normalität empfundenen Auffassung, jeder Staatsbürger lebe für die Spanne seines gesamten Lebens in einem (und nur einem) nationalstaatlichen „Containerraum" und sei in diesem gewissermaßen für immer verwurzelt. Der Figur des internationalen Migranten wird Argwohn und Furcht entgegengebracht, personifiziert sie doch die Irritation, die nicht bestehende Deckungsgleichheit zwischen Realität und Idealvorstellung, und führt sie das Nationalstaatskonstrukt im Grunde ad absurdum. Als koordinierte staatliche Interventionsleistung ist die Steuerung von Migration, die mit dem Anspruch einer möglichst lückenlosen Kontrolle über den Zutritt, Aufenthalt und die Beschäftigung von Personen ausländischer Herkunft verknüpft ist, allerdings erst in jüngerer Zeit, im Kontext des Ersten und Zweiten Weltkrieges und der Zwischenkriegszeit, in Erscheinung getreten (Oltmer 2003b). Mit Hilfe des traditionellen politikwissenschaftlichen Steuerungsverständnis lässt sich Migrationssteuerung als eine Leistung verstehen, die vom Staat (Steuerungssubjekt) für die Gesellschaft (Steuerungsobjekt) erbracht wird. Allgemein zielt die auch als dominant-hierarchisch bezeichnete, vom Staat unidirektional ausgehende Steuerung der Gesellschaft und des Gesellschaftlichen

[auf] die Formulierung und die Durchsetzung von allgemeinverbindlichen Verhaltensregeln, die die Bereitstellung öffentlicher Güter wie etwa Sicherheit, Wohlfahrt oder eine gesunde Umwelt sicherstellen sollen [...]. (Brozus et al. 2003, S. 19)

In diesem Sinne könne man hinsichtlich der traditionellen Form staatlicher Steuerungspolitik auch von einer spezifischen Form einer gemeinwohlorientierten Steuerung sprechen, bei der der Staat die Rolle eines „treu sorgenden Vaters" übernommen und das Volk zur „Hauptzielscheibe" seines Regierens (Foucault 2004,

S. 147–158) gemacht hat. *Government of migration* (Migrationssteuerung) stünde damit in einem direkten Bezug zu den unter anderem durch Michel Foucault thematisierten Gouvernementalitäten modernen Regierens (Geiger 2012). Die Migrationssteuerung als Sonderform gemeinwohlorientierter Steuerung ist in erster Linie einzig und allein gegenüber den Staatsangehörigen verantwortlich: Greift der Staat steuernd in internationale Wanderungsvorgänge ein, dann geschieht dies vor dem Hintergrund, dass er daran festhält, die für die Staatsbürger reservierten bürgerlichen, politischen, sozialen und wohlfahrtsstaatlichen Rechte, Leistungen und Möglichkeiten gegenüber Zuwanderern und Zuwanderungswilligen zu verteidigen und zu verschließen (Brubacker 2000; Mackert 1999); auch als ausdifferenzierter Sozial- und Wohlfahrtsstaat ist der Nationalstaat eben ein Nationalstaat geblieben und steht weiterhin für eine „nach außen geschlossene soziale Beziehung" (Weber 1956, S. 31). Migrationssteuerung bleibt deshalb mit zwei fundamentalen gesellschaftlichen und migrationsbezogenen Herausforderungen verknüpft, nämlich inwieweit, erstens, jeder originär anspruchsberechtigte Bürger an den für ihn verbürgten Rechten unbeeinträchtigt partizipieren kann, und, zweitens, inwiefern der Nationalstaat die exklusive, nach außen geschlossene Bürgergemeinschaft vereint halten kann. Migrationssteuernde Maßnahmen sind in diesem Zusammenhang wichtig, denn sie unterstützen die weiterhin am wichtigsten bleibende soziale und politische Schließungsformel – die Staatsbürgerschaft (Mackert 1999). Dies geschieht dadurch, dass mit Blick auf das Gemeinwohl der Bürger der territoriale Zutritt und Verbleib von Nicht-Bürgern gezielt überwacht und restringiert wird. Durch diese überwiegend territorial ausgerichteten und wirkenden Steuerungseingriffe gelingt es, die grundsätzlich mit Migrationssteuerung *(Government of migration)* verbundene Hoffnung, den Kreis der potenziellen Anspruchsberechtigten bewusst klein zu halten.

Im Hinblick auf die migrationspolitische Rolle von internationalen Regierungsorganisationen (IRO) und die Aktivitäten von IRO und anderen Co-Akteuren „jenseits" des (National-)Staates (Jachtenfuchs 2003) ist anzumerken, dass diese durch die Forschung erst seit kürzerer Zeit (seit ca. 2003/2004) verstärkt Berücksichtigung finden. Sowohl bei der IOM als auch bei anderen Akteuren wie dem UN-Hochkommissariat für Flüchtlinge (UNHCR) handelt es sich aber um Organisationen, die bereits seit längerem bestehen (s. beispielsweise Georgi 2010a, b; Loescher 2011). Die Analyse im Feld der Migrationspolitik fokussierte allerdings lange zu einseitig ausschließlich auf „den" Staat und einzelne Sonderthemen, wie die im Zuge der europäischen Integration zu beobachtende migrationspolitische Europäisierung von EU-Mitgliedsstaaten oder die sogenannte Supranationalisierung der Migrationspolitik im sehr speziellen Fall der EU (Tomei 1997; 2001; Lavenex und Uçarer 2002). Überhaupt hatte eine intensivere Rezeption des Politischen in Bezug auf Migration und der staatlichen Einflussnahmen auf Migration, sowohl in Deutschland wie auch international, erst in den frühen 1990er Jahren eingesetzt. Anlässlich eines neuen „Age of Migration", das spätestens mit dem Beginn des 21. Jahrhunderts nun tatsächlich anbrechen sollte (Castles und Miller 1993) und einer für einige Experten bereits in den 1980er und 1990er Jahren eingetretenen „Global Migration Crisis" (Weiner 1995) bzw. „Global Refugee Crisis" (Loescher und Loescher 1994) stünden die Nationalstaaten vor der Herausforderung, ihre bislang unzureichend entwickelten oder im Zuge der Globalisierung und Transnationalisierung eingebüßten Steuerungsfähigkeiten (neu) zu stärken. So ließe sich das Hauptargument umschreiben, mit denen Migrationsforscher wie migrationspolitische Praktiker ab Beginn der 1990er Jahre für neue Steuerungskonzepte zu werben begannen. Im Verlauf dieser Diskussionen, und im speziellen Fall der EU letztlich auch durch den fortschreitenden Europäisierungsprozess bewirkt, setzte spätestens zur Mitte der 1990er Jahre der Übergang von einer rein einzelstaatlichtraditionellen Migrationssteuerung durch „den" Staat *(government of migration)* zu einer pluralistischeren *governance of migration* und dann, wenig später, auch zu einem *management of migration* ein – zwei neuen Formen von „Steuerung", die sich stärker auf der Kooperation von einer Vielzahl von Akteuren (Pluralisierung und Multilateralisierung), einem Miteinander von staatlichen und neuen/zusätzlichen (nicht-staatlichen) Akteuren (Trends zu Outsourcing/Privatisierung, Externalisierung und Exterritorialisierung) sowie einer wachsenden Zahl von äußerst unterschiedlichen Steuerungsformen „jenseits" des Staates und traditioneller Grenzkontrolle (Diversifizierung migrationspolitischer Interventionsmaßnahmen) zu gründen begannen (s. Kap. 5.3 und 5.4).

1993 erhielt Bimal Ghosh, ein führender Angestellter der UN, von der *Commission on Global Governance* und der schwedischen Regierung den Auftrag, Vorschläge zu einer neuen Form der Steuerung internationaler Wanderungen aufzustellen. 1997 wurde mit Mitteln des UN-Weltbevölkerungsfonds UNFPA sowie der niederländischen, schwedischen und schweizerischen Regierung auf seine Vorschläge hin das sogenannte NIROMP-Projekt gegründet (Ghosh 1993, 2000b). Zum Direktor dieses Projekts, das in den kommenden Jahren Vorschläge für ein „New International Regime for Orderly Movements of People" (NIROMP) ausarbeiten sollte, wurde Ghosh selbst bestellt. In der Zwischenzeit war er interessanterweise auch zum Chefberater der *International Organization for Migration* (IOM) geworden, genau der internationalen Regierungsorganisation, die im NIROMP-Projekt die Rolle der wichtigsten *executing agency* übernommen hatte (Ghosh 2000b).

Die Vorschläge von Ghosh zielten zunächst auf die Schaffung eines bis dato nicht existierenden internationalen Migrationsregimes; auf eine Form der internationalen Verregelung und Verrechtlichung, wie sie 1951 in Gestalt der Genfer Flüchtlingskonvention (1967 erweitert durch das *New York Protocol*) durch die UN-Mitgliedsstaaten bereits für politische Flüchtlinge geschaffen worden war. Mit Hilfe des NIROMP sollten internationale Wanderungsvorgänge künftig geordneter, vorhersehbarer und ökonomisch produktiver bzw. nützlicher ablaufen. Statt grenzüberschreitende Migration und Mobilität einzig und allein als Problem und Gefahr aufzufassen und diese zu 100 % vermeiden zu versuchen, wurden bestimmte Migrations- und Mobilitätsformen nun explizit als Chancen und mögliche *benefits* begriffen:

> An internationally harmonised policy for movements of people should aim at making the movements more orderly, manageable and productive at both ends of the flow. (Ghosh 1993, S. 4)

Neben den Zielstaaten sollten auch die Herkunftsländer und nicht zuletzt auch die Migranten selbst *("both ends of the flows")* einen größtmöglichen Nutzen aus Migration ziehen können. Ghosh sprach diesbezüglich von einem neuen *„triple win"* der Migration. Dieser sollte durch einen *„balanced approach"* zwischen Restriktion und Liberalisierung Realisierung erfahren (Ghosh 1993, S. 4). Eine besondere Verantwortung wies Ghosh im Rahmen des neu zu schaffenden Weltmigrationsregimes neben den traditionellen staatlichen Akteuren vor allem internationalen Regierungsorganisationen (IRO), (internationalen) Nichtregierungsorganisationen (NRO/INRO) sowie suprastaatlichen Akteuren (beispielsweise EG/EU) zu. Seine Vorschläge gingen also weit über die Schaffung eines Regimes hinaus. Angedeutet waren in ihnen bereits die Idee von grundlegenden Reformen des internationalen Systems, der UN und den großen systemrelevanten Organisationen (IOM, UNHCR, ILO etc.) – Vorschläge, wie sie schließlich 12 Jahre später wieder im Endbericht der von UN-Generalsekretär Kofi Annan initiierten *Global Commission on International Migration* (GCIM) zu finden waren (GCIM 2005).

Die von Ghosh angestoßene Diskussion zu einem neuen globalen Migrationsregime war ein Ausdruck der grundlegenden Transformation der Migrationspolitik zu dieser Zeit. Unter anderem fand sie direkt im Kontext der Transformation Osteuropas kurz nach dem Zusammenbruch des Kommunismus statt. Prägend war nicht zuletzt aber auch die allgemein in dieser Zeit zu Governance, Globalisierung und der vermeintlichen Krise des Nationalstaates geführte Diskussion. Die internationale *Commissionon Global Governance* definierte 1995 in ihrem Endbericht „Governance" wie folgt:

> Governance is the sum of the many ways individuals and institutions, public and private, manage their common affairs. It is a continuing process through which conflicting or diverse interests may be accomodated and co-operative action may be taken. It includes formal institutions and regimes empowered to enforce compliance, as well as informal arrangements that people and institutions either have agreed to or perceive to be in their interest. (Commission on Global Governance 1995, S. 2)

Die Formulierungen von Ghosh im Hinblick auf Migration und bezüglich einer neuen Form der *Migration Governance* können zusammen mit den grundlegenden Ideen, die hinter einer neuen Form eines stärker kooperativen und nicht-hierarchischen Regierens im Sinne von *(Good)Governance* stehen sollten, als zeitgleiche und gleichsinnig ausgerichtete Entwicklungen identifiziert werden. Es waren Ghosh und andere migrationspolitische Experten, die in den 1990er Jahren im Kontext der allgemeinen Diskussion zu Governance zu argumentieren begannen, dass gerade im Umgang mit internationalen Migrationsprozessen die Einbeziehung von Akteuren „jenseits" des bislang üblichen einzelstaatlichen Steuerungsrahmens unerlässlich und dringend geboten sei. Die Beteiligung einer Vielzahl von verschiedenen Interessensvertretern ermögliche es erst, dieses grenzüberschreitende und sehr komplexe Politikproblem einer Lösung zugänglich zu machen und dabei demokratische Lösungsansätze zu erhalten, die auf der Einbindung und kooperativen Beteiligung von möglichst vielen zivilgesellschaftlichen Akteuren (inklusive migrantischen Organisationen) beruhen sollten.

6.3   IOM in World Migration Governance – Migrationsmanagement der IOM

Auf ihrer Webseite präsentiert sich die *International Organization for Migration* als *„the migration agency"* (IOM 2011a). Zu den Mitgliedern der IOM zählten 2010 insgesamt 132 Mitglieds- und Beobachterstaaten, 1998 waren es noch lediglich 67 Länder. Das Ausgabenbudget der IOM verzeichnete in den letzten Jahren ebenfalls einen eindrucksvollen Zuwachs: 2010 betrug es bereits über eine Mrd. US$, 1998 noch 242,2 Mio. US$. Ein anderer Vergleich: 2010 arbeiteten nach Angaben der IOM schon mehr als 7.000 Menschen für die IOM, 1998 waren es lediglich 1.100. Diese Angestellten arbeiten allerdings zum größten Teil nicht vom IOM-Hauptsitz Genf aus, sondern von einer der mittlerweile 400 *field locations* der IOM. Diese dezentralen Standorte sind es auch, von denen in erster Linie aus die mittlerweile 2.820 migrationsbezogene Projekte der IOM implementiert werden (IOM 2011a). Zu den wichtigsten Geldgebern und Auftraggebern zählten in den vergangenen Jahren die USA, Deutschland und andere Mitgliedsstaaten der EU; eine wachsende Bedeutung kommt mittlerweile den direkten migrationspolitischen Förderprogrammen der Europäischen Kommission (AENEAS etc.) zu. Gegründet wurde die IOM, die jüngst ihren 60. Geburtstag feierte, im Jahre 1951. Zunächst hieß sie noch *Provisional Committee for the Movement of Migrants from Europe* (PICMME), wenig später dann *Intergovernmental Committee for European Migration* (ICEM). In den 1980er Jahren bürgerte sich schließlich die Bezeichnung ICM ein *(Intergovern-*

mental Committee for Migration), da die Organisation inzwischen ihren einst auf Europa ausgerichteten Schwerpunkt zugunsten eines globalen Engagements aufgegeben hatte (Perruchoud 1989). 1987 wurde das ICM schließlich in IOM umbenannt.

Obwohl man die IOM zu einer der wichtigsten Akteurinnen einer neu entstandenen (und sich weiterhin noch entwickelnden) *World Migration Governance* zählen könnte, fällt auf, dass die IOM auf ihren Internetseiten und in ihren Verlautbarungen statt Governance einen eigenen Begriff verwendet. Ghosh hatte diesen in seiner Konzeption eines neuen internationalen ordnungspolitischen Rahmens für Migration – dem NIROMP-Projekt – einst geprägt (Ghosh 2012)· *Migration Management* ist heute *das* Leitmotiv und große *buzzword* der IOM. Durch die überaus große Bedeutung der IOM ist das *Management* von Migration mittlerweile aber auch zu *dem* großen Schlagwort auf internationaler/UN-Ebene, unter EU-Bediensteten, Politikern und Wissenschaftlern geworden. Einen wesentlichen Beitrag dazu hat sicherlich auch die von IOM herausgegebene Zeitschrift *InternationalMigration* geleistet oder andere, aus der mittlerweile kaum noch zu überblickenden Vielzahl von Veröffentlichungen der IOM herausragende Publikationen, wie der voluminöse, mittlerweile jährlich herausgegebene IOM *World Migration Report* (s. beispielsweise IOM 2008).

Die wesentlichen Aufgaben auf dem Gebiet des *Managements* von Migration liegen nach Ansicht der IOM in den vier Kernbereichen *migration and development, facilitating migration, regulating migration* und *forced migration* (IOM 2011a). Im erstgenannten Bereich möchte die IOM durch ihre eigenen Aktivitäten dazu beitragen, dass der mögliche ökonomische Nutzen und die Entwicklungspotenziale der Migration besser genutzt werden; zum Beispiel sollen Rücküberweisungen gezielt der Verbesserung der sozioökonomischen Verhältnisse in den Herkunftsländern dienen. Auf dem Feld der *forced migration* überlappen die Aktivitäten, Ziele und Steuerungsansprüche der IOM zum Teil mit denen des UN-Flüchtlingshochkommissariats (UNHCR), beispielsweise bei der Betreuung, Schutzgewährung und logistischen Unterstützung von Asylsuchenden und (Bürgerkriegs-)flüchtlingen. Die eigentlichen Schwerpunkte des Engagements der IOM stellen allerdings die Bereiche *facilitating migration* und *regulating migration* dar: Die Organisation bietet hier unter anderem die Konzeption und Implementation maßgeschneiderter Lösungen zur gezielten Anwerbung von Migranten und der logistischen Abwicklung ihrer Migration an. Eine andere Dienstleistung besteht in der Durchführung von „freiwilligen" Rückkehr- und Reintegrationsmaßnahmen illegaler Migranten, nicht akzeptierter Asylantragsteller oder rückkehrwilliger Migranten (Geiger 2009). Gerade auf diesem Aktivitätsbereich sah sich die IOM in den vergangenen Jahren wiederholt der Kritik von Gegnern der vermeintlich „menschen-/migrantenfreundlicheren" Abschiebemaßnahmen ausgesetzt. Gerade diese „freiwilligen" Rückkehrprogramme und der Beitrag von IOM zum weiteren Ausbau restriktiver Grenzschutzmaßnahmen sind es, die den wichtigsten Slogan der Organisation – „*Managing Migration for the Benefit of All"* (IOM 2011a) – in vielen Fällen grundsätzlich in Frage stellen und ihn der vehementen Kritik von No-Border-Aktivisten und Pro-Migrantenorganisationen aussetzen (vgl. Kalm 2010; Georgi 2010a, b).

6.4 Die International Organization for Migration – eine Weltorganisation?

Die Betrachtung der nun kurz vorgestellten *International Organization for Migration* und dem Umfeld der Entwicklungen, innerhalb derer diese internationale Regierungsorganisation agiert, soll im Folgenden im Hinblick auf die Frage, ob und inwiefern die IOM tatsächlich als *Weltorganisation* in Erscheinung tritt, fortgeführt werden. Die systematische Analyse und Diskussion orientiert sich dabei an drei wesentlichen Merkmalen und Betrachtungsdimensionen im Hinblick auf Weltorganisationen – *Weltsemantik, (Um-)Weltbeziehungen* und *Weltordnungsgenerierung* (siehe Einleitung).

6.4.1 Weltsemantik der IOM

Wichtig ist zunächst der Hinweis, dass die IOM bzw. ihre Vorläuferorganisation PICMME 1951 bewusst außerhalb des UN-Systems gegründet (Perruchoud 1989, S. 503) worden ist: Besonders die USA drängten darauf, diese neue migrationspolitische Organisation außerhalb der UN zu gründen, weil sie bei jeder neuen internationalen oder UN-Organisation die Möglichkeit einer zu starken kommunistischen bzw. sowjetischen Einflussnahme auf die Weltpolitik fürchteten. Bis heute ist die IOM außerhalb des UN-Systems geblieben. Ihr Generaldirektor wird traditionell weiterhin aus dem nordamerikanischen Raum rekrutiert. Als Organisation weist die IOM mittlerweile allerdings eine nahezu globale (Voll-)Mitgliedschaft auf, die IOM kann als eine global agierende internationale Regierungsorganisation gelten: 2010 besaß die IOM 132 Mitglieds- und Beobachterstaaten; an ihren Sitzungen, Generalversammlungen und Konsultationsrunden nahmen 2010 außerdem noch 80 globale und regionale internationale Regierungs- und Nichtregierungsorganisationen teil, die dafür bei der IOM eine spezielle Akkreditierung besaßen (IOM 2011a).

Die IOM führt die Worte „World" oder „global" zwar nicht in ihrem Namen. Ihre semantische Bezugnahme auf die gesamte Welt und die Tatsache, dass sich ihre Programmatik, ihr Selbstverständnis und ihre Aktivitäten nicht auf einzelne Staaten oder Regionen beschränken lassen, werden aber spätestens mit Blick auf die Webseiten der IOM und beispielsweise auch ihr breites Publikationsangebot (IOM 2011a) deutlich: Die IOM bezeichnet sich als „The Migration Agency" und grenzt sich dabei von der Organisation des UNHCRs, die als UN-Organisation ja einen klaren (semantischen) Weltbezug aufweist und im Namen führt, deutlich ab. Das UNHCR bezeichnet sich zur Unterscheidung von der IOM selbst als „The Refugee Agency" (UNHCR 2011). Deutlich wird der migrationspolitische Vorrang gegenüber dem UNHCR und allen anderen Organisationen, den sich die IOM selbst (und das weltweit) zuweist, zudem daran, dass sich die IOM auf ihrer Webseite und in ihren eigenen Broschüren immer wieder selbst auch als „the leading international organisation" bezeichnet (IOM 2011a, b).

Eine ihrer wichtigsten und zugleich äußerst PR-tauglichen, von Medienvertretern und auch von Migrationsforschern oft zitierten Publikationen bezeichnet die IOM als „World Migration Report" (unter anderem IOM 2008). Indirekt lässt sich daraus ablesen, dass die IOM weltweit eigentlich keine andere internationale Organisation für befähigt hält, regelmäßig einen solchen „Weltbericht" herauszugeben, sich allumfassend und kenntnisreich auf die „Welt der Migration" zu beziehen und für diese einzutreten. Die Organization for Economic Cooperation and Development (OECD) gibt allerdings bereits seit 1973 mit ihrem SOPEMI-Report (zunächst nur für die europäischen Mitgliedsländer, mittlerweile aber für alle OECD- und viele andere Staaten) ein sehr ähnliches Berichtsbuch heraus (s. unter anderem OECD 2008). Bei einer weiteren wichtigen Publikationsreihe der IOM, den sogenannten „Migration Initiatives" (beispielsweise IOM 2005), macht die IOM ebenfalls deutlich, dass sie sich für die gesamte Welt und alle global ablaufenden Wanderungsbewegungen und deren Management verantwortlich fühlt: In dieser jährlich erscheinenden Publikation führt die IOM für jede Weltregion und einzelne Länder die aus ihrer Sicht bedenklichen migrationsbezogenen Herausforderungen auf und schlägt gleich, mit einem entsprechenden „price tag" und einem Zahlungsaufruf an mögliche donors versehen, bestimmte Maßnahmen vor.

Wiederum auf der IOM-Webseite wird anhand der internen Organisationsstruktur erneut die Bezugnahme der IOM auf die ganze Welt, einzelne Weltregionen, Zentren und Länder deutlich (IOM 2011a). Einer der Links, der von der Startseite wegführt, heißt lapidar „IOM Worldwide". Mit einem Klick darauf landet man wieder auf der Startseite, interessanterweise trägt diese nicht (wie für internationale/UN-Organisationen eigentlich üblich) das „.org"-Kürzel am Ende, sondern endet mit einem exklusiven „.ch" – der Hauptsitz der IOM liegt in Genf, in der Schweiz findet sich die IOM also in erster Linie beheimatet. Über die unter „IOM Worldwide" befindlichen Schaltflächen gelangt man auf Überblicksseiten zu einzelnen Weltregionen, dann zu Subregionen und schließlich finden sich Links zu den einzelnen *CountryMissions* der IOM, beispielsweise in Albanien. 18 dieser IOM-Landesvertretungenbesitzen zusätzlich eine regionale Funktion, sie fungieren als weltregions- oder subregionsspezifische Schaltzentralen der IOM. Darüber hinaus hat die IOM, einem global agierenden Weltunternehmen sehr ähnlich, in den letzten Jahren einen Teil ihrer administrativen Tätigkeiten auf dezentrale IOM-Dienstleistungszentren ausgelagert. Für den ausgeprägten Geschäftssinn und hohen Anspruch der IOM an Kosteneffizienz Bände sprechend, befinden sich diese bezeichnenderweise nicht in Westeuropa oder Nordamerika, sondern ausschließlich in Niedriglohnländern (Manila und Panama-Stadt; IOM 2011a).

6.4.2 (Um-)Weltbeziehungen der IOM

Ein weiteres Merkmal macht erneut die Bezugnahme der Organisation IOM auf die Welt als Gesamtheit und den Charakter der IOM als Weltorganisation deutlich. Es leitet zugleich auf die Frage nach der organisationsbezogenen (Um-)Welt der IOM über: Als Weltorganisation lässt sich die IOM auch deshalb bezeichnen und diskutieren, weil sie in ihren Broschüren, Statements und Aktivitäten nicht lediglich auf Staaten referiert, sondern (s. Mitgliedschaft anderer internationaler Regierungs- und Nichtregierungsorganisationen) auch auf Akteure, die „jenseits" des Nationalstaates stehen. Auf allen Ebenen des Politischen (global, regional, subregional, länderspezifisch etc.), im Wechselspiel mit allen staatlichen, intergouvernementalen und (internationalen) nichtstaatlichen Akteuren und nicht zuletzt auch den Migranten und allgemein allen Menschen gegenüber betont die IOM, dass Migration grundsätzlich zum Wohle aller Beteiligten (Ziel-, Herkunfts- und Transitländer, beteiligte Gesellschaften und Migranten) gemanagt werden könne und das Management von Migration durch IOM und alle anderen Partner stets unter menschenwürdigen Bedingungen ablaufen müsse:

> IOM is committed to the principle that humane and orderly migration benefits migrants and society. As the leading international organization, IOM acts with its partners in the international community to assist in meeting the operational challenges of migration management, advance understanding of migration issues, encourage social and economic development through migration and uphold the human dignity and well-being of migrants. (IOM 2011b)

Ihre (Um-)Welt sieht die IOM also nicht ausschließlich und nicht explizit nur in der Staatenwelt. Glaubt man ihrem Leitspruch *„Managing Migration for the Benefit*

of All", so handelt die IOM nicht ausschließlich im Interesse der sie finanzieren-
den Mitglieder (diese sind und bleiben Staaten). Vorgegeben wird stattdessen ein
hehres global-universelles Ziel, nämlich für das Wohlbefinden der Menschheit allgemein und konkret auch für die individuelle menschliche Würde von Migranten
einzutreten und weltweit soziale wie wirtschaftliche Entwicklung zu unterstützen.
Die IOM nimmt die „menschenwürdige", „sichere", „geordnete" Migration und die
„entwicklungsförderliche" Migration (im letzten Sinne damit also auch „Entwicklung" insgesamt) als universell nachgefragte und wünschenswerte Prozesse wahr,
die im Interesse aller beteiligten Parteien liegen und die deshalb auch zum Projekt
aller gemacht werden sollten. Mit Broschüren und öffentlichkeitswirksamen Kampagnen hat sich die IOM deshalb seit ihrem Bestehen immer wieder an die Weltöffentlichkeit und die Bevölkerung von ganzen Kontinenten und Ländern gerichtet:
Ein gutes Beispiel ist hierfür das weltweite Eintreten der IOM gegen Menschenhandel (Trafficking") und illegale Migration. So enthielt der 2003 erschienene „World
Migration Report" beispielsweise ein Bild von albanischen Migranten. Fröhlich
lachend standen diese in einer italienischen Pizzastube. Darüber der Titel „A mig-
rant's story. A new start through regular labour migration from Albania to Italy".
Mittels dieses Bildes wies die IOM auf das ihrer Meinung nach äußerst erfolgreiche
Arbeitsanwerbeprogramm hin, das sie im Auftrag der italienischen Regierung seit
2000 in Albanien implementierte. Im Text zum Bild war die Rede von „successful
Albanian job seekers" und ein solcher kam auch persönlich zu Wort: Er berichtete,
dass er erst illegal für eine Weile in Griechenland gearbeitet habe, dann aber verhaftet und wieder nach Albanien abgeschoben worden war. Nun habe er aus seinem
Fehler gelernt und es auf legalem Weg versucht. Nach Italien kam er, weil er in der
Zeitung eine Annonce sah, in der auf die Gefahren illegaler Migration aufmerksam
gemacht und dabei für das italienische Programm der IOM geworben wurde. Er
habe „IOM" gelesen und gleich gewusst, dass er über diese Organisation auf siche-
rem und legalem Weg ins Ausland kommen würde.

> I applied immediately because I knew IOM was an international organization that
> I could trust; unlike private organizations that advise employment abroad but after
> charging a high fee disappear into thin air. (IOM 2003, S. 215–252)

Das Management von Migration durch die IOM referiert, wie dieses Beispiel illustriert, in Form eines eher subtil wirkenden *„storytellings"* direkt auf Gesellschaft,
den Körper und das Verhalten einzelner Individuen; es versucht auf die Lebensfüh-
rung der angesprochenen Individuen und Gesellschaften Einfluss zu nehmen. Im
Hinblick auf diese Tätigkeiten und Einflussnahmen kann begründet also tatsächlich von einer neuen und besonderen Form der Gouvernementalität gesprochen
werden (s. Kap. 6.2). Es ergibt sich im Zuge des Managements von Migration eine

neue Gouvernementalität, bei der sich herkömmliche „direkte(re)" Instrumente (Grenzschutz) der Migrationskontrolle und -steuerung mit eher indirekt-subtilen und „weichen" Mechanismen – damit sowohl Fremdkontrolle wie auch Selbstlenkung des Individuums – miteinander verschränken. Dadurch, dass sich die IOM gezielt und direkt an das menschliche Individuum und an (bestimmte Teil-)Bevölkerungen wendet, managt sie Migration nicht nur auf direktem Wege und nicht ausschließlich für (bestimmte) Staaten. Ihr Management geht zum Teil gezielt an den eigentlich zuständigen lokalen staatlichen Akteuren vorbei, es wirkt „quer" durch Staaten und Bevölkerungen „hindurch".

Die (Um-)Welt und (Um-)Weltbeziehungen der *International Organization for Migration* erschöpfen sich somit nicht in der Staatengemeinschaft bzw. in Beziehungen exklusiv zu Staaten. Zugleich ist allerdings auch zu erwarten, dass sich die Akteursumwelt, die auf die IOM und ihre Programmatik und Aktivitäten reagiert und dazu in bestimmter Weise Stellung nimmt oder nehmen könnte, auch nicht rein auf Staaten reduzieren lässt, wodurch Probleme entstehen können (Kap. 6.5). Der Umstand, dass sie sich bewusst als weltweite Vorreiterin eines neuen, vermeintlich „besseren" Umgangs mit Migration hervorhebt und selbst zu einer globalen Weltmigrationsorganisation kürt, bringt für die IOM selbst ein erhebliches Unsicherheits- und Konfliktpotential mit sich. Die Wissenschaft, teilweise organisiert in Netzwerken wie dem deutschsprachigen „Kritnet" (www.kritnet.org), Nichtregierungsorganisationen (ProAsyl, Human Rights Watch etc.) und letztlich auch Migranten, die sich bestimmten Migrationsmanagement-Ansätzen (beispielsweise „freiwillige Rückführung") widersetzen, reagieren ebenfalls auf IOM und neue Techniken des Managements von Migration (bestes Beispiel dafür die Proteste von „papierlosen" Migranten und No-Border-Aktivisten während des G8-Gipfels 2003 in der Schweiz). Es ist eben nicht nur die IOM, die als *„the migration agency"* vermeintlich die ganze Weltgesellschaft, alle Staaten, alle anderen Organisationen und jeden Migranten und jedes Individuum adressiert. Umgekehrt verhält es sich genauso; gerade deshalb, weil sich die IOM so überaus selbstbewusst präsentiert und mittlerweile eine beachtliche migrationspolitische Rolle gewonnen hat, werden ihr gegenüber auch alle möglichen, teilweise gerade deshalb schwer oder gar nicht einlösbaren Ansprüche laut. So fordern die Kritiker der IOM beispielsweise, dass sich die IOM tatsächlich für eine gerechtere Weltmigrationsordnung einsetzen müsse und sich das Management von Migration eben nicht ausschließlich in einem *„managing migration for the benefit of some"* (Georgi 2010a) erschöpfen dürfe. Die meisten Zielstaaten von Migranten versehen ihre finanziellen Zuwendungen an die IOM dagegen auch weiterhin mit der Erwartung, dass die IOM in ihrem Auftrag (noch) restriktive(re) Mittel gegen die unerwünschte (daher illegalisierte) Zuwanderung findet und diese dann auch (mit) ergreift. Viele Beobachtungen sprechen

dafür, dass das Interesse an einer Fortschreibung der eigenen Tätigkeiten, der eigenen weltpolitischen Rolle und der weiteren Finanzierung in den letzten Jahren und
Jahrzehnten eher bewirkt hat, dass die IOM genau das tat, wofür sie von den Staaten bezahlt wurde; und nachgefragt wurden eben vor allem restriktive Lösungen
im Umgang mit Migration (vgl. Georgi 2010a, b) und nicht die Aktivitäten, die
die IOM auf dem Gebiet der *Ermöglichung* von Migration (*„facilitating migration"*,
beispielsweise Vorbereitungs-/Sprachkursprogramme und Jobtrainings für Migranten) ebenfalls im Programm führt (IOM 2011a, b).

Neben der einseitigen Abhängigkeit von staatlichen Geldgebern schafft sich die
IOM ein weiteres Unsicherheits- und Konfliktpotential dadurch, indem sie in den
meisten Weltregionen und in vielen durch Migration beeinflussten Staaten bewusst
nicht nur als globale Akteurin auftritt, sondern auch als quasi-regionale/-lokale
Politikgestalterin und -umsetzerin. Neben einem globalen Handlungszusammen-
hang und einer globalen Akteurs-Umwelt nimmt die IOM somit bewusst auch auf
kleinräumlich-lokale und regionale (Weltregion/Subregion) „Umwelten" Bezug
und versucht sich in diesen als entscheidende migrationspolitische Akteurin einzubinden und zu betätigen. Ein besonders eindrucksvolles Beispiel ist hierfür die
Rolle der IOM im Zusammenhang mit der Erarbeitung einer nationalen Migrationsstrategie für Albanien (s. den folgenden Exkurs). Dieses Fallbeispiel illustriert
dabei auch, wie stark die vermeintliche Weltorganisation IOM auf die Bedürfnisse
und Finanzierungsangebote einer regionalen Organisation (der EU) Bezug nimmt,
sich lokal für diese Belange engagiert und dafür als quasi-lokale Politikakteurin
einbettet.

6.4.2.1   Exkurs: Eine nationale Migrationsstrategie für Albanien

Seit Ende 2004 besitzt Albanien eine eigene *„National Strategy on Migration"* (Government of Albania und IOM 2004; Geiger 2010a). Diese bezweckt folgende Ziele:
1) besserer Schutz der Rechte albanischer Emigranten im Ausland, 2) Schaffung
einer Auslandsdiaspora mit organisierten Interessensvertretern, 3) Lenkung der
Rücküberweisungen in entwicklungsförderliche Investitionen im Heimatland, 4)
Schaffung einer angemessenen Migrationspolitik für Albaner, die temporär im Ausland einer Beschäftigung nachgehen wollen, 5) Visa-Erleichterungen für bestimmte Berufsgruppen und 6) Entwicklung eines neuen institutionellen und rechtlichen
Rahmens für Migrationspolitik. Der Strategie liegen somit mehrere wesentliche
Gedanken zugrunde, wie sie von Ghosh geäußert worden waren (s. Kap. 6.2) – so
beispielsweise die Idee, dass die Steuerung internationaler Migration am Wohl und
Nutzen der Migranten und der beteiligten Staaten und Gesellschaften orientiert
sein müsse, und außerdem auch der Wunsch, dass mit Migration liberaler um-
gegangen werden solle, temporäre und zirkuläre Migration deshalb zu erleichtern

und zu fördern seien. Die Nähe zu den Vorschlägen von Ghosh kommt allerdings nicht von ungefähr, ist die „nationale" albanische Migrationsstrategie doch eher das Produkt der IOM (und der EU) als das der albanischen Regierung.

> The National Strategy for Migration is a project financed by the European Community [...] It has been implemented with the technical and co-funding support of the International Organization for Migration (IOM) through its representation in Tirana. The Albanian Government intends to thank warmly those two international organizations for their generous support and all the work. (Government of Albania und IOM 2004, S. 5)

Bereits 2001 hatten Angestellte der IOM damit begonnen, für Albanien eine Gesamtstrategie zur Steuerung von Migration zu entwerfen und mit dieser den steuerungsbezogenen Forderungen der EU und anderer Staaten Rechnung zu tragen (Interview IOM Tirana, Albanien: Frühjahr 2006). Statt weiterhin nur eine Unterbindung illegaler Migration einzufordern, wie es die EU zuvor ausschließlich getan hatte, sollte mittels der IOM-Strategie ein sogenannter „proaktiver" Ansatz umgesetzt werden – ein Management von Migration, das gemäß dem Slogan der IOM (*„managing migration for the benefit of all"*) den berechtigten Wünschen bestimmter Gruppen von Albanern auf (temporäre) Emigration genauso entgegenkommen sollte, wie den Interessen Albaniens an Zusatzeinnahmen durch Rücküberweisungen und dem Anliegen der Zielstaaten albanischer Migranten, eine Reduktion des illegalen Zustroms von Migranten herbeizuführen.

> Of course, in promoting a different approach we achieved that our Albanian counterparts took great interest in the process. It was helpful that we [IOM Albania] made very clear, from the start, that there should be a change in perspective, a shift from control to facilitation in order to allow Albania and Albanians to benefit from migration [...] while, simultaneously, [we have been] supporting the EU in its efforts to prevent illegal migration and human trafficking. (Interview IOM Tirana, Albanien: Frühjahr 2006)

Indem die IOM als Fürsprecherin der Interessen Albaniens und der albanischen Emigranten auftrat, sicherte sie sich die politische Zustimmung der albanischen Regierung. Am 19.11.2004 wurde die Strategie der IOM in Form einer schlichten Annahmeerklärung durch das albanische Regierungskabinett zu einer „nationalen" Strategie für Migration. Interessant ist allerdings, dass diesem Schritt noch ein anderer voranging – ein Schritt, bei dem zunächst einmal erst die Europäische Kommission und ihre Vertretung in Albanien in die Strategieentwicklung einbezogen wurden. Noch bevor mit irgendeiner albanischen Regierungsstelle eine offizielle Absichtserklärung abgeschlossen war, vereinbarte die IOM 2003 ein Abkommen mit der Europäischen Kommission und ihrer lokalen Dienststelle in Albanien und sicherte sich mit diesem Schritt die finanzielle Unterstützung und den offiziellen Auftrag der EU-Kommission, „für" Albanien eine Migrationsstrategie zu entwickeln.

Das Projekt der albanischen Migrationsstrategie ist somit ein äußerst interessantes Fallbeispiel, da es aufzeigt, wie eine Weltorganisation mit globalem Mandat einerseits unmittelbar zu einer Hilfsakteurin der EU-Migrationspolitik (IOM als quasi-EU-Akteurin) und einer regionalen Organisation geworden ist. Andererseits ist aber auch erkennbar, dass sich die IOM im Rahmen ihrer Strategie für die Interessen Albaniens (inklusive Bemühungen auf eigenen EU-Beitritt) und albanischer Bürger und Migranten einsetzte. Sie trat also zeitgleich sowohl als quasi-Europäische- (in erster Stelle an den Zielen der EU orientierte IRO) wie auch als quasi-*albanische* Politikakteurin auf. Zu einem gewissen Teil kann man der IOM zusätzlich sogar noch nachsagen, dass sie zeitweise sogar den Rang einer quasi-staatlichen bzw. quasi-gouvernementalen Institution einnahm. So sprach Peter Schatzer, ein hochrangiger Vertreter der IOM, im Rahmen der feierlichen Vorstellung der albanischen Migrationsstrategie und des ebenfalls von der IOM entworfenen Umsetzungsplanes („National Action Plan") selbst (und sicherlich nicht ohne Grund) stolz von der lokalen IOM-Mission als „technical support unit of the Albanian government […] responsible for the elaboration of the National Strategy on migration" (Schatzer 2005).

6.4.3 Weltordnungsgenerierung durch IOM

Die albanische Migrationsstrategie, die im Kontext einer stark auf *Externalisierung* (Inanspruchnahme von IOM und anderen Nicht-EU-Akteuren) und *Exterritorialisierung* (Verlagerung von Steuerungseingriffen in Nicht-EU-Staaten) angelegten EU-Migrationspolitik entstanden ist (Geiger 2010b), lässt deutlich eine dritte Merkmalsausprägungen von *Weltorganisationen* erkennen: Die IOM trägt hier auf der lokalen Politikebene (Albanien), gleichzeitig aber auch unter Bezugnahme auf einen übergeordneten regionalen (EU-Europa) und globalen Kontext (globales Migrationsmanagement der IOM und anderer Akteure) zur Generierung von neuen Normen und Umgangsweisen mit Migration bei. Das lokale, tatsächlich aber *quasi*-lokale Engagement der IOM unterstützt dabei sowohl auf der regionalen wie auch auf der globalen Politikebene die Schaffung von neuen Normen, Orientierungshilfen und universell anwendbaren *best practices* (s. Sack und Kessler, in diesem Bd.). Das in den 1990er Jahren mit hohem Aufwand initiierte NIROMP-Projekt hatte Ende der 1990er Jahre nicht den ursprünglich mit ihm erwarteten Erfolg gebracht:

Ein spezielles Weltmigrationsregime konnte mangels eines fehlenden Engagements der internationalen Staatengemeinschaft nicht aus der Taufe gehoben werden. Das Ziel eines neuen Umgangs und *Managements* von Migration ist schließlich in einer oft nur noch sehr allgemein und hypothetisch geführten Diskussion aufgegangen. Der viel zitierte Begriff *Migration Management* droht langsam aber sicher zu einer leeren Worthülse zu werden (Geiger und Pécoud 2010b). Argumentieren lässt sich deshalb, dass die IOM, um selbst Migrationsmanagement als alternatives Konzept der Migrationspolitik überhaupt betreiben und propagieren zu können, dringend darauf angewiesen ist, als eine *Weltorganisation* und globale Norm-Entrepreneurin aufzutreten und erfolgreich zur Schaffung und Verbreitung von neuen globalen Normen, Handlungsempfehlungen und standardisierten Praktiken beizutragen.

Das Beispiel der albanischen Migrationsstrategie zeigt, dass die IOM wohl nicht zuletzt deshalb bei allen ihren Aktivitäten bewusst das Konzept und die „Ideologie" des Migrationsmanagements (größere Liberalität im Umgang mit Migration, neue Formen der Beeinflussung von Migration etc.) einfließen lässt und gegenüber entscheidenden Politikakteuren (Beispiel EU, albanische Regierung, albanische Zivilgesellschaft/Migranten) propagiert. Äußerst geschickt betreibt sie „vorauseilende" Politikentwicklung: Vorgeblich im Namen eines stigmatisierten *scapegoats* (Albanien als Herkunftsland illegaler Migranten) ergreift sie Partei. Zusammen mit der albanischen Regierung verfolgt sie das Ziel einer Normalisierung und „Deskandalisierung" der lokalen Migrationssituation (Geiger 2010a). Das Argument, Migration sei ein legitimes Anliegen und einer Illegalisierung von Migration sei durch entsprechende Maßnahmen zu begegnen, konnte die IOM erfolgreich nutzen, um mit lokalen und europäischen Politikakteuren Vereinbarungen zu erzielen, für diese stellvertretend aktiv zu werden und schließlich für diese auch eine Migrationsstrategie verabschieden zu können.

Im Zuge ihrer Aktivitäten verfolgt die IOM auch ihre eigenen Zielsetzungen. Diese liegen unter anderem darin, die eigene Programmatik und Expertise lokal und regional zu „testen", sich gegenüber hegemonialen Politikakteuren bzw. möglichen Geld- und Auftraggebern (Europäische Kommission) zu empfehlen und bei allen Aktivitäten die eigene Existenz als Organisation zu rechtfertigen und in Zukunft erneut von Aufträgen und Geldtransfers profitieren zu können. Wie das folgende Zitat belegt, ist der IOM als *Weltorganisation* neben der lokalen Anwendbarkeit bestimmter *tools* in besonderem Maße auch an der global-überregionalen Anwend- und Übertragbarkeit dieser „Management-Werkzeuge" gelegen – so beispielsweise auch an einer „Migration" der albanischen Migrationsstrategie als *best practice* in andere („größere") Länder. Hier äußert sie sich schließlich auch tatsächlich viel stärker als *globale* Akteurin mit pronancierten Eigeninteressen denn als eine (quasi-)lokale und selbstlose Politikmacherin.

It is more a strategic work, to have this strategy document now [...] Albania is a perfect case for such an endeavour, it is a little land, you can really do experiments, it is an open society, open to persuasion, relatively confined and it is a safe environment. You have a very good access here, you have sufficient support, there is great interest on side of the [European] Commission. (Interview IOM Tirana, Albanien: Frühjahr 2006)

Ausgestattet mit lokaler (Albanien) und regionaler (Europa/EU) Expertise gelingt es der IOM, das Konzept des Managements von Migration mit Hilfe von großen regionalen und überregionalen Politikforen (Konsultationsprozessen) auf andere Weltregionen zu übertragen und damit in anderen regionalen Kontexten und auf der globalen Politikebene Standards und praktische Anschauungsbeispiele zu etablieren. Als Sekretariat (in vielen Fällen aber auch als eigentliche Triebkraft und „Mentorin") steht die IOM hinter einer Vielzahl von speziellen migrationspolitischen Konsulationsprozessen, wie beispielsweise dem *Puebla-Process* für die Länder Nord- und Zentralamerikas (gegründet 1996), den *Intergovernmental Asia-Pacific Consulations on Refugees, Displaced Persons and Migrants* (1996) oder dem *Bali-Process* für Südostasien (2002) (IOM 2011a). Seit den 1980er Jahren ist die IOM außerdem eine entscheidende Akteurin hinter den Kulissen des eher global denn regional ausgerichteten Forums der *Intergovernmental Consultations on Migration, Asylum and Refugees* (IGC), das in den letzten Jahren ergänzt bzw. abgelöst wurde durch die neuen IOM-Gründungen *Berne Initiative* und *International Dialogue on Migration*.

Im Hinblick auf das enorme Wachstum (Zuwachs des Budgets; Zahl der Mitgliedsstaaten, der Angestellten, Projekte etc.), das die IOM während der vergangenen Jahre verzeichnete, kann man der IOM guten Gewissens nachsagen, dass es ihr wohl gelungen ist, die internationale Agenda auf dem Gebiet des Migrationsmanagement entscheidend zu prägen und sie befähigt ist, selbst aktiv zum *shaping* der globalen, regionalen und lokalen Diskussion zu Migration und Migrationssteuerung beizutragen. Denn nur so konnte es ihr gelingen, zu einer „Weltmigrationsorganisation" aufzusteigen und immer mehr Mitglieder, Projektaufträge und Finanzzuweisungen zu erhalten.

Wie in Kapitel 6.4.2 bereits angesprochen, adressiert die IOM nicht ausschließlich die Staatenwelt; sie spricht unmittelbar Migranten und individuelle Gesellschaftsmitglieder an. Indem die IOM in ihren Broschüren gezielt das Bild „guter" (das heißt informierter, geordneter und legaler) und „gefährlicher" (Menschenhandel, -schmuggel etc.) Migration zeichnet, trägt sie als Organisation auch auf den Maßstabsebenen des Individuums und der gesellschaftlichen Kollektive zur Produktion einer neuen Weltmigrationsordnung bei: Jeder Migrationswillige soll sich an den Broschüren ein Beispiel nehmen, er soll selbst in die Lage versetzt werden, zwischen Norm und Abweichung – zwischen Gut und Böse – zu unterscheiden. Das Ziel besteht darin, dass die so adressierten Individuen ihr Verhalten selbst ändern und an der Norm (Ziel: für die Ökonomie des Herkunfts- und des Ziellandes einen Beitrag leisten, selbst von Migration profitieren, nur legal migrieren) ausrichten.

6.5   IOM und IOM-Migrationsmanagement in der Sackgasse

Wie gezeigt worden ist, handelt es sich bei der *International Organization for Migration* um ein sehr interessantes Beispiel einer *Weltorganisation*, das hinsichtlich der drei Dimensionen *Weltsemantik, (Um-)Weltbeziehungen* und *Weltordnungsgenerierung* analysiert und diskutiert werden kann. Die IOM tritt als selbstbewusste Akteurin und Vorreiterin des Managements von Migration auf. Aktiv setzt sie sich für einen grundsätzlichen migrationspolitischen Perspektivenwechsel und für eine größere Liberalität im Umgang mit internationalen Wanderungen ein, auch wenn das Management von Migration nach Ansicht vieler Kritiker zu starke neo-liberale bzw. einseitig ökonomistisch-utilitaristische Züge aufweist (Kalm 2010; Georgi 2010a, b). Sowohl auf der globalen Politikebene als auch auf der regionalen und lokalen Ebene betreibt die IOM seit Jahren eine proaktiv-vorauseilende Politikentwicklung. Sie ist als Weltorganisation dabei weitaus mehr als ein bloßes Forum oder abhängiges Instrument der Staatenwelt. Ihr Führungsanspruch und ihre Umwelt sind vielfältig – und gerade dieses führt zu Problemen und bringt mit sich, dass die Weltorganisation IOM mit einer Vielzahl von divergenten Forderungen und Aufträgen konfrontiert bzw. bedacht wird. Es stellt sich deshalb grundsätzlich die Frage, ob die *International Organization for Migration* die Ideologie und Programmatik des Migrationsmanagements in der Realität auch tatsächlich einlösen kann. Die mittlerweile zu verschiedenen Aktivitäten und Ansätzen der IOM vorliegenden empirischen Befunde (s. unter anderem Georgi 2010a, b) illustrieren das fundamentale Problem, vor dem die Weltorganisation IOM momentan steht und in dem sie als dominante Politikgestalterin wohl auch weiterhin verfangen bleibt: Momentan gibt es keine belegbaren Beweise, die für einen tatsächlichen migrationspolitischen Paradigmenwechsel (sowohl auf globaler wie auch regionaler Ebene, so zum Beispiel in Europa und Nordamerika) sprechen würden. Obwohl die IOM aktiv zur Generierung neuer Normen und Vorstellungsweisen im Umgang mit Migration beiträgt, bleiben die Staaten migrationspolitisch weiterhin bestimmend. Besonders die Zielstaaten im globalen Norden beharren ganz klar weiterhin auf Restriktion. Als wichtigste Auftrag- und Geldgeber der IOM fragen sie deshalb einseitig und gezielt restriktive Managementansätze nach. Statt tatsächlich auf einen migrationspolitischen Paradigmenwechsel, eine größere Liberalität im Umgang mit internationalen Wanderungen und die Schaffung neuer zirkulärer und temporärer Migrationsmöglichkeiten hinwirken zu können, bleibt die IOM als Weltorganisation – und mit ihr auch das Management von Migration(das angeblich neue und alternative migrationspolitische Konzept) – in einem Restriktionsdilemma gefangen; die Welt hat sich durch Migration entscheidend verändert und Migration prägt die Welt – allerdings bestehen auch die Nationalstaaten und die bisher gewohnte, meist sehr starre, migrationspolitische Weltordnung weiterhin fort und bleiben relevant.

Einen erneuten Aufruf zu einer neuen und gerechteren Weltmigrationsordnung und einem anderen Umgang (Management) mit Migration, wie es ihn im Vorfeld des NIROMP-Projektes von Bimal Ghosh (Ghosh 2012) gegeben hatte, erging 2005 vonseiten der neu eingesetzten *UN Global Commission on International Migration* (GCIM). Die GCIM forderte von den Staaten, aber auch von den an Migrationssteuerung beteiligten internationalen Regierungsorganisationen (und dabei explizit auch von der IOM), eine bessere, effektivere und tatsächlich an den Rechten und Interessen von Migranten orientierte Zusammenarbeit (GCIM 2005). Dieser Aufruf ist mittlerweile nahezu verhallt; interessanterweise hat die Zahl der sich in der globalen und regionalen Migrationspolitik engagierenden Akteure aber weiterhin zugenommen. Ein gutes Beispiel dafür ist die 2006 gegründete *Global Migration Group*, der mittlerweile 14 internationale Regierungsorganisationen (einschließlich der IOM) als Mitgliedsorganisationen angehören. Vor dem Hintergrund einer bisher nicht realisierten verstärkten internationalen Zusammenarbeit und der skizzierten Sackgasse, in der sich die IOM und ihr Migrationsmanagement ungeachtet der weiterhin steigenden Bedeutung der IOM befinden, ist eine weitere Beschäftigung mit neuen und anderen Möglichkeiten der internationalen migrationspolitischen Zusammenarbeit und der Rolle der Weltmigrationsorganisation IOM unabdingbar.

Literatur

Brozus, Lars, Ingo Take, und Klaus D. Wolf. 2003. *Vergesellschaftung des Regierens? Der Wandel nationaler und internationaler politischer Steuerung unter dem Leitbild der nachhaltigen Entwicklung.* Opladen: Leske + Budrich.
Brubacker, William Rogers. 2000. Staatsbürgerschaft als soziale Schließung. In *Staatsbürgerschaft. Soziale Differenzierung und politische Inklusion*, Hrsg. Klaus Holz,73–91. Wiesbaden: Westdeutscher.
Castles, Stephen, und Mark J. Miller. 1993. *The age of migration: International population movements in the modern world.* New York: Palgrave Macmillan.
Commission on Global Governance. 1995. *Our global neighbourhood: The report of the commission on global governance.* Geneva.

Foucault, Michel. 2004. *Geschichte der Gouvernementalität (Vorlesung am Collège de France 1977–1978)*. Paris.

Füller, Henning, und Boris Michel, Hrsg. 2011. *Raum als Dimension von Machtverhältnissen. Impulse Michel Foucaults für Kulturgeographie und raumbezogene Sozialwissenschaft*. Münster.

GCIM. 2005. *Migration in an interconnected world. New directions for action: Report of the global commission on international migration*. New York.

Geiger, Martin. 2009. Freiwillige Rückkehr nach Albanien. Das Management von Migration am Beispiel der Rückführungsprogramme der Internationalen Organisation für Migration (IOM). *Zeitschrift für Bevölkerungswissenschaft* 34 (3–4): 274–298.

Geiger, Martin. 2010a. Mobility, development, protection, EU-integration! The IOM's national migration strategy for Albania. In *The politics of international migration management*, Hrsg. Martin Geiger, und Antoine Pécoud, 141–159. Basingstoke: Palgrave Macmillan.

Geiger, Martin. 2010b. Offshore Europäisierung – Migrationsmanagement in Albanien und der Ukraine. *Europa Regional* 18 (1): 13–25.

Geiger, Martin. 2011. *Europäische Migrationspolitik und Raumproduktion. Internationale Regierungsorganisationen im Management von Migration in Albanien, Bosnien-Herzegowina und der Ukraine*. Baden-Baden: Nomos.

Geiger, Martin. 2012. Migration, Sicherheit, Raum. Erörterungen zur (neuen) Gouvernementalität der Migration. In *Die Ordnung der Räume: Geographische Forschung im Anschluss an Michel Foucault*, Hrsg. Henning Füller und Boris Michel. Münster.

Geiger, Martin, und Antoine Pécoud, Hrsg. 2010a. *The politics of international migration management*. Basingstoke: Palgrave Macmillan.

Geiger, Martin, und Antoine Pécoud. 2010b. The politics of international migration management. In *The politics of international migration management*, Hrsg. Martin Geiger, und Antoine Pécoud, 1–20. Basingstoke: Palgrave Macmillan.

Geiger, Martin, und Antoine Pécoud, Hrsg. 2012. The new politics of international mobility. Migration management and its discontents. Special Issue IMIS Beiträge 40, Osnabrück. http://www. *imis.uni-osnabrueck.de/pdffiles/imis40.pdf*.

Georgi, Fabian. 2010a. For the benefit of some: The international organization for migration and its global migration management. In *The politics of international migration management*, Hrsg. Martin Geiger, und Antoine Pécoud, 45–72. Basingstoke: Palgrave Macmillan.

Georgi, Fabian. 2010b. International Organization for Migration (IOM). Eine kritische Analyse. In *Grenzregime. Diskurse, Praktiken, Institutionen in Europa*, Hrsg. Sabine Hess, und Bernd Kasparek, 145–157. Berlin.

Ghosh, Bimal. 1993. *Movements of people: The search for a new international regime*. Geneva.

Ghosh, Bimal, Hrsg. 2000a. *Managing migration: Time for a new international regime?* Oxford: Oxford University Press.

Ghosh, Bimal. 2000b. Acknowledgements. In *Managing migration: Time for a new international regime?* Hrsg. Bimal Ghosh. Oxford: Oxford University Press.

Ghosh, Bimal. 2012. A snapshot of reflections on migration management. Is migration management a dirty word? In *the new politics of international mobility. migration management and its discontents*, Hrsg. Geiger, Martin, und Antoine Pécoud. Special Issue IMIS Beiträge 40: 25–30. Osnabrück.

Government of Albania, und IOM. 2004. *National strategy on migration*. Tirana.

Government of Albania, und IOM, Hrsg. 2005. *Workshop on the National Strategy for Migration: Selected papers.* Tirana.

Hellmann, Gunther, Klaus-Dieter Wolf, und Michael Zürn, Hrsg. 2003. *Die neuen internationalen Beziehungen. Forschungsgegenstand und Perspektiven in Deutschland.* Baden-Baden: Nomos.

Hess, Sabine, und Bernd Kasparek, Hrsg. 2010. *Grenzregime. Diskurse, Praktiken, Institutionen in Europa.* Berlin.

Holz, Klaus, Hrsg. 2000. *Staatsbürgerschaft. Soziale Differenzierung und politische Inklusion.* Wiesbaden: Westdeutscher.

IOM. 2003. *World migration report 2003.* Geneva.

IOM. 2005. *Migration initiatives appeal 2006.* Geneva.

IOM. 2008. *World migration report 2008: Managing labour mobility in the evolving global economy.* Geneva.

IOM. 2011a. IOM webseite. www.iom.ch. Zugegriffen: 25. Apr. 2011.

IOM. 2011b. IOM mission statement. www.iom.ch. Zugegriffen: 25. Apr. 2011.

Jachtenfuchs, Markus. 2003. Regieren jenseits der Staatlichkeit. In *Die neuen internationalen Beziehungen. Forschungsgegenstand und Perspektiven in Deutschland*, Hrsg. Gunther Hellmann, Klaus-Dieter Wolf, und Michael Zürn, 495–518. Baden-Baden.

Kalm, Sara. 2010. Liberalizing movements? The political rationality of global migration management. In *The politics of international migration management*, Hrsg. Martin Geiger, und Antoine Pécoud, 21–44. Basingstoke: Palgrave Macmillan.

Lavenex, Sandra, und Emek M. Uçarer, Hrsg. 2002a. *Migration and the externalities of European integration.* Lanham: Lexington Books.

Loescher, Gil. 2001. *The UNHCR and world politics: A perilous path.* Oxford: Oxford University Press.

Loescher, Gil, und Ann Dull Loescher. 1994. *The global refugee crisis.* Santa Barbara.

Mackert, Jürgen. 1999. *Kampf um Zugehörigkeit. Nationale Staatsbürgerschaft als Modus sozialer Schließung.* Opladen: Westdeutscher.

OECD. 2008. *International migration outlook.* Annual report: 2008 edition [SOPEMI]. Paris.

Oltmer, Jochen, Hrsg. 2003a. Migration steuern und verwalten. Deutschland vom späten 19. Jahrhundert bis zur Gegenwart (Schriften des Instituts für Migrationsforschung und Interkulturelle Studien (IMIS) der Universität Osnabrück). Osnabrück.

Oltmer, Jochen. 2003b. Einführung. Steuerung und Verwaltung von Migration in Deutschland seit dem späten 19. Jahrhundert. In *Migration steuern und verwalten. Deutschland vom späten 19. Jahrhundert bis zur Gegenwart (Schriften des Instituts für Migrationsforschung und Interkulturelle Studien (IMIS) der Universität Osnabrück)*, Hrsg. Jochen Oltmer, 9–56. Osnabrück.

Perruchoud, Richard. 1989. From the intergovernmental committee for European migration to the international organization for migration. *International Journal of Refugee Law* 1 (4): 501–517.

Schatzer, Peter. 2005. Welcoming words. In *Workshop on the national strategy for migration: Selected papers*, Hrsg. Government of Albania, und IOM, 19–21. Tirana.

Tomei, Verónica. 1997. *Europäische Migrationspolitik zwischen Kooperationszwang und Souveränitätsansprüchen.* Bonn: Europa Union.

Tomei, Verónica. 2001. *Europäisierung nationaler Migrationspolitik.* Stuttgart: Lucius & Lucius .

UNHCR. 2011. UNHCR webseite. www.unhcr.org. Zugegriffen: 25. Apr. 2011.

Weber, Max. 1956. *Wirtschaft und Gesellschaft. Grundriss der verstehenden Soziologie*, Bd. 1 (Nachdruck der Erstausgabe von 1922). Tübingen.
Weiner, Myron. 1995. *The global migration crisis: Challenges to states and to human rights.* New York: Harper Collins College.

Persönliche Interviews

IOM Tirana, Albanien (Frühjahr 2006) sowie zusätzliche Interviews mit Vertretern der internationalen Gemeinschaft und der EU in Albanien, zivilgesellschaftlichen Organisationen und Behörden (2006–2007).

Globaler Anspruch und bürokratische Umsetzung: Peacekeeping der Vereinten Nationen als Weltorganisation

7

Joel Gwyn Winckler

7.1 Einleitung

Weltorganisationen haben den Anspruch, global zu denken und zu handeln. So integrieren sie die „Welt" als Teil ihrer Semantik, interagieren mit der „Welt" als Teil ihrer Organisationsumwelt und generieren Ordnungen für die „Welt". Des Weiteren setzen viele dieser Weltorganisationen ihren Anspruch auch durch eigene „Aktion" ihrer Bürokratie um (vgl. Barnett und Finnemore 2004).[1] Peacekeeping der Vereinten Nationen (VN) ist in diesem Zusammenhang ein besonders interessanter Fall. Zum einen beruht Peacekeeping auf den Beschlüssen des (zwischenstaatlichen) Sicherheitsrats der Vereinten Nationen, dem aufgrund der Charta der Vereinten Nationen die Aufgabe zufällt, Sicherheit und Frieden in der Welt zu bewahren – notfalls auch durch die Mandatierung militärischer Interventionen (vgl. ICISS 2001). Eine Peacekeeping-Mission repräsentiert somit einen Beschluss des Sicherheitsrates. VN-Peacekeeping ist allerdings auch die programmatische und die technisch angewandte Lösung der VN-Bürokratie für diese spezifischen Problemlagen.

---

[1] Dies gilt natürlich nicht für alle Weltorganisationen. Wie Koch (Einleitung, in diesem Bd.) zu Recht hinweist, stellen z. B. die Beschlussfassungen der WTO zwar Interventionen in der Wirtschaftsordnung der Welt dar, doch existiert kein eigener bürokratischer Apparat, der diese Beschlussfassungen im Einzelnen implementiert.

J. G. Winckler (✉)
Reichenbergerstr. 60, 10999 Berlin, Deutschalnd
E-Mail: joel.winckler@fu-berlin.de

M. Koch (Hrsg.), *Weltorganisationen*, DOI 10.1007/978-3-531-18977-2_7,
© VS Verlag für Sozialwissenschaften | Springer Fachmedien Wiesbaden 2012

Das Ziel dieses Beitrags ist, die bürokratische Umsetzung des weltorganisatorischen Anspruches von VN-Peacekeeping nachzuvollziehen. Dabei wird deutlich, dass sich dieser Anspruch differenziert: Weltorganisatorische Semantik, Umwelt und Ordnung sind bei ihrer Umsetzung einem Prozess der Adaption gemäß der bürokratischen Prozeduren und Praktiken und aufgrund lokaler Gegebenheiten und Anforderungen unterworfen. VN-Peacekeeping ist eine äußerst komplexe Unternehmung. Es handelt sich hierbei um den Versuch, einen langfristigen und nachhaltigen Friedensprozess zu initiieren. Dies soll garantiert werden durch demokratische Partizipation, Rechtsstaatlichkeit und marktwirtschaftliche Wohlstandsentwicklung (vgl. u. a. Krause und Jütersonke 2005; Ottaway 2002; Paris 2004; Richmond 2004). In der VN-Bürokratie wird die Komplexität von Peacekeeping entlang hierarchischer Organisationsstrukturen und Kompetenzzuweisungen aufgebrochen. Peacekeeping-Missionen werden zudem mit einer großen Autonomie und Handlungsfreiheit ausgestattet. Der globale Anspruch differenziert sich dementsprechend innerhalb der bürokratischen Tiefen der VN und verstrickt sich dabei in Widersprüche: Die Weltsemantik der VN findet Einzug in äußerst abgelegene Dörfer von Liberia, Sudan oder Kongo. Die Umwelten, mit denen Weltorganisationen interagieren, sind lokal sehr unterschiedlich und oftmals hochgradig fragil und prekär. Dementsprechend unterscheiden sich innerhalb der Organisation die Wahrnehmungen von „Welt" als Teil der Organisationsumwelt. Die Entscheidung für eine Peacekeeping-Mission (re-)produziert Weltordnung, doch die Umsetzungen sind verhaftet mit den lokalen Realitäten bürokratischer Verfahrensweisen und den organisatorischen und politischen Adaptionen an lokale Bedingungen.

Dass die „Welt" in einem *Field Office* im Hinterland von Liberia verglichen zur Perspektive aus dem Wolkenkratzer des VN-Hauptquartieres in New York anders wahrgenommen wird, ist natürlich keine neue Erkenntnis (vgl. auch Schlichte und Veit 2007). Die zentrale Frage stellt sich jedoch hinsichtlich des Umgangs mit diesen Unterschieden innerhalb einer bürokratischen Organisation: Wie leisten bürokratische Organisationen und ihre MitarbeiterInnen diese Differenzierung weltorganisatorischen Anspruchs als integralen Bestandteil ihrer alltäglichen Arbeit? Dieser Beitrag argumentiert, dass die organisatorischen Prozeduren und Praktiken das entscheidende Referenzmedium für den Umgang mit unterschiedlichen lokalen Adaptionen einer Weltorganisation sind. Dabei findet die Reflexion und Reproduktion des weltorganisatorischen Anspruchs losgelöst von der Praxis alltäglicher Arbeitsroutine innerhalb der lokalen Rahmenbedingungen statt. So bleibt der Anspruch von VN-Peacekeeping bestehen, obwohl die Realitäten und Arbeitsweisen lokal deutlich von diesem Anspruchsdenken abweichen.

Im Folgenden wird zunächst ein organisationstheoretisches Schema vorgestellt, in dem der Prozess der Differenzierung weltorganisatorischen Anspruchs nachvollzogen werden kann. Hierbei beziehe ich mich auf *Kopplung* und *Kommunikation* als zwei miteinander verknüpfte Grundeigenschaften von Organisation, welche den Raum für die Aktivitäten organisationeller Akteure definieren. Im Anschluss daran soll der Differenzierungsprozess von weltorganisatorischem Anspruch an zwei Beispielen illustriert werden: erstens am Beispiel der Rolle des Militärs in VN-Friedensmissionen als einer zentralen organisatorischen Dimension von VN-Peacekeeping. Hier wird deutlich, wie verschiedenste Ausprägungen im Arbeitsalltag des VN-Militärs zurückgeführt werden als Teil der weltorganisatorischen Semantik und Symbolik von VN-Peacekeeping. Als zweites Beispiel sollen *Best Practices* und *Wissensmanagement* vorgestellt werden, welche nicht nur eine (für VN-Peacekeeping relativ neue) Verfahrensweise der Differenzierung weltorganisatorischen Anspruchs darstellen, sondern auch umgekehrt als Mittel der Außendarstellung des weltorganisatorischen Anspruchs und des beständigen Reformwillens von VN-Peacekeeping verwendet werden. Diese Illustrationen werden gestützt durch Ergebnisse von Feldforschungsreisen in New York und Liberia und beziehen sich dementsprechend größtenteils auf die United Nations Mission in Liberia (UNMIL) als Beispiel für eine Friedensmission.

7.2 Weltorganisation und Weltbürokratie?

Bureaucracy breaks down problems into manageable and repetitive tasks that are assigned to particular offices and then coordinated under hierarchical command. (Barnett und Finnemore 2004, S. 18)

Die VN sind eine internationale Organisation mindestens im doppelten Sinne. Zum einen bestehen die VN aus einer Reihe von zwischenstaatlichen Organen wie dem Sicherheitsrat und der Generalversammlung, zum anderen dem Sekretariat, welches in Abteilungen gegliedert verschiedene Aufgabenbereiche bearbeitet und aufgrund einer Mandatierung durch den Sicherheitsrat auch bestimmte Aufgaben ausführt (vgl. Barnett und Finnemore 2004; Campbell 2008). Dies macht das Sekretariat und dessen für Peacekeeping zuständiges Department of Peacekeeping Operations (DPKO) im Sinne der Aufgabenbeschreibung oben zu einer bürokratischen Organisation.

Bürokratien bieten durchführbare Lösungen zu komplexen Problemen an. Diese Lösungen basieren auf dem Umgang mit Information und Wissen innerhalb der Organisation bzw. dessen Generierung, Selektion und Differenzierung. Beschließt der Sicherheitsrat im Namen der „Welt" oder „Staatengemeinschaft" eine Peacekeeping-Mission in einem Nachkriegsland, so bezieht er dabei immer auch das Wissen des DPKO bezüglich einer solchen Unternehmung mit ein und vergibt in vielen Fällen der Organisation den Auftrag zur Durchführung des Mandats.[2] Barnett und Finnemore haben hierzu eindrucksvoll dargelegt, dass das DPKO zu einem gewissen Grad autonom agiert und insbesondere durch die eigene Informations- und Wissensverarbeitung die Debatten und Entscheidungsfindungen im Sicherheitsrat prägen kann (vgl. Barnett und Finnemore 2004, Kap. 5).

Eine der speziellen Eigenschaften von Peacekeeping ist, dass der erste Schritt der angebotenen Problemlösung immer die Schaffung einer neuen temporären bürokratischen (Unter-)Organisation ist – namentlich der Peacekeeping-Mission. Dieser Entstehungsprozess basiert im DPKO auf relativ klaren Verfahrensweisen, welche insbesondere die technische Durchführbarkeit und die logistischen Notwendigkeiten erheben und aufgrund dieser Daten die notwendigen Ressourcen von den verschiedenen Mitgliedsstaaten einfordern. Die politische und organisatorische Umsetzung und Ausdifferenzierung des (oft sehr allgemein gehaltenen) Mandats fällt allerdings sehr schnell der Mission und dem ihr vorstehenden „Special Representative of the Secretary General" (SRSG) zu. In Liberia zum Beispiel hat sich die Mission als eine „Schattenbürokratie" gegenüber der nationalen Regierung und Verwaltung entwickelt. Gemäß dem Mandat unterstützt UNMIL die Regierung von Liberia, indem jedem inhaltlichen Posten innerhalb der VN-Mission Counterparts in der nationalen Administration zugeordnet sind, um sie in ihrer tagtäglichen Arbeit zu fördern. So werden eigene Programmatiken in Kollaboration mit der Regierung entwickelt und umgesetzt. In ihrer Referenzpflicht gegenüber dem Sicherheitsrat steht die Mission formal dabei auf der gleichen Hierarchiestufe wie das DPKO. Die Aufgabe vom DPKO ist dementsprechend nicht Kontrolle, sondern vielmehr Anleitung und Unterstützung sowohl gegenüber der Mission als auch den Mitgliedsstaaten im Sicherheitsrat. Peacekeeping als weltorganisatorischer Anspruch und Beschluss der (Staaten-)Welt findet somit Umsetzung in einer Differenzierung von Verantwortlichkeiten und Aufgabenbereichen.[3] Dabei weist die Organisation in ihrer Komplexität (und der Komplexität des Themenfelds Peacekeeping) unweigerlich verschiedenste Brüche auf. Sie beinhaltet jedoch auch Prozeduren und Verfahrensweisen, diese Gräben zusammenzuhalten und die Einheit des bürokratischen Gebildes zu bewahren.

---

[2] In manchen Fällen wie z. B. Bosnien und Herzegowina hat der Sicherheitsrat allerdings der VN-Bürokratie auch explizit das Vertrauen entzogen.

[3] Interviews mit VN-Offiziellen in Liberia und New York, 2010/2011.

7.3 Das Management weltorganisatorischen Anspruchs im Spannungsfeld zwischen Kopplung und Kommunikation

Betrachtet man dieses bürokratische Gebilde von VN-Peacekeeping aus einer organisationssoziologischen Perspektive, so kann man Peacekeeping als ein organisatorisches Spannungsfeld darstellen, das durch den wechselseitigen Zusammenhang von Kopplung und Kommunikation gebildet wird.[4] Hier werden verschiedene Prozeduren und Praktiken herausgebildet, welche die Grundlage für das alltägliche Handeln organisationeller Akteure darstellen. In diesem Spannungsfeld differenziert sich auch der Anspruch einer Weltorganisation hinsichtlich der lokalen Gegebenheiten. Die organisationellen Praktiken und Prozeduren helfen den Akteuren dabei, weltorganisatorischen Kontext lokal zu begreifen. Die Prozeduren im Spannungsfeld zwischen Kopplung und Kommunikation sind gleichzeitig das Referenzmedium zur Reproduktion des globalen Anspruches von VN-Peacekeeping.

Der Begriff „Kopplung" wird in dieser Konzeptualisierung im Sinne des *Loosely Coupled Systems*-Ansatzes von Weick (1976) verwendet. Es bezieht sich dabei auf ein Bild, welches Orton und Weick (1990, S. 205) als „dialektisch" umschreiben, da es dem Beobachter erlaubt, sowohl geschlossene (technische und rationale) als auch offene (wechselseitig umweltabhängige) Variablen in eine Analyse von Organisationen zu integrieren. Komplexe Organisationen enthalten Elemente, die *responsiv* sind, dementsprechend auf einer kausalen Kette von Ereignissen aufbauen und relativ unabhängig von äußeren Einflüssen existieren. Es sind u. a. so genannte Kerntechnologien („core technologies") einer Organisation, die als Idee oder Abstraktion einer solchen geschlossenen Systemlogik folgen (vgl. Thompson 1967). Grundsätzlich schafft dies Stabilität und Vorhersagbarkeit gegenüber äußeren Einflüssen und Ereignissen – was der Grund dafür sein dürfte, wieso Organisationen ihre Kerntechnologie gegenüber der Organisationsumwelt schützen beziehungsweise abschirmen (vgl. Thompson 1967, S. 18/19). Allerdings wird Technologie erst zu Handlung, wenn sie im gesellschaftlichen Umfeld Anwendung findet. Dabei treffen Organisationen auf Probleme, für die ihre Technologie keine Lösungen vorsieht. Eine Organisation muss somit auch Übersetzungsleistungen erbringen, welche die Anwendung der organisatorischen Standards in ihrer Umwelt ermöglicht. Komplexe Organisationen enthalten somit auch Elemente, die *distinkt* voneinander existieren, explizit offen sind für äußere Einflüsse und ein gewisses Maß an Flexibilität herstellen (vgl. Orton und Weick 1990, S. 203–205). Beide Dimensionen eines *Loosely Coupled System* können nicht getrennt voneinander existieren. Geschlossene Elemente brauchen die Interaktion mit der Umwelt, um als organsationelle

---

[4] Für eine ausführliche Version dieser Systematisierung siehe Winckler (2012).

Handlung angewendet zu werden. Offene Systemlogiken bieten dabei das erforderliche Maß an Flexibilität, um auf Ungewissheiten in der Organisationsumwelt eingehen zu können, wobei die institutionelle Einbettung von Organisationen ihren
Aktivitäten Bedeutung und Legitimität verleihen (vgl. March und Olsen 1989,
S. 46 ff.; Meyer und Rowan 1991). Das Funktionieren in Interdependenz zu Umwelteinflüssen wiederum bedingt, auch in Abgrenzung zur Organisationsumwelt,
ein gewisses Maß an Stabilität. Dies beinhaltet insbesondere eine Reduktion der
Komplexität von Umwelt, die von geschlossenen Systemlogiken ermöglicht wird
(vgl. Luhmann 2006). Dies ist wiederum notwendig für eine Interpretation der
Umweltereignisse als Grundlage organisationellen Handelns.

Organisationelle Akteure in der Peacekeeping-Bürokratie der VN handeln somit in wechselseitiger Abhängigkeit mit ihrer Umgebung. Die Verfahrensweisen
und Identitätsschemata der VN bieten dabei die Grundlage ihrer Arbeit, doch in
Interaktion mit Akteuren der lokalen Umwelt bedarf es hierbei sowohl beständiger Adaption als auch Rückbesinnung auf die Werte und den Anspruch der Organisation. Die Grundlage für dieses alltägliche Leben in der Organisation bieten
Kommunikationsprozesse. Der Begriff „Kommunikation" wird hier nicht nur im
Sinne von Informationstransfer verwendet, sondern beinhaltet auch den selbst-
referentiellen Prozess der Gestaltung und Bewahrung von Meinung und Wissen
(s. auch Freistein und Liste, in diesem Bd.). Kommunikation ist das Medium organisationeller (Re-)Produktion, wobei Schwächen in den Errungenschaften und
Handlungen überbrückt und Wissen, Praktiken und Interaktionen referentiell zusammengeführt werden.[5] Hierzu werden Information und Wissen nicht nur verarbeitet und gespeichert, sondern auch verändert und vergessen. In dieser Weise formt die Organisation ihr Gedächtnis, welches ein integraler Bestandteil des
Prozesses der „Entscheidungskommunikation" ist, in dem „Entscheidungen aus
Entscheidungen produziert werden" (Luhmann 2006, S. 317). Im Organisations-
gefüge sind Kommunikationsprozesse wiederum erkennbar als ein Zusammenspiel
zwischen formeller und informeller Kommunikationsorganisation (vgl. Beetham
1987, S. 19). Generell kann man annehmen, dass sowohl Organisationen wie auch
ihr Personal auf Informationen angewiesen sind, die man als „realistisch" einschät-
zen kann.[6] Jedoch ist „realistische Information [...] potentiell etwas Unangeneh-
mes" für die berichtende Person (oder Organisationseinheit) (Elwert 2000, S. 72),

---

[5] Für einen Überblick siehe Theis (1994).

[6] Dies ist vielleicht noch dringender von Nöten in Nachkriegssituationen, die geprägt sind
von einem so hohen Maß an (physischer) Unsicherheit und Ungewissheit, dass der Einsatz
militärischer Mittel notwendig werden kann. „Realistische Informationen" – womit nicht nur
der Transfer von Informationen, sondern auch deren situationsbedingte Interpretation gemeint sind – können hier die Basis dafür bieten, nicht nur das Leben des eigenen Personals

da diese den Regeln oder Standards der Organisation widersprechen oder, auf einer niedrigeren Abstraktionsebene, die Zielsetzungen und Interessen von Vorgesetzten untergraben könnten. Formale und informelle Kommunikationen verwenden grundsätzlich unterschiedliche Mittel, um die Qualität der Information zu garantieren: Formale Kommunikationskanäle sind bürokratische Prozeduren die in einem hierarchischen System festgelegt sind. Hier ist die Weitergabe von Information mit allen potentiellen Fehlern und Ungewissheiten eine Pflicht.[7] Der zweite zentrale Strang der Organisationskommunikation wird generell als informell bezeichnet. Hierbei kann man annehmen, dass formale Kommunikationsprozeduren keinerlei Anwendung finden würden ohne irgendeine Art informellen Umgangs. Informelle Kommunikation verkürzt oftmals die hierarchiebelasteten Wege formeller Kommunikation – ein Fakt, der selbstverständlich auch Interventionen in die Verfassung formaler Berichte ermöglicht. Informelle Kommunikation ist dabei elementar als Ressource der Selbstinformation, da es insbesondere auf persönliches Vertrauen basiert. Damit erhält man die Möglichkeit, „realistische" Informationen zu erfahren, die generell durch formelle Kanäle unangenehm zu berichten wären (vgl. Elwert 2000; Hüsken 2006, S. 222). Generell kann man davon ausgehen, dass das alltägliche Arbeitsleben aus einer Mischung von formalen und informellen Interaktionen besteht. Beide Formen der Organisationskommunikation sind von zentraler Notwendigkeit, um dessen Grundanforderungen – Vertrauen und Verlässlichkeit der Kommunikationskanäle – zu entsprechen.

Sowohl Kopplung als auch Kommunikation sind grundlegende Bedingungen der alltäglichen Arbeitspraxis von organisationellen Akteuren. Die konzeptionelle Offenheit beider Konzepte macht es jedoch schwierig sie analytisch zu konkretisieren. Dementsprechend können sie nicht isoliert als *die* qualifizierenden Merkmale einer komplexen Organisation bestehen. Vielmehr ermöglichen sie eine tiefgreifende Untersuchung der Strukturen *und* Prozesse in denen organisationelle Akteure auf verschiedensten Ebenen agieren. Zusammen können Kopplung und Kommunikation in der Form eines Diagrammes dargestellt werden, welches dieses komplexe Spannungsfeld zusammenfasst (s. Abb. 7.1). Als Achse des Diagramms bilden Kopplung und Kommunikation vier Felder, denen verschiedene Prozeduren

---

zu retten, sondern auch das anderer Personen der lokalen Umwelt, in die die Organisation direkt involviert ist (vgl. Barnett und Finnemore 2004, Kap. 5).

[7] Des Weiteren kann durch formale Kommunikation auch der externen Öffentlichkeit gezeigt werden, dass Probleme effizient, transparent und verantwortungsvoll bearbeitet werden. Dies bedeutet im Umkehrschluss, dass formale Kommunikationsprozedere nicht unbedingt nur geschaffen werden als Notwendigkeit für die interne Funktions- und Handlungsfähigkeit einer Organisation, sondern auch um externen Ansprüchen der Organisationsumwelt gerecht zu werden (vgl. Meyer und Rowan 1991).

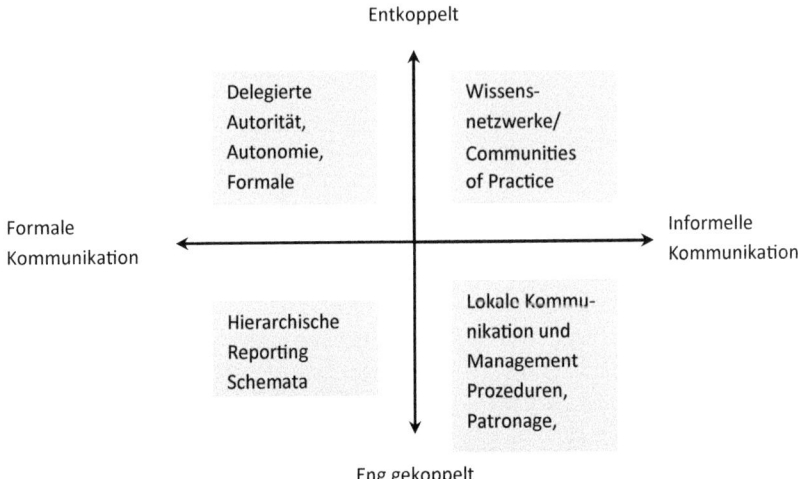

Abb. 7.1 Der Zusammenhang zwischen organisationeller Kopplung und Kommunikation

und Praktiken des alltäglichen Managements einer komplexen Organisation wie VN-Peacekeeping zugeordnet werden können.[8] Delegierte Autorität oder formale Kooperationen (Feld oben links) sind Beispiele für Prozeduren und Praktiken, die formal die Distinktivität von Einheiten, Sektionen und Dimensionen einer Organisation kennzeichnen und (re-)produzieren. Sie bilden formell einen Raum für Intervention in Gestaltungs- und Entscheidungsprozesse und damit auch für die lokale Adaption organisationalen Anspruchs in einem Abhängigkeitsverhältnis zu lokalen Umwelteinflüssen.[9] Formale Reporting Schemata (Feld unten links) wiede-

---

[8] Hierbei ist es wichtig festzustellen, dass der Zusammenhang zwischen Kopplung und Kommunikation als ein Spannungsfeld analysiert werden sollte, welches eine Organisation oder auch jede einzelne Organisationseinheit, Struktur, Akteur oder Ereignis beschreiten. Entkoppelte formale Elemente des Managements verhindern somit nicht notwendigerweise die Existenz von informellen, eng gekoppelten Praktiken. Im Gegenteil kann sogar die Existenz beider Faktoren notwendig sein für den Vollzug und der Aufrechterhaltung organisationeller Funktionen, auch wenn dessen Relevanz für das tägliche Arbeitsleben des Organisationsmitglieds über Zeit und Raum stark variieren kann.

[9] So hat nicht nur die VN-Mission als Ganzes ein hohes Maß an Autonomie, sondern die VN-Hierarchie an sich ist durch ein hoch komplexes Netz an formal delegierten Autoritäten gekennzeichnet, was für die tägliche Arbeit sowohl im DPKO als auch in der Mission von großer Relevanz ist. Keine Aktion wird auf den Weg gebracht ohne die Absicherung, dass etwaige (relevante) Ansprüche anderer Personen oder Stellen berücksichtigt werden. Einer der

rum sind elementare Grundeigenschaften einer hierarchischen Organisation und sichern formal die Responsivität verschiedener Elemente einer Organisation in Abgrenzung zu ihrer Umwelt. VN-Peacekeeping beinhaltet eine ganze Reihe von Regeln und Prozeduren, wie diesem Reporting Schema Folge zu leisten ist (wie z. B. Einsatzregeln, eine einheitliche Befehlskette, Standard Operating Procedures). Auf der informellen Seite des Diagramms finden sich auch eine Reihe von Prozeduren und Praktiken, welche der Schließung der Organisation (oder einzelnen Organisationseinheiten) dienen (Feld unten rechts). Diese reichen von organisationsumfassenden Identitätsschema[10], über lokale Managementstrukturen (wie z. B. regelmäßige Treffen eines Teams oder sehr eng gesteckte, der formalen Hierarchie entgegengesetzte Netzwerkstrukturen) bis hin zu Patronage. Offene Wissensnetzwerke wiederum (Feld oben rechts) fördern informell lokale Adaptionen im Austausch und in Abhängigkeit mit der Organisationsumwelt. Sie beruhen dabei sowohl auf persönlichen Kontakt und kollektiven Identitäten, sind jedoch nicht an die programmatische Struktur einer Organisation gebunden.[11]

Posten mit der vielleicht größten Autonomie und Gestaltungsfreiheit ist der des SRSG (Hintergrundgespräch mit ehemaligem SRSG, 2010), wobei sich diese insbesondere hinsichtlich der Art und Weise, wie der SRSG seine Gestaltungsfreiheit auslegt und nutzt, unterscheiden können. So ist der erste SRSG von UNMIL in Liberia, Jacques Paul Klein, berüchtigt für seine eigenmächtigen Überschreitungen des Mandats, indem er ähnlich wie ein „imperial proconsul" agierte (ICG 2003, S. 12). In anderen Missionen kann die formale Gestaltungsfreiheit zwar groß sein, doch de facto gibt es sehr wenig zu gestalten im lokalen Arbeitskontext – das prominenteste Beispiel hierfür ist die VN-Peacekeeping Force in Cyprus, UNFICYP (Interviews mit VN-Offiziellen im DPKO, New York, 2010). Formale Kooperationen sind im Rahmen von VN-Peacekeeping sehr verbreitet (z. B. mit der Regierung, VN-Unterorganisationen oder Nichtregierungsorganisationen), die ihren formalen Ausdruck meist in der Form eines Steering-Komitees finden (Interviews mit VN-Offiziellen in Liberia, 2010/2011).

[10] So wird die Loyalität des Personals in der VN nicht nur durch hierarchische Kontrolle gesichert, sondern auch durch eine informelle kollektive Identität, die als „UN-minded" bezeichnet wird. Wird ein/e MitarbeiterIn nicht als „UN-minded" wahrgenommen, wird er/sie als illoyal betrachtet und vice versa. Dies kann dann formale Konsequenzen nach sich ziehen wie die Nichtverlängerung des auslaufenden Arbeitsvertrages (Hintergrundgespräch mit ehemaligem SRSG 2010).

[11] Ein Beispiel für ein solches Netzwerk sind die so genannten *Communities of Practice*, die sich auf Gruppen beziehen, auf denen Lernen und Informations- und Wissenstransfer auf einer Identität oder einem sozialen Kontext basiert, der geteilt wird von ihren Mitgliedern aufgrund ihrer praktischen Involvierung (vgl. Brown und Duguid 2001). Das DPKO betreibt unter dem gleichen Namen eine etwas formalisierte Version eines solchen Netzwerkes in der Form von Internetforen, über die sich VN-Mitarbeiter aus der ganzen Welt zu bestimmten Themen äußern und Erfahrungen austauschen können. Das Problem hierbei scheint vor allem die Vertrauensbasis zu sein, da sich die Teilnehmer nicht persönlich kennen. So wird

Begreift man das Spannungsfeld zwischen Kopplung und Kommunikation als einen dynamischen Raum, in dem organisationelle Akteure interagieren und handeln, so wird deutlich, dass die Prozeduren und Praktiken sowohl Hilfestellung als auch Einschränkung für den Umgang mit lokalen Adaptionen von Anspruch und wahrgenommener Wirklichkeit darstellen. Es ist der Raum, in dem organisationelle Akteure ihre tägliche Routine und Arbeit vollführen, ein Programm implementiert wird, ein Bericht geschrieben wird oder ein Stück Information weitergeleitet, interpretiert und verarbeitet wird. Dieser Raum ist dynamisch, denn ein Akteur kann sich nie exklusiv auf eine Form der Interaktion beschränken. So wird durch die hier bereitgestellten und praktizierten Prozeduren weltorganisatorischer Anspruch auf verschiedensten Ebenen lokal umgesetzt. Die Prozeduren des organisatorischen Spannungsfeldes zwischen Kopplung und Kommunikation ermöglichen es den Akteuren jedoch auch, lokale Problemlösungen aufgrund des weltorganisatorischen Anspruchs zu reflektieren.

Dies kann anschaulich am Beispiel der Arbeit eines Civil Affairs Officer in einem *Field Office* des Hinterlands von Liberia illustriert werden.[12] Er beschreibt seine Aufgabe als eine Art Anlauf- und Referenzpunkt für verschiedenste lokalpolitische Probleme. So werde er zu vielen Verhandlungen und Treffen eingeladen, da durch den Namen und die Autorität der VN seine Gegenwart zu einer größeren Verbindlichkeit von Absprachen führe. Seine Arbeit trage dazu bei, dass Ungerechtigkeiten und Fehler einzelner Entscheidungen lokaler Autoritäten und Institutionen aufgedeckt und geahndet würden. Aufgrund des organisatorischen Systems von UNMIL geschieht dies jedoch oftmals nicht reibungsfrei. So wurden beispielsweise vor einigen Jahren vier Personen wegen „Hexerei" von einem Richter der Region zu lebenslanger Haft verurteilt, obwohl „Hexerei" laut der liberianischen Gesetzgebung kein justiziabler Fall sein dürfte. Der Civil Affairs Officer berichtete von diesem Ereignis durch die Kanäle der formalen Berichterstattung zum UNMIL-Hauptquartier in Monrovia. Da es auf seinen Bericht keine Reaktionen gab, beschloss er, an diesem Fall dranzubleiben und weiterhin organisationsintern diese für ihn offensichtliche Ungerechtigkeit an vier Individuen anzuprangern. Neben den verschiedenen formalen Mitteln der Berichterstattung nutzte er jeden offiziellen Besuch eines ranghohen Repräsentanten des Senior Managements (und auch von Botschaftern anderer Staaten) dazu, in einem Kommentar auf diesen Fall hinzuweisen. Nach zwei Jahren schien sich etwas zu bewegen. Bevor es jedoch durch die Hierarchieebenen der Missionsbürokratie zur Regierungsseite gelangen konnte, wurde der Fall aufgrund eines formalen Fehlers des Civil Affairs Officers fallen-

---

z. B. der Zugang zu den Foren von New York aus streng kontrolliert, ebenso werden die Foren moderiert (Interviews im DPKO, New York, 2010).

[12] Interview mit VN-Offiziellem in Liberia 2011.

gelassen. Nach fünf Jahren nutzte er dann den Besuch der SRSG in der Region für einen letzten Versuch, das Hauptquartier auf den Missstand hinzuweisen. In einem kurzen direkten Kommentar in einer Besprechung mit der SRSG gelang es ihm, die Aufmerksamkeit der SRSG auf diesen Fall zu lenken. Zwei Wochen später erhielt er vom Justizministerium die Nachricht, dass die Personen freigelassen würden.

Diese Geschichte des Civil Affairs Officers erzählt zweierlei: Erstens obliegt ihm zwar die Autorität, in einem solchen Fall wie die Verurteilung dieser Personen zu intervenieren. Die Autorität besteht aufgrund des UNMIL-Mandats und somit im Namen der Weltorganisation der VN. Doch basierte die Intervention des VN-Offiziellen auf einer persönlichen Interpretation des Mandats von UNMIL, des Wertesystems der Organisation und aufgrund einer für ihn augenscheinlichen Übertretung des nationalen Rechtsrahmens durch einen lokalen Richter. Für ihn war dies ein handfester und großer Skandal der liberianischen Justiz in diesem Distrikt und er sah es als seine Pflicht an, im Namen der VN zu intervenieren. Dies ist dementsprechend eine lokale Adaption des Anspruches der VN in Liberia, rechtsstaatliche Strukturen in Liberia aufzubauen und zu fördern. Zweitens war jedoch seine Autorität nicht groß genug, um individuell im lokalen gesellschaftspolitischen Kontext effektiv zu intervenieren. Ohne ein exekutives Mandat beschränkt sich seine Aufgabe auf den Dialog mit den lokalen Autoritäten und der Berichterstattung innerhalb der Organisation, welche diese Informationen dann für den Dialog oder Verhandlungen auf nationaler Ebene verwenden können. Hier zeigt sich, dass die lokale Adaption des weltorganisatorischen Anspruches in anderen Ebenen der Organisation nicht unbedingt Gehör findet. Als die formale Berichterstattung beim Chief der Civil Affairs Section in Monrovia keine Reaktion hervorrief, nutzte er andere Formen des Informationstransfers. Aufgrund fehlender effektiver persönlicher Netzwerke in Monrovia versuchte er es durch die Diskussion mit lokalen Kollegen und Kolleginnen (insbesondere dem Head of Field Office), welche diese Informationen in ihre Berichte einfließen ließen. Des Weiteren nutzte er offizielle Besuche von prominenten Vertretern der Organisation, der Regierung und den Botschaftern anderer Staaten, um die Aufmerksamkeit auf diesen Skandal zu richten. Dabei verzögerten auch eigene Fehler in der formalen Berichterstattung diesen Prozess und der Fall wurde von den Vorgesetzten des Civil Affairs Officers im Hauptquartier zwischenzeitlich fallengelassen. Das Resultat seiner Anstrengungen war für ihn nicht zufriedenstellend, denn es wurden nur die Symptome und nicht die Ursachen des Skandals angegangen. So blieb der Richter, der den Urteilsspruch gefällt hatte, unbescholten, und der Skandal hatte keine langfristigen Auswirkungen für eine Verbesserung des Justizwesens in Liberia.

Es wird hier deutlich, wie der Civil Affairs Officer in seiner Arbeit innerhalb des organisatorischen Spannungsfeldes agiert. Er findet in diesem Spannungsfeld sowohl Hilfestellungen als auch Barrieren für seine Arbeit. Er setzt individuell eigene Präferenzen, mit welchen Mitteln er in diesem Spannungsfeld agiert. In diesem Arbeitsprozess differenziert sich dabei auch der weltorganisatorische Anspruch in vielschichtiger Art und Weise. Unterschiedliche lokale Adaptionen von Semantik, Umwelt und Ordnung treffen hierbei aufeinander, werden aufgrund der Prozeduren im Spannungsfeld zwischen Kommunikation und Kopplung reflektiert und miteinander verbunden.

7.4   Empirische Beispiele aus der organisationellen Praxis von VN-Peacekeeping

Die oben beschriebenen organisationellen Prozesse lassen sich nicht nur anhand eines sehr kleinen Teilaspektes der Arbeit eines (offensichtlich auch sehr engagierten) Field Officers beobachten. Dies wird nachfolgend an zwei empirischen Fallbeispielen illustriert, welche auf einer Meso-Ebene der weltorganisatorischen Struktur von VN-Peacekeeping anzutreffen sind. Das erste Beispiel ist das Militär als ein recht isolierter Themen- und Operationsbereich von VN-Peacekeeping, das vielleicht eine der ambivalentesten Rollen innerhalb des weltorganisatorischen Anspruches von Peacekeeping einnimmt. Die zweite Illustration ist der Versuch des DPKO, durch ein systematisches Wissensmanagement und die Standardisierung von Verfahrensweisen zur langfristigen Professionalisierung von Peacekeeping beizutragen. Hier werden *Best Practices* und *Wissensmanagement* als Verfahrensweisen aus dem organisatorischen Spannungsfeld zwischen Kopplung und Kommunikation und deren Einfluss auf die Differenzierung weltorganisatorischen Anspruchs beschrieben.[13]

7.4.1   Blauhelme und Bürokraten: Die Rolle des Peacekeeping-Militärs

Zehn von 19 Entscheidungspunkten[14] des Mandats der United Nations Mission in Liberia beziehen sich ausschließlich auf das Militär und die Herstellung von Sicherheit im Nachkriegsland (vgl. UN 2003). Diese Schwerpunktsetzung auf Sicherheit und die damit verbundene Aufgabe des Militärs ist plausibel, erstens da

---

[13] Beide Illustrationen basieren insbesondere auf Ergebnisse von Feldforschungsaufenthalten in Liberia und New York, 2010/2011.

[14] Die Paragraphen der Resolution des VN-Sicherheitsrats, welche den mandatierten Aktionsrahmen der VN-Mission in Liberia festlegen.

die Entsendung von Militär in ein fremdes Land ein hoch sensibles Thema in der internationalen Politik ist (aufgrund der Tatsache, dass dies prinzipiell die Hoheitsrechte eines Staates und damit Souveränität als grundlegende Norm des Staatensystems verletzt); und zweitens, weil ein Post-Konflikt-Staat durch ein hohes Maß an Unsicherheit geprägt ist.[15] In dieser Prominenz des Militärischen liegt jedoch auch dessen immanente Ambivalenz: Peacekeeping ist ohne Militär nicht vorstellbar. Die blauen Helme und Barette der Soldaten, weiße Panzer und Fahnen unter dem blauen Banner sind *die* Symbole von VN-Peacekeeping. Jedoch ist die Umsetzung von Peacekeeping eine immanent „politische" Unternehmung. Eine VN-Offizielle im DPKO in New York charakterisierte Peacekeeping als den „vielleicht politischsten Bereich der Vereinten Nationen".[16] Im New Yorker Kontext ist hierbei insbesondere die Interaktion mit den Mitgliedsstaaten im Sicherheitsrat gemeint. In der internationalen Politik sind der Einsatz und die Rolle des Militärs oftmals umstritten. Art und Weise des Mandats, die genaue Formulierung einer Resolution des Sicherheitsrats und die grundsätzlichen Regeln des Einsatzes sind Aspekte kontroverser Debatte. Das Primat des Politischen im DPKO sichert der Organisation ihre Autonomie und Legitimation als politischer Akteur in diesem Feld. Das Militär ist somit in vielerlei Hinsicht ein konstitutives Element von Peacekeeping, doch die Legitimation der eigenen bürokratischen Implementation findet vielmehr auf Grundlage der Breite und Differenzierung der thematischen Portfolios und eigenen Wissensakkumulation statt.

Die dichotome Unterscheidung der organisatorischen Selbstbeschreibung zwischen „politisch" und „militärisch" verläuft auf nahezu allen Ebenen der Mission und des Hauptquartieres in New York, wobei das Verständnis von „politisch" und „militärisch" innerhalb der Organisation vielfach variieren kann.[17] In der Mission in Liberia verläuft die Grenze zwischen „politisch" und „militärisch" recht eindeutig entlang der Unterscheidung zwischen militärischem Personal in Uniform[18] und

---

[15] Die Festlegung der genauen Struktur und Belegschaft der Mission findet zudem nicht im Sicherheitsrat, sondern in den Budgetverhandlungen im ACABQ statt, welches somit für die Mission neben dem Sicherheitsrat das zentrale zwischenstaatliche Entscheidungsgremium darstellt (Hintergrundgespräch mit ehemaligen Chief of Staff, Berlin 2010).

[16] Interview im DPKO, New York, 2010.

[17] Die Unterscheidung zwischen „politisch" und „militärisch" verläuft zudem in Überschneidung zu einer zweiten zentralen Dichotomie der Organisation von Peacekeeping zwischen „technisch" und „substantiell", wobei das Militärische oft dem „technischen" Bereich zugeordnet wird (außer wenn sie in speziellen Positionen an „politischen" Entscheidungen teilhaben), das Politische wiederum wird oftmals als substantielle (d. h. inhaltliche) Arbeit bezeichnet (Interviews mit VN-Offiziellen im DPKO, New York, 2010).

[18] Neben dem Militär sind die Polizisten der zweite Strang von Personal, welches uniformiert ist und von dem jeweiligen Mitgliedsland sekundiert wird.

dem zivilen Personal.[19] Die Kluft zwischen zivilem und militärischem Personal ist groß und die geringen Überschneidungspunkte sind oftmals nur formal fixiert oder lokal abhängig von Persönlichkeiten oder Lebensumständen.[20] Uniformiertes Personal ist im Gegensatz zum zivilen Personal nicht direkt angestellt bei der VN, sondern wird von Mitgliedstaaten unter das Kommando der Mission abgestellt. Durchschnittlich ist dieses sekundierte Personal nur bis zu einem Jahr im Land und in der Mission. Man kann generell davon ausgehen, dass sie erfahren sind in der Handhabung militärischer Verfahrensweisen. Langjährige zivile Angestellte haben jedoch einen viel größeren Einblick sowohl in die Struktur und das Aufgabenfeld der Mission als auch in die gesellschaftlichen Bedingungen des Landes. Dem Militär ist dementsprechend generell nur ein Aufgabenbereich zugeteilt: die Schaffung von Sicherheit in Liberia, insbesondere durch bewaffnete Präsenz. Für diese Aufgabe ist das Militär derzeit mit ca. 8000 Mann in Liberia präsent. Der Großteil der Truppen ist Teil von formierten Einheiten, welche in Bataillone aufgeteilt im ganzen Land stationiert und in einer klaren Kommandostruktur (aufgeteilt in zwei Sektoren A und B) eingegliedert sind. Neben den bewaffneten Bataillonen hat das Militär u. a. auch Ingenieurseinheiten, Krankenhäuser und Logistikabteilungen, die auch als formierte Einheiten organisiert sind und welche den Nachschub und die Versorgung der militärischen Einheiten sichern. Formierte Einheiten werden zum größten Teil gänzlich durch ein Mitgliedsland gestellt.[21] Das militärische Kommando in Monrovia ist allerdings multinational besetzt. Als größter Truppensteller stellt Pakistan den Kommandeur, im Stab des Kommandos befinden sich auch Offiziere aus Nationen, die keine Truppen unter dem UNMIL-Kommando stellen, wie den U.S.A. oder westeuropäische Staaten.[22]

Die multinationale Besetzung des Personals ist ein wichtiger Aspekt in der Ordnungsgenerierung von VN-Peacekeeping. Es ist eine organisatorische Umsetzung weltorganisatorischen Anspruchs, da es die Welt (und nicht etwa ein Staat) ist, wel-

---

[19] Nicht das ganze zivile Personal würde sich als „politisches" Personal bezeichnen, so ist z. B. in den Logistikabteilungen in großem Umfang ziviles Personal beschäftigt. Zudem gelten formal lediglich Personen des Seniormanagements als politische Personen im Sinne der Gestaltung von nationaler Politik außerhalb des bürokratischen Kontextes von UNMIL. Da UNMIL als Schattenbürokratie auf nahezu allen Ebenen alltäglich in größere und kleinere Verhandlungsprozesse mit der nationalen Bürokratie eintritt, ist die Gestaltung, Aushandlung und Intervention in gesellschaftspolitische Prozesse elementarer Bestandteil der Arbeit des substantiell-bürokratischen Apparats von UNMIL.

[20] Interviews mit UNMIL-Offiziellen, Monrovia 2010.

[21] In Liberia stellen Pakistan, Bangladesch, Nigeria, Ghana, Nepal, Jordanien und China die formierten Einheiten.

[22] Interview in Monrovia 2010.

che Liberia in seiner schwierigen Aufgabe der Friedenskonsolidierung beiseite steht (s. hierzu auch Walter, in diesem Bd.). Die Peacekeeping-Truppe ist insgesamt auch aus verschiedenen Ländern zusammengesetzt. Doch lokal bestehen die formierten Einheiten als „mononational" kasernierte Einheiten. Der positive Nebeneffekt der Stationierung von Peacekeeping-Truppen ist, dass die lokale Bevölkerung von diesen Einrichtungen auf einer sehr praktischen Ebene profitiert. Ingenieureinheiten z. B. bauen und pflegen die Straßen und andere Infrastruktur. Krankenhäuser der VN werden zwar formal nur für das VN-Personal betrieben, doch würde man die lokale Bevölkerung aus Gründen der Humanität nicht abweisen. Zudem betreiben die formierten Einheiten oftmals zivil-militärische Kooperationen: Ingenieurseinheiten geben Kurse in Straßenbau, militärische Krankenhäuser unterstützen den Aufbau lokaler medizinischer Infrastruktur, und Bataillone geben Computerkurse für Angestellte der lokalen Administration. Interessanterweise verschiebt sich hier jedoch die Symbolik der Aktion: Unter dem Banner der Weltorganisation wird die Straße von der Ingenieureinheit einer bestimmten Nation gebaut. Nicht die Weltorganisation, sondern die Anstrengungen einer Nation bringen den Fortschritt.[23] Lokal differenziert sich der multinationale Anspruch der Weltorganisation durch das unterschiedliche Agieren der militärischen Einheiten im Rahmen des organisationellen Spannungsfeldes zwischen Kopplung und Kommunikation. Kommandeure nutzen gewisse Autonomien, um eigenständig (aber dennoch im Rahmen der VN-Kommandostrukturen) Projekte zu gestalten. Der informelle Einfluss des Heimatlandes ist aber in der Ausgestaltung dieses Handelns offensichtlich. Der Reproduktion des weltorganisatorischen Anspruches von VN-Peacekeeping scheint dies allerdings nicht zu schaden. Im Gegenteil werden Nationen (oder einzelne Einheiten) für ihre Errungenschaften in Berichten und Publikationen ausdrücklich gelobt beziehungsweise gedankt und damit in den multinationalen Rahmen sowie in die Semantik von VN-Peacekeeping eingegliedert.[24]

Das DPKO in New York unterhält mit dem *Office oft the Military Advisor* (OMA) auch eine militärische Säule in der Organisationsstruktur. Die Posten im OMA werden von Offizieren aus verschiedensten Ländern besetzt. Oftmals können diese Offiziere in ihrer Laufbahn auch Einsätze in UN-Friedensmissionen aufweisen. In New York sind die Militärs jedoch prinzipiell direkt bei der VN angestellt. Das heißt sie sind von ihren Pflichten in der Armee ihres Heimatlandes beurlaubt, tragen Zivilkleidung und dürfen ihre militärischen Titel formell nicht tragen. Die Posten werden dennoch je nach Dienstgrad vergeben. Zudem werden die Titel in

---

[23] Feldbeobachtungen und Gespräche mit Angehörigen formierter militärischer UNMIL-Einheiten in Liberia 2011.

[24] Hierfür gibt es zahllose Beispiele, zur Illustration siehe Momodu (2009).

der internen Kommunikation weiterhin genutzt. In Interviews bezeichneten sich Offiziere im OMA selbst oft als „technisches" Personal, wobei das „politische" Personal im *Office of Operations* (OO) und seinen *Integrated Operational Teams* (IOTs) zu finden sei.[25] Ohne spezifisch thematische Zuordnung sind die regional zugeordneten IOTs für die Koordination zwischen den Belangen der Mission und den Interessen der Mitglieder im Sicherheitsrat zuständig. In einem IOT ist auch immer ein Repräsentant des Militärs vertreten und in seiner alltäglichen Arbeit im Team des OO lokalisiert. Obwohl sie Militärs sind, gehören sie daher für die Mitglieder des OMA zum „politischen" Bereich der Organisation. Sie werden auch als „Vorzeigemilitärs" bezeichnet, mit denen die zivile Seite im OO sich abspräche, um die militärische Sichtweise in die Entscheidungsfindungen einfließen zu lassen.[26]

In Interviews mit Angehörigen des OMA wird zudem deutlich, dass insbesondere in strategischen Fragen die Arbeit im OMA schwierig ist. Müsse das DPKO zum Beispiel eine Stellungnahme zu einem bestimmten Thema verfassen, so habe diese einheitlich sein. Doch der vom Militär verfasste Inhalt unterscheide sich oftmals deutlich von dem Text des OO. Könne hierzu in Verhandlungen keine Einigung erzielt werden, werde vom OO auf das politische Primat gepocht, was die Arbeit der Militärs im OMA zu dieser Stellungnahme untergrabe. Das Symbol von VN-Peacekeeping als Weltorganisation sei militärisch, die blauen Helme seien das Gesicht nach außen, doch in der internen (informellen) Hierarchie sei das Militär ganz unten. Im Gegensatz zur zivilen Seite seien die militärischen Positionen im DPKO eher nebensächlich. Dies drückt sich auch in der Zusammensetzung des Personals im OMA aus, wobei politische Teilhabe ein höheres Kriterium darstellt als administrative Effizienz. Um die Multinationalität des Personals zu sichern, würden Aufgaben in kleinste Schritte und Unterschritte aufgeteilt, um eine möglichst breite Teilhabe in der Organisation zu gewährleisten. Eine Folge hiervon ist, dass man nur durch informelle Netzwerke und Kontakte in relevante Prozesse integriert wird.[27] Diese Netzwerke schließen zu einem gewissen Grad auch den Kontakt zu Mitarbeitern der ständigen Vertretung des eigenen Landes mit ein. Einen Eid auf ein Land, so heißt es auch aus Militärkreisen im DPKO, lege man nicht einfach so ab. Man bleibe auch zu einem gewissen Grad loyal zu seinem Heimatland, auch wenn man der UN verpflichtet sei. Solche Kontakte wiederum bringen Informationen und Verbindungen und schaffen so Ressourcen für Gestaltungsspielräume.[28] Hier wird deutlich wie einzelne Militärs im DPKO sich innerhalb des organisatio-

---

[25] Interviews mit VN-Offiziellen im DPKO, New York, 2010.

[26] Interviews mit VN-Offiziellen im DPKO, New York, 2010.

[27] Interviews mit VN-Offiziellen im DPKO, New York, 2010.

[28] Interviews mit VN-Offiziellen im DPKO, New York, 2010.

nellen Spannungsfeldes zwischen Kopplung und Kommunikation bewegen. Für sie ist es notwendig, verschiedenste Praktiken anzunehmen damit die Relevanz ihrer Arbeit gewahrt bleibt. Hierbei differenziert sich auch der weltorganisatorische Anspruch und wird lokal in spezifischen Interaktionen anders umgesetzt als programmatisch vorgegeben. Die militärische Semantik der Weltorganisation bleibt jedoch bestehen, obwohl diese im bürokratischen und politischen Alltag des DPKO wenig bestand hat.

Zusammenfassend kann man festhalten, dass die Rolle des Militärs in VN-Peacekeeping sowohl in der Mission als auch im DPKO in New York ambivalent ist. Dies ist insbesondere deswegen der Fall, weil das Militär im politischen Geschäft von Peacekeeping kein bedeutender Akteur ist. Für den weltorganisatorischen Anspruch ist das Militär dennoch elementar. Sie liefert die Semantik und Symbolik der Organisation und ist im nationalen Kontext von Liberia eine wichtige Ressource von UNMIL, die eigenen Ordnungsvorstellungen gegenüber der Regierung durchzusetzen. Doch lokal differenziert sich dieser Anspruch: In New York findet das Militär vergleichsweise wenig Gehör in den politischen Entscheidungsprozessen, wobei insbesondere sowohl formale Strukturen (wie das IOT) als auch informelle Netzwerke dabei helfen, diese Lücken zu überbrücken und gleichzeitig die Symbolik eines militärischen Apparats im DPKO aufrechtzuerhalten. In Liberia differenziert sich der weltorganisatorische Anspruch entlang der lose und eng gekoppelten Stränge der militärischen Befehlshierarchie und führt in der Interaktion mit der lokalen Organisationsumwelt zu einer Adaption des weltorganisatorischen Anspruchs, welcher sich insbesondere in einer Veränderung der Semantik auswirkt. Diese Form der Adaption wird allerdings von der Organisation aufgrund der Prozeduren und Praktiken des Organisationsmanagements reflektiert: So kann z. B. ein Land in einem Bericht ausdrücklich für seinen Beitrag für die gemeinsame Sache der VN gelobt werden. Dies wiederum ermöglicht, dass die lokale Verschiebung der Semantik und Symbolik integraler Bestandteil der Weltorganisation sein kann.

7.4.2 Die Professionalisierung einer Weltorganisation? Best Practice und Wissensmanagement in VN-Peacekeeping

Ende 2007 wurde die erste Hybridmission zwischen der VN und der Afrikanischen Union in Darfur (UNAMID), Sudan, gegründet. Die Erzählungen eines jungen Mitglieds des zivilen Apparats stimmen hierbei nachdenklich.[29] Ohne große Be-

---

[29] Interview in New York, 2010.

rufserfahrung in der VN traf sie in Darfur ein, um zudem zu merken, dass ge-
fühlte 80 % in der Startphase der Mission ebenfalls „Neulinge" waren. Dies sei eine
Katastrophe gewesen, da keiner über die simpelsten Dinge Bescheid wusste. Wie
organisiert man das Büro des Sondergesandten? Welche Aufgaben muss man auf
welcher Position übernehmen? Dies waren grundsätzliche Fragen, auf die sämtli-
che Berufsanfänger innerhalb der Mission keine ausreichenden Antworten fanden,
da hierzu insbesondere im mittleren Management die notwendigen Kompetenzen
und Erfahrungen fehlten. Das Erste, was die junge VN-Offizielle machte, war dementsprechend das Intranet des DPKO nach allem zu durchsuchen, was sie in Form
von Anleitung und Hilfestellung in ihrer Arbeit unterstützen könnte.

Die Episode über die Mission in Darfur erzählt ein Dilemma der Friedens-
missionen der VN. Mit der rapiden Ausweitung sowohl der Anzahl der Friedens-
missionen als auch des Anspruches oder Portfolios von Peacekeeping Ende der
1990er Jahre stiegen die organisatorischen Herausforderungen enorm. Die Anzahl
der Peacekeeping-Missionen der VN hatte sich innerhalb weniger Jahre verviel-
facht, das Gesamtbudget innerhalb von zehn Jahren zwischen 1998 und 2008 ver-
siebenfacht und allein das zivile Personal verdreifacht. Da zudem die Fluktuation
des zivilen Personals sehr hoch ist, bestand das Personal der VN-Peacekeeping-
Bürokratie (inklusive der Missionen) in 2008 aus 60 % Anfängern mit weniger als
zwei Jahren Berufserfahrung in einer Friedensmission (vgl. Benner et al. 2011).
Die Wissensstrukturen haben sich jedoch viel langsamer weiterentwickelt als die
Expansion des Peacekeeping-Apparates. Dieser war lange Zeit geprägt durch einen
persönlichkeitsfixierten „gifted amateurism".[30] Unter dem Eindruck, dass eine Organisationskultur der Improvisation mit einem zentralen Fokus auf persönliche
informelle Netzwerke als Medium der Wissensakkumulation nicht mehr in der
neuen expandierten Welt von Peacekeeping funktioniert, wurden seit Beginn des
neuen Jahrtausends verstärkte Anstrengungen zur Professionalisierung der Peacekeeping-Bürokratie unternommen. Nach Benner et al. (2011) ist dieser Prozess insbesondere angetrieben worden von einer Koalition reformorientierter Individuen
unter der Führung des damaligen Untergeneralsekretärs von DPKO Jean-Marie
Guéhenno. Ihnen gelang es, viele wichtige Mitglieder der politischen Strukturen
der VN von der Notwendigkeit eines strukturierteren Wissensmanagements im
DPKO zu überzeugen. Standardisierung von Praktiken und Prozeduren (Doktrin)
und einer Kollektion von sogenannten Best Practices oder Lessons Learned (Guidance) sowie Mittel des Wissensmanagements auf Basisebene (z. B. Communities
of Practice) seien, so Benner et al. (2011), inzwischen Teil der Organisationskultur
von VN-Peacekeeping geworden.

---

[30] Interview mit VN-Offizielle im DPKO, New York, 2010.

Im Rahmen dieses Beitrages sind Best Practices und Wissensmanagement insbesondere als ein Mittel des Kommunikationsmanagements und der Wissenstransformation im oben genannten Spannungsfeld zwischen Kopplung und Kommunikation interessant. Wie beeinflussen Best Practices und Wissensmanagement die organisatorische Differenzierung weltorganisatorischen Anspruches in den bürokratischen Tiefen der Weltorganisation? Auf der Suche nach einer Antwort zu dieser Frage ist es aufschlussreich, zunächst zum Beispiel Liberia zurückzukehren. Überraschenderweise gibt es dort keinen, der als Best Practice Officer zuständig ist – weder für die Kommunikation von Anleitungen und Empfehlungen aus New York innerhalb der Mission noch für die Koordination eines strukturierten Wissensaustausches im Sinne guter Managementpraktiken.[31] Das ist überraschend, insbesondere da UNMIL als eine der erfolgreichen VN-Missionen weltweit gilt und dementsprechend zu erwarten ist, dass hier systematisch eine Menge „guter Praktiken" dem Wissenspool von VN-Peacekeeping beigesteuert werden könnten. Auf der anderen Seite scheint von der Missionsseite das Interesse an diesen Prozeduren nicht besonders groß zu sein. Im Gegensatz zu einer Mission im Anfangsstadium (wie z. B. die erwähnte UNAMID-Mission in Darfur im Jahre 2008) hat sich UNMIL in seiner nahezu achtjährigen Geschichte als eine eigenständige Organisation entwickelt. Es gab keinen zentralen Planungsstab, welcher die Struktur und den Aufbau der Organisation vorgegeben hätte, sondern entscheidend waren vielmehr die Arbeit einer Koalition aus Frontoffices der Seniormanager, Erfahrungswerte und Assessments aus New York sowie eine graduelle Adaption von Strukturen gemäß der lokalen Umstände. Verschiedene Dysfunktionen wurden durch strukturelle Adaptionen bekämpft. Zudem änderten sich Zielsetzungen und Prozesse auch aufgrund der persönlichen Managementpräferenzen der (über die Jahre wechselnden) Missionsführung. Die Arbeit in der Mission in Liberia und die Art und Weise, wie Prozesse hier funktionierten, so eine erfahrene UNMIL-Offizielle,[32] sei komplett unterschiedlich zu der Vorstellungswelt über die Mission in New York. Wenn man in New York von der Arbeit in Liberia erzähle, führe dies oftmals zu größten Überraschungen und Erstaunen bei den VN-Angestellten des DPKO. UNMIL ist in ihrer Eigenständigkeit und auch in ihrer Abgrenzung zum Hauptquartier in New York nicht auf Standards, Anweisungen oder Hilfestellungen dieser Art angewiesen und trifft die eigenen Entscheidungen aufgrund der eigenen Erfahrungswerte. Das

---

[31] Fast alle multidimensionalen Peacekeeping-Missionen haben inzwischen einen Best Practice Officer (Benner et al. 2011). Auf Anfrage wurde mir in UNMIL bestätigt, dass es zwar bis Anfang 2010 eine Frau gab, die in einem Teil ihrer Zeit mit Best Practices und Wissensmanagement beschäftigt war, doch dass, seitdem diese nicht mehr Teil der Mission sei, die Aufgabenzuteilung de facto vakant geblieben ist (Interview in UNMIL, Liberia 2010/2011).
[32] Interview in Liberia 2011.

Wissen langjähriger Angestellter in der Mission unterstütze diesen Prozess. Für junge Neuankommende mit wenig Berufserfahrung ist es allerdings umso schwieriger, einzusteigen und an den relevanten Arbeitsprozessen teilzuhaben.[33]

Eine Ausnahme besteht hinsichtlich der so genannten Policy und Doktrin, da die Mission verpflichtet, diese auch umzusetzen. Ein Beispiel hierfür ist die Einführung des Joint Operations Center (JOC) und des Joint Mission Analysis Centre (JMAC) als Sammel- und Verarbeitungsstellen von Information. Beide Organisationseinheiten gab es in ähnlicher Form auch schon vor der Policy aus New York aus der Notwendigkeit der Mission heraus, ein System der Selbstinformation zu entwickeln und gleichzeitig den Referenzverpflichtungen nachzukommen. Die Policy aus New York wurde implementiert als eine Adaption unter vielen. So wurden die Namen der Einheiten angepasst, die jeweiligen Funktionen jedoch vielmehr entsprechend der vorhandenen Ressourcen und des Personals beibehalten. Zudem wurden beide Einheiten einer über Jahre andauernden Transformation unterworfen, um die Policy langsam zu implementieren. So ist JMAC nicht nur für die Tiefenanalysen und Assessments der Sicherheitslage in Liberia zuständig, sondern auch für die Zusammenstellung des täglichen *Situation Reports* nach New York (welches laut dem *Situation Centre* in New York eigentlich die Aufgabe des JOC sein sollte). Damit ist JMAC de facto auch die erste Anlaufstelle zur Verifizierung von alltäglichen sicherheitsrelevanten Ereignissen (die zentrale Funktion des JOC).[34] Nur langsam wird das JOC, welches in 2011 eine neue Führung bekommen hat, in die Lage versetzt, seine Aufgaben effizient erfüllen zu können. Hierbei wird jedoch auch immer berücksichtigt, dass die Mission voraussichtlich in naher Zukunft aus Liberia abziehen könnte.

Für die Differenzierung des weltorganisatorischen Anspruchs bedeutet dies vor allem, dass in der Interaktion mit ihrer lokalen Umwelt die Mission andere Standards und Prozedere für die alltägliche Arbeit gebrauchen als dies möglicherweise antizipiert wird. Dies bedeutet nicht, dass Guidance Materialien und Best Practices in gewissen Fällen nicht nützlich sind – sie können sogar essentiell wichtig sein. Doch die Mission als Organisation grenzt sich im Sinne der Adaption mit der lokalen Umwelt von der Weltorganisation ab. Sie operiert für die Welt, im Namen der Welt und mit der Welt – aber insbesondere *im gesellschaftspolitischen Kontext von Liberia*. In diesem Abgrenzungsprozess werden eigene Standards und Vorgehensweisen entwickelt ebenso wie Verfahrensweisen, die diese Standards reproduzierend einbetten in das Selbstverständnis der Weltorganisation. Interessanterweise

---

[33] Diese suchen oftmals auch nach Guidance oder Austausch durch die Communities of Practice.

[34] Interviews und Beobachtungen in Liberia und New York, 2010/2011.

wird dies vom DPKO durchaus unterstützt. Dezentralisierung ihrer Missionen gilt als ein wichtiges Gut in der Peacekeeping-Bürokratie. Best Practices und Policies sind als Hilfestellung für die Missionen gedacht, doch sie haben dementsprechend auch eine zweite Funktion: die Festlegung und Standardisierung von Prozeduren und Praktiken als Mittel der Stabilität von VN-Peacekeeping und damit auch des eigenen Selbsterhalts. Dies wird kombiniert mit einem konstanten politischen Drang zur Reform und zum Wandel. So ist „Evaluation" im DPKO nicht unbedingt ein Mittel der systematischen Überprüfung der Funktionalität oder des Ergebnisses eines Prozesses, sondern vielmehr ein Mittel des führenden Managements im DPKO, den Stellenwert bestimmter Themenbereiche von Peacekeeping in der internationalen Politik hervorzuheben.[35] Einheiten der Peacekeeping Best Practice Section (PBPS) des DPKO agieren als organisationsinterner „Think Tank", welche der DPKO-Führung in dem Drang zur Reform im Kontext internationaler Politik Vorschläge, Visionen und Politikformulierungen an die Hand geben.[36] Diese Mischung aus Stabilität und Wandel verschafft dem VN-Peacekeeping (repräsentiert durch das DPKO) die politischen Konturen einer Weltorganisation. Hierbei sind die Missionen ein konstitutives Element in der Positionierung des eigenen globalen Anspruchs, doch eine systematische Reflexion der lokalen Bedingungen und Erscheinungsformen der Mission erscheint nur bedingt notwendig.

7.5 Fazit

Der Blick in die bürokratischen Tiefen von Weltorganisationen wie VN-Peacekeeping ist hochgradig komplex. Dabei wird deutlich, dass der Anspruch einer Weltorganisation nicht als Einheit besteht, sondern vielmehr dynamisch der ständigen Adaption aufgrund lokaler Gegebenheiten und organisatorischer Anforderungen ausgesetzt ist. Dies führt zu großen Ambivalenzen und Widersprüchen, mit denen eine bürokratische Organisation wie VN-Peacekeeping und deren Mitarbeiter und Mitarbeiterinnen im Rahmen ihrer alltäglichen Arbeit umgehen müssen. Dieser Beitrag versuchte, einen Ansatz zu entwickeln, der es ermöglicht, einen systematischen Einblick in den alltäglichen Umgang mit den strukturellen Ambivalenzen

---

[35] Interviews im DPKO, New York, 2010.

[36] Ein gutes Beispiel hierfür ist das *New Horizon* Projekt, eine neue Reformagenda für Peacekeeping, dessen Ausarbeitung der Policy Planning Einheit des PBPS von der neuen DPKO/ DFS Führung 2008 angetragen wurde. Es entstand ein „Non-Paper" – ein inoffizielles Standpunktpapier, das nicht offiziell die Meinung des DPKO wiederspiegelt – welches dann in den zwischenstaatlichen Organen der VN debattiert wurde. Interviews im DPKO, New York, 2010, und UN (2009).

dieser Prozesse zu gewinnen. Der hier diskutierte Ansatz deutet darauf hin, dass Prozeduren und Praktiken, eingebettet in einem organisatorischen Spannungsfeld zwischen Kopplung und Kommunikation, das zentrale Referenzmedium der Differenzierung weltorganisatorischen Anspruchs darstellen. So verkörpert beispielsweise das Militär einen zentralen Bestandteil des weltorganisatorischen Anspruches von VN-Peacekeeping. Doch durch die Differenzierung dieses wichtigen Aspektes der Semantik von Peacekeeping, der Interaktion mit der Umwelt und der Ordnungsgenerierung sowohl in der „Welt" als auch in einem Nachkriegsland wie Liberia ist die relative Bedeutung des organisationellen Akteurs des Militärs eher gering. Das Beispiel des Militärs hat jedoch auch gezeigt, dass der durch das Spannungsfeld zwischen Kopplung und Kommunikation generierte Raum für organisationelle (Inter-) Aktion den Akteuren Möglichkeiten bietet, diese Widersprüche und Ambivalenzen zu überbrücken. So greifen Offiziere im OMA des DPKO verstärkt auf informelle Praktiken zurück, um an relevante Prozesse beteiligt zu werden. Eine lokale Verschiebung der weltorganisatorischen Semantik im partiellen Kontext der VN-Mission in Liberia kann durch Reporting und einer geschickten Öffentlichkeitsarbeit im generellen Erscheinungsbild von VN-Peacekeeping integriert werden. Der Blick auf Best Practices und Wissensmanagement als Verfahrensweise der Differenzierung weltorganisatorischen Anspruches zeigt ein ähnliches Bild. So unterscheidet sich der Umgang mit diesem Versuch der Professionalisierung von VN-Peacekeeping in der Mission sehr deutlich von den Anforderungen aus dem DPKO. Dabei wird auch deutlich, dass eine historisch gewachsene (Unter-) Organisation wie UNMIL ein Interesse daran hat, in Abgrenzung zum DPKO ihre eigene Adaption des organisatorischen Anspruchsdenkens für den gesellschaftspolitischen Kontext von Liberia zu verfestigen. Das DPKO wiederum integriert diese Adaption in ihre Applikation von VN-Peacekeeping als Weltorganisation. Dabei wird jedoch nicht die Autonomie der Mission infrage gestellt. Vielmehr stehen hier die Prozeduren und Praktiken im Vordergrund, welche den eigenen Anspruch als Weltorganisation reproduzieren und weiterentwickeln.

In vielschichtiger Art und Weise besteht somit die Möglichkeit zur Reflexion der eigenen lokalen Verhältnisse und Abhängigkeiten, losgelöst von der (Re-)Produktion weltorganisatorischen Anspruchs und Programmatik. So wird der weltorganisatorische Anspruch von organisationellen Akteuren hinsichtlich der Prozeduren und Praktiken des organisationellen Spannungsfeldes zwischen Kopplung und Kommunikation reflektiert, nicht aber bezüglich ihrer Adaption innerhalb der jeweiligen lokalen Bedingungen. Allerdings reflektieren organisationelle Akteure auch ihre alltägliche Praxis hinsichtlich der Prozeduren und Praktiken innerhalb des organisationellen Spannungsfeldes zwischen Kopplung und Kommunikation. Die Verwirklichung weltorganisatorischen Anspruchs hat somit nur sehr begrenzt einen direkten Einfluss auf die Praktiken einzelner organisationeller Akteure. Vielmehr findet innerhalb des organisationellen Spannungsfeldes zwischen Kopplung und Kommunikation eine Differenzierung dieses Anspruches statt. Diese Differenzierung macht ein globales Anspruchsdenken innerhalb einer bürokratischen Organisation auch handhabbar. So bietet das organisationelle Spannungsfeld zwischen Kopplung und Kommunikation auch die Möglichkeit, diese Loslösung zwischen Anspruch und Wirklichkeit zu überbrücken. Damit wird der weltorganisatorische Anspruch von VN-Peacekeeping bewahrt und weiterentwickelt. Gleichzeitig gibt es den organisationellen Akteuren den Raum zur eigenen Adaption des weltorganisatorischen Anspruches im partikularen Kontext ihrer alltäglichen Arbeit und Routine.

Das Beispiel VN-Peacekeeping macht zudem den Mehrwert des Konzepts einer „Weltorganisation" deutlich. Eine Organisation wie die VN, die den Anspruch hat, im Auftrag der „Welt" und für die „Welt" zu agieren, scheint diesen Anspruch ohne Berücksichtigung der eigenen Differenzierung dieser Programmatik innerhalb ihrer bürokratischen Umsetzung zu (re-)produzieren. Die „Welt" und nicht die nationale Politikgestaltung in Liberia scheint hier das zentrale Referenzkriterium. Dabei hilft die bürokratische Organisation von VN-Peacekeeping, diesen Anspruch zu schützen. Die organisationellen Akteure werden hierbei Hilfestellungen und auch Barrieren innerhalb des organisationellen Spannungsfeldes zwischen Kopplung und Kommunikation finden. Die genaue Dynamik des Prozesses der Ausgestaltung und (Re-)Produktion des Anspruchs einer Weltorganisation ist allerdings noch weitgehend ungeklärt und erscheint als ein aufschlussreiches Feld für weiterführende Forschung.

Literatur

Barnett, Michael, und Martha Finnemore. 2004. *Rules for the world. International organizations in global politics.* Ithaca: Cornell University. Press.
Beetham, David. 1987. *Bureaucracy.* Minneapolis: University of Minnesota Press.
Benner, Thorsten, Stephan Mergenthaler, und Philipp Rotmann. 2011. *The new world of UN peace operations. Learning to build peace?* Oxford: Oxford University Press.
Brown, John Seely, und Paul Duguid. 2001. Knowledge and organization: A social-practice perspective. *Organization Science* 12 (2): 198–213.
Campbell, Susanna P. 2008. (Dis)integration, incoherence and complexity in UN post-conflict interventions. *International Peacekeeping* 15 (4): 556–569.
Elwert, Georg. 2000. Selbstveränderung als Programm und Tradition als Resource. In *Verborgene Potentiale. Was Unternehmen wirklich wert sind*, Hrsg. Beate Hentschel, Michael Müller, und Hermann Sottong, 67–94. München: Hanser.

Hüsken, Thomas. 2006. *Der Stamm der Experten. Rhetorik und Praxis des Interkulturellen Managements in der deutschen staatlichen Entwicklungszusammenarbeit.* Bielefeld: transcript.

ICG. 2003. *Liberia: Security challenges.* International Crisis Group (ICG), Africa Report No. 71.

ICISS. 2001. The responsibility to protect. Report of the international commission on intervention and state sovereignty. http://www.responsibilitytoprotect.org/ICISS%20Report. pdf. Zugegriffen: 17. Jan. 2012.

Krause, Keith, und Oliver Jütersonke. 2005. Peace, security and development in post-conflict environments. *Security Dialogue* 36 (4): 447–462.

Luhmann, Niklas. 2006. *Organisation und Entscheidung.* Wiesbaden: VS Verlag für Sozialwissenschaften.

March, James G., und Johan P. Olsen. 1989. *Rediscovering institutions. The organizational basis of politics.* New York: Free Press.

Meyer, John W., und Brian Rowan. 1991. Institutionalized organizations: Formal structure as myth and ceremony. In *The new institutionalism in organizational analysis,* Hrsg. Walter W. Powell und Paul J. DiMaggio, 41–62. Chicago: University Of Chicago Press.

Momodu, Sulaiman. 2009. Ganta lauds BANBATT 15. *UNMIL Today* 5 (8): 6.

Orton, J. Douglas, und Karl E. Weick. 1990. Loosely coupled systems: A reconceptualization. *The Academy of Management Review* 15 (2): 203–223.

Ottaway, Marina. 2002. Rebuilding state institutions in collapsed states. *Development and Change* 33 (5): 1001–1023.

Paris, Roland. 2004. *At war's end. Building peace after civil conflict.* New York: Cambridge University Press.

Richmond, Oliver P. 2004. The globalization of responses to conflict and the peacebuilding consensus. *Cooperation and Conflict* 39 (2): 129–150.

Schlichte, Klaus, und Alex Veit. 2007. *Coupled arenas: Why state-building is so difficult.* Working Papers Micropolitics No. 3.

Theis, Anna Maria. 1994. *Organisationskommunikation. Theoretische Grundlagen und empirische Forschungen.* Opladen: Westdeutscher.

Thompson, James D. 1967. *Organizations in action. Social science bases of administrative theory.* New York: McGraw-Hill.

UN. 2003. Resolution 1509 (2003) Adopted by the Security Council at its 4830th meeting, on 19. Sept. 2003, United Nations Document, S/RES/1509 (2003).

UN. 2009. *A new partnership agenda. Charting a new horizon for UN peacekeeping.* New York.

Weick, Karl E. 1976. Educational organizations as loosely coupled systems. *Administrative Science Quarterly* 21 (1): 1–19.

Winckler, Joel Gwyn. 2012. Managing the complexities of intervention: United Nations peace operations as organisational action. Peace, Conflict and Development 18, i. E.

Die Bildung einer globalen Ordnung gegen Geldwäsche: Das Netzwerk der Financial Action Taskforce

8

Anja P. Jakobi

8.1 Einleitung[1]

> Die FATF hat es sich nicht zum Ziel gesetzt, die Vereinten Nationen der Anti-Geldwä-sche-Welt zu werden. Wir möchten eine homogene und flexible Vereinigung bleiben, und genau diese Qualitäten würden durch eine deutliche Erweiterung der Mitglieder gefährdet. (Griffiths 1993, S. 1827, übersetzt)

Diese Äußerung machte der damalige Generalsekretär der Financial Action Task-force (FATF), Dilwyn Griffiths, nur wenige Jahre nach der Gründung der Organisation. Wenige Staaten thematisieren damals Geldwäschebekämpfung, erst wenige Jahre zuvor wurde dies überhaupt Gegenstand internationaler Konferenzen. Angesichts der heute weltweite verbreiten Standards gegen Geldwäsche und der damit verbundenen weitverzweigten Aktivitäten ist diese Aussage also lange her – und doch ist die FATF in der Tat noch immer noch flexibel, selektiv und die Mitgliedschaft ist begrenzt geblieben. Der Entscheidungsprozess in der FATF ist noch immer wesentlich unkomplizierter und weniger repräsentativ als das in den Vereinten Nationen (UN) der Fall ist.

---

[1] Dieser Beitrag entstand im Rahmen des Projektes ‚Global Crime Governance' an der Hessischen Stiftung Friedens- und Konfliktforschung und dem DFG Exzellenzcluster ‚Die Entstehung Normativer Ordnungen', Universität Frankfurt. Ich danke Heide Rinnert für die Übersetzung aus dem Englischen und Bastian Herre für Mitarbeit bei der Erhebung der zugrundeliegenden Daten.

A. P. Jakobi (✉)
Frankfurter Allee 10, 10247 Berlin, Deutschland
E-Mail: jakobi@hsfk.de

M. Koch (Hrsg.), *Weltorganisationen*, DOI 10.1007/978-3-531-18977-2_8,
© VS Verlag für Sozialwissenschaften | Springer Fachmedien Wiesbaden 2012

In der Netzwerkform der FATF kommen viele exemplarischen Prinzipien von globalen Politiknetzwerken zum Tragen, beispielsweise *soft governance*, Flexibilität von Mitgliedschaft oder informeller Informationsaustausch (vgl. Simmons 2000; Slaughter 2004). Trotz dieser weichen Form der Regulierung hat die FATF erheblichen Einfluss auf Richtlinien, Länder, Banken und Finanzberufe ausgeübt. Die FATF ist damit in der Tat eine Weltorganisation, allerdings eine einzigartige: Obwohl es sich um ein sogenanntes Club-Modell handelt, also nicht alle Staaten Mitglied werden können, so ist die Ambition der FATF doch global und betont die Bedeutung von weltweiten und universellen Maßnahmen gegen Geldwäsche und Terrorismusfinanzierung. Damit schafft die FATF schafft auch eine neue globale Ordnung, ähnlich wie andere Weltorganisationen. Vor allem aber besitzt sie die Netzwerkstruktur einer zentralen Organisation – die FATF selbst – die mit verschiedenen, regionalen Organisationen verbunden ist. Durch diese Struktur werden Entscheidungsprozesse auf wenige Mitglieder beschränkt, während die getroffenen Entscheidungen auf der ganzen Welt übernommen werden. Aber gerade aufgrund der vielfältigen Beziehungen untereinander sind Struktur und Organisation der FATF komplex und es ist schwierig, klare Grenzen der Organisation zu ziehen. Die Umweltbeziehungen der Organisation sind also sehr vielfältig, schon allein weil fraglich ist, wo genau die Umwelt beginnt. Der Begriff der Weltorganisation bindet diese unterschiedlichen Funktionsweisen der Organisationen zusammen und ermöglicht trotz unterschiedlicher Organisationsarten eine umfassende Analyse, die die Bedeutung des Interaktionszusammenhangs von FATF, Regionalorganisationen und einzelnen Ländern unterstreicht.

Dieser Beitrag stellt die Netzwerkstruktur der FATF als eine besondere Form des institutionellen Designs dar, das die Vorteile niedriger Verhandlungskosten mit dem Vorteil vorhandener Hierarchiemuster verbindet. Das globale FATF Netzwerk unterstützt den Einfluss mächtiger Mitgliedstaaten bei der globalen Regulierung. Eine ganz besondere Bedeutung kommt in diesem Zusammenhang den Vereinigten Staaten (USA) zu: Das Land war eine der frühen Befürworter und Unterstützer der Geldwäschebekämpfung, und hat die internationale Kriminalisierung stark vorangetrieben. Durch die Erweiterung des FATF Netzwerkes und der regionalen Gremien (FATF-style regional bodies, FSRBs) könnte jedoch vermutet werden, dass sich der Einfluss der USA im globalen Kontext der Weltorganisation weitestgehend reduziert. Aber wie im Folgenden gezeigt wird, ist es ist es vor allem die Netzwerkstruktur, die dem Land eine zentrale Bedeutung in der globalen und regionalen Verbreitung von FATF Bestimmungen sichert. Das Analysieren und Attestieren von Weltorganisationen heißt also nicht, dass Staaten unwichtig wären.

Im Folgenden werde ich zunächst den Hintergrund internationaler Geldwäschebekämpfung und die zunehmende Wichtigkeit von Geldwäschebekämpfung durch internationale Akteure schildern. Anschließend erläutere ich die Bedeutung von Netzwerken in internationalen Beziehungen und für die Emergenz von Normen und politischer Ordnung. In einem weiteren Schritt stelle ich Daten und Methoden zur Untersuchung des FATF-Netzwerkes vor. Die darauf folgenden Abschnitte stellen die Entstehung, den Ausbau und die Beziehungen der Weltorganisation zur Bekämpfung von Geldwäsche vor. Wie deutlich wird, sind offizielle Mitgliedschaften nur ein Teil wichtiger Arbeit in Weltorganisationen, Hintergrundbeziehungen sind ebenfalls wichtige Elemente der Etablierung gemeinsamer Ordnung. Damit spiegeln Weltorganisationen auch die Beziehungen von Staaten in den internationalen Beziehungen allgemein wider.

8.2 Der Hintergrund internationaler Geldwäschebekämpfung

Geldwäsche ist ein Teil wachsender internationaler Aktivitäten zur Bekämpfung transnationaler Kriminalität, und die Zahl damit verbundener internationaler Vereinbarungen und internationaler Kriminalisierung wächst insbesondere seit den 1990er Jahren. Geldwäsche wurde in die UN-Konvention gegen transnationale organisierte Kriminalität (UN Convention against Transnational Organized Crime) sowie auch das Wiener Übereinkommen zur Drogenbekämpfung von 1988 (UN Convention against Transnational Organized Crime 2000, Art. 6–9; UN 1988) aufgenommen. Dabei spielt Geldwäsche die Rolle eines ‚support crimes‘: Sie erleichtert die Durchführung anderer krimineller Handlungen und ermöglicht, erzielte Gewinne effektiver einzusetzen (vgl. Jakobi 2010b).

Global Governance Studien haben sich häufig mit dem Thema Geldwäsche auseinandergesetzt. So analysierte Reinicke (1997, S. 135–172) das Thema im Hinblick auf die Schaffung von ‚Global Public Policy‘. Sherman (2008) untersuchte die Verbreitung von Geldwäschebekämpfung in Entwicklungsländern und den Einfluss anderer Staaten auf deren Umsetzungsbemühen. Hülsse stellte vor allem die Definition globaler Probleme durch die FATF heraus (Hülsse 2007). Simmons und Drezner beleuchten die Gründung und die Aktivitäten der FATF (Simmons 2000; Drezner 2007). Im Gegensatz zu diesen qualitativen Studien wird dieser Beitrag die Netzwerkstruktur der FATF quantitativ analysieren. Dabei zeigt sich, dass das FATF Netzwerk im Vergleich zu traditionellen Formen institutionellen Design internationaler Organisationen tatsächlich mehr und verschiedene Akteure zusammenbringt, dass in dieser Struktur jedoch implizite Hierarchien vorliegen. Damit wird auch die Frage aufgeworfen, ob diese Form von Global Governance vor allem deshalb effektiv ist, weil sie sich implizit auf die Durchsetzungskraft dominanter Netzwerkteilnehmer stützt.

Drei Merkmale lassen Geldwäschebekämpfung als eine besonders interessante Fallstudie für Global Governance durch Weltorganisationen erscheinen: Erstens sind illegale Geldflüsse besonders schwer zu regulieren. Kriminelle Aktivitäten finden gerade nicht offen statt, sodass es nicht einfach ist, die Zunahme, die Abnahme oder die Entwicklung insgesamt zu überwachen – und damit bleibt der Erfolg von Regulierung weitgehend unklar. Aufgrund der Organisationsform transnationaler krimineller Netzwerke scheint es aber angemessen, dass sich auch die Strategien zu ihrer Bekämpfung auf Netzwerke stützen (Williams 2001, S. 95–97). Zweitens hängt die Definition, ob etwas legal oder illegal ist, traditionell von dem entsprechenden Staat und seiner Geschichte ab. Was heute als kriminelle Handlung gilt, war es früher nicht unbedingt (und umgekehrt), und was in einigen Staaten kriminell ist, ist es in anderen nicht. Internationale Kriminalisierung, Verbrechensbekämpfung und Rechtsdurchsetzung könnten zu einer wesentlichen Veränderung dieser ehemals nationalstaatlichen Voraussetzungen führen, hin zu einem weltweiten Verständnis dessen, welche Aktivitäten als legitim gelten und welche nicht. Drittens ist es damit entscheidend, welche und wessen Werte international vertreten werden und in die Kriminalitätsbekämpfung Einzug finden. Es geht dabei nicht nur um das einfache Einbringen von Interessen der Staaten in internationale Vereinbarungen, sondern um die langfristigen Auswirkungen neuer Definitionen von Kriminalität: Diese begründet letztendlich, was als legitime und was nicht als legitime Aktivitäten angesehen werden soll, und hat damit insbesondere für solche Staaten oder Bevölkerungsgruppen Konsequenzen, die bisher eine andere Definition zugrunde legen. Internationale Kriminalisierung ist schon in diesem sehr konkreten Sinne das Schaffen von Weltordnung und das Ziehen von Grenzen zwischen Legalität und Illegalität. Globale Debatten über Kriminalisierung wirken sich auf eine ehemals zentrale nationalstaatliche Institution aus – die Definition und Verfolgung von kriminellen Handlungen. Aber auch ganze Volkswirtschaften können so schnell zu einer kriminellen Randgruppe avancieren: Besonders Offshore Finanzzentren fanden sich durch die Geldwäschebekämpfung nach jahrelanger Akzeptanz ihrer Bankaktivitäten auf einmal auf der sprichwörtlichen Anklagebank wieder (Hampton und Levi 1999).

Die internationalen Aktivitäten gegen Geldwäsche steigerten sich im Laufe der Jahre, und die Arbeit der FATF nahm dabei die größte Rolle bei der Verbreitung und Umsetzung dieser Maßnahmen ein. Vor der Gründung der FATF wurde Geldwäsche in verschiedenen Staaten unterschiedlich behandelt. Die USA führten bereits in den frühen 1970er Jahren entsprechende Vorschriften ein und zwangen Banken, Transaktionen zu kontrollieren und verdächtige Zahlungen gegebenenfalls nach zu verfolgen. Banken im Ausland unterlagen diesen Bestimmungen nicht und ähnliche Regelungen wurden in anderen Ländern erst eingerichtet, nachdem das Thema auf die internationale Agenda gesetzt wurde. Damit trugen jedoch auch andere Banken die wachsenden Überwachungskosten, die durch Geldwäschebekämpfung entstehen (Simmons 2000, S. 246–248). Die weltweite Schaffung gleicher Bedingungen nützte insbesondere dem US-Bankensektor so auch finanziell. Gemeinschaftliche Bemühungen sind auch deshalb erforderlich, weil im internationalen Bankensektor finanzielle Transaktionen dort stattfinden, wo die besten Bedingungen geboten werden. Nachteile, die sich aus den Anti-Geldwäsche Bestimmungen ergeben, sind eine Abnahme der Vertraulichkeit und des Bankgeheimnisses, aber auch steigende Kosten, die in Zusammenhang mit dem Überwachungsprozess entstehen (Alford 1993/1994). Beide Faktoren können dazu führen, dass Kunden andere Staaten mit anderen Regelungen wählen. Der Kampf gegen Geldwäsche wird demnach nicht vorbehaltlos positiv bewertet, und Staaten mit einem umfassenden Bankensektor wie beispielsweise Offshore Finanzzentren könnten durch weniger strenge Regelungen erhebliche Profite erzielen.

Die ersten Schritte internationaler Geldwäschebekämpfung erfolgten dabei in den späten 1980er und frühen 1990er Jahren; vor allem auch vor dem Hintergrund wachsender und zunehmend integrierter globaler Finanzmärkte. Diese Integration bot nicht nur Chancen für den Einsatz legal erworbenen Kapitals, sondern auch für Gewinne aus illegalen Aktivitäten, wie etwa der organisierten Kriminalität. Gleichzeitig konterkarierten die gestiegenen Möglichkeiten internationaler Kapiteltransaktionen jeden Versuch, Geldwäschebekämpfung ausschließlich national zu bekämpfen. Das Problem illegalen Vermögens in globalen Finanzmärkten wurde dann in den frühen 1990er Jahren durch einen Skandal in Verbindung mit der Bank of Credit and Commerce International (BCCI) besonders deutlich (Simmons 2000, S. 244–245, 249). Die Bank hatte in großem Umfang Geld in illegale Finanzgeschäften investiert und gewaschen. Das Ausmaß von Geldwäsche ist dabei beträchtlich: Frühen Schätzungen zufolge werden jährlich 122 Milliarden US Dollar in Europa und den USA gewaschen, während andere Schätzungen von täglichen Zuflüssen von 1 Milliarde in die Finanzmärkte ausgehen (zitiert in Simmons 2000, S. 245). Zuverlässige Daten sind jedoch schwer zu erhalten: von 1996 bis 2000 errichtete die FATF eine Expertengruppe, die Schätzungen zur Geldwäsche ermitteln sollte, aber diese konnte sich nicht auf eine zuverlässige gemeinsame Methode einigen, sodass aus den Bemühungen keine Daten gewonnen wurden (Reuter und Truman 2004, S. 9; Levi 2002, S. 184).

8.3   Netzwerke als internationale Institutionen

Netzwerke sind eine besondere Form internationaler Institutionen, durch die staatliche, aber auch nichtstaatliche Akteure miteinander verbunden werden und im Zusammenspiel globale Regulierungsprobleme lösen (Börzel 1998; Zürn 1998;

Slaughter 2004, 2000; Reinicke 1997).[2] Netzwerke verkörpern normalerweise soft governance, eine weiche Form der Regulierung, parallel oder zusätzlich zu anderen existierenden internationalen Institutionen. Soft Governance ist heute ein wichtiges Mittel zur Errichtung und Durchsetzung globaler Bestimmungen: Staaten kooperieren in Programmen internationaler Organisationen, nehmen an Peer Reviews teil oder legen freiwillige Verpflichtungen fest, die Staaten und nichtstaatliche Akteure gleichermaßen einbinden (z. B. die Global Compact Initiative).

Netzwerke sind aber auch eine besondere Form des institutionellen Designs: Das Design internationaler Institutionen entspricht dabei den Regulierungsproblemen und den von den Staaten erwarteten Ergebnissen. Unterschiede im Design verschiedener internationaler Institutionen sind dabei nicht zufällig. Sie sind Ergebnis rationaler Entscheidungen von Staaten und anderen Akteuren zur (Koremenos et al. 2001, S. 762). Die grundlegendste Unterscheidung institutionellen Designs ist die zwischen harter und weicher Regulierung (Hard und Soft Law, s. Abbott et al. 2000). Harte Regulierung ist eine bindende, gemeinsame Festlegung, während weiche Regulierung nicht-bindende Formen wie Empfehlungen oder gemeinsame Zielsetzung darstellen. Bei Verhandlungen ergeben sich aus den Eigenschaften harter oder weicher Formen verschiedene, jeweils damit verbundene Vor- und Nachteile: Weiche Vereinbarungen bieten Vorteile, wenn härtere Regulierungen nicht vorliegen oder auch nicht angestrebt werde. Sie reduzieren die Verhandlungskosten, denn im Allgemeinen entstehen durch die Definition, Findung und Überprüfung harter Regulierung höhere Kosten als durch weniger bindende und flexiblere Formen (Abbott und Snidal 2000). Globale Politiknetzwerke beruhen auf ähnlichen Prinzipien: Sie treten üblicherweise als Soft Governance in Erscheinung, und es entstehen nur geringe Kosten bei ihrer Gründung. Aufgaben und Verhandlungen im Netzwerk können weniger festgesetzten Regularien folgen und sind eher problemorientiert und flexibel. Die Informalität und Exklusivität von Netzwerken vereinfachen dies zusätzlich.

Wie für andere internationale Institutionen ist auch für Netzwerke der organisationale Kontext wichtig, also sein Verhältnis zur Umwelt: Es wurde schon früh deutlich, dass die FATF eine weltweite Bekämpfung von Geldwäsche anstrebte. Schon kurz nach ihrer Gründung begann ein Prozess der sukzessiven Regionalisierung ihrer globalen Standards. Dabei nutzte die FATF Mechanismen, wie sie auch in anderen internationalen Verhandlungen oder Organisationen wirken: Staaten nutzen internationale Organisationen, um Konsens über multilaterale Regeln zu erlangen, wie sie als rein bilaterales Abkommen nicht zustande kommen (Abbott

---

[2] Internationale Institutionen werden hier in Anlehnung an Koremenos et al. verstanden (,explicit arrangements, negotiated among international actors that prescribe, proscribe, and/ or authorize behavior', Koremenos et al. 2001, S. 762).

und Snidal 1998, S. 18–19). Insbesondere Club-Modelle internationaler Organisationen können dabei zur sukzessiven Durchsetzung von Standards genutzt werden. wenn Nichtmitglieder der Organisation oder dem Vertrag beitreten möchten, müssen sie dies auf Basis von Standards tun, die sie selbst nicht von Beginn an verhandeln konnten (Stein 2008, S. 211). Dies trifft auch für Netzwerke zu: Obwohl sie keinen formalen Status besitzen, können sie Nichtmitgliedern Beitrittskonditionen vorgeben. Gleichzeitig können insbesondere der informelle Status, die Abwesenheit formaler Verfahrensregeln, Mitgliedsvoraussetzungen und Ähnliches hilfreich sein, um höhere Maßstäbe an potentielle Kandidaten für die Teilnahme am Netzwerk anzulegen als dies bei den ursprünglichen Mitgliedern der Fall war.

Daneben übt die Einrichtung eines zentralen Politiknetzwerkes auch einen entscheidenden Einfluss auf die langfristige Bearbeitung eines Politikbereiches aus: Netzwerke können den Kern nachfolgender formalisierter Institutionen bilden, oder sie können sogar die einzige Koordinationsstruktur bleiben und damit das wichtigste Forum zum Informationsaustausch und zur Regulierung bilden. Damit sind sie eine wichtige Ursache von Pfadabhängigkeit und haben somit einen Einfluss auf den Ablauf späterer Ereignisse (Pierson und Skocpol 2002, S. 701). Deshalb können Staaten auch davon ausgehen, dass sich politische Opportunitäten im Laufe der institutionellen Entwicklung eines Netzwerkes verändern. Das bedeutet auch, dass Staaten, die keine sofortigen und weitreichenden oder gar globalen Veränderungen erreichen können, sich durch Netzwerkbildung Schritt für Schritt darum bemühen können, diese Regelungen zu erreichen und durchzusetzen. Eine Möglichkeit dazu ist, die Akteure mit gleichen Interessen zusammen zu bringen und die Zahl der Mitglieder nach und nach zu erhöhen. Diese zunächst auf die Mitglieder beschränkte Regulierung wirkt sich jedoch bei steigender Mitgliederzahl auch auf die Umwelt des Netzwerkes aus – sowohl durch die Praxis der Mitglieder als auch durch die Bildung eines dominanten Diskurses im jeweiligen Politikfeld. Dies setzte jedoch eine gute Strategie und zentrale, wichtige Staaten als Mitglieder des ersten Netzwerkes voraus. Wie dies gelingen kann, zeigt dieser Beitrag am Beispiel der internationalen Geldwäschebekämpfung. Hier konnte die USA einige Staaten für ihr Regulierungsbemühen gewinnen und nutzte dann ein Politiknetzwerk, um globale Regelungen zu schaffen und deren Einhaltung durchzusetzen.

8.4 Methoden und Daten

Der Beitrag zeigt die Entwicklung der globalen Regulierung im FATF Netzwerk mit unterschiedlichen Methoden. Die Geschichte und der Hintergrund des Netzwerks basiert überwiegend auf deskriptiven Statistiken und einer Dokumentenanalyse. Die Evolution der Netzwerke wird als quantitative Netzwerkanalyse dargestellt

(s. Wassermann und Faust 1994; Knoke und Yang 2008; Scott 2007; Hanneman und Riddle 2005). Diese Methode hat in den internationalen Beziehungen zunehmend an Bedeutung gewonnen (s. Hafner-Burton et al. 2009; Kahler 2009). Netzwerkanalysen werden vor allem in der US-amerikanischen Forschung oft verwendet. In der Konsequenz sind viele Begriffe englisch gepägt und nur schwer oder ungenau ins Deutsche zu übersetzen. Daher nutzt dieser Text teilweise eingeführte Übersetzungen des Begriffes, andere werden aus Gründen besserer Differenzierung im Englischen belassen.

Die im Folgenden präsentierten Netzwerke sind sogenannte one-mode networks, auf beiderseitigen Beziehungen basierende Verbindungen. Die verwendeten Daten für diese Untersuchung wurden den Mitgliedslisten der FATF und den Webseiten der FATF entnommen.[3] Ich unterscheide dabei zwischen der Mitgliedschaft von Staaten, Territorien und Organisationen sowie zwischen verschiedenen Mitgliedstypen (wie Mitglied versus Assoziierte). Die Netzwerkanalyse wird sowohl als Querschnitt wie auch über Zeit durchgeführt, was einerseits die Komplexität der Verbindungen zeigt, andererseits ihre Entwicklung im Laufe der Jahre (Wassermann und Faust 1994, S. 55–56). Der Längsschnitt bezieht sich auf drei verschiedene Zeitpunkte (1990, 2000, 2010). Der Querschnitt bezieht sich auf das Jahr 2010; darin werden insgesamt 263 Mitglieder der FATF und der FSRB Netzwerke, also Staaten, Territorien und Organisationen analysiert. Aufgrund der schwierig zu erhebenden Daten dieser weniger prominenten Mitgliedschaften liegen diese Daten nicht als Längsschnitt vor, ein Vergleich mit den Ergebnissen des Längsschnittes ist jedoch möglich und wird durchgeführt.

Die Analyse wird unter Verwendung von UCInet und Netdraw (Borgatti et al. 2002) zur Erstellung von Statistiken und Graphiken der Netzwerk-Beziehungen durchgeführt. Ich ermittle dabei Zentralitätsmaße des Netzwerkes, basierend auf Kontakt zwischen Mitgliedern innerhalb des Netzwerks oder zwischen verschiedenen regionalen Netzwerken. Die ‚Overall Density' verdeutlicht, wie dicht das Netzwerk insgesamt ist. Ein Wert von 0 % bedeutet keinerlei Verbindung (=kein Netzwerk), ein Wert von 100 % (Maximum) impliziert, dass alle Mitglieder mit allen vernetzt sind. Die ‚Degree Centrality' ermittelt hingegen, wie gut vernetzt einzelne Netzwerkmitglieder sind, die ‚Betweeness Centrality' inwiefern Mitglieder einen wichtigen Kontakt zu anderen, weniger gut vernetzten Mitgliedern bilden. Eigenvektor-Analysen signalisieren, wie nah Mitglieder zu anderen wichtigen Mitgliedern im Netzwerk sind. Geodätische Distanzen (Geodesic Distances) messen den Abstand zwischen den einzelnen Mitgliedern, aber auch wie kompakt (Compactedness) oder fragmentiert (Breadth) das Netzwerk ist.

---

[3] Alle Daten beziehen sich auf den August 2010.

8.5 Die Gründung und Entwicklung der FATF

Die FATF wurde 1989 unter der französischen Präsidentschaft von den damaligen G7 Staaten in Paris ins Leben gerufen.[4] Dabei haben die USA eine entscheidende Rolle gespielt (s. Simmons 2000; Roberge 2009). Während andere Staaten – wie Großbritannien – über einen langen Zeitraum hinweg die Entwicklung von Offshore Finanzzentren unterstützten, bekämpften die USA diese seit den 60er Jahren in der Karibik (Hampton und Levi 1999, S. 651). Schon der 1970 verabschiedete US Bank Secrecy Act (Gesetz über das Bankgeheimnis) verlangte Kundenidentifikationsdaten für alle Konten innerhalb der USA (Levi 1991, S. 249). Seit Inkrafttreten des Money Laundering Control Act im Jahr 1986 (Gesetz zur Überwachung von Geldwäsche) wurde Geldwäsche kriminalisiert, und es folgten weitere Gesetze zur Bekämpfung dieses Vergehens (Reuter und Truman 2004, S. 65, 45–105, 118; Alford 1993/1994). Der Money Laundering Control Act verlangte daneben auch, dass der Präsident der amerikanischen Zentralbank sich mit anderen Zentralbanken über die Verantwortung von Banken im Bereich Geldwäsche verständigen musste. Nach anfänglichem Zögern der anderen Länder stellte schließlich der Basler Ausschuss für Bankenaufsicht 1988 Richtlinien auf, in denen vor allem sogenannte ‚Know-your-customer'-Prinzipien zum Ausdruck gebracht wurden, also eine bessere Kenntnis von Kunden und deren Transaktionen. So sollten verdächtige Transaktionen vermieden und Rechtsdurchsetzung im Bereich Geldwäsche gefördert werden (Reuter und Truman 2004, S. 80).

Im Allgemeinen ist internationale Kriminalitätsbekämpfung ein wichtiges Thema amerikanischer Außenpolitik. Dies ist besonders deutlich in Zusammenhang mit Drogen- oder Terrorismusbekämpfung, aber auch in Bezug auf Korruption und andere Politikbereiche sowie den internationalen Austausch über Rechtsdurchsetzung (Friesendorf 2007; Andreas und Nadelmann 2006; Abbott und Snidal 2002). Als ‚instrumentelle Multilateralisten' wählen die USA internationale Foren sorgfältig und strategisch aus (Foot et al. 2003, S. 266). Das Land verfolgt damit einen pragmatischen und fallspezifischen Ansatz in der Außenpolitik und greift dann auf multilaterale Strategien zurück, wenn sie sinnvoll erscheinen (Luck 2003, S. 27–28, 47). Die USA haben sich immer wieder um internationale Institutionalisierung be-

---

[4] Heutige FATF Mitglieder sind Argentinien, Australien, Belgien, Brasilien, China, Dänemark, Deutschland, Finnland, Frankreich, Griechenland, Großbritannien, Hongkong (China), Island, Irland, Indien, Italien, Japan, Kanada, Niederlande, Luxemburg, Mexiko, Neuseeland, Norwegen, Österreich, Portugal, Russland, Schweden, Schweiz, Singapur, Südafrika, Südkorea, Spanien, Türkei, und die USA, zudem noch die Europäische Kommission und der Gulf Cooperation Council. Den Status als Assoziierte oder Beobachter haben beispielsweise einige FSRBs, Entwicklungsbanken oder internationale Organisationen.

müht, wenn sich ein Gelegenheit bot, andere Staaten in eine gemeinsame Ordnung einzubinden, die amerikanischen Ideen und Interessen entsprach (Ikenberry 2003).

Die Einführung von Anti-Geldwäsche-Regulierungen bei den G7 kann als solch ein Fall von Pragmatismus und strategischem Kalkül angesehen werden. Das amerikanisch dominierte Forum bearbeitete die Kriminalitätsbekämpfung seit den 1980er Jahren (Scherrer 2009) und bot eine gute Gelegenheit, eine weitreichende globale Regelung gegen Geldwäsche anzustoßen. Die FATF wurde dann – formal auf Vorschlag Frankreichs, der aber ursprünglich von den USA eingebracht wurde gegründet, und die Institution umfasste zunächst 16 Mitglieder der Industriestaaten (Gardner 2007, S. 329). Bis heute ist die FATF nur eine temporäre, bei der Organisation für wirtschaftliche Zusammenarbeit und Entwicklung (OECD) untergebrachte Organisation, die sich aus freiwilligen Beiträgen finanziert (Jakobi 2010a). Sie basiert auf Mandaten, die regelmäßig verlängert werden müssen. Das aktuelle Mandat endet 2012 und wurde 2008 einer Zwischenbewertung unterzogen (FATF 2004, 2008c). Die Arbeit der FATF findet in zahlreiche Plenarsitzungen im Lauf des Jahres statt, diese werden von Beamten der Finanzaufsicht, Strafverfolgungs- und Polizeibehörden sowie Beamten nationaler Wirtschafts- und Justizministerien besucht (Levi und Gilmore 2002, S. 95). Gegenwärtig hat die FATF 34 Mitgliedstaaten plus zwei regionale Organisationen.

Zentrales Ziel der FATF ist eine Kriminalisierung von Geldwäsche und eine damit verbundene stärkere Verfolgung dieses Vergehens. Sie erhöht auch die Verantwortung der Wirtschaft, z. B. der Banken, bei Anti-Geldwäsche-Maßnahmen. Während Geldwäsche dabei zunächst vor allem im Zusammenhang mit Drogenhandel gesehen wurde, fand später eine Erweiterung auf andere Delikte und Geldwäsche allgemein statt, ab 2001 auch durch Terrorismusfinanzierung ergänzt. Die Grundsätze der Geldwäschebekämpfung stützen sich auf die ‚40 Recommendations‘, Empfehlungen, die seit 1990 herausgegeben und mehrfach ergänzt und überarbeitet wurden (Gardner 2007, S. 329–332). Neben der Ausarbeitung und Umsetzung der Empfehlungen untersucht die FATF Trends und Methoden im internationalen Umfeld der Geldwäsche und veröffentlicht Typologien, Sammlungen von Fallstudien und Ermittlungsergebnissen, die veröffentlich werden, um typische Geldwäsche-Aktivitäten zu erkennen und in den Empfehlungen oder der Umsetzung darauf regieren zu können (FATF 2005, S. 1–2). Seit der Überarbeitung des Mandats von 2008 umfassen die Aktivitäten auch die Überwachung von Finanzierung zur Waffenbeschaffung (Proliferation) (FATF 2008c, S. 2–4, 2008d).

Die 40 Empfehlungen bilden den Mittelpunkt und das zentrale Instrument der FATF zur weltweiten Etablierung von Geldwäschebekämpfung. Wie die FATF selbst verkörpern sie eine weiche Governance-Form, da sie offiziell nicht bindend sind. Mit ihrer Hilfe wird versucht, Geldwäsche zu verhindern und sie strafrechtlich zu verfolgen. Sie umfassen vier Hauptgebiete: Erstens fokussieren sie das nationale Gesetzgebung und verlangen eine Kriminalisierung von Geldwäsche in den einzelnen Staaten. Zweitens zählen sie Maßnahmen auf, die von Finanzinstituten und damit verbundenen Sektoren ergriffen werden sollen, beispielsweise die Meldung verdächtiger Transaktionen. Drittens untersuchen sie institutionelle Voraussetzungen und weitere Maßnahmen zur Verhinderung von Geldwäsche, und viertens definieren sie die notwendige internationale Zusammenarbeit (FATF 2003). Die ersten Empfehlungen wurden 1990 eher flexibel und weniger präzise formuliert, um sehr unterschiedlichen rechtlichen Traditionen der Staaten Rechnung zu tragen. Aufgrund neuerer Trends und neuerer Erkenntnisse über Geldwäsche wurden sie 1996 und 2003 überarbeitet und präzisiert. 2001 wurden sie durch den neuen Schwerpunkt Terrorismusfinanzierung ergänzt, der insbesondere auf Wunsch der USA hinzukam (Gardner 2007, S. 329–332).

Die Empfehlungen sind an ein strenges Peer-Review-Verfahren geknüpft. FATF Mitglieder müssen jährlich eine Selbstbewertung einreichen, und sie werden regelmäßig durch andere Mitglieder und das Sekretariat begutachtet. Im Falle fehlender Umsetzung werden die festgestellten Mängel auf FATF Meetings, bei andauerndem Mangel auch in offiziellen Mitteilungen oder durch hochrangige, in das Land entsandte Delegation kommuniziert. Ein Instrument der FATF ist die Empfehlung 21, die zu einer bindenden Forderung an Banken führen kann, alle finanziellen Transaktionen in und aus verschiedenen Staaten genau nachzuverfolgen. Diese Maßnahme erschwert den Zugang zu den wichtigsten Kapitalmärkten für Geschäftsleute und die Bevölkerung dieser Staaten beträchtlich und hat sich bereits mehrmals als eine wirksame Sanktionsdrohung erwiesen. Daneben kann die FATF auch den Mitgliedstatus widerrufen (Levi und Gilmore 2002, S. 96; FATF 2008c, S. 2; Gardner 2007, S. 333). Obwohl sie nicht bindend sind, werden FATF Bestimmungen somit streng durchgesetzt. So wurden der Türkei Mitte der 1990er Jahre Sanktionen angedroht, was zu einer Gesetzesänderung im Bereich Geldwäschebekämpfung führte. Für Österreich wurde die Rücknahme der Mitgliedschaft erwogen, aufgrund langen Widerstandes gegen die international erforderliche Abschaffung anonymer Bankkonten (Levi und Gilmore 2002, S. 101). Schließlich änderte Österreich diese Praxis und blieb Mitglied.

Doch während sich diese Beispiele auf Mitglieder der FATF beziehen, so war doch ein wichtiger Punkt bei der weltweiten Einführung von FATF Bestimmungen die Schaffung von FATF-ähnlichen regionalen Organisationen, den sogenannten FATF-style regional bodies (FSRBs). Diese sind regionale Netzwerke von Staaten, in welchen die Implementierung von FATF Empfehlungen überwacht werden – ähnlich wie das in der FATF selbst geschieht. Sie sind weltweit zu finden, von Europa über Asien, den Pazifikraum, die Karibik, Afrika und Nahost. Während sich

Abb. 8.1 Mitglieder im
Netzwerk der FATF und
FSRBs. (Quelle: eigene
Berechnungen (ohne
Doppelmitgliedschaften))

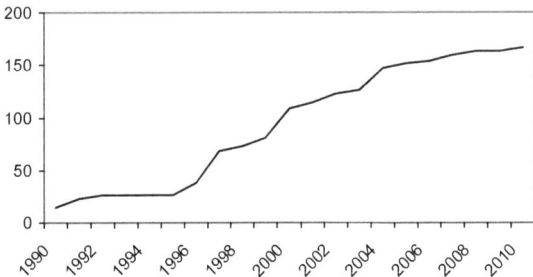

die Anzahl der FATF Mitglieder kaum erhöhte, führte die Regionalisierung der Aktivitäten ab 1990 jedoch zu einer weit höheren Zahl von Ländern, die in internationale Geldwäschebekämpfung eingegliedert sind. Heute sind es etwa 170 Staaten bzw. 177 Jurisdiktionen.[5] Die Analyse dieser Mitgliederentwicklung zeigt also eine deutliche Zunahme seit den 1990er Jahren (s. Abb. 8.1). Die Verlaufskurve zeigt vor allem ein ‚clustered adoption pattern' – eine deutliche höhere Rate von Mitgliedschaften innerhalb eines kleineren Zeitfensters. Dies bildet die Regionalisierung ab und spiegelt die Zeitpunkte der Gründung einzelner FSRBs: 1990 wurden nur die FATF und die Caribbean Financial Action Taskforce (CFATF) gegründet. Anti-Geldwäsche-Regelungen wurden in den späten 1990er Jahren verbreitet durch die Asian Pacific Group on Money Laundering (APG, gegründet 1997) und Moneyval, die Eastern and South African Anti-Money Laundering Group (ESAAMLG, gegründet 1999) und die Intergovernmental Group against Money Laundering in Africa (GIABA, gegründet 1999). Das vergangene Jahrzehnt verzeichnete eine zusätzliche Zunahme durch die Grupo de Accion Financiera de Sudamerica (GAFISUD, gegründet 2000), die Eurasian Group (EAG, gegründet 2004) und die Middle Eastern and North Africa Financial Action Taskforce (MENAFATF, gegründet 2004).

Während das Netzwerk der FATF und der FSRBs sich fast auf die ganze Welt erstreckt, sind auch diejenigen Staaten den Review-Prozeduren unterworfen, die nicht Mitglieder sind. Seit den späten 1990er Jahren wurden diese Staaten einer Begutachtung unterzogen. Dies geschah vor allem im Rahmen des sogenannten Non-Cooperative Countries and Territorries (NCCT) Prozess, dessen erster Bericht im Jahr 2000 herausgegeben wurde. Er bestand aus einem allgemeinen Teil, der schädliche Praktiken auflistete, wie z. B. Gesetzeslücken im Finanzsystem, unzureichen-

---

[5] Einige Jurisdiktionen, beispielsweise Macao oder Hongkong, habe eine eigenständige Mitgliedschaft, obwohl sie Teil eines Landes sind, das ebenfalls Mitglied ist. Dies betrifft üblicherweise diejenigen ehemalige Kolonien, die auch gleichzeitig ein größeres Finanzzentrum sind.

der Kunden-Identifikation oder unzulänglicher internationaler Kooperation sowie aus einem zweiten Teil mit einer Liste derjenigen Staaten, in denen diese Praktiken festgestellt wurden (FATF 2000). Es wurden dabei jedoch keine streng ,objektiven' Kriterien angesetzt, sondern der Fokus wurde auf „Finanzzentren, deren Aktivitäten sich in Art und Umfang so darstellen, dass sie durch Mängel in ihrem System bestehende Anti-Geldwäsche-Regelungen unterlaufen könnten" gerichtet (FATF 2000, S. 6, Übersetzung APJ).

Im Anschluss an den NCCT Bericht von 2000 untersuchte die FATF bis 2001 eingehend 47 Staaten und Territorien. Die Untersuchung ergab, dass 23 Staaten als nicht-kooperativ eingestuft und in den folgenden Jahren überwacht wurden (FATF 1993, S. 2, 13). Einige dieser Staaten waren weder Mitglieder der FATF, noch haben sie die Empfehlungen unterzeichnet, dennoch handelte es sich beim NCCT Prozess um eine ,Naming and Shaming'-Strategie gegenüber diesen Ländern, die von Gegenmaßnahmen und Sanktionen begleitet wurde (FATF 2000, S. 7–9). Maßnahmen beinhalteten die Anforderung, dass Finanzinstitute jeden Kunden, der in diesen Staaten ein Konto unterhielt, vor jedweder geschäftlicher Aktivität identifizieren mussten; oder allen Finanzaktionen zu einen NCCT hin oder von dort ausgehend eine besondere Aufmerksamkeit widmen müssen. Außerdem können Finanztransaktionen mit Instituten in diesen Staaten an weitere Bedingungen geknüpft, eingeschränkt oder verboten werden. Während die FATF die Überwachung im NCCT Prozess mit der globalen Dimension des Geldwäsche-Problems und dem Einfluss, den einige wenige Staaten auf das gesamte Finanzsystem haben können rechtfertigte, wurde der Prozess auch kritisiert, weil dabei ein Klub von Staaten Nichtmitgliedern die Einhaltung ihrer Regeln auferlegte (FATF 2000, S. 1; Levi und Gilmore 2002, S. 103–104). Daher wurden nachfolgende Untersuchungen teilweise an multilaterale Institutionen wie etwa den Internationalen Währungsfonds (IWF) oder die Weltbank abgegeben (Gardner 2007, S. 339–340; Reuter und Truman 2004, S. 164–168). Diese Institutionen sind heute Mitglieder fast aller Teile des FATF und FSRB Netzwerks.[6]

Alles in allem stellt die FATF mit ihren Regelungen und ihren angeschlossenen Gremien einen großen Erfolg einer weichen Governance-Form dar, die jedoch mit harten Instrumenten durchgesetzt wird. Bis heute ist keine der Empfehlungen im strikten Sinne gesetzlich bindend, aber die FATF und die FSRBs haben Überwachungsmechanismen und Sanktionen etabliert. Gleichzeitig wurde das Mandat der FATF ständig erweitert und wird als effektives Instrument für immer mehr

---

[6] Bis 2008 wurden alle Länder von der Liste genommen, nachdem sie entsprechende nationale Gesetzte erlassen hatten und die Compliance mit den FATF Empfehlungen herzustellen. Mittlerweile existieren wieder Listen auffälliger Staaten, eine kürzlich veröffentlichte nannte besonders den Iran (FATF 2010).

Bereiche eingesetzt, wie beispielsweise die Terrorismus- und Proliferationsfinan-
zierung. Das FATF und FSRB Netzwerk ist also eine nicht-bindende Institution, die
Einfluss sowohl auf Mitglieder als auch Nichtmitglieder ausübt. In diesem Sinne
ist es eine Weltorganisation mit klarem, selbstgeschaffenen Mandat für weltweiten
Wandel, und dem Bestreben, eine einheitliche Ordnung im Bereich Geldwäschen-
bekämpfung zu schaffen. Von besonderem Interesse ist jedoch die Struktur dieses
weltweiten Netzwerkes. Obwohl keine formale Hierarchie besteht, so gibt es doch
mehr oder weniger wichtige Mitglieder, von denen sich die USA deutlich abheben,
sowohl was den Hintergrund der Organisation als auch deren Politikentwicklung
angeht. Vor allem, wie die folgenden Abschnitte zeigen werden, sorgt die weiche
und flexible Struktur des Netzwerks dafür, dass die USA und andere FATF Mitglieder ihren Einfluss weltweit geltend machen können. Das institutionelle Design der
bestehenden Anti-Geldwäsche-Regelungen kommt demnach dem ursprünglichen
US-amerikanischen Bemühungen um eine effektive globale Regulierung entgegen.

8.6 Wachstum und Entwicklung des FATF und FSRB Netzwerks

FSRBs wurden seit den 1990er Jahren mit wachsender Zahl und Verbreitung in
den verschiedenen Regionen der Welt eingerichtet. Die Mitgliedschaft kann sich
auch auf Organisationen erstrecken, und es gibt Vollmitglieder, Assoziierte und Beobachter. Nach den von der FATF vorgegebenen Regularien ist die Mitgliedschaft
von Indikatoren wie der Größe der Volkswirtschaft und des Bankensektors, der
Zustimmung des Staates zu Anti-Geldwäsche-Regelungen und auch von Überlegungen im Zusammenhang mit einer geographischen Ausgewogenheit in der Organisation abhängig (FATF 2008a). Assoziierte und Beobachter können akzeptiert
werden, wenn sie dem Wesen nach zwischenstaatlich oder international, nicht aber
wenn sie private Einrichtungen sind. Außerdem wird Zustimmung zu den FATF-
Bestimmungen gefordert, auch die globale Präsens der FATF soll durch die Aufnahme erweitert werden, und es wird unter anderem auch gegenseitiger Informationsaustausch erwartet (FATF 2008b). Die Unterscheidung in FATF und regionale
FSRBs ermöglicht eine effektive und regional differenzierte Strategie zur Implementierung universeller Standards. Sie trägt aber auch einen einseitigen Charakter, da die FATF Regelungen festlegt, und diese dann von den regionalen Gremien
implementiert werden. Die FSRBs hingegen wurden nicht zuletzt auch maßgeblich
von FATF Mitgliedern initiiert.

Die Errichtung der regionalen Organisationen hat damit aber zur effektiven
Verbreitung von Club-Standards mittels einer flexiblen Netzwerkstruktur beigetragen. In fast allen Fällen sind FSRBs alleinstehende Netzwerke, nur die Moneyval

Tab. 8.1 Mitglieder, Assoziierte und Beobachter im Netzwerk von FATF und FSRBs. (Quelle: eigene Berechnungen, August 2010)

	All	FATF	APG	CFATF	EAG	ESAA-MLG	GAFI-SUD	GI-ABA	MENA-FATF	MONEY-VAL
Staaten	170	33	39	29	18	16	16	15	18	62
Territorien	14	3	5	9	0	0	0	0	0	1
Organisationen	53	30	23	19	11	11	5	0	0	12

ist an eine internationale Organisation angeschlossen, den Europarat.[7] Normalerweise geht die FSRB-Mitgliedschaft eines Staates mit der Anerkennung der FATF Empfehlungen und den Vorschriften des jeweiligen FSRB einher. In einigen Fällen erfolgten die Mitgliedschaften in einem FSRB, ohne dass ein entsprechendes Memorandum unterzeichnet wurde (z. B. Mexiko in der CFATF), andere Länder wurden überprüft, bevor sie Mitglied eines FSRB wurden (Monaco vor dem Beitritt zu Moneyval). GIABA und MENAFATF nehmen ausschließlich Vollmitglieder auf. Alle anderen FSRBs hingegen sind gegenseitig vernetzt, sowohl dadurch, dass sie Assoziierte bei anderen FSRBs sind, als auch durch die Mitgliedschaft einzelner Länder in mehreren Organisationen: Staaten können Mitglieder der FATF und gleichzeitig Mitglieder oder Beobachter in einem anderen FSRB sein. In dieser Hinsicht fallen die USA dadurch auf, dass sie Mitglied in FATF und APG sind und gleichzeitig Assoziierte oder Beobachter bei allen FSRBs, die diesen Status zulassen, womit sich sieben Mitgliedschaften ergeben. Frankreich und Großbritannien gehören sechs Netzwerken an, Russland und Kanada fünf und bilden damit zusammen die Gruppe, die in den meisten Bereichen der FATF und FSRBs vertreten ist.

Aber auch Jurisdiktionen und internationale Organisationen können Mitglieder oder Assoziierte des Netzwerks sein. Jurisdiktionen sind üblicherweise nur einem oder zwei Organisationen angeschlossen, während Organisationen Mitglied in mehreren sein können. So haben die UN und die Weltbank einen Beobachter-Status in sieben Gremien und sind dadurch am weitesten integrierten internationalen Organisationen, gefolgt von Interpol und dem IWF, die beide Assoziierte von sechs FSRBs sind. In Tab. 8.1 wird der Umfang des FATF und FSRB Netzwerks dargestellt. Insgesamt sind 170 Staaten entweder Mitglieder des Netzwerks oder Beobachter in einer der Organisation, von Afghanistan bis zum Vatikan. Das Ergebnis ist eine beeindruckende weltweite Verbreitung von Staaten und Organisationen, die FATF Regelungen anwenden – und dies innerhalb von rund 20 Jahren.

---

[7] Moneyval wurde 1997 als Komitee PC-R-EV des Europarates gegründet und später umbenannt.

Tab. 8.2 Längschnitt des FATF and FSRB Netzwerkes (nur Staaten). (Quelle: eigene Berechnungen, August 2010)

Netzwerkmaße	1990	2000	2010
Anzahl der analysierten Akteure	193	193	193
Anzahl der FATF or FSRB Mitglieder	15	109	167
Anzahl der Ties	210	2134	4228
Overall Density	0.0057	0.0583	0.1163
Maximum Degree Centrality	0.078	0.214	0.344
Maximum Betweeness Centrality	0	0.005	0.132
Eigenvektor Analysen			
Maximum	0.258	0.229	0.197
Minimum	0	0	0
Mittelwert	0.02	0.033	0.041
Standardabweichung	0.069	0.064	0.059
Centralization Index (in %)	36.49	30.09	23.93
Geodesic Distances			
Mittlere Distanz	1	1.402	1.979
Compactness	0.006	0.072	0.22
Breadth	0.994	0.928	0.78

Die quantitative Netzwerkanalyse kann das Wachstum der Interaktion und die Errichtung von komplexen Netzwerkstrukturen im Detail und über einen Zeitraum hinweg analysieren (s. Tab. 8.2). Insgesamt umfasst das zugrunde liegende Datenset 193 Staaten, von denen 15 1990 FATF-Mitglieder waren (ohne die EU-Kommission einzurechnen). Im folgenden Jahrzehnt wuchs nicht nur die FATF, sondern es wurden auch zahlreiche FSRBs errichtet, und die Zahl wuchs auf 167 Staaten im Jahr 2010 an. Damit verbunden vergrößerte sich auch die Anzahl der Verbindungen (Ties) untereinander, von 210 im Jahr 1990 auf heutige 4228. Dabei gibt es auch eine wachsende Anzahl von Doppelkontakten (Jahr 2000: 26; Jahr 2010: 80), was bedeutet, dass einige Staaten häufigere und in verschiedenen Foren stattfindende Kontakte pflegen. Zentralitäts- und Dichtemaße belegen, dass das Netzwerk im Lauf der Zeit immer integrierter wurde: Da die FATF sich 1990 nur aus einer kleinen Gruppe zusammensetzte, führte das zu einer Dichte von nur 0,0057; aktuell beträgt der Wert 0,1163. Dies bedeutet, dass 11.67 % aller theoretisch möglichen Kontakte zwischen allen Staaten bestehen.

Der Wert für den höchsten Grad an Zentralität ist im Lauf der Jahre angestiegen, was bedeutet, dass Akteure innerhalb des Netzwerks in wichtige Positionen gelangten: Nachdem bei der Gründung 1990 die Zentralität aller FATF Mitglieder im

Netzwerk gleich war, wurden in den darauffolgenden Jahren einige auch Mitglieder anderer FSRBs, und das Gesamtnetzwerk expandierte. Dies rückt jene Staaten ins Zentrum, die Mitglied in mehr als einem Netzwerk sind, da sie zu vielen anderen in Verbindung stehen (degree centrality) oder da sie zwischen anderen Staaten eine Verbindung schaffen (betweeness centrality), insbesondere zwischen denjenigen, die selbst nur wenige Verbindungen haben. Die höchste Degree Centrality zeigten im Jahr 2000 mit 0,214 Australien, Japan, Neuseeland, Singapur und die USA. Die höchste Betweeness Centrality wiesen in diesem Jahr Brasilien, Mexiko und Argentinien mit 0,005 auf, da sie offenbar wichtige Knotenpunkte für Staaten in Lateinamerika darstellen. An zweiter Stelle folgten dicht Australien, Japan, Neuseeland, Singapur und die USA (0,004), also die Staaten, die auch den höchsten Wert bei der Degree Centrality haben. Damit wurde bereits 2000 ein erster Wandel im Netzwerk deutlich, jedoch blieben die zentralen Positionen im Netz der Staaten weiterhin vorrangig FATF Initiatoren vorbehalten.

Die Situation änderte sich 2010 weitgehend: Den höchsten Wert der Degree Centrality weist Russland mit 0,344 auf; China ist mit 0,339 an zweiter Stelle. Die Staaten mit dem höchsten Wert aus dem Jahr 2000 (aber zusätzlich noch Kanada und Südkorea), stehen nun an dritter Stelle und weisen einen Wert von 0,307. Die hohen Werte für Russland und China können mit der Mitgliedschaft in drei verschiedenen Gremien, der FATF, EAG und Moneyval (bzw. FATF, APG und EAG) erklärt werden, während die anderen genannten Staaten nur zwei Mitgliedschaften haben. Russland hatte im Jahr 2010 mit 0,132 den höchsten Wert der Betweeness Centrality, gefolgt von China mit 0,028. Damit entsteht der Eindruck, dass diese Staaten im FATF Netzwerk inzwischen eine wichtige Rolle spielen und dass sie mit vielen anderen Staaten verbunden sind, auch zu denjenigen, die zu weit weg oder zu schwer erreichbar sind für andere. Gleichzeitig sind die Staaten, die früher die höchsten Betweeness Werte innehatten (Argentinien, Brasilien, Mexiko) mit 0,013 auf den dritten Rang zurückgefallen.

Eigenvektor-Analysen ergeben Daten über die Zentralisierung des Netzwerks, indem die Distanz zwischen den Mitgliedern untersucht wird, dabei wird berücksichtigt, dass eine etwas größere Distanz zu einem wichtigen Mitglied wichtiger sein könnte, als eine geringere Distanz zu einem isolierten Mitglied: Die Berechnungen zeigen, dass der maximale Eigenwert im Lauf der Zeit von 0,258 auf 0,197 gesunken ist, was bedeutet, dass die zentralen Staaten relativ an Bedeutung verlieren. Dies ist konform mit den anderen Zentralitätsmaßen. Die Eigenwerte zeigen allerdings leichte Unterschiede bezüglich der Identifikation der zentralen Staaten in einigen Jahren: 1990 hatte jedes FATF Mitglied den maximalen Wert von 0,258, während alle anderen einen Wert von 0 hatten. Diese Dichotomie entsteht durch die sehr hohe Standardabweichung vom Mittelwert. Im Jahr 2000 steht mit Australien, Kanada, Japan, Neuseeland, Singapur und den USA eine Gruppe mit einem Eigenwert von 0,229 an erster Stelle. Die Werte anderer liegen bei 0,169 (Argentinien, Brasilien, Mexiko) oder niedriger. 2010 hatte China mit 0,197 den höchsten Wert, während die Gruppe, die davor an erster Stelle war nun mit einem Eigenwert von 0,191 auf dem zweiten Platz (inzwischen einschließlich Indien) liegt. Russland weist nur einen Wert von 0,121 auf und steht damit mit einer Gruppe anderer Staaten an dritter Stelle. Gleichzeitig fällt im Lauf der Zeit der Centralization Index: Dies bedeutet, dass die Abhängigkeit des Netzwerks von zentralen Akteuren sinkt, was wiederum auf einen sinkenden Einfluss der ursprünglichen Initiatoren des Netzwerkes deutet.

Im Allgemeinen müssen jedoch die Eigenwerte für die Jahre 2000 und 2010 mit Vorsicht interpretiert werden: genauere Analysen zeigen, dass der erste Faktor der Eigenvektor Analyse nur zwischen 23 und 21 % der Varianz der gemessenen Distanz erklärt. Dies ist ein niedriger Wert und könnte ein Hinweis darauf sein, dass gewichtete Distanz (Eigenvektoren, Eigenwerte) in diesem Netzwerk nicht das beste Zentralitätsmaß und nicht das am besten geeignete statistische Modell zur Untersuchung dieses Netzwerks ist (vgl. Hanneman und Riddle 2005, Kap. 10). Ein besserer Indikator ist daher die geodätische Entfernung (Geodesic Distances), die die minimale Entfernung zwischen einem beliebigen Paar von Staaten misst. Während 1990 alle Netzwerkmitglieder direkt miteinander verbunden waren, zeigen die späteren Jahre ein Wachstum der durchschnittlichen Distanz, konform mit der Expansion des Netzwerks. Die ansteigenden Werte für ‚Compactedness' signalisieren, dass das Netzwerk im Lauf der Zeit dichter und gleichmäßiger wird, der Wert für ‚Breadth' zeigt an, dass es sich gleichzeitig vergrößert und die Fragmentierung der Akteure abnimmt.

Insgesamt zeigen die Werte, dass das FATF Netzwerk im Lauf der Zeit weiter und dichter wurde, aber auch dass die Staaten in dieser internationalen Institution keineswegs gleich sind: Einige Staaten nehmen eine sehr zentrale Position ein, während andere in ihrer Bedeutung an der Peripherie bleiben, auch wenn sie alle formal den Mitgliedsstatus inne haben. Governance-Netzwerke können also ein großes Maß an Hierarchie aufweisen. Allerdings haben die Ergebnisse auf den ersten Blick auch einige unerwartete Entwicklungen gezeigt, insbesondere die wachsende Bedeutung von China und auch Russland als zentrale Akteure im Vergleich zur zweiten oder gar dritten Position der USA und anderer FATF Mitglieder. Ehemalige Kolonialmächte wie Frankreich oder Großbritannien wurden im Lauf der Zeit unwichtiger. Dies erscheint ein unerwartetes Ergebnis, vor allem im Hinblick auf die Bedeutung der USA und anderer Staaten bei der Gründung der FATF. Es erstaunt auch im Hinblick auf die wichtige Rolle, welche die USA immer noch bei der täglichen Arbeit der FATF spielen (vgl. Drezner 2007, S. xi–xii für ein Beispiel).

8.7 Informalere Beziehungen im Netzwerk der FATF und FSRBs

Das FATF Netzwerk ist komplex und hat sich im Lauf der Zeit bemerkenswert erweitert: Es hat eine flexible Struktur, nutzt weiche Governance Formen in Verbindung mit starkem Monitoring und verbindet globale Standards dabei mit regionaler Implementierung. Der Kern des Netzwerkes, die FATF selbst, adressiert die Welt und umfasst sie organisatorisch durch die FSRBs auch. Die Weltordnung wird dabei durch das Setzen und Überprüfen globaler Standards hergestellt, auch diese im Zusammenspiel von globaler zu regionaler Ebene. In dem Netzwerk spielt dabei jedoch auch die Informalität der Beziehungen eine große Rolle. Sie wird deutlich in den wenigen Regeln, die die FATF sich selbst gibt, in der eher politischen Bestimmung von NCCTs, aber vor allem auch in den Beziehungen und dem Informationsfluss der Staaten untereinander. Wie oben dargestellt, besteht das Netzwerk der FATF und der FSRBs nicht nur aus den bereits untersuchten Ländergruppen, sondern beinhaltet auch die Beziehungen zu Assoziierten oder Beobachtern sowie deren Beziehungen untereinander. Insgesamt umfasst das größere Netzwerk Beziehungen zwischen 193 Staaten (von denen 170 Netzwerkmitglieder oder Beobachter sind), 14 Territorien und 53 Organisationen (alle Mitglieder oder Beobachter). Es gibt viele Beziehungen, die verschiedene Bereiche des Netzwerks umfassen: FSRBs sind mit der FATF verbunden, z. B. als Assoziierte oder Beobachter, aber FATF-Mitgliedstaaten können auch FSRBs angehören; und die FATF kann bei anderen assoziiert sein.

Abbildung 8.2 zeigt diese Verbindungen graphisch, links nur die Mitgliedsländer, rechts inklusive der Assoziierten und Beobachter. Dabei wird deutlich, dass das Netzwerk der Mitglieder wesentlich unverbundener erscheint, als es die umfassendere Analyse der Hintergrundbeziehungen von Mitgliedern, Assoziierten und Beobachtern zeigt. Deren Berücksichtigung führt bei der Netzwerkanalyse zur Verdeutlichung der eher informalen Beziehungen zwischen Netzwerkmitgliedern. Gerade die Informalität von Austausch und Beziehungen untereinander werden oftmals als die besonders positiven Eigenschaften von Netzwerken genannt (e.g. Slaughter 2004; Reinicke 1997). Die FATF und FSRBs bilden keine Ausnahme: Anhand der quantitativen Analyse kann wir dabei besonders gut beobachtet werden, wie sich die offizielle Struktur von Mitgliedsländern von zusätzlichen Hintergrundbeziehungen abhebt.

Dies kann auch für einzelne Länder gezeigt werden, und wieder sind die USA in dieser Hinsicht ein wichtiges Beispiel. Der erste FSRB wurde 1990 in der Karibik gegründet – die Caribbean Financial Action Task Force (CFATF). Die USA waren niemals Mitglied in der CFATF, sind jedoch mit einem Assoziierten-Status verbunden. Dieser Status spiegelt jedoch kein mangelndes Interesse an der Karibik

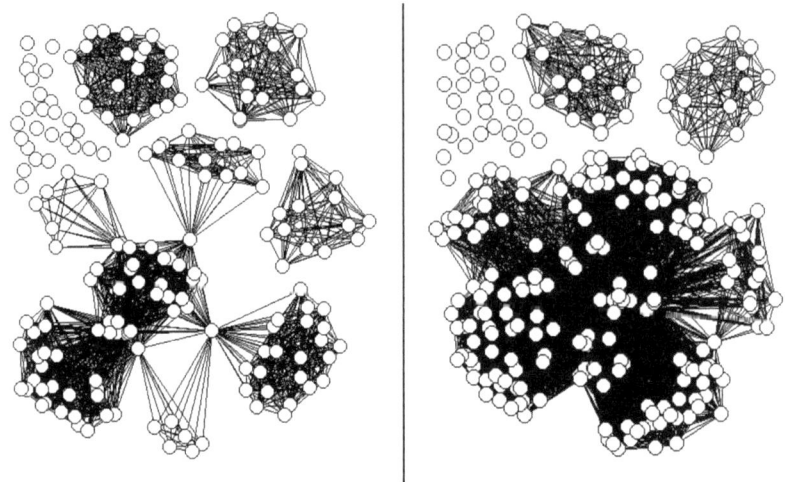

Abb. 8.2 Mitgliedschaften und Hintergrundbeziehungen im Netzwerk der FATF (2010). (Quelle: eigene Berechnungen, August 2010)

wieder: Schon in den frühen 1980er Jahren versuchten die USA ihre Anti-Geld-wäsche-Regelungen – besonderer Zugang zu Finanzinformationen – auf Banken mit Niederlassungen in der Karibik anzuwenden. Nachdem dies verweigert wurde, setzte ein US-Gericht die Gerichtskosten auf 2 Millionen US-Dollar fest, verbunden mit der Drohung, US Vermögen der Bank einzufrieren. Internationaler Protest hinderte die USA damals daran, diese Strategie weitläufig zu verfolgen, aber karibische Staaten traten in der Folgezeit bilaterale Verträge zur Justizzusammenarbeit ein. Die USA machten auch Zollzugeständnisse abhängig von der Kooperation bei Maßnahmen gegen Geldwäsche (Helleiner 1999, S. 73). Durch die Errichtung von globalen Regelungen durch die FATF und die nachfolgende Errichtung von FSRBs wurden solche unilateralen und bilateralen Aktivitäten redundant. An deren Stelle tritt nun das Bestreben, einen Weltstandard umzusetzen, und die beauftragte Weltorganisation, das FATF-Netzwerk, besitzt gerade durch seinen universellen Anspruch und seine weltweite Verbreitung ein höheres Maß an Legitimität, als dies der USA und ihrer nationalen Politik der Geldwäschebekämpfung alleine zukam (hierzu auch Ahrne und Brunsson, in diesem Bd.).

In Anbetracht der verschiedenen Rollen von Mitgliedern und Beobachtern weltweit zeigt sich auch, dass einige Akteure wesentlich mehr Verbindungen zu Staaten und Organisationen haben als andere. Die quantitative Untersuchung des erweiterten Netzwerkes zeigt dies im Detail: Im Vergleich zum Mitgliedernetzwerk im Jahr

2010 erhöht sich die Anzahl der untersuchten Akteure dann auf 263, wobei alle 193 Staaten enthalten sind, aber auch Territorien, internationale Organisationen und Assoziierte. Insgesamt sind 240 Akteure entweder Mitglied oder sind auf andere Weise dem Netzwerk assoziiert. Die ‚overall density‘ beträgt 0,2244 und ist damit wesentlich höher verglichen mit dem Netzwerk, das nur Mitglieder einschließt. Wenn die Stärke der Kontakte zwischen Akteuren einbezogen wird, erhöht sich die gewichtete Dichte auf 0,5505. Während dieses Netzwerk also größer und dichter ist als das nur aus Mitgliedern bestehende, zeigt es auch höhere Zentralitätsmaßwerte: die höchste ‚Degree Centrality‘ beträgt 0,774, die höchste ‚Betweeness Centrality‘ 0,030. Die prominenten Akteure im Hintergrundnetzwerk sind also zentraler also die prominenten Akteure im Netzwerk der Mitgliedsstaaten. Diese hohen Werte werden von der USA erreicht, an zweiter Stelle folgt Großbritannien mit Werten von 0,744 (Degree Centrality) und 0,025 (Betweeness Centrality). Auch internationale Organisationen wie die Weltbank, die UN oder der IMF erreichen ähnlich hohe Werte, allerdings sind diese nicht ganz vergleichbar, weil der Zugang zu anderen internationalen Institutionen für internationale Organisationen de facto – und in diesem Fall auch aus statistischen Gründen[8] – nicht ganz vergleichbar ist mit dem Zugang, den einzelne Länder zu diesen Foren bekommen (Tab. 8.3).

Die Staaten, die im Netzwerk der Vollmitglieder im Jahr 2010 besonders prominent sind, zeigen in dem eher informellen Netzwerk deutlich niedrigere Werte – Russland und China (beide 0,542; 0,006). Diese beiden Staaten sind in den Hintergrundbeziehungen des Netzwerkes also deutlich schwächer. Die Eigenwerte unterstützen diese Ergebnisse[9]: Der maximale Wert ist hier niedriger als beim Mitgliedsnetzwerk und gehört nun ebenfalls zur USA. Zentraler Akteur im Mitgliedsnetzwerk ist China, das hier (ebenso wie Rußland) einen Wert von 0,113 aufweist und damit niedriger liegt als eine ganze Reihe anderer Staaten. Die Standardabweichung ist im Vergleich zum Mitglieds-Netzwerk gefallen, sie bleibt aber relativ hoch. Der Network Centralization Index beträgt 16,71 Prozent, was zeigt, dass dieses Netzwerk gleichmäßiger verteilte Verbindungen hat als dies bei den Netzwerken der Mitglieder der Fall war. Die Berechnung der geodätischen Distanz unterstreicht

---

[8] Dies ist auf die Zusammenlegung verschiedener Organisationseinheiten zu einer Organisation in den zugrunde liegenden Daten zurückzuführen. So werden der UN Sicherheitsrat und das UN Office for Drugs and Crime (UNODC) beide unter ‚UN‘ zusammengefasst, da auch ein einzelnes Land nicht doppelt gezählt wird, wenn zwei Ministerien (z. B. Justiz- und Finanzministerium) Mitglied des Netzwerkes wären. In der Konsequenz führt dies jedoch zu einer leichten Überschätzung der Präsenz der internationalen Organisationen, da zwei Mitgliedschaften des UNODC und zwei des Sicherheitsrates sich zu vier Mitgliedschaften der ‚UN‘ addieren.

[9] Wie zuvor gilt, dass die Eigenwerte mit Zurückhaltung interpretiert werden, da der erste Faktor in der Analyse einen sehr geringen Erklärungswert besitzt (13,5 %).

Tab. 8.3 Netzwerkbeziehungen aller Mitglieder. (Quelle: eigene Berechnungen, August 2010)

Netzwerkmaße	2010
Anzahl der Akteure	263
Anzahl FATF/FSRB Mitglieder/Assoziierte	240
Overall Density	0.2244
Overall Density (gewichtet)	0.5505
Maximum Degree Centrality	0.744
Maximum Betweeness Centrality	0.3
Eigenvalue	
Maximum	0.158
Minimum	0
Mittelwert	0.048
Standardabweichung	0.039
Centralization Index (in %)	16.71
Geodesic Distances	
Mittlere Distanz	1.624
Compactness	0.411
Breadth	0.589

dieses ebenfalls: Die durchschnittliche Distanz ist in diesem größeren Netzwerk geringer, es ist kompakter und weniger fragmentiert.

Insgesamt hat die Analyse aller Beziehungen innerhalb des Anti-Geldwäsche-Netzwerks die Untersuchungsergebnisse der formalen Struktur sowie die Bedeutung spezifischer Mitglieder in ein anderes Licht gerückt. Der besondere Charakter von Netzwerken – ihre fließende Struktur mit Verbindungen zwischen mehreren Arten von Akteuren – scheint in hohem Maße die Initiatoren dieser Struktur zu begünstigen. Deren zentrale Stellung und damit auch ihre Einflussmöglichkeiten bleiben auch nach einer umfangreichen Erweiterung von einem exklusiven Netzwerk zu einem Netzwerk einer Weltorganisation bestehen.

Dies wird auch in der weiteren Analyse in Tab. 8.4 gezeigt, diesmal in Bezug auf die Größe ‚Reach'. Damit wird genauer aufgezeigt, wie nah oder entfernt Akteure zueinander stehen. Dabei bezieht sich der Wert darauf, mit wie vielen Schritten ein bestimmter Akteur alle anderen Akteure innerhalb des Netzwerks erreicht. Hier zeigt sich deutlich, dass die USA im eher informell geprägten Netzwerk die anderen Mitglieder am leichtesten erreichen kann, sie erreichen einen Reach-Wert von 202, gefolgt von Großbritannien, Kanada und Frankreich. China, Japan und Russland folgen nur an fünfter Stelle.

Tab. 8.4 Erreichbarkeit der Akteure im FATF und FSRB Netzwerk

	dwReach	normdwReach
Mittelwert	108.56	0.41
Standardabweichung	57.28	0.22
Maximum	202	0.77
Minimum	1	0
Länder		
USA	202	0.768
Großbritannien	198.5	0.755
Kanada	188	0.715
Frankreich	180	0.684
China, Japan, Russland	172	0.654
Organizations with Highest Reach		
Weltbank	202	0.768
UN (inkl. UNODC, UNCTC etc.)	202	0.768
Interpol	198.5	0.755
IWF	198.5	0.755
FATF	193.5	0.736

„dwReach" zeigt die Nähe eines Akteurs zu den anderen, „normdwReach" standardisiert diesen Wert zum theoretisch möglichen Maximum (1).

Alles in allem zeigt das Netzwerk der FATF und der FSRBs zwei verschiedene Seiten: Eine eher formale, an den Mitgliedern orientierte und eine eher informale, die auch die Gruppe von Assoziierten und Beobachtern einschließt. Wird ausschließlich erstere Seite analysiert, zeigt sich eine Verbreiterung des Netzwerkes und eine immer weniger wichtige Rolle ehemaliger Gründungsmitglieder. Wird allerdings das gesamt Netzwerk berücksichtigt, erweist sich die Weltorganisation FATF als überwiegend westlich-geprägtes Netzwerk mit einer herausragenden Stellung der USA sowie einiger eng verbundener Staaten. Der Einfluss der FATF-Initiatoren ist also von großer Bedeutung, auch noch zwanzig Jahre nach Gründung und trotz der Etablierung der FATF als Weltorganisation.

8.8   Schlussfolgerungen: Die Komplexität formaler und informaler Strukturen in Weltorganisationen

In diesem Beitrag wurde das FATF Netzwerk als Beispiel eines Global Governance Netzwerks analysiert, das Geldwäschebekämpfung weltweit etabliert. Global Governance Netzwerke bieten eine flexible institutionelle Struktur, die sich auf nicht-bindende Vereinbarungen stützen. Die FATF ist ein besonderes Beispiel eines solchen Netzwerks, da es einen globalen Kern hat, die FATF selbst, und regionale Organisationen, FSRBs. Es ist ganz besonders die breite Ausdehnung und die spezielle Organisationsstruktur der FATF, die zu der erfolgreichen Verbreitung der Geldwäschebekämpfung geführt hat. Mit den vierzig Empfehlungen zur Geldwäschebekämpfung setzte die FATF einen Standard, der später von sehr verschiedenen Staaten anerkannt wurde und dessen Umsetzung seitens der FATF und der Regionalorganisationen sorgfältig überwacht und gegebenenfalls sanktioniert wurde.

Die Entwicklung dieser Regelungen wurde jedoch sehr stark von den US-amerikanischen Bemühungen geprägt, gegen Geldwäsche vorzugehen, und die FATF kann als wichtiges Beispiel für die Internationalisierung nationalen Rechts angesehen werden. Es hat sich gezeigt, dass die FATF und die verschiedenen FSRBs im Lauf der Zeit beträchtlich gewachsen sind, begleitet von einer wachsenden Dichte, einer höheren Anzahl von Verbindungen und geringerer Abhängigkeit von den zentralen Akteuren. Doch während die USA und ihre westlichen Partnerstaaten den Kern der FATF bilden, wird ihr Einfluss im globalen Netzwerk der FATF dann besonders deutlich, wenn auch eher informale Strukturen analysiert wurden. Die Weltorganisation bildet intern damit Hierarchien und Prozesse ab, die auch an anderen Bereichen der Weltpolitik gängig sind.

Der Artikel öffnet zahlreiche Wege für zukünftige Forschung. Grundsätzlich ist mehr quantitative Forschung über Governance-Netzwerke erforderlich. Dies macht nicht nur eine bessere Analyse der Machtstrukturen möglich, sondern zeigt auch, ob und wie Governance Netzwerke sich in Größe und Struktur unterscheiden. Diese Unterschiede könnten in Zusammenhang stehen mit der Effektivität dieser Netzwerke, hierüber gibt es jedoch noch kein systematisches Wissen. Auch ist noch offen, welche Rolle die interne Hierarchie bei der Durchsetzung von Governance-Ergebnissen, also der Effektivität der FATF spielt. Die FATF war sehr erfolgreich in der Diffusion von Instrumenten der Geldwäschebekämpfung, und dies ist auch auf die effektive Sanktionierungsmacht in Zusammenhang mit Empfehlung 21 zurückzuführen, der Erschwerung finanzieller Transaktionen in nichtkooperierende Staaten. Durch die offensichtliche Bedeutung der USA und ihrer westlichen Partnerstaaten im Gesamtnetzwerk stellt sich jedoch die Frage, ob das Netzwerk selbst die verursachende Variable ist oder nicht doch eher ein besonders geeignetes Mittel. Das würde auch bedeuten, dass ihr Einfluss sich im Wesentlichen auf die Durchsetzungskraft der zentralen Akteure gründet. Konstruktivistische Forschung hat die Bedeutung der Problemdefinition durch die FATF als ein wichtiges Instrument genannt (z. B. Hülsse 2007), aber aufgrund des unterschiedlichen Einflusses der Staaten innerhalb des Netzwerks könnte es sich hierbei auch um die Internationalisierung nationaler Problemdefinitionen handeln. Es wären dann eben Problemdefinitionen, die genau den zugrundeliegenden Interessen von bedeutenden Mitgliedern entsprechen. Mit anderen Worten: Die Weltorientierung von Weltorganisationen kann auch von den Weltorientierungen und -ambitionen einflussreicher Mitgliedsstaaten herrühren – ein Ergebnis, das überraschend nah bei realistischen Ansätzen der Internationalen Beziehungen liegt (vgl. Mearsheimer 1994/1995).

In jedem Fall zeigt das Beispiel der FATF, dass Netzwerke nicht nur ein angemessenes Mittel zur flexiblen Gestaltung von Global Governance darstellen, sondern auch beteiligte Machtstrukturen aufrechterhalten, gleichzeitig aber auch verbergen können. Außerdem wird deutlich, dass die Umwelt des FATF Netzwerkes durch diese komplexe Struktur wiederum sehr komplex eingebunden werden kann. Einerseits wird die Umwelt der FATF immer kleiner, da sie immer mehr Staaten in das Netzwerk einbindet. Gleichzeitig wird sie aber auch immer größer, da die FATF sich selbst immer mehr an nicht-staatliche Akteure wendet, sowohl durch die Bildung interner Arbeitsgruppen, als auch durch die Tatsache, dass Banken und andere Finanzorganisationen ebenfalls Adressaten der FATF sind und zunehmend detailliert reguliert werden. Neben der Welt-Bedeutung und dem Streben nach globaler Ordnung zeigt die FATF damit komplexe intra-organisationale und inter-organisationale Beziehungen und bildet ein besonders interessantes Beispiel der Kategorie Weltorganisation.

Literatur

Abbott, Kenneth. W., Keohane, Robert O, Moravcsik, Andrew, Slaughter, Anne-Maria, und Duncan Snidal. 2000. The concept of legalization. *International Organization* 54 (3): 401–419.

Abbott, Kennteh W., und Duncan Snidal. 1998. Why states act through formal international organizations. *Journal of Conflict Resolution* 42 (3): 3–32.

Abbott, Kennteh W., und Duncan Snidal. 2000. Hard and soft law in international governance. *International Organization* 54 (3): 421–456.

Abbott, Kenneth W., und Duncan Snidal. 2002. Values and interests: international legalization on the fight against corruption. *Journal of Legal Studies* 31 (1): 141–178.

Alford, Duncan E. 1993. Anti-money laundering regulations: a burden on financial institutions. *North Carolina Journal of International Law and Commercial Regulation* 19: 437–468.

Andreas, Peter, und Ethan Nadelmann. 2006. *Policing the globe. Criminalization and crime control in internationalization.* Oxford.

Borgatti, Stephen P., Everett, Martin G., und Lin C. Freeman 2002. UCINET 6.275 for Windows: Software for social network analysis. Harvard.

Börzel, Tanja A. 1998. Organizing Babylon – On the different conceptions of policy networks. *Public Administration* 76 (Summer): 253–273.

Drezner, Daniel. 2007. *All politics is global.* Princeton, NJ.

FATF. 2000. *Report on non-cooperative countries and territories.* Paris.

FATF. 2003. *The forty recommendations*. 20 June 2003 (with the amendments of 22 October 2004). Paris.

FATF. 2004. Mandate for the future of the FATF (September 2004-December 2012). http://www.fatf-gafi.org/dataoecd/14/60/36309648.pdf. Zugegriffen 1. Aug. 2008.

FATF. 2005. *Money laundering and terrorist financing typologies 2004–2005*. Paris.

FATF. 2007. *Annual review of non-cooperative countries and territories 2006–2007: Eight NCCT Review*. Paris.

FATF. 2008a. FATF membership policy. http://www.fatf-gafi.org/dataoecd/25/48/41112798.pdf. Zugegriffen 1. Aug. 2010.

FATF. 2008b. FATF policy on observers. http://www.fatf-gafi.org/dataoecd/25/18/41394275.pdf. Zugegriffen 1 Aug. 2010.

FATF. 2008c. FATF revised mandate 2008–2012. http://www.fatf-gafi.org/dataoecd/3/32/40433653.pdf. Zugegriffen 1. Aug. 2008.

FATF. 2008d. *Guidance on implementation of financial provisions of UN security council resolution 1803*. Paris.

FATF. 2010. FATF public statement. 18 February 2010. http://www.fatf-gafi.org/dataoecd/34/29/44636171.pdf. Zugegriffen 1. Apr. 2010.

Foot, Rosemary, MacFarlane Neil, und Michael Mastanduno. 2003. Conclusion: Instrumental multilateralism in US Foreign Policy. In *US Hegemony and International Organizations*, Hrsg. Foot, Rosemary, MacFarlane, Neil, und Michael Mastanduno, 265–296. Oxford.

Friesendorf, Cornelius. 2007. *US Foreign Policy and the war on drugs. Displacing the cocaine and heroine industry*. London.

Gardner, Kathryn L. 2007. Fighting terrorism the FATF way. *Global Governance* 13 (3): 325–345.

Griffiths, Dilwyn. 1993. International efforts to combat money laundering: Developments and prospects. *Commonwealth Law Bulletin* 19 (4): 1824–1829.

Hafner-Burton, Emily M., Kahler, Miles, und Alexander H. Montgomery 2009. Network analysis for international relations. *International Organization* 63 (3): 559–592.

Hampton, M. P., und M Levi. 1999. Fast spinning into oblivion? Recent developments in money-laundering policies and offshore finance centres. *Third World Quarterly* 20 (3): 645–656.

Hanneman, Robert, und Mark Riddle. 2005. Introduction to social network methods. Riverside: University of California Riverside. http://faculty.ucr.edu/~hanneman/. Zugegriffen 11. Aug. 2011.

Helleiner, Eric. 1999. State power and the regulation of illicit activity in global finance. In *The Illicit Global Economy and State Power*, Hrsg. Friman, H. Richard und Peter Andreas. Lanham.

Hülsse, Rainer. 2007. Creating the demand for global governance: The making of a global money-laundering problem. *Global Society* 21 (2): 155–178.

Ikenberry, G. John. 2003. State power and institutional bargain: America's ambivalent economic and security multilateralism. In: *US Hegemony and International Organizations*, Hrsg. Foot, Rosemary, MacFarlane, Neil, Michael Mastanduno, 49–72. Oxford.

Jakobi, Anja P. 2010a. OECD activities against money laundering and corruption. In: *Mechanisms of OECD governance. International incentives for national policy-making?* Hrsg. Martens, Kerstin, und Anja P. Jakobi, 139–160. Oxford.

Jakobi, Anja P. 2010b. *Piraterie und Geldwäsche. Geldwäschebekämpfung als möglicher Ansatz gegen Piraterie in Somalia*. Frankfurt a. M.

Kahler, Miles. 2009. *Networked politics. Agency, power and governance.* Ithaca.

Knoke, David, und Yang, Song. 2008. Social network analysis. Los Angeles.

Koremenos, Barbara, Lipson, Charles, und Duncan Snidal. 2001. The rational design of international institutions. *International Organization* 55 (4): 761–799.

Levi, Michael. 1991. Pecunia non olet: cleansing the money launderers from the temple. *Crime Law and Social Change* 16 (3): 217–302.

Levi, Michael. 2002. Money laundering and its regulation. *The Annals of the American Academy of Political and Social Science* 582 (1): 181–194.

Levi, Michael, und Gilmore, William. 2002. Terrorist finance, money laundering and the rise and rise of mutual evaluation: a new paradigm for crime control? In *Financing terrorism*, Hrsg. Pieth, Mark, 87–114. Doordrecht.

Luck, Edward C. 2003. American exceptionalism and international organization: Lessons from the 1990s. In *US Hegemony and International Organizations*, Hrsg. Rosemary Foot, Neil MacFarlane, und Michael Mastanduno, 25–48. Oxford.

Mearsheimer, John J. 1994. The false promise of international institutions. *International Security* 19 (3): 5–49.

Pierson, Peter, und Theda Skocpol. 2002. Historical institutionalism in contemporary political science. *Political science. State of the discipline*, Hrsg. Katznelson, Ira, und Milner, Helen V., 693–721. New York.

Reinicke, Wolfgang H. 1997. Global public policy. *Foreign Affairs* 76 (6): 127–138.

Reuter, Peter, und Edwin M. Truman. 2004. *Chasing dirty money. The fight against money laundering.* Washington.

Roberge, Ian. 2009. Bringing the United States back. In A response to Rainer Hülse's „Creating Demand for Global Governance …". *Global Society* 23 (2): 177–181.

Scherrer, Amadine. 2009. *G8 against transnational organized crime.* Farnham.

Scott, John. 2007. *Social network analysis. A handbook.* Los Angeles.

Sharman, Jason C. 2008. Power and discourse in policy diffusion: anti-money laundering in developing states. *International Studies Quarterly* 52 (3): 635–656.

Simmons, Beth. 2000. International efforts against money-laundering. In *Commitment and compliance: the role of non-binding norms in the international legal system*, Hrsg. Shelton, Dinah. Oxford.

Slaughter, Anne-Marie. 2000. Governing the global economy through government networks. In *The role of law in international politics. Essays in international relations and international law*, Hrsg. Byers, Michael. 177–206. Oxford.

Slaughter, Anne-Marie. 2004. *A new world order.* Princeton.

Stein, Arthur A. 2008. Neoliberal institutionalism. In *The Oxford handbook of international relations*, Hrsg. Reus-Smith, Christian und Snidal, Duncan, 201–221. Oxford.

UN. 1988. *Convention against illicit traffic in narcotic drugs and psychtropic substances.*

UN. 2000. *Convention against transnational organized crime.* Res. 55/25 adopted 15 Nov 2000.

Wassermann, Stanley, und Katherine Faust. 1994. *Social network analysis. Methods and applications.* Cambridge.

Williams, Phil. 2001. Transnational criminal networks. In *Networks and netwars: the future of terror, crime, and militancy*, Hrsg. Arquilla, John und Ronfeldt, David, 61–98. Santa Monica.

Zürn, Michael. 1998. *Regieren jenseits desNationalstaates.* Frankfurt a. M

Weltorganisationen, transnationale Unternehmen und die Diffusion von CSR

9

Melanie Coni-Zimmer

9.1 Einleitung

Die Idee der *Corporate Social Responsibility* (CSR)[1] verbreitet sich seit den 1990er Jahren zunehmend bei transnationalen Unternehmen. CSR ist ein offensichtlicher und globaler Trend geworden (Carroll 2008; Sahlin-Andersson 2005). Dieser äußert sich etwa in der Entwicklung von Verhaltenskodizes durch Unternehmen, die zunehmende Publikation von Nachhaltigkeitsberichten oder auch in der Beteiligung von Unternehmen an kollektiven CSR-Initiativen und Public Private Partnerships auf nationaler und globaler Ebene. Während Unternehmen in den 1990er Jahren zunächst begannen, Umweltberichte zu veröffentlichen, wurden ab Ende der 1990er Jahre zunehmend umfassendere Nachhaltigkeitsberichte publiziert, die auch breitere gesellschaftliche und soziale Aspekte der unternehmerischen Geschäftstätigkeit thematisierten (Kolk 2005). Im Jahr 2002 veröffentlichten 45 % der 250 weltweit größten Unternehmen Nachhaltigkeitsberichte, im Jahr 2008 waren es bereits 79 % (KPMG 2008, S. 14). Dem im Jahr 1999 ins Leben gerufenen *Global Compact* der Vereinten Nationen haben sich mittlerweile mehr als 6.200 Unternehmen angeschlossen und bekennen sich damit explizit zur Einhaltung und Förde-

[1] Der englische Begriff hat sich auch in der deutschen Diskussion weitgehend etabliert und wird deshalb hier verwendet. Als deutsche Übersetzung findet sich zum Teil der etwas sperrige Begriff der gesellschaftlichen oder sozialen und ökologischen Verantwortung von Unternehmen. Andere Begriffe, die hier synonym verwendet werden, sind *Corporate Citizenship* (CC) und Nachhaltigkeit.

M. Coni-Zimmer (✉)
Jagdhof 1, 67105 Schifferstadt, Deutschland
E-Mail: zimmer@HSFK.de

M. Koch (Hrsg.), *Weltorganisationen*, DOI 10.1007/978-3-531-18977-2_9,
© VS Verlag für Sozialwissenschaften | Springer Fachmedien Wiesbaden 2012

205

rung von zehn Prinzipen der Menschenrechte, Arbeitsstandards, des Umweltschutzes und der Anti-Korruption im Rahmen ihrer Geschäftstätigkeit.[2]

Im Mittelpunkt dieses Kapitels steht die Rolle von internationalen Organisationen bei der Verbreitung von CSR. Die entsprechende These lautet, dass internationale Organisationen durch ihre Aktivitäten zur zunehmenden globalen Diffusion von CSR bei transnationalen Unternehmen beitragen. Die Untersuchung dieses Zusammenhangs eröffnet ein reichhaltiges empirisches Feld für die Analyse von Weltorganisationen, ihre Umweltbeziehungen und ihrer weltordnungsgenerierenden Funktion (vgl. den Einleitungsbeitrag von Koch, in diesem Bd.). So lässt sich einerseits zeigen, dass internationale Organisationen im Themenfeld CSR direkt mit transnationalen Unternehmen, aber auch mit Nichtregierungsorganisationen (NGOs) interagieren und diese an Prozessen der Politikformulierung und -implementierung beteiligen. Dies gilt insbesondere seit dem Beginn der 1990er Jahre. Es lässt sich andererseits zeigen, dass internationale Organisationen hier nicht nur Staaten adressieren, sondern sich direkt an transnationale Unternehmen wenden und diese zur Einhaltung internationaler Normen und Standards auffordern. Sie versuchen Unternehmen zur Übernahme von CSR zu ermutigen und diese bei der Implementierung entsprechender Politiken zu unterstützen.

CSR wird in diesem Beitrag als ein globales Normenbündel verstanden werden (Coni-Zimmer 2011, Kap. 6), mit dem Erwartungen angemessenen Verhaltens (Finnemore und Sikkink 1998, S. 890, 891) an Unternehmen herangetragen werden. So wird von Unternehmen erwartet, dass sie negative Effekte ihrer Geschäftstätigkeit vermeiden und darüber hinaus proaktiv zur nachhaltigen gesellschaftlichen Entwicklung beitragen sollen. Mit dieser zentralen Erwartung werden im Diskurs über CSR materielle Normen im Bereich der Menschenrechte, Arbeitsstandards, des Umweltschutzes oder auch der Anti-Korruption verbunden (Coni-Zimmer 2011, Kap. 6.3). Auf Seite der Unternehmen führt die Übernahme von CSR-Normen dazu, dass diese Politiken und Aktivitäten entwickeln und damit zur (Weiter-)Entwicklung und Implementierung von internationalen Normen und Regeln und/oder zur Bereitstellung öffentlicher Güter beitragen (Cutler et al. 1999; Haufler 2001; Flohr et al. 2010; Deitelhoff und Wolf 2010).

Im folgenden zweiten Abschnitt wird zunächst der Forschungsstand zusammengefasst und insbesondere unter Rückgriff auf den soziologischen Neo-Institutionalismus und Erkenntnisse der konstruktivistischen Theorie der Internationalen Beziehungen ein Argument entwickelt, wie internationale Organisationen zur Diffusion von CSR beitragen. Die darauf folgenden Abschnitte wenden sich der

---

[2] UN Global Compact: http://www.unglobalcompact.org/participants/search (letzter Zugriff: 27. Jun. 2011).

Empirie zu. Im dritten Abschnitt wird zunächst in aller Kürze die internationale Diskussion über die Regulierung von transnationalen Konzernen ab den 1970er Jahren skizziert. Der vierte Abschnitt widmet sich den zunehmenden Aktivitäten internationaler Organisationen im Themenfeld CSR seit den 1990er Jahren. Dabei werden insbesondere zwei im Themenfeld CSR wichtige internationale Organisationen, die Vereinten Nationen und die Organisation für wirtschaftliche Zusammenarbeit und Entwicklung (OECD), in den Mittelpunkt gestellt. Daten zur Diffusion von CSR werden im fünften Abschnitt vorgestellt und durch Daten aus einer Analyse von Nachhaltigkeitsberichten transnationaler Unternehmen ergänzt, um zu zeigen, dass sich transnationale Unternehmen in ihrer CSR-Politik tatsächlich an globalen Normen orientieren.

9.2 Staatszentrismus in den Internationalen Beziehungen und die Untersuchung von CSR

Die klassische Definition internationaler Organisationen in den Internationalen Beziehungen beschränkt den Begriff auf solche Organisationen, deren Mitglieder aus Staaten bestehen bzw. solche, die von Staaten oder bereits bestehenden internationalen Organisationen gegründet werden (Rittberger und Zangl 2003, S. 26–27). Der Staatszentrismus geht noch weiter, denn untersucht werden zumeist die Interaktionen von Staaten in Foren dieser Organisationen und/oder der Einfluss der Aktivitäten von internationalen Organisationen auf Staaten. Dies spiegelt sich auch in den klassischen Theorien der Internationalen Beziehungen wider. Der Realismus analysiert internationale Organisationen in erster Linie als Instrumente mächtiger Staaten des internationalen Systems. Neo-liberale und institutionalistische Theorien hingegen verstehen sie als Foren bzw. Arenen, in denen Staaten ihre Interessen koordinieren (Rittberger und Zangl 2003, S. 23–24). Konstruktivistische Untersuchungen weisen internationale Organisationen zwei Rollen zu. Erstens sind sie „social environments" oder auch „sites of socialization", in denen Staatenvertreter sozialisiert werden. Zweitens können internationale Organisationen bzw. ihre Bürokratien auch als Akteure oder Normunternehmer auftreten (Zürn und Checkel 2005, S. 1050–1051; Barnett und Finnemore 2004). Obwohl in der neueren Forschung die Untersuchung der autonomen Aktivitäten internationaler Organisationen eine zunehmend wichtige Rolle einnehmen (Barnett und Finnemore 2004; Koch 2009), steht hier dennoch ganz überwiegend ihr Einfluss auf Staaten im Mittelpunkt. Ihr Einfluss auf nichtstaatliche und substaatliche Entitäten wurde bisher kaum untersucht. Hier zeigt sich auch der Mehrwert der Konzeptionalisierung von internationalen Organisationen als (Welt-)Organisationen. Diese öffnet den Blick dafür, dass internationale Organisationen mit ihrer Umwelt interagieren, die nicht nur aus Staaten, sondern auch aus nichtstaatlichen Akteuren und anderen internationalen Organisationen besteht. Sie beeinflussen ihre Umwelt, in der sich verschiedenste andere Akteure bzw. Organisationen finden und werden selbst durch sie beeinflusst. Weltorganisationen haben die Fähigkeit, Ordnungsmuster zu etablieren, die aber ebenfalls nicht nur Staaten, sondern auch andere Akteure adressieren (s. hierzu den Einleitungsbeitrag von Koch).

Nichtstaatliche Akteure haben in den Internationalen Beziehungen generell lange Zeit eher wenig Aufmerksamkeit erfahren. Das Ende des Ost-West Konflikts, die weltwirtschaftliche Globalisierung und die zunehmenden Aktivitäten nichtstaatlicher Akteure in der internationalen Politik führten in den 1990er Jahren zu einem erneuten Interesse an transnationalen Beziehungen und der Rolle nichtstaatlicher Akteure. Im Zentrum standen aber zunächst eher zivilgesellschaftliche Akteure, insbesondere NGOs, und deren Einfluss auf internationale Organisationen und/ oder Prozesse zwischenstaatlichen Regierens (Risse 2002; Keck und Sikkink 1998; Price 2003; Deitelhoff 2006). Im Vergleich mit der Forschung zu zivilgesellschaftlichen Akteuren ist es überraschend, wie wenig sich Arbeiten in den Internationalen Beziehungen zunächst mit privatwirtschaftlichen Akteuren beschäftigten.

Dies hat sich seit Ende der 1990er Jahre verändert, transnationale Unternehmen sind insbesondere in der Global Governance-Forschung zum Forschungsgegenstand geworden. In einem der ersten Sammelbände, der privatwirtschaftliche Akteure aus einer Governance-Perspektive in den Mittelpunkt stellt, untersuchen Cutler, Haufler und Porter (1999) die Herausbildung von Sphären privater Autorität. Sie stellen fest, dass Unternehmen zunehmend Funktionen übernehmen, die zuvor dem Staat vorbehalten waren.[3] Während Unternehmen bis in die 1990er Jahre zumeist als „bad guys" und fast ausschließlich als Regelungsadressaten zwischenstaatlicher Politik behandelt wurden, wird in der Global Governance-Forschung angenommen, dass sie über relevante Problemlösungsressourcen verfügen und hinsichtlich ihrer Beiträge zu Governance möglichst unvoreingenommen untersucht werden sollten (Wolf et al. 2007, S. 295). Durch ihre globalen Aktivitäten und Zulieferketten sind sie zu extrem einflussreichen Akteuren geworden und nehmen Einfluss auf Lebens- und Arbeitsbedingungen in den unterschiedlichsten Ländern, aber insbesondere dort, wo Staaten gesetzliche Regelungen nicht bereitstellen oder

---

[3] Generell teilen viele Autoren die Einschätzung, dass es sich hier nicht wirklich um ein neues Phänomen handelt, wenn man eine historische Perspektive einnimmt. Die Trennlinie zwischen „öffentlichen" und „privaten" Sphären und die Aufgabenteilung zwischen öffentlichen und privaten Akteuren haben sich in den letzten Jahrhunderten immer wieder verschoben, waren Gegenstand von Kontroversen und wurden im Zuge dessen neu definiert (Haufler 2006, S. 87–92; Wolf 2010).

implementieren, also etwa in Entwicklungsländern (Vogel 2008, S. 266). Zudem verfügen Unternehmen über nicht zu unterschätzende finanzielle Ressourcen und Expertise, die für die Lösung gesellschaftlicher Probleme relevant sind (Wolf 2008).

Im Rahmen der Global Governance-Forschung sind auch die CSR-Aktivitäten von Unternehmen als potenzielle Beiträge zum globalen Regieren zunehmend ins politikwissenschaftliche Interesse gerückt. Ein zentraler Forschungsstrang beschäftigt sich mit der Erklärung unternehmerischen Engagements, also der Frage, unter welchen Bedingungen sich Unternehmen trotz ihrer Profitorientierung über rechtlich verbindliche Regelungen hinaus gesellschaftlich engagieren und zur Selbstregulierung greifen.[4] Die zunehmende Diffusion von CSR bei transnationalen Unternehmen in den unterschiedlichsten Ländern und Weltregionen (s. dazu ausführlich Abschn. 9.5) lässt vermuten, dass globale Dynamiken eine Rolle spielen. Der zunehmenden globalen Verbreitung von CSR und den damit entstehenden Ähnlichkeiten zwischen Unternehmen wurde bisher jedoch wenig Beachtung geschenkt. Vielmehr steht in der Literatur oft die Erklärung von Varianzen zwischen verschiedenen Unternehmen und deren CSR-Engagement im Vordergrund. Dennoch lassen sich in der Literatur Anhaltspunkte finden, warum sich CSR zunehmend verbreitet. Eine zentrale Rolle wird der weltwirtschaftlichen Globalisierung zugeschrieben (Gjolberg 2009). Ein weiteres Argument bezieht sich auf ein verändertes transnationales normatives Umfeld und untersucht CSR als sich verbreitende Idee bzw. entstehende Norm (Deitelhoff et al. 2010; Ruggie 2004; Abbott und Snidal 2009, S. 56). Teil des transnationalen Umfeldes, in dem sich Unternehmen bewegen und in dem Verhaltenserwartungen formuliert und verhandelt werden, sind neben NGOs, Multistakeholder-Initiativen und anderen Stakeholdern auch internationale Organisationen. Sie fördern als Normunternehmer bzw. Träger von Weltkultur die Diffusion von CSR bei transnationalen Unternehmen. Dieses Argument wird im folgenden Abschnitt weiter entwickelt. Damit soll ein Beitrag zur Erklärung der zunehmenden Diffusion von CSR bei transnationalen Unternehmen geleistet werden, der als komplementär zu anderen Arbeiten und Ansätzen zu verstehen ist, die sich etwa mit den Interaktionen zwischen zivilgesellschaftlichen Aktivitäten und

---

[4] Arbeiten aus unterschiedlichen Disziplinen (Politikwissenschaft, Soziologie, Wirtschaftswissenschaften) haben diesbezüglich in den letzten Jahren zum Teil überlappende Forschungsagenden formuliert. Neben Faktoren des *gesellschaftlichen und politischen Umfelds*, die im Folgenden im Mittelpunkt stehen, wird anerkannt, dass auch *Charakteristika des Unternehmens* selbst (z. B. Unternehmenskultur, Unternehmensgröße und Reputationsempfindlichkeit) und *Produkt- und Produktionscharakteristika* (z. B. Herstellung von End- oder Zwischenprodukten) einen Einfluss auf das unternehmerische Engagement haben können (Campbell 2007; Deitelhoff und Wolf 2010; Shanahan und Khagram 2006).

Unternehmen, Einflussfaktoren auf nationaler Ebene oder auch innerorganisatorischen Faktoren beschäftigen.

9.3 Der Beitrag internationaler Organisationen zur Diffusion von CSR

Im Folgenden wird zunächst die Grundidee der Verbreitung von CSR als weltgesellschaftlichem Normbündel entwickelt. In einem weiteren Schritt wird ausgeführt, durch welche Strategien internationale Organisationen zur Verbreitung von Normen beitragen können und schließlich die abhängige Variable der Untersuchung (globale Diffusion von CSR) definiert.

9.3.1 Unternehmen als Adressaten globaler Normen

Die *World Polity*-Theorie, die sich insbesondere um die Beiträge von John W. Meyer und Kollegen an der Stanford University entwickelt hat, ist ein Theoriestrang innerhalb des soziologischen Neo-Institutionalismus. Ausgangspunkt für die Entwicklung des soziologischen Neo-Institutionalismus war das überraschende Ausmaß an Homogenität organisationaler Formen und Praktiken, die sich trotz der Vielfalt lokaler Kontexte und der unterschiedlichen Ressourcenausstattung von Organisationen finden lassen (DiMaggio und Powell 1991 [1983], S. 64; Meyer und Rowan 1991 [1977]). Die grundlegende These des soziologischen Neo-Institutionalismus lautet, dass Organisationen nicht (nur) einer funktionalen Logik folgen, sondern in eine institutionelle Umwelt eingebettet sind und nach Legitimität in dieser streben.

> Im Gegenteil, Organisationen entwickeln formal-rationale Strukturen zur Erzielung von Legitimität und nicht zur möglichst effizienten Problembearbeitung. Die provokante These lautet, dass formale Organisationsstrukturen Mythen zum Ausdruck bringen, die in ihrer gesellschaftlichen Umwelt institutionalisiert sind. (Hasse und Krücken 2005, S. 23)

In den Arbeiten der *World Polity*-Theorie wurden die grundlegenden Argumente des soziologischen Neo-Institutionalismus auf die globale Ebene übertragen (Meyer et al. 1997a, Meyer et al. 1997b, Meyer 2000). Im Zentrum steht die Diffusion weltkultureller Modelle und Praktiken bei Staaten und substaatlichen Einheiten. Die Weltgesellschaft („World Polity") ist demnach mehr als eine „Addition nationalstaatlicher Ordnungen" (Wobbe 2000, S. 13). Die globale Ebene bildet einen eigenständigen und zunehmend bedeutsamen Erwartungshorizont für Akteure. Sie ist eine kulturelle Ordnung, die nach dem Ende des Zweiten Weltkriegs ein exponentielles Wachstum „kulturellen Materials" erfahren hat (Meyer 2000, S. 235–236) und an der sich Staaten und andere Akteure orientieren: „to an ever increasing degree, all sorts of actors learn to define themselves and their interests from the global cultural and organizational structures in which they are embedded" (Boli und Thomas 1999, S. 4). Der Effekt dieses sich verstärkenden globalen Erwartungshorizonts ist die zunehmende Verbreitung von „westlichen Kultur- und Strukturmustern" und als Konsequenz die strukturelle Isomorphie von Staaten und substaatlichen Einheiten durch die Übernahme globaler Skripte (Hasse und Krücken 2005, S. 42; Boli und Thomas 1999, S. 5).

CSR lässt sich in diesem Zusammenhang als weltgesellschaftliches Normenbündel begreifen, mit dem Erwartungen angemessenen Verhaltens an Unternehmen adressiert werden (Coni-Zimmer 2011, Kap. 6.3–6.4). Die Idee von CSR geht über das verbreitete Friedmansche Paradigma hinaus, welches die Verantwortung von Unternehmen einzig in der Profitmaximierung verortet (Friedman 1970). Vielmehr sollen sie sich in ihrer Geschäftstätigkeit freiwillig an internationalen Normen, wie etwa Umweltstandards, Menschenrechten, Anti-Korruption und Arbeitsstandards, orientieren. Es handelt sich hier offensichtlich nicht um neue Normen der internationalen Politik. Diese werden aber in der Debatte um CSR nicht an Staaten, sondern vielmehr direkt an Unternehmen adressiert.

Unternehmen werden in der *World Polity*-Forschung oft nur am Rande als mögliche Adressaten weltkultureller Modelle erwähnt (so etwa Boli und Thomas 1999, S. 4). Es gibt zwar eine beträchtliche Zahl von neo-institutionalistischen Studien in der Organisations- und Managementforschung, die sich mit der zunehmenden globalen Verbreitung von bestimmten Unternehmens- und Managementpraktiken beschäftigen (vgl. etwa die Beiträge in Drori et al. 2006; Brunsson und Jacobsson 2000). Diese Studien betonen jedoch insbesondere die Bedeutung von Professionen oder auch der Wissenschaft als Erklärung für Diffusionsprozesse und nicht die Aktivitäten internationaler Organisationen.

Tatsächlich lässt sich die Diffusion von CSR keinesfalls ausschließlich auf die Aktivitäten von internationalen Organisationen zurückführen. Vielmehr beteiligen sich diverse Gruppen von Akteuren am globalen Diskurs über CSR. Um dies zu erfassen, ist das Konzept eines transnationalen organisationalen Feldes hilfreich. Mit einem organisationalen Feld sind all „solche Organisationen gemeint, die in der Aggregation einen deutlich abgrenzbaren Bereich institutionellen Lebens darstellen" (Walgenbach 2006, S. 368; DiMaggio und Powell 1991 [1983]; Wooten und Hoffman 2008). Die Akteure eines Feldes interagieren miteinander und es bildet sich bei ihnen das Bewusstsein heraus, dass sie in ein gemeinsames „Projekt" eingebunden sind. Organisationale Felder können sich um bestimmte Themen bilden. So untersucht etwa Hoffman (1999, 2001) die Entstehung und Verbreitung von Umweltstandards bei Unternehmen, wobei er annimmt, dass Unternehmen durch das organisationale Feld beeinflusst, aber nicht determiniert sind. Das organisationale Feld besteht in seiner Untersuchung aus einer „complex constituency", die sich um ein bestimmtes Thema („issue"), in diesem Falle Umweltstandards, bildet. Jede Subpopulation von Akteuren verwendet ein spezifisches Framing eines Themas und das komplexe Zusammenspiel zwischen den Populationen des Feldes beeinflusst die Reaktionen der Unternehmen, d. h. die Übernahme bestimmter Standards (Hoffman 2001, S. 135).

Im Falle von CSR besteht das transnationale organisationale Feld aus so verschiedenen Subpopulationen wie Unternehmen, Regierungen, Aktivisten, Wissenschaftlern und auch internationalen Organisationen (Coni-Zimmer 2011, Kap. 6.1). Der Fokus in diesem Artikel liegt auf dem Verhältnis zwischen internationalen Organisationen und Unternehmen innerhalb dieses transnationalen Feldes zu CSR. Internationale Organisationen sind wichtige Träger von Weltkultur bzw. Weltkultur ist in ihnen institutionalisiert. Sie übernehmen durch unterschiedliche und teilweise komplementäre Strategien die Rolle von Diffusionsagenten und versuchen ihre Zielakteure – zumeist Staaten, hier Unternehmen – zur Übernahme und Einhaltung bestimmter weltkultureller Ideen, Normen und Regeln zu bewegen (Meyer et al. 1997a, S. 163–4). In der Terminologie des Konstruktivismus sind sie „teachers of norms" (Finnemore 1996).

9.3.2 Strategien internationaler Organisationen

Damit ergibt sich die Notwendigkeit, die Aktivitäten von internationalen Organisationen, mit denen sie zur Diffusion von CSR beitragen könnten, konkreter beschreiben zu können. Damit wird gleichzeitig herausgearbeitet, wie internationale Organisationen zur Weltordnungsgenerierung beitragen können.

So unterscheiden etwa Rittberger und Zangl (2003, Kap. 7) zwischen Politikprogrammen, operativen Tätigkeiten und informationellen Aktivitäten internationaler Organisationen. Jakobi (2009) unterscheidet etwas feingliedriger zwischen fünf verschiedenen Strategien, derer sich internationale Organisationen bedienen können, um Normen zu verbreiten: 1) diskursive Verbreitung, 2) Standardsetzung, 3) finanzielle Mittel, 4) koordinative Aktivitäten und 5) technische Zusammenarbeit.

Die *diskursive Verbreitung* bezieht sich auf die Einführung und Etablierung von Ideen auf der globalen und nationalen Agenda und beinhaltet insbesondere die Bereitstellung von Informationen. Die diskursive Verbreitung einer Idee steht oft im Zusammenhang mit anderen Instrumenten bzw. geht diesen voraus (Jakobi 2009, S. 34; Rittberger und Zangl 2003, Kap. 7). Im Zusammenhang mit CSR könnten sich solche Aktivitäten sowohl auf die generelle Idee von CSR beziehen als auch auf eher spezifische Themen oder Praktiken, wie etwa Umweltschutz, menschenrechtliche Standards oder Korruptionsbekämpfung. Das Instrument der *Standardsetzung* hat zum Ziel durch die Entwicklung von Standards ein bestimmtes Verhalten der Zielakteure zu erreichen. Bei CSR ist hier aber nicht in erster Linie an eine verbindliche Regulierung (wie etwa Konventionen und zwischenstaatliche Verträge) zu denken, sondern auch an „weiche" Standards, wie Empfehlungen, Verhaltenskodizes oder auch Checklisten. *Finanzielle Mittel* werden von internationalen Organisationen eingesetzt, um zu erreichen, dass Staaten eine bestimmte Politik einführen oder um deren Implementierung zu ermöglichen. Dies klingt für CSR relativ ungewöhnlich, da zumeist davon ausgegangen wird, dass Unternehmen über beträchtliche finanzielle Ressourcen verfügen. Dennoch lässt sich der Einsatz finanzieller Mittel durchaus beobachten, etwa wenn der *UN Global Compact* lokale Netzwerke, insbesondere in Entwicklungsländern, durch Transferzahlungen fördert. Die *koordinative Funktion* von internationalen Organisationen zielt darauf ab, den Fortschritt von Akteuren in Richtung eines gemeinsamen Politikziels festzustellen. Vorstellbar sind Monitoring- und Berichterstattungsverfahren, gemeinsame Lernforen oder auch harte Sanktionen. Hier wird sich in der empirischen Untersuchung zeigen, dass es im Themenfeld CSR insbesondere weiche Formen der Berichterstattung und des *Peer Reviews* gibt, bei denen Unternehmen über ihren Fortschritt bei der Implementierung bestimmter Standards berichten. Schließlich ist die *technische Unterstützung oder Zusammenarbeit* ein weiteres Instrument, auf welches internationale Organisationen zurückgreifen. Hier geht es nicht um den Transfer von finanziellen Mitteln, sondern um den Transfer und Ausbau von Expertise innerhalb von Unternehmen, um die dort vorhandenen Kapazitäten auszubauen. Dies geschieht etwa durch die Entwicklung von Handreichungen für Unternehmen oder auch die Organisation von Trainings für UnternehmensmitarbeiterInnen.

Eine bestimmte internationale Organisation muss natürlich nicht über alle Instrumente verfügen; je nach Organisation können die zur Verfügung stehenden Instrumente mehr oder weniger verbindlich, „hart" oder „weich" sein (Jakobi 2009, S. 36–37). Zwar können mehrere Instrumente zur gleichen Zeit eingesetzt werden, dies muss aber nicht der Fall sein. Zudem wenden sich internationale Organisationen durch ihre Aktivitäten oft nicht nur an eine Gruppe von Akteuren, sondern gleichzeitig an verschiedene Akteure (z. B. Staaten und Unternehmen).

In der empirischen Untersuchung (s. Abschn. 9.5) wird einerseits gezeigt, dass diverse internationale Organisationen das Thema CSR seit Ende der 1990er Jahre aufgegriffen haben. Andererseits werden die OECD und die Vereinten Nationen etwas detaillierter bezüglich der von ihnen verwendeten Strategien zur Förderung von CSR untersucht. Darüber hinaus wird sich in der empirischen Untersuchung zeigen, dass im Themenfeld CSR internationale Organisationen und transnationale Unternehmen zunehmend direkt miteinander interagieren. Internationale Organisationen beziehen Unternehmen und andere Stakeholder in Prozesse der Politikentwicklung und -implementierung ein. Die Annahme der Existenz eines transnationalen Feldes zu CSR lässt diesen empirischen Befund erwarten. Damit zeigt sich gleichzeitig, dass internationale Organisationen verstanden als Weltorganisationen eben nicht nur mit Staaten, sondern auch mit anderen Akteuren interagieren und diese durch ihre Aktivitäten adressieren.

9.3.3 Globale Diffusion von CSR

Das zu erklärende Phänomen, welches gleichzeitig den Ausgangspunkt dieses Beitrags bildet, ist die globale Diffusion von CSR. Die *Diffusion einer Idee* (hier CSR) in einer Population von Akteuren (hier Unternehmen) ist das Ergebnis eines Prozesses, welcher durch verschiedenste Akteure und Mechanismen beeinflusst werden kann. Im Fokus der Untersuchung steht mit der Diffusion von CSR nicht die Übernahme einer Politik durch einen einzelnen Akteur, sondern durch eine Gruppe. Das oft herausgearbeitete Muster von Diffusionsprozessen ist eine S-förmige Kurve. In einer frühen Phase übernehmen nur wenige Akteure eine bestimmte Innovation, es folgt eine Phase starken Wachstums, bevor der Prozess einen bestimmten Sättigungsgrad erreicht und sich wieder verlangsamt (Knill 2005, S. 4; Rogers 2003). Der Ausgang eines Diffusionsprozesses ist zunächst offen und muss nicht zwangsläufig „erfolgreich" im Sinne der Verbreitung einer Idee in einer Population von Akteuren sein, sondern kann auch scheitern – neue Ideen, Normen, Politiken und Praktiken können sich in einer verbreiten oder auch nicht.

Der Begriff der *globalen Diffusion* bezieht sich auf Gesamtheit transnationaler Unternehmen, unabhängig davon, in welchem Staat ein Unternehmen seinen Hauptsitz hat und wo es geschäftstätig ist. Die *Übernahme der Idee* durch ein einzelnes transnationales Unternehmen ist Bestandteil des Diffusionsprozesses; die Summe aus diesen Ereignissen der Übernahme durch die einzelnen Akteure ergibt die Diffusion. Die Übernahme von CSR durch ein einzelnes Unternehmen wird hier also als in einen Diffusionsprozess eingebettet verstanden, wobei die Übernahme von CSR durch ein Unternehmen die Wahrscheinlichkeit der Übernahme durch weitere Unternehmen beeinflusst (Davis und Marquis 2005, S. 336).

Als Indikatoren, um die zunehmende globale Diffusion von CSR zu plausibilisieren, werden einerseits Daten zu Verbreitung des *UN Global Compact*, der weltweit größten CSR-Initiative, präsentiert. Außerdem werden Ergebnisse aus Studien der Unternehmensberatung KPMG aufbereitet. Darüber hinaus werden Ergebnisse einer Analyse der Nachhaltigkeitsberichte der 50 weltweit größten transnationalen Unternehmen vorgestellt.[5] Sofern ein Unternehmen einen Nachhaltigkeitsbericht veröffentlicht, wurde untersucht, ob es sich in diesem Rahmen auf internationale Organisationen und Standards bezieht.[6] Wenn sich transnationale Unternehmen in ihren Nachhaltigkeitsberichten explizit auf globale CSR-Initiativen und Standards beziehen, ist dies als zusätzliche Evidenz für den Einfluss eines globalen Politikprozesses und insbesondere internationaler Organisationen auf die Diffusion von CSR zu werten.

9.4 Die Regulierung von transnationalen Unternehmen in den 1970er Jahren

Ausländische Direktinvestitionen und der Einfluss von transnationalen Unternehmen in ihren Gaststaaten wurden ab Ende der 1960er Jahren zu einem kontroversen Thema in der internationalen Politik (Brewer und Young 1998, S. 86). Die Vereinten Nationen wurden zu einem maßgeblichen Austragungsort für die damit verbundenen Konflikte um die Regulierung der Aktivitäten transnationaler Konzerne. Diese wurden aber hauptsächlich zwischen Staaten ausgetragen und drehten sich darum, wie Staaten transnationale Konzerne und ihre Aktivitäten regulieren könnten.

Eine Reihe von Ereignissen und Entwicklungen bildeten den Hintergrund für diese Kontroverse. So wollten die nun unabhängigen Entwicklungsländer nach der Entkolonialisierung auf internationaler Ebene die Etablierung einer Neuen Weltwirtschaftsordnung erreichen.[7] Die Forderungen nach einer internationalen Regulierung von transnationalen Konzernen sind in diesem Kontext zu verstehen.

---

[5] Als Basis hierfür wurde eine Liste der 50 weltweit größten Unternehmen für das Jahr 2009 aus dem Fortune Magazine genommen, vgl. http://money.cnn.com/magazines/fortune/global500/2009/full_list/ (letzter Zugriff: 25. Oct. 2010).

[6] Es wurden im Rahmen dieser Untersuchung die Nennung der folgenden globalen Initiativen und Standards kodiert: *UN Global Compact*, OECD-Leitsätze für multinationale Unternehmen, Leitlinien der *Global Reporting Initiative*, Konventionen und Erklärungen der ILO und die Allgemeine Erklärung der Menschenrechte.

[7] Sie wollten eine grundlegende Veränderung der internationalen Wirtschaftsordnung zu ihren Gunsten erreichen, etwa durch einen besseren Zugang zu Märkten in Industriestaaten für ihre Produkte, eine Stabilisierung von Preisen für Rohstoffe oder auch eine Reform und bessere Vertretung in internationalen Wirtschaftsorganisationen, wie IWF und Weltbank (Volger 2008, S. 145–147).

Viele Entwicklungsländer standen den vorwiegend „westlichen" Unternehmen eher skeptisch bis feindlich gegenüber und wollten deren Macht und Einfluss begrenzen (Murray 2001, S. 257). So fordert auch die mit der Mehrheit der Stimmen der Entwicklungsländer in der Generalversammlung der Vereinten Nationen verabschiedete „Erklärung über die Errichtung einer Neuen Internationalen Weltwirtschaftsordnung" von 1974 eine verstärkte „Regulierung und Überwachung der Aktivitäten transnationaler Konzerne" (Übersetzung, M. C.-Z.).[8]

Der UN Wirtschafts- und Sozialrat ECOSOC richtete im Dezember 1974 eine intergouvernementale *Commission on Transnational Corporations* in beratender Funktion unter dem ECOSOC sowie ein *Centre on Transnational Corporations* (UNCTC), welches dieser Kommission zuarbeiten sollte, ein.[9] Neben der Informationssammlung und Forschung zu transnationalen Unternehmen sowie der Unterstützung von Entwicklungsländern im Umgang mit transnationalen Konzernen war eine Hauptaufgabe des UNCTC die Entwicklung eines Verhaltenskodex für transnationale Unternehmen. Dies war zugleich die umstrittenste Aufgabe und die Verhandlungen über den Verhaltenskodex wurden bis zu ihrer Einstellung im Jahr 1992 ohne Chance auf eine Einigung geführt. Eine wesentliche Konfliktlinie bildete sich bezüglich des rechtlichen Status des Verhaltenskodex: Entwicklungsländer favorisierten zunächst eine rechtlich verbindliche Lösung, sozialistische Staaten wollten einen solchen nur für private und nicht für Unternehmen in staatlichem Eigentum akzeptieren. Die Industrieländer (und Unternehmen) wiederum wollten maximal einen Verhaltenskodex, der auf Freiwilligkeit basierte, akzeptieren (Brewer und Young 1998, S. 89; Sagafi-nejad 2008, S. 94). Umstritten war auch, welche Rolle die Vereinten Nationen bei der Implementierung bzw. beim Monitoring des Verhaltenskodex haben sollten. Interessant sind im Hinblick auf die heutige Diskussion über CSR zwei weitere Punkte: Erstens bestand Uneinigkeit, an wen der Verhaltenskodex adressiert sein sollte und ob neben Rechten und Pflichten von Unternehmen auch an Gaststaaten bzw. Regierungen adressierte Regeln zur Behandlung von Unternehmen aufgenommen werden sollten – ein Konflikt, der im Laufe der Verhandlungen auch dazu führte, dass Entwicklungsländer einen verbindlichen Verhaltenskodex nicht mehr unterstützten, weil er auch ihnen selbst Regeln auferlegen würde. Zweitens war umstritten, welche Themen in den Verhaltenskodex aufgenommen werden sollte. Die Bandbreite der diskutierten Themen zeigt im Gegensatz zur heutigen Diskussion über CSR einen umfassenderen An-

---

[8] *Declaration on the Establishment of a New International Economic Order* (NIEO), A/Res/3202 (S-VI) vom 01.05.1974.

[9] UNCTAD: http://unctc.unctad.org/aspx/UNCTC%20from%201972 %20to%201975.aspx (letzter Zugriff: 20. Oct. 2010).

satz, so wurden Themen wie Besteuerung, Technologietransfer und Wettbewerbs-
fragen ebenso diskutiert wie Arbeiterrechte und Umweltschutzfragen (Segerlund
2010, Kap. 3; Brewer und Young 1998, S. 86–96).

Während die Diskussionen über einen Verhaltenskodex innerhalb der Vereinten Nationen in der Konfrontation zwischen verschiedenen Staatengruppen und in
einem Patt endeten, beschäftigten sich zur selben Zeit auch andere internationale
Organisationen, wie etwa OECD und ILO, mit der Regulierung der Aktivitäten
transnationaler Konzerne. Die OECD verabschiedete im Jahr 1976– zu einem Zeitpunkt als die Verhandlungen über den Verhaltenskodex in den Vereinten Nationen
gerade beginnen sollten – die „Erklärung über internationale Investitionen und
multinationale Unternehmen". Ein Annex zu dieser Erklärung sind die „OECD
Leitsätze für multinationale Unternehmen" (im Folgenden kurz: OECD-Leitsätze; Murray 2001; Brewer und Young 1998, S. 110–111).[10] Während die Einhaltung
der OECD-Leitsätze für Unternehmen freiwillig ist, ist die Umsetzung durch die
OECD-Mitgliedsstaaten verbindlich (Utz 2006, S. 25). Insgesamt galten sie aber bis
zu ihrer Überarbeitung im Jahr 2000 als „weitgehend bedeutungs- und wirkungs-
los" (Utz 2006, S. 4; Murray 2001, S. 260). Die Verhandlungen über die Leitsätze
innerhalb der OECD verliefen – nicht zuletzt aufgrund der auf westliche Industriestaaten begrenzten Mitgliedschaft – insgesamt sehr viel weniger konfliktreich als
die Verhandlungen über den Verhaltenskodex in den Vereinten Nationen. Sie können gleichsam als eine Positionierung der westlichen Staaten verstanden werden,
so bezeichnet Murray sie als „deliberate und successful preemptive strike by the
industrialised states to avoid more stringent controls" (2001, S. 260). Das UNCTC
als zentrale Schaltstelle zu Fragen transnationaler Konzerne innerhalb der Vereinten Nationen wurde trotz personeller und inhaltlicher Kurskorrekturen von vielen
Industrieländern und Unternehmen Ende der 1980er bzw. Anfang der 1990er Jahre
(noch immer) als zu unternehmenskritisch wahrgenommen. Es wurde nicht zuletzt auf Druck der USA aber auch anderer Industriestaaten im Jahr 1992 geschlossen bzw. umstrukturiert; die Arbeiten an einem Verhaltenskodex für Unternehmen
wurden eingestellt (Cutler 2006, S. 206; Sagafi-nejad 2008).

Zusammenfassend dominierten in dieser Phase – 1970er bis Ende der 1980er
Jahre – zwischenstaatliche Prozesse in internationalen Organisationen. In diesen
Verhandlungen befassten sich Staaten mit der Regulierung verschiedener Aspekte
der Tätigkeit transnationaler Konzerne, ohne diese aber systematisch in Verhandlungsprozesse einzubeziehen. Unternehmen wurden als Adressaten (zwischen-)

---

[10] Die OECD-Leitsätze decken eine große Bandbreite von Themen ab. Sie sind(Fassung von
1976) in die folgenden Kapitel unterteilt: Allgemeine Grundsätze, Offenlegung von Informationen, Wettbewerb, Finanzierung, Besteuerung, Beschäftigung und Beziehungen zwischen
den Sozialpartnern, Umweltschutz sowie Wissenschaft und Technologie.

staatlicher Regulierung behandelt und traten selbst hauptsächlich als Lobbyisten auf, die versuchten, zwischenstaatliche Prozesse in ihrem Sinne zu beeinflussen und eine Regulierung zu verhindern. Die Beziehungen zwischen internationalen Organisationen und Unternehmen in dieser Phase werden von Beobachtern zumeist als eher konfrontativ charakterisiert.

9.5 Internationale Organisationen und CSR ab den 1990er Jahren

Der weltzeitliche Kontext für die Diskussion über die gesellschaftliche Verantwortung von transnationalen Konzernen hat sich seit den 1970er Jahren in verschiedener Hinsicht geändert und in den 1990er Jahren zur Entstehung eines Möglichkeitsfensters für die Diffusion von CSR bei Unternehmen geführt (Coni-Zimmer 2011, Kap. 5). Eine wichtige Hintergrundbedingung ist ein sich wandelnder Problemhaushalt. So kommt es seit den 1980er zu einer fast weltweiten ökonomischen Öffnung und Liberalisierung (Jones 2005, S. 99; Simmons et al. 2008) und in der Folge zu einer Expansion der Aktivitäten transnationaler Konzerne. Nach einer Phase langsamen Wachstums zwischen Mitte der 1970er und Mitte der 1980er Jahre verdreifachten sich die ausländischen Direktinvestitionen (ADI) zwischen 1984 und 1988 (UNCTAD 1991). Auch in den 1990er Jahren stiegen ADI mit Wachstumsraten zwischen 20 und 40 % stetig an und erreichten Rekordhöhen. Zwischen 1990 und 2005 kommt es zudem fast zu einer Verdopplung der Zahl transnationaler Unternehmen, von 35.000 transnationalen Unternehmen mit 250.000 Tochterfirmen auf 70.000 Unternehmen mit 690.000 Tochtergesellschaften (Coni-Zimmer 2011, S. 132–133).

Das Ansteigen dieser beiden Indikatoren (ausländische Direktinvestitionen und Zahl transnationaler Unternehmen) wurde im öffentlichen und politischen Diskurs zunehmend mit ganz bestimmten negativen Nebeneffekten und Folgen verknüpft, die insbesondere in Entwicklungsländern auftreten, wo Staaten über mangelnde Governance-Kapazitäten verfügen. Demnach halten Unternehmen insbesondere in solchen Staaten im Rahmen ihrer Geschäftstätigkeit internationale Standards nicht ein, weil es keine entsprechende nationale Gesetzgebung und/oder Implementierung gibt. Sie sind in Menschenrechtsverletzungen involviert oder unterlaufen grundlegende Kernarbeitsnormen; sie sind für Umweltverschmutzungen verantwortlich oder auch in Korruptionsfälle verwickelt. Eine entscheidende Rolle bei der Vermittlung dieses Problemhaushalts spielten Fälle unternehmerischen Fehlverhaltens, die insbesondere von zivilgesellschaftlichen Organisationen skandalisiert und durch die Medien an eine breite Öffentlichkeit vermittelt werden konnten (Kobrin 2005).[11] Beispiele von Kampagnen, die in den 1990er Jahren breite Aufmerksamkeit erlangten, richteten sich etwa gegen Unternehmen der Textilindustrie und die Arbeitsbedingungen in deren Zulieferbetrieben insbesondere in asiatischen Ländern (Segerlund 2010, Kap. 5). Andere Beispiele sind die Kampagnen gegen die Diamantenindustrie wegen ihrer Verwicklung in die Finanzierung von Bürgerkriegen durch sogenannte Blutdiamanten oder gegen die Ölindustrie wegen ihrer Beteiligung an Menschenrechtsverletzungen und mangelnde Umweltschutzmaßnahmen in Entwicklungsländern, wie Nigeria oder Kolumbien (Zimmer 2010a; Rieth und Zimmer 2004).[12]

Im Gegensatz zu den 1970er Jahren wurde das Verhalten transnationaler Unternehmen in den 1990er Jahren aber sehr viel seltener unter den Vorzeichen oder mit der Idee einer verbindlichen zwischenstaatlichen Regulierung diskutiert. Vielmehr setzte sich die Idee von CSR als freiwilliger unternehmerischer Selbstregulierung durch. Dies wird insbesondere im Zusammenhang mit dem Trend zur ökonomischen Liberalisierung und Deregulierung plausibel, dem eine striktere verbindliche Regulierung der Aktivitäten transnationaler Konzerne widersprochen hätte.

Der folgende Abschnitt gibt zunächst einen Überblick über die Beschäftigung verschiedener internationaler Organisationen mit dem Thema CSR seit den 1990er Jahren. In den darauf folgenden Abschnitten werden zwei internationale Organisationen etwas detaillierter hinsichtlich der Strategien untersucht, die sie anwenden, um die Diffusion von CSR bei transnationalen Unternehmen zu fördern. In beiden Organisationen gab es bereits in den 1970er Jahren Debatten über die Regulierung transnationaler Konzerne, in den 1990er Jahren intensivierten sie allerdings ihre Aktivitäten und richteten diese neu aus. Die OECD ist zwar eine regionale internationale Organisation, sie verfügt aber über einen potenziell weitreichenden Einfluss, weil ein Großteil der transnational aktiven Unternehmen aus OECD-Ländern stammt. Der Global Compact der Vereinten Nationen wurde als zweite Organisation ausgewählt, weil es sich um die weltweit größte und wichtigste Initiative einer internationalen Organisation zur Diffusion von CSR handelt.

---

[11] Auch die Zahl transnational aktiver zivilgesellschaftlicher Organisationen, die versuchen auf globale Politikprozesse Einfluss zu nehmen, wächst rapide an. So hat sich etwa die Zahl transnational aktiver NGOs zwischen 1985 und 1997 verdoppelt, die *Union of International Associations* zählt für das Jahr 1997 40.306 solcher Organisationen (Cusimano et al. 2000, S. 258).

[12] Neben diesen konfrontativen Strategien arbeiten immer mehr zivilgesellschaftliche Organisationen aber auch mit Unternehmen bei der Entwicklung von Standards und in Partnerschaftsprojekten zusammen (Yaziji und Doh 2009).

9.5.1   CSR – ein neues Themenfeld für internationale Organisationen

Die Konferenz der Vereinten Nationen über Umwelt und Entwicklung, die 1992 in Rio de Janeiro stattfand, gilt als Meilenstein der globalen Umweltpolitik und für die Entwicklung des Leitbilds der nachhaltigen Entwicklung. Die Weltkonferenz stellt aber auch einen Wendepunkt im Verhältnis zwischen internationalen Organisationen und nichtstaatlichen Akteuren dar. An der Konferenz nahmen 1.420 NGOs als Beobachter teil, mehr als jemals zuvor an einer Weltkonferenz teilgenommen hatten (Brühl 2003, S. 60). Gleichzeitig präsentierten sich aber auch Unternehmen – vertreten durch die Internationale Handelskammer und den *Business Council for Sustainable Development*[13] – als Partner für die Lösung globaler Umweltfragen (Brown et al. 2007, S. 10). In der „Agenda 21", dem zentralen Abschlussdokument der Konferenz, sind Referenzen zur Rolle der Privatwirtschaft generell positiv und verweisen auf die Bedeutung privatwirtschaftlicher Beiträge zur Umsetzung des Leitbilds der nachhaltigen Entwicklung und gerade nicht auf die Notwendigkeit einer (zwischen-)staatlichen Regulierung von Unternehmen.

> 30.1 Die Privatwirtschaft einschließlich transnationaler Unternehmen spielt eine zentrale Rolle in der sozialen und wirtschaftlichen Entwicklung eines Landes. […] Die Privatwirtschaft einschließlich transnationaler Unternehmen und die sie vertretenden Verbände sollen gleichberechtigte Partner bei der Umsetzung und Bewertung von Maßnahmen im Zusammenhang mit der Agenda 21 sein.[14]

Die Konferenz kann damit gleichzeitig als Beginn eines kooperativen Verhältnisses zwischen internationalen Organisationen und Privatwirtschaft gelten. Als weiterer Meilenstein ist die Gründung des *Global Compact* der Vereinten Nationen zu nennen, der auf eine Rede des ehemaligen UN-Generalsekretärs Kofi Annan auf dem Weltwirtschaftsforum in Davos 1999 zurückgeht. Annan, der als ausgesprochen wirtschaftsfreundlich galt, forderte die anwesenden Unternehmensvertreter auf, einen Globalen Pakt mit den Vereinten Nationen zu schließen, um diese bei der Erreichung ihrer Ziele zu unterstützen und der Globalisierung ein „menschli-

---

[13] Der *Business Council on Sustainable Development* wurde im Vorfeld zur Rio-Konferenz vom Schweizer Unternehmer Stephan Schmidheiny ins Leben gerufen, um eine Position der Wirtschaft zur Konferenz zu formulieren. Dies geschah auf Anregung von Maurice Strong, dem Generalsekretär der Rio-Konferenz. Der *Business Council* schloss sich 1995 mit dem *World Industry Council for the Environment* zum *World Business Council on Sustainable Development* (WBCSD) zusammen (Zimmer 2010b).

[14] Agenda 21: http://www.agenda21-treffpunkt.de/archiv/ag21dok/kap30.htm. (letzter Zugriff: 20. Jul. 2010).

cheres Antlitz" zu verleihen. Dem vorausgegangen waren Konsultation von Annan mit der Internationalen Industrie- und Handelskammer (Rieth 2004, S. 165). Im Jahr 2001 verabschiedete die Generalversammlung der Vereinten Nationen erstmals die Resolution „Towards Global Partnership" (A/RES/55/215), welche die Verbesserung der Zusammenarbeit zwischen Vereinten Nationen und Privatwirtschaft durch Partnerschaftsprojekte in den Mittelpunkt stellte. In der Resolution wurde außerdem erstmals der *Global Compact* erwähnt, für seine Initiative hatte der Generalsekretär zuvor über kein formales Mandat der UN-Mitgliedsstaaten verfügt. In späteren Resolutionen werden Unternehmen explizit ermutigt, „responsible business practices" zu übernehmen (A/RES/60/215 von 2006).[15] Heute verfügen zudem fast alle UN-Sonder-, -Unterorganisationen und -Programme über Partnerschaftsprogramme und sogenannte *Private Sector Focal Points*, die als Kontaktpunkte für die Privatwirtschaft zur Verfügung stehen. Beispiele sind etwa das Kinderhilfswerk UNICEF, das Entwicklungsprogramm UNDP, das Welternährungsprogramm oder auch UNAIDS (Global Compact 2010a, S. 13–14). Es gibt keine Zahlen darüber, wie viele Partnerschaftsprojekte zwischen internationalen Organisationen und der Privatwirtschaft existieren. Die Anzahl dürfte aber beträchtlich sein, wenn man sowohl Projekte auf lokaler, nationaler als auch globaler Ebene einbezieht. Diese institutionellen Veränderungen im System der Vereinten Nationen verdeutlichen die zunehmend kooperativen Beziehungen und einen intensiveren Austausch mit der Privatwirtschaft.

Neben den Vereinten Nationen haben auch viele andere Organisationen in den letzten Jahren CSR als Thema aufgegriffen. Die OECD verabschiedete im Jahr 2000 ihre überarbeiteten Leitsätze für multinationale Unternehmen (s. Kap. 5.2). Die Europäische Union veröffentlichte 2001 ein Grünbuch zu „Promoting a European Framework for Corporate Social Responsibility" (Europäische Kommission 2001) sowie einen Folgebericht im Jahr 2006 (European Commission 2006). Nach der weit verbreiteten Definition der Europäischen Kommission ist CSR: „a concept whereby companies integrate social and environmental concerns in their business operations and in their interaction with their stakeholders on a voluntary basis" (Europäische Kommission 2001, S. 6). Im Jahr 2002 richtete die EU ein „Multi-Stakeholder Forum on Corporate Social Responsibility" ein, das Unternehmen, Gewerkschaften, NGOs und andere Gruppen zu einem Dialog zusammenführen will und eine „European Alliance for CSR" im Jahr 2006, der sich Unternehmen anschließen können (Fairbrass 2008). Auch die Internationale Arbeitsorganisation

---

[15] Resolutionen wurden 2001, 2002, 2004, 2005, 2006, 2008 und 2010 verabschiedet. Der Generalsekretär der VN legte 2001 darüber hinaus erstmals einen begleitenden Bericht vor, der über den Stand der Zusammenarbeit der Vereinten Nationen mit der Privatwirtschaft berichtet und jeweils Vorschläge entwickelt, wie die Vereinten Nationen mit der Privatwirtschaft zusammenarbeiten können, um die Lösung globaler Problemlagen voranzutreiben.

ILO, die Afrikanische Union und die ASEAN haben die Förderung von CSR in den letzten Jahren in Arbeitsprozessen oder im Rahmen von hochrangig besetzten Konferenzen aufgegriffen (Coni-Zimmer 2011, S. 165–167).

Die Initiativen in ganz unterschiedlichen internationalen Organisationen zeigen, dass CSR zunehmend zu einem Thema geworden ist, wobei gerade nicht eine verbindliche (zwischen-)staatliche Regulierung als Politikoption diskutiert wird, sondern die Förderung freiwilliger unternehmerischer Selbstregulierung im Vordergrund steht. Gleichzeitig ist auffallend, dass internationale Organisationen sowohl bei der Entwicklung von Strategien als auch von Standards oder bei Konferenzen eine enge Zusammenarbeit und Mitwirkung der Privatwirtschaft suchen. Darüber hinaus zeigt sich mit der zunehmenden Gründung von Multistakeholder-Initiativen und kollektiven Selbstregulierungsinitiative eine weitere Entwicklung auf globaler Ebene (Segerlund 2010, S. 88–91; Abbott und Snidal 2009, S. 53–55). Im Unterschied zu zwischenstaatlichen internationalen Organisationen verfügen diese Organisationen über eine inklusive Mitgliederstruktur, d. h. die Mitgliedschaft in ihnen ist nicht auf Staaten beschränkt. Vielmehr handelt es sich um transnationale Meta-Organisationen (s. hierzu Ahrne und Brunsson, in diesem Bd.), denen sowohl Staaten als auch andere nichtstaatliche Organisationen angehören (Rittberger et al. 2008). Multistakeholder- und Selbstregulierungsinitiativen existieren in den verschiedensten Politikfeldern und spielen eine wichtige Rolle bei der Verbreitung von CSR-Standards. Prominente Beispiele sind etwa die *Global Reporting Initiative* (GRI), die einen Standard für die Nachhaltigkeitsberichterstattung von Unternehmen entwickelt hat, die *Fair Labor Association*, die einen Standard entwickelt hat, der die Verbesserung von Arbeitsbedingungen in der Textilindustrie zum Ziel hat. Internationale Organisationen sind wiederum in vielen diese Multistakeholder-Initiativen beteiligt, so spielte etwa das Umweltprogramm der Vereinten Nationen eine wichtige Rolle bei der Gründung der GRI. Zum Teil unterstützen sich internationale Organisationen und Multistakeholder-Initiativen gegenseitig bei der Verbreitung und Implementierung von ausgearbeiteten Standards.[16]

9.5.2 OECD

Die OECD verabschiedete im Jahr 2000 eine überarbeitete Fassung der Leitsätze für multinationale Unternehmen, nachdem zuvor die Verhandlungen über ein umfas-

---

[16] So verfügen etwa die OECD und die GRI über eine *Memorandum of Understanding*, dies gilt auch für den UN *Global Compact* und GRI. Die Weltbank unterstützt die Implementierung der *Extractive Industries Transparency Iniatitive*, einer Multistakeholder-Initiative zur Förderung von Transparenz in der extraktiven Industrie (Coni-Zimmer 2011, S. 182–183).

sendes Multilaterales Investitionsabkommen (MAI) gescheitert waren (Rieth 2009, S. 124; Murray 2001). Eine nochmals überarbeitete Version wurde im Mai 2011 verabschiedet. Der Revisionsprozess der Leitsätze, der insbesondere im Jahr zuvor stattfand, zeigt beispielhaft die diversen Umweltbeziehungen einer internationalen Organisation.[17] So sehen bereits die *Terms of Reference* für die Überarbeitung vor, dass das Sekretariat der OECD diverse Stakeholder in den Beratungsprozess einbeziehen soll. Dazu gehören Unternehmen ebenso wie Gewerkschaften, NGOs und andere internationale Organisationen. Neben verschiedenen Treffen wurden internetbasierte Beteiligungsmöglichkeiten für alle interessierten Parteien angeboten.[18]

Die Leitsätze sind das wichtigste Instrument der OECD bezüglich der gesellschaftlichen Verantwortung von Unternehmen. Sie wenden sich direkt an Unternehmen als Regelungsadressaten; sie stellen jedoch für diese *nicht-bindende, freiwillige Empfehlungen*dar (OECD 2000, S. 19). Im Gegensatz dazu gibt es auch verbindliche Elemente, die aber Staaten betreffen (Rieth 2009, S. 122). So müssen Staaten Nationale Kontaktstellen einrichten. Diesen obliegt es, „die Umsetzung der Leitsätze zu fördern, Anfragen zu beantworten sowie mit den beteiligten Parteien alle Fragen zu erörtern, die unter die Leitsätze fallen" (OECD 2000, S. 34). Neben den 32 Mitgliedsstaaten der OECD haben sich mittlerweile zehn weitere Nicht-Mitgliedsstaaten den OECD-Leitlinien angeschlossen.[19] Die Leitsätze richten sich an alle Unternehmen, die in OECD-Mitgliedsstaaten sowie den zehn darüber hinaus beigetretenen Staaten beheimatet sind, und sollen von ihnen angewandt werden, wo auch immer sie operieren:

> Die Teilnehmerstaaten halten die auf ihrem Hoheitsgebiet operierenden Unternehmen dazu an, die Leitsätze überall dort, wo sie ihre Geschäftätigkeit ausüben, unter Berücksichtigung der besonderen Gegebenheiten des jeweiligen Gastlands zu beobachten. (OECD 2000, S. 20)

Obwohl die OECD keine globale Reichweite besitzt, werden durch die Leitsätze „mehr als 85 % der weltweiten auswärtigen Direktinvestitionsströme" erfasst (Utz 2006, S. 40). Zudem wird im Text explizit auf die Verantwortung von Unternehmen

---

[17] Grundlegend zu den OECD Leitsätzen, vgl. Utz (2006) und Rieth (2009). Zum Überarbeitungsprozess vgl. OECD: http://www.oecd.org/document/33/0,3343,en_2649_34889_44086753_1_1_1_1,00. html. (letzter Zugriff: 10. Jun. 2011).

[18] OECD: http://www.oecd.org/dataoecd/61/41/45124171.pdf. (letzter Zugriff: 10. Jun. 2011).

[19] OECD: http://www.oecd.org/about/0,3347,en_2649_34889_1_1_1_1_1,00.html (letzter Zugriff: 25. Jan. 2010), die zehn Nicht-Mitgliedsstaaten sind Argentinien, Brasilien, Ägypten, Estland, Israel, Lettland, Litauen, Marokko, Peru und Rumänien.

für ihre Zulieferkette verwiesen, was die Reichweite der Leitsätze wiederum potenziell erhöht (OECD 2000, S. 45; Murray 2001, S. 263).

Inhaltlich fordern die OECD-Leitsätze Unternehmen auf, „einen Beitrag zum
wirtschaftlichen, sozialen und ökologischen Fortschritt im Hinblick auf die ange-
strebte nachhaltige Entwicklung [zu] leisten" und dazu „wirksame Selbstregulie-
rungspraktiken und Managementsysteme [zu] konzipieren" (OECD 2000, S. 45).
Die OECD-Leitsätze beziehen sich inhaltlich auf die Offenlegung von Informationen, Beschäftigung und Beziehungen zwischen den Sozialpartnern, Umwelt, Bekämpfung der Korruption, Verbraucherinteressen, Wissenschaft und Technologie,
Wettbewerb und Besteuerung (OECD 2000).[20] Sie sind durchaus Gegenstand deutlicher Kritik, in deren Mittelpunkt die mangelnde Effektivität der Leitsätze steht.
Das Prinzip der Freiwilligkeit wird ebenso kritisiert wie die sehr unterschiedliche
staatliche Umsetzung der Leitsätze durch die OECD-Mitgliedsstaaten und die In-
transparenz des in den Leitlinien vorgesehenen Beschwerdeverfahrens.[21] Doch
trotz ihres nicht-bindenden Charakters tragen die OECD-Leitsätze einen „normativ relevante(n) Verwirklichungsanspruch" (Nowrot 2004, S. 138) in sich. So heißt
es auch in einer mit den Leitsätzen veröffentlichten Erklärung, dass diese „die gemeinsamen Wertvorstellungen der Regierungen" widerspiegeln (OECD 2000, S. 5).

Die OECD-Leitsätze sind der Hauptreferenzpunkt der Aktivitäten der OECD
zur gesellschaftlichen Verantwortung von Unternehmen. Der diskursiven Verbreitung der OECD-Leitsätze dienen jährlich stattfindende Konferenzen.[22] Außerdem
hat die OECD in den letzten Jahren regelmäßig Konferenzen in Zusammenarbeit
mit anderen Organisationen und Initiativen veranstaltet.[23] Darüber hinaus wer-

---

[20] Dabei finden sich in der neuen Version der Leitsätze immer wieder Referenzen zu internationalen Instrumenten und Standards, wie etwa der Allgemeinen Erklärung der Menschenrechte oder ILO-Konventionen (OECD 2000). Dies stellt eine Veränderung im Vergleich zur
Version der Leitsätze von 1976 dar, bei denen die Einhaltung der nationalen Gesetzgebung
der wichtigste Referenzpunkt war (Murray 2001, S. 261).

[21] Stellvertretend für andere Organisationen vgl. das NGO-Netzwerk *OECD Watch*: http://
oecdwatch.org/.(letzter Zugriff: 20. Oct. 2011).

[22] So findet seit 2001 im Zusammenhang mit dem jährlichen Treffen der Nationalen Kontaktstellen ein Runder Tisch zu CSR mit unterschiedlichen Schwerpunktthemen statt. Berichte darüber finden sich in den „Annual Reports on the OECD Guidelines for Multinational Enterprises".Diese sind abrufbar unter OECD: http://www.oecd.org/document/20/
0,3343,en_2649_34889_39602772_1_1_1,00.html (letzter Zugriff: 15. Oct. 2010). In den
letzten Jahren behandelte Schwerpunktthemen waren zum Beispiel die Bekämpfung von
Korruption, Umweltschutz oder auch CSR in Entwicklungsländern.

[23] Im Jahr 2005 veranstalteten NEPAD und OECD gemeinsam mit dem *UN Global Compact*
eine Konferenz zur Korruptionsbekämpfung in Addis Abeba. Im Jahr 2008 wurde gemeinsam
mit der ILO eine Konferenz zum Thema „Beschäftigung und Arbeitsbeziehungen: Förderung

den immer wieder Studien zur Thematik veröffentlicht, so etwa im Jahr 2001 eine umfassende Analyse bestehender CSR-Initiativen (OECD 2001) oder Studien zur Rolle von Unternehmen in Konfliktkontexten und Ländern mit schwacher Staatlichkeit (OECD 2006, 2010).

Die OECD-Leitsätze sehen seit dem Jahr 2000 ein Verfahren vor, in dessen Rahmen Beschwerden gegen Unternehmen vorgebracht werden können, wenn deren Verhalten die Leitsätze verletzt (*koordinative Aktivitäten*). Dies sind in der Begrifflichkeit der OECD-Leitsätze sogenannte „specific instances" (OECD Watch 2010, S. 6). Im Rahmen dieses Verfahrens haben NGOs und Gewerkschaften zwischen 2000 bis Mitte 2010 etwas mehr als 200 Fälle bei verschiedenen Nationalen Kontaktstellen eingereicht (OECD Watch 2010, S. 9). Die Beschwerden werden von der zuständigen Kontaktstelle geprüft, diese nimmt sodann eine Art Moderations- und Vermittlerfunktion ein, um möglichst eine einvernehmliche Lösung zu finden. Es können aber keine Sanktionen gegen Unternehmen verhängt werden.

9.5.3 Global Compact

Der *Global Compact* ist die wichtigste Initiative der Vereinten Nationen im Themenfeld CSR. Im Mittelpunkt stand bei der Gründung das Verhältnis zwischen Vereinten Nationen und globaler Wirtschaft.[24] Unternehmen können sich der Initiative als Teilnehmer („participants") anschließen. Das Büro des *Global Compact* ist als eine eigenständige Einheit im Sekretariat der Vereinten Nationen in New York angesiedelt und koordiniert die Initiative. Die Vereinten Nationen sind weiterhin durch ein Netzwerk aus sieben Unter- und Sonderorganisationen im *Global Compact* vertreten.[25] Neben Unternehmen können sich aber auch zivilgesellschaftliche Organisationen, Unternehmensverbände, Gewerkschaften und akademische

---

eines verantwortlichen unternehmerischen Handelns in einer globalisierten Weltwirtschaft" organisiert, vgl. „Annual Reports on the OECD Guidelines for Multinational Enterprises" unter OECD: http://www.oecd.org/document/20/0,3343,en_2649_34889_39602772_1_1_1_1,00. html. (letzter Zugriff: 15. Oct. 2010).

[24] Grundlegend zum *Global Compact*, vgl. Rasche und Kell 2010; Rieth 2009.

[25] Diese sind das *Office of the High Commissioner for Human Rights*, die *International Labour Organization*, das *United Nations Environment Programme*, das *United Nations Office on Drugs and Crime*, das *United Nations Development Programme*, die *United Nations Industrial Development Organization* und der *United Nations Development Fund for Women*, vgl. Global Compact: http://www.unglobalcompact.org/ParticipantsAndStakeholders/un_agencies/index.html. (letzter Zugriff: 18. Nov. 2010).

Institutionen der Initiative anschließen.[26] Hier zeigt sich noch deutlicher als im Fall der OECD, dass internationale Organisationen im Themenfeld CSR mit diversen anderen Akteursgruppen interagieren.

Ein Unternehmen, das am *Global Compact* teilnehmen will, muss sich dazu bekennen, die Initiative und deren Prinzipen in seiner Geschäftstätigkeit umzusetzen.[27] Den Kern des *Global Compact* bilden zehn Prinzipien zu Menschenrechten, Arbeiterrechten, Umweltschutz und Anti-Korruption.[28] Der *Global Compact* selbst hat sich von Beginn an von einem regulatorischen Ansatz distanziert und betont, dass er keine (zwischen-)staatliche Regulierung ersetzen kann und will (Kell 2003, S. 41; Kell und Levin 2003). Vielmehr wird die Freiwilligkeit als grundlegendes Charakteristikum der Initiative verstanden, das gemeinsame Lernen und der Dialog zwischen Unternehmen und ihren Stakeholdern werden in den Mittelpunkt gestellt (Ruggie 2001; Kell und Levin 2003).

Um die weitere Verbreitung von CSR bzw. die Umsetzung von CSR in Unternehmen zu fördern, bedient sich der *Global Compact* einer Vielzahl von Instrumenten. Der *diskursiven Verbreitung und technischen Unterstützung* dienen insbesondere die Organisation von Veranstaltungen und die Veröffentlichung von Publikationen. So bietet der *Global Compact* eine mittlerweile kaum noch überschaubare Bandbreite an Lernmöglichkeiten (sogenannte „engagement opportunities") in Form von Konferenzen, Seminaren, Workshops und Trainings. Die Veranstaltungsformate haben sich im Laufe der Zeit verändert, zu Beginn wurden mit Lernforen und Policy Dialogues hauptsächlich zwei Formate organisiert. So fanden zunächst jährliche Lernforen („Learning Forum") statt, bei denen Unternehmen sich über ihre Erfahrungen bei der Implementierung des *Global Compact* austauschen sollten. Dazu wurden insbesondere Fallstudien über das Engagement von Unternehmen erstellt und präsentiert, um so Best Practices zu identifizieren (Rieth 2004; 2009, S. 182–184). Darüber hinaus wurden Policy Dialogues zu bestimmten Themen wie Unternehmen in Konfliktzonen, nachhaltiges Konsumverhalten oder die Bekämpfung von HIV/AIDS organisiert. Die Veranstaltungsformate haben sich aber über Zeit ausdifferenziert. So finden etwa mit dem *Global Compact Leaders Summit* unregel-

---

[26] Global Compact: http://www.unglobalcompact.org/ParticipantsAndStakeholders/index. html. (letzter Zugriff: 18. Nov. 2010).

[27] Global Compact: http://www.unglobalcompact.org/HowToParticipate/Business_Participation/index.html. (letzter Zugriff: 30. Dec. 2010).

[28] Die Prinzipien werden unter Rückgriff auf internationale Konventionen und Erklärungen formuliert, genauer die Allgemeine Erklärung der Menschenrechte, die *ILO Declaration on Fundamental Principles and Rights at Work*, die Erklärung von Rio zu Umwelt und Entwicklung und die Konvention der Vereinten Nationen gegen Korruption (Rieth 2004, S. 154; Kell und Ruggie 1999).

mäßig hochrangige Konferenzen statt, an denen insbesondere die Führungsriege von Unternehmen teilnehmen soll.[29] Zudem finden auf nationaler Ebene zahlreiche Veranstaltungen statt, die durch lokale Netzwerke organisiert werden (Global Compact 2010b, Whelan 2010).[30]

Thematisch orientieren sich die Aktivitäten des *Global Compact* an den vier Bereichen, die auch in den Prinzipien des *Global Compact* abgedeckt sind: Menschenrechte, Arbeiterrechte, Umweltschutz und Anti-Korruption. Darüber hinaus gibt es verschiedene Querschnittsthemen, wie Finanzmärkte, das Management von Wertschöpfungsketten oder Partnerschaften zwischen Vereinten Nationen und Wirtschaft. Für jeden der genannten Bereiche macht der *Global Compact* über seine Homepage diverse Materialien und Handreichungen zugänglich, die Unternehmen die Einführung von Standards in bestimmten Bereichen erleichtern oder ihnen in ihrem Tagesgeschäft bei der Umsetzung einer verantwortlichen Unternehmensführung helfen sollen (*technische Zusammenarbeit*).[31] Die Materialien werden zumeist in Arbeitsprozessen entwickelt, in denen eine Vielzahl von Stakeholdern einbezogen bzw. zur Mitarbeit aufgefordert wird.

Die jährlich von Unternehmen einzureichenden Fortschrittsmitteilungen („Communication on Progress", COP) stellen eine weiche Form des Monitoring (*koordinative Aktivitäten*) dar. Im Jahr 2003 wurden COPs als eine Integritätsmaßnahme eingeführt, um die Glaubwürdigkeit des *Global Compact* zu stärken (Rieth 2009, S. 172, 181).

> The COP policy was developed to provide a platform to analyze progress through transparency and disclosure, allowing stakeholders to ensure that companies meet their commitment to the Global Compact principles. The goal is to provide various stakeholders – from investors to civil society and the media – with material information to make informed choices about the companies they interact with.[32]

---

[29] Am *Global Compact Leaders Summit* im Juni 2010 in New York nahmen mehr als 1.200 Teilnehmer aus allen Stakeholdergruppen teil, vgl. Global Compact: http://www.leaderssummit2010.org/sitecore/content/be-bruga/leaderssummit2010/home.aspx (letzter Zugriff: 15. Oct. 2010).

[30] Lokale Netzwerke sind Gruppen von Teilnehmern, die sich zumeist auf nationaler Ebene zusammenfinden. Sie haben die Funktion, die Prinzipien des *Global Compact* im jeweiligen nationalen Kontext zu verankern und bekannter zu machen. Sie sind aber auch eine Konsequenz des rapiden Teilnehmerzuwachses und übernehmen Managementaufgaben (etwa bei den Fortschrittsmitteilungen der Unternehmen). Teilnehmende Unternehmen sollen sie bei der Implementierung der zehn Prinzipien unterstützen (Global Compact 2010b).

[31] Global Compact: http://www.unglobalcompact.org/Issues/index.html. (letzter Zugriff: 15. Oct. 2010).

[32] Global Compact: http://www.unglobalcompact.org/cop/index.html (letzter Zugriff: 15. Oct. 2010).

Sofern ein Unternehmen seiner jährlichen Berichtspflicht nicht nachkommt, wird es nach einem Jahr auf der Homepage des *Global Compact* als inaktiv („non-communicating") gekennzeichnet und nach einem weiteren Jahr gelöscht.[33] Die von Unternehmen eingesandten Fortschrittsberichte sind über die Homepage der Initiative öffentlich zugänglich, das *Global Compact Office* selbst nimmt aber keine Bewertung oder Überprüfung der COPs vor (Hamid und Johner 2010). Um die Idee des *Global Compact* weiter zu verbreiten, verfügt der *Global Compact* mittlerweile über drei regionale Zentren in Osteuropa, Lateinamerika und Asien sowie eine große Zahl von lokalen Netzwerken. Obwohl die Aufgabenbeschreibungen der regionalen Zentren variieren, ist ihnen allen gemeinsam, dass sie in ihren jeweiligen Regionen die Prinzipien des *Global Compact* fördern und den Aufbau lokaler Netzwerke unterstützen sollen (Whelan 2010, S. 337).

9.6 Die Diffusion von CSR

Im vorhergehenden Abschnitt wurde gezeigt, dass verschiedene internationale Organisationen sich insbesondere seit Ende der 1990er Jahre mit dem Thema CSR beschäftigen und die Förderung von CSR bei transnationalen Unternehmen als Politikziel aufgegriffen haben. Darüber hinaus wurde am Beispiel von OECD und *UN Global Compact* illustriert, welche Strategien internationale Organisationen verwenden, um dieses Politikziel zu erreichen. Als Konsequenz sollte bei transnationalen Unternehmen die zunehmende Verbreitung von CSR zu beobachten sein und diese sollten sich zudem in ihrer CSR-Politik und -Berichterstattung auf globale Standards berufen.

9.6.1 Transnationale Unternehmen und CSR

Um den Befund der zunehmenden globalen Diffusion von CSR zu plausibilisieren, wird im Folgenden zunächst die Verbreitung des *UN Global Compact* untersucht. Außerdem wird auf Ergebnisse aus Studien zur Nachhaltigkeitsberichterstattung von KPMG (2002, 2005, 2008) zurückgegriffen. Mittlerweile haben sich 8.870 Or-

---

[33] Diese Fortschrittsmitteilung muss kein separater Bericht sein, vielmehr können Unternehmen ihre CSR- oder Nachhaltigkeitsberichte als COP einreichen. Global Compact: http://www.unglobalcompact.org/COP/communicating_progress.html (letzter Zugriff: 15. Oct. 2010).

Tab. 9.1 Netzwerke des Global Compact im Jahr 2009. (Quelle: Global Compact 2010b, S. 16)

Europa und GUS:	33 (davon 3 entstehend)
Asien und Ozeanien:	18 (davon 3 entstehend)
Amerika:	18 (davon 6 entstehend)
Afrika und Mittlerer Osten:	23 (davon 10 entstehend)

ganisationen dem *UN Global Compact* angeschlossen, davon 6.293 Unternehmen.[34] Diese stammen aus den unterschiedlichsten Ländern und Branchen. Die zunehmende Diffusion von CSR lässt sich auch erkennen, wenn man einen Blick auf die Entwicklung der lokalen Netzwerke des *Global Compact* wirft. Im Jahr 2009 wuchs die Zahl der lokalen Netzwerke auf insgesamt 92, davon waren 70 sogenannte etablierte und 22 entstehende Netzwerke (Global Compact 2010b, S. 16).[35] Die Zahl von nationalen Netzwerken steigt somit seit Gründung der Initiative im Jahr 2000 in allen Weltregionen stetig an. Zwar verfügt Europa über die größte Anzahl von Netzwerken, allerdings steigt auch die Zahl in allen anderen Weltregionen. Lokale Netzwerke können sehr unterschiedlich sein und reichen von Netzwerken mit sieben Teilnehmern in Uganda („emerging network") bis zu etablierten Netzwerken mit weit über 100 Teilnehmern aus verschiedenen Stakeholder-Gruppen wie etwa in Deutschland oder Brasilien (Tab. 9.1).

Trotz dieser Unterschiedlichkeit lässt die Einrichtung eines lokalen *Global Compact*-Netzwerks die Schlussfolgerung zu, dass der Diskurs über CSR zumindest Eingang in einen spezifischen nationalen Kontext gefunden und somit eine gewisse Mindestschwelle überwunden hat.

Im Zuge der Verbreitung von CSR hat die Nachhaltigkeitsberichterstattung von Unternehmen stetig an Bedeutung gewonnen (Kolk 2004; KPMG 2008). Die Verbreitung der Berichterstattung ist ein wichtiger Indikator dafür, dass die CSR-Idee zunehmend bei Unternehmen an Bedeutung gewinnt. Die umfangreichste Studie zur CSR-Berichterstattung von Unternehmen stammt von der Unternehmensbera-

---

[34] Stand Januar 2011, Global Compact: http://www.unglobalcompact.org/participants/search. (letzter Zugriff: 03. Jan. 2011).

[35] Ein *Global Compact* Netzwerk gilt nur als „etabliertes Netzwerk", wenn es bestimmte Kriterien erfüllt. So unterzeichnen diese Netzwerke ein „Memorandum of Understanding" mit dem *Global Compact Office* und verpflichten sich darin zu bestimmten minimalen Aktivitäten auf nationaler Ebene sowie zur Erstellung eines jährlichen Berichts über ihre Aktivitäten (Global Compact 2010b, S 4).

tung KPMG und wird in Abständen von drei Jahren durchgeführt.[36] Die aktuellste Studie untersucht die Berichterstattung der Global Fortune 250 (G250)[37] und der jeweils 100 national größten Unternehmen (N100) in 22 Ländern. Die Studie umfasst somit insgesamt mehr als 2.200 Unternehmen (KPMG 2008). Bei den G250 stieg die Zahl von Unternehmen mit Nachhaltigkeitsberichten von 45 % (2002) auf 52 % (2005) bis auf 79 % (2008) (KPMG 2005, 2008).

Die folgende Abbildung zeigt die Ergebnisse für die N100 in 22 Ländern. Die Zahl von Ländern, die in der Studie untersucht werden, wurde zunehmend erhöht und umfasst nun auch eine Reihe von ausgewählten Schwellenländern, wie Brasilien, Mexiko und Südafrika.[38] Überraschend ist hier die relativ hohe Zahl von Unternehmen in Brasilien (86 der N100) und Südafrika (86 der N100), die über Nachhaltigkeitsberichte verfügen und sich somit explizit zur Idee nachhaltiger Unternehmensführung bekennen (KPMG 2008, S. 70, 94) (Abb. 9.1).

9.6.2 Internationale Organisationen und CSR-Initiativen in Nachhaltigkeitsberichten

Um den kausalen Zusammenhang zwischen der Herausbildung und Strukturierung eines transnationalen organisationalen Feldes, den Aktivitäten von internationalen Organisationen und Multistakeholder-Initiativen sowie der Diffusion von CSR zu plausibilisieren, wurde eine einfache Inhaltsanalyse der CSR-Berichte der 50 weltweit größten transnationalen Unternehmen durchgeführt. Es wurde untersucht, inwiefern sie sich in den Berichten auf internationale Organisationen und Standards beziehen. Nur für vier dieser 50 Unternehmen konnte weder ein Nachhaltigkeitsbericht identifiziert werden, noch berichtete das Unternehmen auf seiner Homepage über CSR-Aktivitäten. Somit wurden Daten von 46 Unternehmen in die Analyse einbezogen.

---

[36] Studien wurden in den Jahren 1993, 1996, 1999, 2002, 2005 und 2008 durchgeführt. Der Fokus dieser Studien hat sich allerdings gewandelt. Die Studien von 1993, 1996 und 1999 beschäftigen sich mit dem *Environmental Reporting* von Unternehmen, eine Idee, die sich seit Ende der 1980er Jahre zunehmend bei Unternehmen verbreitete. Im Jahr 2002 wurde die Studie auf die Nachhaltigkeitsberichterstattung von Unternehmen ausgeweitet. Dies trägt der Entwicklung Rechnung, dass Unternehmen seit Ende der 1990er Jahre zunehmend nicht nur über Umweltthemen, sondern diverse andere Themen berichten (KPMG 2002, S. 5).

[37] Gemeint sind die 250 weltweit größten Konzerne entsprechend ihres Umsatzes.

[38] Für Jahre, in denen für ein bestimmtes Land keine Daten vorlagen, wurde die Zahl von Nachhaltigkeitsberichten mit Null angegeben.

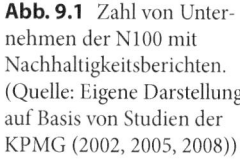

Abb. 9.1 Zahl von Unternehmen der N100 mit Nachhaltigkeitsberichten. (Quelle: Eigene Darstellung auf Basis von Studien der KPMG (2002, 2005, 2008))

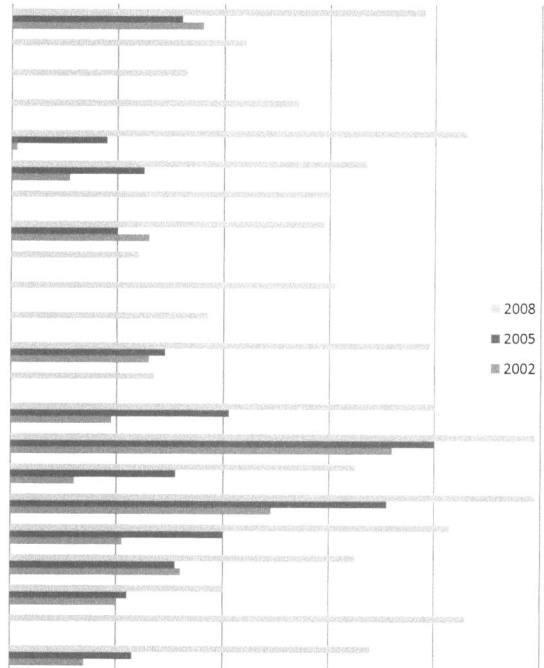

Die Ergebnisse bestätigen insgesamt die Vermutung, dass internationale Organisationen und globale Standards wichtige Referenzpunkte in der Nachhaltigkeitsberichterstattung von Unternehmen sind und stärken damit die Vermutung, dass globale Dynamiken eine wichtige Rolle bei der Diffusion von CSR spielen. Am häufigsten bezogen sich Unternehmen auf die GRI (37), gefolgt vom *UN Global Compact* (29) sowie der Universellen Erklärung der Menschenrechte (24) und Konventionen der ILO (23). Die OECD-Leitsätze wurden dagegen nur von 12 Unternehmen genannt (Tab. 9.2).

Nur in zwei der untersuchten 46 Nachhaltigkeitsberichte konnten keinerlei Bezugnahmen auf die untersuchten internationalen Organisationen und Standards gefunden werden. Überraschend ist auch, dass mehr als 60 % der Unternehmen sich auf drei oder mehr globale Initiativen beziehen. Dies könnte einerseits darauf zurückzuführen sein, dass die einbezogenen Standards unterschiedliche Schwerpunkte haben und sich gegenseitig ergänzen. Es könnte aber auch eine Folge der

Tab. 9.2 Bezugnahme auf globale Standards

Bezugnahme auf globale Standards	Absolut	Prozent
Keine Bezugnahme	2 Unternehmen	4,3 %
Nennung eines globalen Standards	9 Unternehmen	19,6 %
Nennung von zwei	7 Unternehmen	15,2 %
Nennung von drei und mehr	28 Unternehmen	60,8 %
Gesamt	46 Unternehmen	100 %

Zusammenarbeit bzw. des gegenseitigen Verweisens der Initiativen und internationalen Organisationen aufeinander sein.[39]

9.7 Schlussfolgerung

Im Mittelpunkt dieses Beitrags stand die Rolle internationaler Organisationen bei der Diffusion von CSR bei transnationalen Unternehmen. Die zunehmende Diffusion der Idee lässt vermuten, dass globale Dynamiken zur Erklärung dieses Phänomens bedeutsam sind. In der Argumentation der *World Polity*-Theorie sind globale Normen nicht nur für Staaten, sondern auch für andere Akteure zunehmend bedeutsam. Diese orientieren sich an globalen Skripten. Internationale Organisationen sind in diesem Zusammenhang wichtige Träger von Weltkultur bzw. Normunternehmer.

Empirisch konnte gezeigt werden, dass in den 1970er Jahren die Regulierung transnationaler Konzerne in internationalen Organisationen kontrovers diskutiert wurde. In den 1990er Jahren veränderte sich das Verhältnis zwischen internationalen Organisationen und transnationalen Konzernen und wurde zunehmend kooperativer. Internationale Organisationen nehmen die Förderung von CSR insbesondere seit Ende der 1990er Jahre als Politikziel auf und entwickeln entsprechende Aktivitäten, welche die Diffusion von CSR und die Implementierung durch transnationale Unternehmen zum Ziel haben. Die zunehmende Diffusion von CSR ist keinesfalls ausschließlich auf die Aktivitäten internationaler Organisationen zurückzuführen. So beteiligen sich auch NGOs, Gewerkschaften, Wissenschaft und nicht zuletzt Staaten am globalen Diskurs über CSR. Internationale Organisationen

---

[39] So betonen etwa *Global Compact* und GRI ihre strategische Zusammenarbeit. Der *Global Compact* verweist bezüglich der von Unternehmen zu erstellenden Fortschrittsmitteilungen (*Communication on Progress*) explizit auf die GRI-Leitlinien. Von den 29 Unternehmen, die in ihren Berichten oder auf ihrer Homepage den *Global Compact* nennen, orientieren sich 25 in ihrer Berichterstattung an der GRI.

agieren im Themenfeld CSR zwar nicht unabhängig von ihren staatlichen Mitgliedern und deren Präferenzen, so sind sowohl die Prozesse in den Vereinten Nationen als auch in der OECD durch die prinzipielle Zustimmung der Mitgliedsstaaten legitimiert. Dennoch verfügen internationale Organisationen über ein gewisses Maß an Autonomie, um Initiativen voranzutreiben, eigene inhaltliche Schwerpunkte zu setzen und mit anderen Akteuren zusammenzuarbeiten.

Für die Untersuchung von internationalen Organisationen als Weltorganisationen bietet die Studie in zweierlei Hinsicht interessante Erkenntnisse. Erstens zeigen sich die vermuteten Charakteristika von Weltorganisationen in deren (Welt-) Umweltbeziehungen. So konnte gezeigt werden, dass internationale Organisationen bzw. deren Bürokratien im Themenfeld CSR im Rahmen von Konsultationsprozessen und Initiativen mit Unternehmen und mit diversen anderen staatlichen und nichtstaatlichen Akteuren zusammenarbeiten. Zweitens tragen internationale Organisationen zur Generierung von Weltordnung bei. Sie adressieren mit ihren Aktivitäten und Standards aber nicht ausschließlich Staaten, der übliche Fokus in den Internationalen Beziehungen, sondern auch transnationale Unternehmen.

Literatur

Abbott, Kenneth W., und Duncan Snidal. 2009. The governance triangle: Regulatory standard institutions and the shadow of the state. In *The Politics of Global Regulation*, Hrsg. Walter Mattli, und Ngaire Woods, 44–88. Princeton, NJ.

Barnett, Michael, und Martha Finnemore. 2004. *Rules for the world: International organizations in global politics*. Ithaca, NY.

Boli, John, und George M. Thomas 1999. Introduction. In *Constructing world culture: International nongovernmental organizations since 1875*, Hrsg. John Boli, und George M. Thomas, 1–10. Stanford, CA.

Brewer, Thomas L., und Stephen Young. 1998. *The multilateral investment system and multinational enterprises*. Oxford.

Brown, Halina Szejnwald, de Jong, Martin, und Teodorina Lessidrenska. 2007. The rise of the global reporting initiative (GRI) as a case of institutional entrepreneurship (Working Paper No. 36), Cambridge, MA: Corporate social responsibility initative. http://www.hks. harvard.edu/m-rcbg/CSRI/publications/workingpaper_36_brown.pdf. letzter Zugriff: 10. Sep. 2010.

Brühl, Tanja. 2003. *Nichtregierungsorganisationen als Akteure internationaler Umweltverhandlungen: Ein Erklärungsmodell auf der Basis der situationsspezifischen Ressourcennachfrage*. Frankfurt a. M.

Brunsson, Nils, Jacobsson, Bengt und Associates Hrsg. 2000. *A world of standards*. Oxford.

Carroll, Archie B. 2008. A history of corporate social responsibility: Concepts and practices. In *The oxford handbook of corporate social responsibility*, Hrsg. Andrew Crane, Abagail McWilliams, Dirk Matten, Jeremy Moon, und Donald S. Siegel, 19–45. Oxford.

Coni-Zimmer, Melanie. 2011. Corporate Social Responsibility zwischen globaler Diffusion und Lokalisierung. Eine Studie zur Verbreitung von Corporate Social Responsibility bei transnationalen Unternehmen unter besonderer Berücksichtigung der Ölindustrie. Inauguraldissertation zur Erlangung des Doktors der Philosophie im Fachbereich Gesellschafts- und Geschichtswissenschaften an der Technischen Universität Darmstadt, April 2011.

Cusimano, Maryann K., Hensman, Mark, und Leslie Riodrigues. 2000. Private-sector transsovereign actors—MNCs and NGOs. In *Beyond sovereignty: Issues for a global agenda*, Hrsg. Maryann K. Cusimano, 255–282. Boston, MA.

Cutler, A. Claire. 2006. Transnational business civilization, corporations, and the privatization of global governance. In *Global corporate power: International political economy yearbook*, Hrsg. Christopher May, 199–226. Boulder, CO.

Cutler, A. Claire, Haufler, Virginia, und Tony Porter, Hrsg. 1999. *Private authority and international affairs*. Albany, NY.

Davis, Gerald F. und Christopher Marquis. 2005. Prospects for organization theory in the early 21st century: institutional fields and mechanisms. Organization Science 16 (4): 332–343.

Deitelhoff, Nicole. 2006. Überzeugung in der Politik. *Grundzüge einer Diskurstheorie internationalen Regierens*. Frankfurt a. M.

Deitelhoff, Nicole, Feil, Moira, Fischer, Susanne, Haidvogl, Andreas, Wolf, Klaus Dieter, und Melanie Zimmer. 2010. Business in zones of conflict and global security governance: What has been Learnt and Where to from Here? In *Corporate security responsibility? private governance contributions to peace and security in zones of conflict*, Hrsg. Nicole Deitelhoff, und Klaus Dieter Wolf, 202–226. Basingstoke.

Deitelhoff, Nicole und Klaus Dieter Wolf. 2010. Corporate security responsibility: Corporate governance contributions to peace and security in zones of conflict. In *Corporate security responsibility? corporate governance contributions to peace and security in zones of conflict*, Hrsg. Deitelhoff, Nicole, und Klaus Dieter Wolf, 1–25. Basingstoke.

DiMaggio, Paul J., und Walter W. Powell. 1991 [1983]. The iron cage revisited: Institutional isomorphism and collective rationality in organizational fields. In *The new institutionalism in organizational analysis*, Hrsg. Walter W., und DiMaggio, Paul J., 63–82. Chicago.

Drori, Gili S., Meyer, W. und Hokyu Hwang. Hrsg. 2006. *Globalization and organization: World society and organizational change*. Oxford.

Europäische Kommission. 2001. Grünbuch: Europäische Rahmenbedingungen für die soziale Verantwortung der Unternehmen, Brüssel: Europäische Kommission. http://eur-lex. europa.eu/LexUriServ/site/de/com/2001/com2001_0366de01.pdf. Letzter Zugriff: 26. Feb. 2011.

European Commission. 2006. Implementing the partnership for growth and jobs. Making Europe a pole of excellence on corporate social responsibility, brussels: Commission of the European communities. http://eur-lex.europa.eu/LexUriServ/LexUriServ.do?uri = C OM:2006:0136:FIN:en:PDF. Letzter Zugriff: 14. Jan. 2011.

Fairbrass, Jenny. 2008. EU, UK and French CSR policy: What is the evidence for policy transfer and convergence?, Unpublished Manuscript. http://www.brad.ac.uk/acad/management/external/pdf/workingpapers/2008/Booklet_08–20.pdf. Letzter Zugriff: 15. Feb. 2010.

Finnemore, Martha. 1996. *National interests in international society*. Ithaca, NY.

Finnemore, Marthaund Kathryn Sikkink. 1998. International norm dynamics and political change. *International Organization* 52 (4): 887–917.

Flohr, Annegret, Rieth, Lothar, Schwindenhammer, Sandra, und Klaus Dieter Wolf. 2010. *The role of business in global governance: Corporations as norm-entrepreneurs.* Basingstoke.

Friedman, Milton. 1970. The social responsibility of business is to increase its profits. *The New York times magazine.*

Gjolberg, Maria. 2009. The origin of corporate social responsibility: Global forces or national legacies?. *Socio-Economic Review* 7 (4): 605–637.

Global Compact. 2010a. *Coming of age: UN-private sector collaboration since 2000.* New York: United Nations Global Compact Office.

Global Compact. 2010b. *Local Network Report 2010.* New York: United Nations Global Compact Office.

Hamid, Uzma, und Oliver Johner. 2010. The United Nations global compact communication on progress policy: Origins, trends and challenges. In *The United Nations global compact: Achievements, trends and challenges*, Hrsg. Rasche, Andreas, und Kell, Georg, 265–280. Cambridge.

Hasse, Raimund, und Georg Krücken. 2005. *Neo-Institutionalismus.* Bielefeld.

Haufler, Virginia. 2001. *A public role for the private sector: Industry self-regulation in a global economy.* Washington, DC.

Haufler, Virginia. 2006. Global governance and the private sector. In *Global corporate power*, Hrsg. Christopher May, 85–103. Boulder, CO.

Hoffman, Andrew J. 1999. Institutional evolution and change: Environmentalism and the U.S. chemical industry. *Academy of Management Journal* 42 (2): 351–371.

Hoffman, Andrew J. 2001. Linking organizational and field-level analyses: The diffusion of corporate environmental practice. *Organization & Environment* 14 (2): 133–156.

Jakobi, Anja P. 2009. *International organizations and lifelong learning: From global agendas to policy diffusion.* Houndmills.

Jones, Geoffrey. 2005. Multinationals from the 1930s to the 1980s. In *Leviathans: Multinational corporations and the new global history*, Hrsg. Chandler, Alfred D., und Mazlish, Bruce, 81–104. Cambridge.

Keck, Margaret E. und Kathryn Sikkink. 1998. *Activists beyond borders: Advocacy networks in international politics.* Ithaca, NY.

Kell, Georg. 2003. The global compact: Origins, operations, progress, challenges. *Journal of Corporate Citizenship* 3 (11): 35–49.

Kell, Georg, und David Levin. 2003. The global compact network: An historic experiment in learning and action. *Business and Society Review* 108 (2): 151–81.

Kell, Georg, und John G. Ruggie. 1999. Global markets and social legitimacy: The case of the global compact. *Transnational Corporations* 8 (3): 101–120.

Knill, Christoph. 2005. Introduction: Cross-national policy convergence: Concepts, approaches and explanatory factors. *Journal of European Public Policy* 12 (5): 1–11.

Kobrin, Stephen J. 2005. Multinational corporations, the protest movement, and the future of global governance. In *Leviathans: Multinational corporations and the new global history*, Hrsg. Chandler, Alfred D., und Mazlish, Bruce, 219–236. Cambridge.

Koch, Martin. 2009. Autonomization of IGOs. *International Political Sociology* 3 (4): 431–448.

Kolk, Ans. 2004. A decade of sustainability reporting: Developments and significance. *International Journal of Environment and Sustainable Development* 3 (1): 51–64.

Kolk, Ans. 2005. Sustainability reporting. *VBA Journaal* 3 (1): 34–42.

KPMG. 2002. *KPMG international survey of corporate sustainability reporting 2002*. Amsterdam: KPMG.

KPMG. 2005. *KPMG international survey of corporate responsibility reporting 2005*. Amsterdam: KPMG.

KPMG. 2008. *KPMG international survey of corporate responsibility reporting 2008*. Amsterdam: KPMG.

Meyer, John W. 2000. Globalization: Sources and effects on national states and societies. *International Sociology* 15 (2): 235–250.

Meyer, John W., Boli, John, Thomas, George M. und Francisco O. Ramirez. 1997a. World society and the Nation-State. *American Journal of Sociology* 103 (1): 144–181.

Meyer, John W., Frank, David John, Hironaka, Ann, Schofer, Evan Brandon, und Nancy Tuma. 1997b. The structuring of a world environmental regime, 1870–1990. *International Organization* 51 (4): 623–651.

Meyer, John W. und Brian Rowan. 1991 [1977]. Institutionalized organizations: Formal structure as myth and ceremony. In *The new institutionalism in organizational analysis*, Hrsg. Walter W. Powell, und Paul J DiMaggio, 41–62. Chicago.

Murray, Jill. 2001. A new phase in the regulation of multinational enterprises: The role of the OECD. *Industrial Law Journal* 30 (3): 255–270.

Nowrot, Karsten. 2004. Nun sag, wie hast du's mit den Global Players? Fragen an die Völkerrechtsgemeinschaft zur internationalen Rechtsstellung transnationaler Unternehmen. *Die Friedens-Warte* 79 (1)–2: 119–150.

OECD. 2000. *Die OECD-Leitsätze für multinationale Unternehmen. Neufassung 2000*. Paris: OECD.

OECD. 2001. *Corporate responsibility: private initiatives and public goals*. Paris: OECD.

OECD. 2006. *OECD risk awareness tool for multinational enterprises in weak zones of governance*. Paris: OECD.

OECD. 2010. *OECD due diligence guidance for responsible supply chains of minerals from conflict-affected and high-risk areas*. Paris: OECD.

OECD Watch. 2010. 10 years on. Assessing the contribution of the OECD guidelines for multinational enterprises to responsible business conduct. Amsterdam: OECD Watch. http://oecdwatch.org/publications-en/Publication_3550/view. letzter Zugriff: 18. Oct. 2010.

Price, Richard. 2003. Transnational civil society and advocacy in world politics. *World Politics* 55 (4): 579–606.

Rasche, Andreas, und Georg Kell, Hrsg. 2010. *The United Nations global compact: Achievements, trends and challenges*. Cambridge.

Rieth, Lothar. 2004. Der VN global compact: Was als experiment begann…, *Die Friedens-Warte* 79 (1)–2: 151–170.

Rieth, Lothar. 2009. Global governance and corporate social responsibility. *Welchen Einfluss haben der UN Global Compact, die Global Reporting Initiative und die OECD Leitsätze auf das CSR-Engagement deutscher Unternehmen*. Opladen.

Rieth, Lothar und Melanie Zimmer. 2004. Unternehmen in der Rohstoffindustrie – Möglichkeiten und Grenzen der Konfliktprävention. *Die Friedens-Warte* 79 (1)–2: 75–101.

Risse, Thomas. 2002. Transnational actors and world politics. In *Handbook of international relations*, Hrsg. Walter Carlsnaes, Risse, Thomas, und Simmons, Beth A., 255–274. London.

Rittberger, Volker, Carmen Huckel, Lothar Rieth und Bernhard Zangl. 2008. Inclusive global institutions for a global political economy. In *Changing patterns of authority in the global political economy*, Hrsg. Rittberger, Volker, und Nettesheim, Martin, 13–54. Basingstoke.

Rittberger, Volker, und Zangl, Bernhard. 2003. Internationale Organisationen – Politik und Geschichte. *Europäische und weltweite internationale Zusammenschlüsse, 3. überarb. Auflage.* Opladen.

Rogers, Everett M. 2003. *Diffusion of Innovations*, 5. Aufl. New York.

Ruggie, John G. 2001. global_governance.net: The global compact as learning network. *Global Governance* 7 (4): 371–378.

Ruggie, John G. 2004. Reconstituting the global public domain – issues, actors, and practices. *European Journal of International Relations* 10 (4): 499–531.

Sagafi-nejad, Tagi. 2008. *The UN and transnational corporations: From code of conduct to global compact.* Bloomington.

Sahlin-Andersson, Kerstin. 2005. Corporate social responsibility: A trend and a movement, but of what and for what?. *Corporate Governance* 6 (5): 595–608.

Segerlund, Lisbeth. 2010. *Making corporate social responsibility a global concern: Norm construction in a globalizing world.* Farnham.

Simmons, Beth A., Dobbin, Frank und Geoffrey Garrett. 2008. Introduction: The diffusion of liberalization. In *The global diffusion of markets and democracy*, Hrsg. Simmons, Beth A., Dobbin, Frank, und Geoffrey Garrett, 1–63. Cambridge.

Utz, Britta. 2006. Die OECD-Leitsätze für multinationale Unternehmen: Eine erste Bilanz der Wirkungsweise des Vermittlungs- und Schlichtungsverfahrens der Leitsätze anhand der abgeschlossenen Beschwerdefälle bei Nationalen Kontaktstellen 2000–2005 (artec-paper Nr. 134), Bremen: Universität Bremen.

Vogel, David. 2008. Private global business regulation. *Annual Review of Political Science* 11:261–282.

Volger, Helmut. 2008. *Geschichte der Vereinten Nationen*, 2. akt. u. erw. Aufl. München.

Walgenbach, Peter. 2006. Neoinstitutionalistische Ansätze in der Organisationstheorie. In Organisationstheorien, 6. Aufl., Hrsg. Kieser, Alfred, und Ebers, Marc, 353–402. Stuttgart.

Whelan, Nessa. 2010. Building the United Nations global compact local network model: History and highlights. In *The United Nations global compact: Achievements, trends and challenges*, Hrsg. Rasche, Andreas, und Kell, Georg, 317–339. Cambridge.

Wobbe, Theresa. 2000. *Weltgesellschaft.* Bielefeld.

Wolf, Klaus Dieter. 2008. Emerging patterns of global governance: The new interplay between the state, business and civil society. In *Handbook of research on global corporate citizenship*, Hrsg. Scherer, Andreas Georg, und Palazzo, Guido, 225–48. Cheltenham.

Wolf, Klaus Dieter. 2010. Chartered companies: linking private security governance in early and post modernity. In *Corporate security responsibility? private governance contributions to peace and security in zones of conflict*, Hrsg. Wolf, Klaus Dieter Wolf, und Deitelhoff, Nicole, 154–176. Basingstoke.

Wolf, Klaus Dieter, Deitelhoff, Nicole und Stefan Engert. 2007. Corporate security responsibility: Towards a conceptual framework for a comparative research agenda. *Cooperation and Conflict* 42 (3): 295–321.

Wooten, Melissa und Andrew J. Hoffman. 2008. Organizational fields: Past, present and future. In *The SAGE handbook of organizational institutionalism*, Hrsg. Greenwood, Royston, Oliver, Christine, Suddaby, Roy, und Sahlin, Kerstin, 130–147. Los Angeles, CA.

Yaziji Michael und Jonathan Doh. 2009. *NGOs and corporations: Conflict and collaboration.* Cambridge.

Zimmer, Melanie. 2010a. Oil companies in Nigeria: Emerging good practice or still fuelling conflict?. In *Corporate security responsibility? private governance contributions to peace and security in zones of conflict*, Hrsg. Deitelhoff, Nicole, und Wolf, Klaus Dieter, 58–84. Basingstoke.

Zimmer, Melanie. 2010b. World business council on sustainable development. In *International encyclopedia of civil society*, Hrsg. Anheier, Helmut K., und Toepler, Stefan New York.

Zürn, Michael und Jeffrey T. Checkel 2005. Getting socialized to build bridges: Constructivism and rationalism, Europe and the Nation-State. *International Organization* 59 (4): 1045–1079

Weltorganisationen und Gesundheits- standards: Die globale Ausbreitung und Implementation der Internationalen Klassifikation für Funktionsfähigkeit, Behinderung und Gesundheit (ICF)

10

Niklas M. Wiegand und Jan D. Reinhardt

10.1 Einleitung

Globale Gesundheitsprobleme, wie infektiöse Krankheiten (HIV und SARS), Um- weltverschmutzung und Armut, führten dazu, dass sich ein globales Gesundheits- system ausgebildet hat (Lopez et al. 2006; Inoue und Drori 2006; WHO 2007). Die Entstehung von Regelungsinstanzen im globalen Gesundheitssystem (McQueen et al. 2007; Buse et al. 2009) war die konsequente Antwort auf diese globalen Risi- ken. Deshalb wurden zum einen kurz nach der Gründung der „Weltgesundheits- organisation" (WHO) im Jahr 1948 die „International Health Regulations" (IHR) verabschiedet, welche im Pandemiefall eine globale Ausbreitung einer Infektions- krankheit verhindern sollen. Die IHR sind bis heute für alle Mitglieder der WHO rechtsverbindlich und wurden deshalb in die nationalen Rechtsgesetzgebungen je- des einzelnen Landes integriert (WHO 2008, S. 1). Zum anderen können wir die Entwicklung einer Sammlung von Klassifikationssystemen beobachten, die durch die „WHO's Familiy of International Classifications" (WHO-FIC) ausgearbeitet wurden. Diese Klassifikationen begegnen dem gesellschaftlichen Erfordernis, Ge- sundheitsprobleme messbar, kommunizierbar und dadurch weltweit vergleichbar zu machen (Jakob et al. 2007). Die Aufgabe von WHO-FIC ist deshalb, „to promo-

N. M. Wiegand (✉)
Dasselstr. 39, 50674 Köln, Deutschland
E-Mail: Niklas.Wiegand@gmx.net

J. D. Reinhardt
Rössliatte 8, CH-6207 Nottwil, Schweiz
E-Mail: jan.reinhardt@paranet.ch

M. Koch (Hrsg.), Weltorganisationen, DOI 10.1007/978-3-531-18977-2_10,
© VS Verlag für Sozialwissenschaften | Springer Fachmedien Wiesbaden 2012

te the appropriate selection of classifications in the range of settings in the health fields across the world" (Jakob et al. 2007, S. 924). Die „Internationale Klassifikation der Funktionsfähigkeit, Behinderung und Gesundheit" (ICF) ist ein aktuelles Beispiel für diese weltweiten Gesundheitsstandards. Als eine einheitliche Taxonomie konzipiert, kann die ICF sowohl länder- als auch fachübergreifend zur Beschreibung des funktionalen Gesundheitszustandes, der Behinderung und der relevanten Umgebungsfaktoren von Individuen oder Populationen benutzt werden (WHO 2001, S. 1). Die ICF ist damit ein idealtypisches Beispiel für einen terminologischen Standard (Timmermans und Epstein 2010, S. 72), der durch das Engagement verschiedener (Welt-)Organisationen, wie der WHO, aber auch der International Labour Organization, der United Nations Statistical Division und Rehabilitation International (WHO 2001, S. 254–265) entstanden ist und einen globalen Geltungsbereich für sich beansprucht: „ICF has universal application" and „is about all people" (WHO 2001, S. 7). Seit der Veröffentlichung im Jahr 2001 hat die ICF in den Gesundheitswissenschaften und in vielen anderen Anwendungsbereichen grosse Aufmerksamkeit auf sich gezogen und wurde so zum Beispiel in der Gesundheitsstatistik, der Forschung, der klinischen Rehabilitation, der Sozialpolitik und dem Bildungswesen eingeführt (Stucki et al. 2008, S. 316).

Die Wirksamkeit von globalen Standards wird aber zunehmend in Frage gestellt (Brunsson und Jacobsson 2000) und sogar negative Folgen der Einführung von Standards werden konstatiert (Walgenbach 2001, S. 710–711). Auch für globale Gesundheitsstandards wie die ICF muss deshalb einerseits die Frage gestellt werden, inwieweit sich diese bereits global ausgebreitet haben, um daraufhin andererseits der Frage nachgehen zu können, ob deren Implementation in den verschiedenen Anwendungskontexten überhaupt erfolgt ist und wenn ja, wie erfolgreich diese war (Imrie 2004, S. 289). Die WHO und andere Weltorganisationen sind in diesem Prozess der Durchsetzung der ICF von grösster Bedeutung. Dieser Beitrag hat deshalb das Ziel zu untersuchen, wie Weltorganisationen die globale Diffusion der ICF vorantreiben und in welchem Ausmass sie deren Implementation fördern.

Die ICF ist ein Standard, der in einem makro-deterministischen Rahmen, also „top down", durch Weltorganisationen entwickelt und verbreitet wurde. Im Folgenden wird deshalb die Theorie der Weltgesellschaft (Albert 2006, S. 1304–1306) als theoretischer Überbau zur Beantwortung der Fragestellung angeführt, da diese der beschriebenen Entwicklung konzeptionell am stärksten entspricht. Hierbei werden insbesondere die organisationstheoretischen Perspektiven neo-institutionalistischer Tradition anzuführen sein, die sowohl Standards als auch Weltorganisationen behandeln. Einerseits ist hier die „Stanford School" zu nennen (Drori und Krücken 2009), die Organisationen zunehmend durch globale weltkulturelle Skripte (wie bspw. Standards) beeinflusst sieht (Meyer et al. 1997, S. 167–170; Hasse und Krücken 2005, S. 32–38). Kultur wird in diesem Zusammenhang definiert „as a set of constructed social realities and models, not principally a set of values and preferences" (Drori et al. 2003, S. 7). In Anlehnung daran fokussiert die „Stockholm School", wie globale Regulierung immer stärker durch freiwillige Standardisierungsprozesse (Ahrne und Brunsson 2006, S. 74–75; Brunsson und Jacobsson 2000) und immer weniger durch internationales Recht (so aber Zürn und Joerges 2005) vollzogen wird. Beide Theoriestränge sehen dabei Weltorganisationen als die zentralen Akteure an, die die Fähigkeit haben, globale Ordnungen massgeblich zu generieren (Boli und Thomas 1997, S. 173; Ahrne und Brunsson, in diesem Bd.).

Um die Frage nach der Funktion von Weltorganisationen für die Diffusion und Implementation der ICF beantworten zu können, wird in einem ersten Schritt 1) zunächst der Entstehungskontext der ICF erläutert. Daraufhin wird 2) auf die Diffusion der ICF in den diversen Anwendungsfeldern eingegangen, bevor 3) die Funktionen von Weltorganisationen für 4) diesen Prozess behandelt werden. Hierbei wird vor allem auf die WHO und die „International Society of Physical and Rehabilitation Medicine" (ISPRM) Bezug genommen, die sich nachhaltig um die Diffusion und Implementation der ICF bemühen (Reinhardt et al. 2009, S. 816–817). Letzteres wird sodann 5) anhand des Anwendungsbeispiels der Rehabilitationsmedizin überprüft.

10.2 Die Internationale Klassifizierung von Funktionsfähigkeit, Behinderung und Gesundheit (ICF) als globaler Standard

Die ICF wurde im Jahr 2001 durch die WHO verabschiedet. Sie ist die Weiterentwicklung der „International Classification of Impairment, Disability, and Handicap" (ICIDH) (WHO 2001, S. 3). Die Grundlage für die ICF ist die Einsicht, dass Funktionsfähigkeit und Behinderung universale Erfahrungen sind (Reinhardt und Stucki 2007, S. 22).

10.2.1 Das Modell und die Klassifizierung der ICF

Das Ziel der ICF ist es, ein biopsychosoziales Modell zu etablieren, das als eine einheitliche Taxonomie sowohl für länder- als auch fachübergreifende Beschreibungen des funktionalen Gesundheitszustandes, der Behinderung und der relevanten Umgebungsfaktoren einer Person eingesetzt werden kann (WHO 2001, S. 3). Dadurch wird „im Unterschied zu dem lange dominanten Modell der Krankheits-

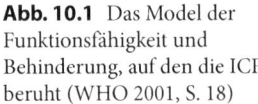 **Abb. 10.1** Das Model der
Funktionsfähigkeit und
Behinderung, auf den die ICF
beruht (WHO 2001, S. 18)

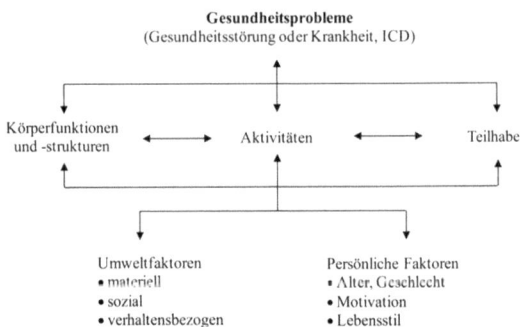

konsequenzen [wie bspw. der „International Classification of Diseases" (ICD)], das
von einer körperlichen Pathologie ausgeht, in deren Folge sich quasi automatisch
Einschränkungen des Verhaltensrepertoires und der Befähigung zur Ausübung bestimmter sozialer Rollen einstellen, […] die Kontextabhängigkeit von Behinderung
in den Vordergrund gestellt" (Reinhardt und Stucki 2007, S. 22; s. auch Abb. 10.1).

Während die ICD lediglich Diagnosen aufführt, ist die ICF entwickelt worden,
um „the lived experience of people with health conditions" (Cieza und Stucki 2008,
S. 303–304) umfassend beschreiben zu können. Der Begriff „Funktionsfähigkeit"
beinhaltet dabei alle Köperfunktionen und -strukturen, Aktivitäten und Partizipation. „Behinderung" dagegen umfasst Beeinträchtigungen der Körperfunktionen
und -strukturen, der Aktivitäts- oder Partizipationseinschränkungen (WHO 2001,
S. 3; Cieza und Stucki 2008).

Die ICF ist zunächst einmal eine Klassifikation (Bowker und Star 2000, S. 10,12)
und lässt sich dementsprechend in zwei übergeordnete Teile, der Funktionsfähigkeit und Behinderung sowie den Kontextfaktoren gliedern (s. Abb. 10.2). Dabei
gliedert sich der erste Teil wiederum in zwei Komponenten: Körperfunktionen und
-strukturen sowie Aktivitäten und Partizipation. Die Kontextfaktoren bestehen
ebenfalls aus zwei Komponenten: den Umwelt- und den persönlichen Faktoren.
Auch wenn eine Liste über persönliche Faktoren bis heute fehlt, empfiehlt die
WHO Anwendern, eine solche Liste eigenständig einzuführen (WHO 2001, S. 8).
Außerdem konnte bei der Entwicklung der ICF keine Einigkeit über die Kategorien
der Aktivitäten und der Partizipation erzielt werden, weshalb für diese nur eine
gemeinsame Liste geführt wird (WHO 2001, S. 123). Für die flexiblen Auslegun-
gen dieser Komponenten führt die WHO an, dass diese ebenso den kulturellen
Unterschieden der Anwender entsprächen (WHO 2001). Alle vier respektive drei
Komponenten beinhalten zusammen 1424 Kategorien, welche die kleinste Einheit
des Klassifikationssystems darstellen.

Abb. 10.2 Die Klassifizierung der ICF (WHO 2001, S. 215)

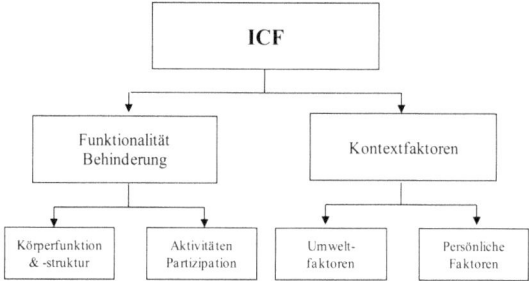

10.2.2 Die ICF als globaler Standard

Die ICF kann als ein globaler Standard interpretiert werden. Denn Standards „tend to span more than one community of practice or activity site, they make things work together over distance or heterogeneous metrics" (Timmermans und Epstein 2010, S. 70; Bowker und Star 2000, S. 13; Ahrne und Brunsson 2006). Die ICF proklamiert explizite Regeln für die Nutzung des Klassifikationssystems (WHO 2001, S. 21–23, 219, 253–254). Im Gegensatz zu internationalem Recht, wie den IHR, beruhen Standards auf einer freiwilligen Implementation (Brunsson und Jacobsson 2000). Damit ist die Annahme verbunden, dass globale Standards nicht etwa ein Instrument mächtiger Staaten sind (Hülsse und Kerwer 2007, S. 625), sondern im Sinne einer „soft regulation" (Jacobsson und Sahlin-Anderson 2006) zu einer Weltordnungsgenerierung beitragen. Nicht Nationalstaaten sondern Weltorganisationen sind deshalb für die Organisation eines solchen Standards von ausserordentlicher Bedeutung. Die Legitimierung globaler Standards erfolgt dabei primär über Expertise (Hülsse und Kerwer 2007, S. 627–629; Jacobsson 2000). Die ICF wurde ebenso in einem über 20 Jahre andauernden weltweiten Kollaborationsprozess entwickelt (WHO 2001, S. 254–265), weshalb diese heute eine einzigartige Wissensbasierung aufweist (Cieza und Stucki 2008). Bowker und Star betonen diesbezüglich, dass jedes „ideal classification system provides total coverage of the world it describes" (2000, S. 10). Letztlich kann eine solche Vollständigkeit aber nie erreicht werden, weshalb es auch in unbestimmten Intervallen zu Revisionen der ICF kommen wird, um die ICF immer wieder zu aktualisieren (WHO 2001, S. 250–252).

Mit der ICF wurde nicht nur ein biopsychosozialer wissensbasierter Gesundheitsstandard eingeführt, sondern auch ein Wandel in der Behindertenpolitik, von einem kurativen zu einem menschenrechtsbasierten Model vollzogen (Bickenbach 2009, S. 1111–1113). Denn Behinderung wird jetzt primär den Umweltfaktoren, wie der Zugänglichkeit von Gebäuden oder fehlenden technischen Hilfsmitteln, zugeschrieben und nicht mehr alleine auf eine diagnostizierte Gesundheitsstörung zurückgeführt (Reinhardt und Stucki 2007, S. 812). Die UN „Konvention über die Rechte von Menschen mit Behinderungen" aus dem Jahre 2006 manifestierte dieses Modell schliesslich institutionell.

Dieser Paradigmenwechsel kann auch in einem engen Zusammenhang zu den weltkulturellen Prinzipien der Gleichheit, der Menschenrechte und des Individualismus betrachtet werden (Krücken 2002, S. 4). Diese wiederum beruhen auf den Prozessen der Modernisierung und Rationalisierung (Weber 1921), welche die Grundprinzipien der Weltkultur darstellen. Durch die globale Diffusion westlicher Kultur- und Strukturmuster kommt es gleichzeitig auch zur Ausbreitung der ICF, wie im Folgenden aufgezeigt wird.

10.3 Diffusion der ICF

Die ICF breitet sich weltweit aus. Nach der Veröffentlichung im Jahr 2001 wurde die ICF auch in die anderen offiziellen WHO-Sprachen Arabisch, Chinesisch, Französisch, Russisch und Spanisch übersetzt und bislang in weiteren 28 Sprachen publik gemacht. Schaut man sich die verschiedenen Anwendungsfelder an, in denen die ICF heutzutage eine Rolle spielt, wird dies umso deutlicher (Stucki et al. 2007).

Ein Beispiel dafür ist die Anwendung der ICF durch Nationalstaaten, wie zum Beispiel die USA, Deutschland, Australien, Frankreich, Japan und die Niederlande (Bruyère et al. 2005). Japan hat beispielsweise die ICF in die Gesetzgebung eingeführt und „provides an idea of the ever-increasing impact of the ICF in quite a variety of fields, including disability prevention, rehabilitation, care for people with disability, general medicine, long-term care for the elderly, social welfare and many others" (Okawa und Ueda 2008, S. 77). In Deutschland wurde die ICF, vor allem die Begrifflichkeit der „Partizipation", in Form eines Teilhaberechts in die Sozialgesetzgebung übernommen (Schuntermann 2005, S. 95–96). In den nationalen Gesundheitsstatistiken wird die ICF ebenso angewendet. Im Jahr 2003 hatten bereits 74 Länder das Modell der ICF in den nationalen Gesundheitsinstituten eingeführt (Üstün et al. 2003).

Ein anderes Beispiel ist die zunehmende Anwendung der ICF in der Forschung. Wie Abb. 10.3 zeigt, wurde die ICF in dem Zeitraum von 2001–2010 in der Forschung zunehmend behandelt. Jelsma (2009) analysierte 243 Artikel eingehender und kam zu dem Ergebnis, dass 105 Zeitschriften in den unterschiedlichsten Disziplinen die ICF behandelten. Der Anteil der Artikel, die die klinische Rehabilitation betreffen, ist dabei am höchsten.

Die Entwicklung der sogenannten „ICF Core Sets" ist ein weiteres erfolgreiches Anwendungsbeispiel. Das ICF Core Set-Projekt wurde initiiert, um die Anwen-

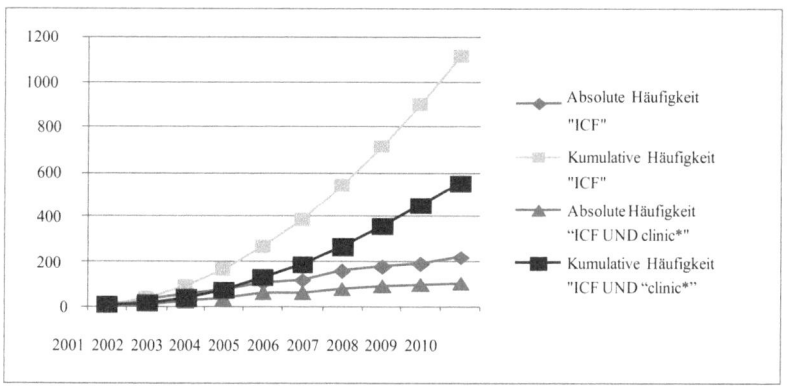

Abb. 10.3 „ICF" in den Titeln und Abstracts von publizierten Artikeln von 2001–2010 (Wiegand et al. 2012)

dung der ICF Klassifikation mit ihren fast 1500 Kategorien in der Rehabilitations-medizin, der Dienstleistungserbringung sowie der Forschung praktikabler zu machen (Stucki et al. 2008, S. 318). ICF Core Sets sind eine systematische Auswahl von ICF Kategorien für die Erfassung der Funktionsfähigkeit bei Personengruppen mit spezifischen Gesundheitsproblemen wie zum Beispiel der Querschnittlähmung (Biering-Sorensen et al. 2006) oder des Gelenkrheumatismus (Stucki et al. 2004). Auch die ICF Core Set-Entwicklung basiert auf Expertisen unterschiedlicher Interessengruppen, wie bspw. Mediziner, Physiotherapeuten, Wissenschaftler und behinderten Personen selbst. Über die letztendliche Auswahl der Kategorien wird während einer internationalen Konsensus-Konferenz entschieden, an der Experten aus allen WHO-Regionen teilnehmen (Stucki et al. 2004). Die Anzahl der ICF Core Sets steigt stetig (Stucki et al. 2008, S. 319; Üstün et al. 2004, S. 7).

Wie gezeigt werden konnte hat sich die ICF in vielen Anwendungsbereichen erfolgreich ausgebreitet. Rogers „Diffusion of Innovations" (1962) war einer der ersten Versuche, solche Diffusionsprozesse zu beschreiben. Die Grundannahme lautet, dass sich idealtypische Diffusionsprozesse ähnlich einer S-Kurve vollziehen. Am Anfang langsam (Innovators), dann zunehmend steigend (Early adaptors bis early majority) und schliesslich wieder weniger stark (late majority). Bei Rogers wird der Diffusionsprozess primär auf die Rationalität der Innovation selbst zu-rückgeführt. In der Theorietradition des Neo-Institutionalismus wird dagegen die Ausbreitung weltkultureller Skripte, wie der ICF, auf die institutionellen Kontexte einer Organisation zurückgeführt und nicht auf die inhärente Rationalität eines

Produktes, eines Services oder eines Prozesses (DiMaggio und Powell 1991, S. 12). Institutionelle Kontexte gründen sich auf den „rules, norms, and ideologies of the wider society" (Meyer und Rowan 1991, S. 84). Mechanismen, die bei den globalen Angleichungsprozessen primär zum Tragen kommen, sind demzufolge Zwang, Mimese und Normen (Senge und Helmann 2006, S. 18). Nationalstaaten, formale Organisationen und Individuen kommen als Strukturformen für diese institutionellen Umwelten in Frage, sind aber gleichzeitig auch selbst Adressaten dieser Weltkultur (Krücken und Hasse 2005, S. 42–44). Anhand der ICF konnte man bereits sehen, dass sowohl Nationalstaaten, Rehabilitationsorganisationen sowie Mitarbeiter der Rehabilitationsmedizin als Diffusionsadressaten erfolgreich in Erscheinung getreten sind. Letztendlich wird davon ausgegangen, dass diese Diffusionsadressaten die ICF anwenden, um dem institutionellem Kontext gerecht zu werden, der die ICF als Teil der Weltkultur sieht: Denn „[i]t depends on the ability of a given organizations to conform to, and become legitimated by, environmental institutions" (Meyer und Rowan 1991, S. 53). Somit haben Organisationen heutzutage gar keine Wahl mehr, die ICF zu berücksichtigen, um den Erwartungen ihrer Umwelt gerecht werden zu können. Denn wird einer Strukturanpassung nach weltkulturellem Model nicht gefolgt, drohen Sanktionen bis hin zum Entzug der organisationalen Legitimität. Ob es nach Einführung der ICF direkt zu einem tatsächlichen Nutzen kommt, muss deshalb zunächst einmal offen bleiben. Die Wahrscheinlichkeit, dass es in Organisationen, die die Einführung der ICF proklamieren, zu gar keiner Anwendung der ICF kommt, ist hoch. Brunsson spricht deshalb auch von einer „organized hypocrisy" (1989). Er unterscheidet zwischen „talk" und „action". Während es sich bei einem *talk* lediglich um ein Lippenbekenntnis (Semantikebene) handelt, so kommt es nur bei einer tatsächlichen Veränderung in der Organisation (Strukturebene) zu einer *action*. Insofern Unsicherheiten darüber bestehen, wie auf einen *talk* auch eine Veränderung folgen kann bzw. wenn Organisationen grundsätzlich überfordert sind, was die Umsetzung multipler Umwelterwartungen betrifft, bleibt es in der Organisationsstruktur beim Status quo, „talk seems to make action less needed" (Brunsson 1989, S. 29).

10.4   Weltgesundheitsorganisationen

Weltorganisationen spielen für die globale Diffusion der ICF eine zentrale Rolle. Die WHO ist die wichtigste internationale Regierungsorganisation (IGO) im globalen Gesundheitssystem: „It is responsible for providing leadership on global health matters, shaping the health research agenda, setting norms and standards, articulating evidence-based policy options, providing technical support to coun-

Tab. 10.1 Anzahl der ISPRM Mitglieder nach Mitgliedschaftsform von 2001–2010 (in Anlehnung an Stucki et al. 2009b, S. 792)

	2001	2002	2003	2004	2005	2006	2007	2008	2009	2010
Individuen	637	531	565	558	684	1818	2319	2507	4225	3469
Nationale Gesellschaften	20	21	29	30	43	47	37	22	36	38

tries and monitoring and assessing health trends" (WHO 2010). In dieser Funktion konnte die WHO die Anzahl ihrer Mitgliedstaaten von 53 im Jahre 1948 bis auf 193 im Jahr 2010 erhöhen.

Internationale Nichregierungsorganisationen (INGOs) sind, Boli und Thomas (1999) folgend, ebenso wichtig für die Weltordnungsgenerierung eines Weltsystems und so auch im globalen Gesundheitssystem (Inoue und Drori 2006). Im Bereich der Funktionsfähigkeit und Behinderung haben viele INGOs die ICF als offiziellen Standard übernommen und versuchen, jetzt selbst die Diffusion der ICF voranzutreiben. Die „International Society of Physical and Rehabilitation Medicine" (ISPRM), die in „official relation with the WHO" steht, ist ein gutes Beispiel dafür (Reinhardt et al. 2009, S. 817; Stucki et al. 2009a) und soll deshalb folgend genauer betrachtet werden.

ISPRM hat ein wissenschaftliches, ein humanitäres und ein professionelles Mandat (Stucki et al. 2009a, S. 850) und geht auf zwei INGOs zurück, die „International Rehabilitation Medicine Association" (IRMA) und die International Federation of Physical Medicine and Rehabilitation (IFPMR). Im Jahr 1999 stimmten beide Organisationen zu, sich zu einer einzigen Organisation, ISPRM, zusammen zu schliessen (Stucki et al. 2009b, S. 791). Beide Organisationen hatten verschiedene Mitgliedschaftsformen: IRMA hatte Privatpersonen und IFPRM national Gesellschaften aus dem Bereich der „Physical Medicine and Rehabilitation" (PRM) als Mitglieder. Deshalb entspricht die Mitgliederstruktur von ISPRM heute weiterhin diesen beiden Mitgliedschaftsformen (s. Tab. 10.1). Ein weitaus wichtigeres Argument für diese Art der Mitgliedschaften ist aber auch, dass bis heute in vielen ärmeren Ländern immer noch keine nationalen PRM-Gesellschaften gibt, aber „80 % of people with disabilities, particularly in the child population, […] in low-income countries" leben (WHA 2005, S. 1). Um diese Länder dennoch in die Arbeit von ISPRM involvieren zu können, bleibt die Individualmitgliedschaft für Personen, die sich in einem besonderen Masse für PRM-Belange einsetzen, weiterhin möglich (Stucki et al. 2009a, S. 792).

ISPRM nimmt eine besondere Rolle im Gesundheitssystem im Kontext der Rehabilitationsmedizin ein, insbesondere seitdem ISPRM eine offizielle Kooperation mit der WHO eingegangen ist. Das WHO „Disability and Rehabilitation Team"

(DAR) ist verantwortlich für diese Kooperation (Stucki et al. 2009b, S. 846). Um die Zusammenarbeit überhaupt eingehen zu können, musste zunächst gewährleistet sein, dass ISPRM einen weltweiten Geltungsbereich im Bezug auf deren eigene Aktivitäten und der Mitgliedschaft hat (Reinhardt et al. 2009, S. 814). Denn dies sind die zwei wichtigsten Bedingungen, die die WHO INGOs stellt, die eine offizielle Beziehung zur WHO aufnehmen möchten. Des Weiteren ist es notwendig, dass „the main area of competence […] in line with WHO's purviews [is]; the NGO shall centre on development work in health or health-related fields; shall not pursue commercial interests; and the major part of its activities shall be relevant to and have a bearing on the implementation of the health for all' strategies" (WHO 2011, S. 1). Dies war auch der Grund dafür, dass ISPRM das humanitäres Mandat, als eines der primären Organisationsziele eingeführt hat, um dieser Bedingung gerecht zu werden (Reinhardt et al. 2009, S. 812–813).

Es wird also deutlich, dass die WHO ein grosses Potenzial zur (Welt-)Ordnungsgenerierung besitzt, wie hier am Beispiel der (Um-)Weltbeziehungen deutlich wird. Erfüllt eine INGO all diese Bedingungen, wird diese auf einen Schlag in das Zentrum der Weltgesundheitssystems katapultiert. Denn INGOs „in official relation to WHO" ist es sowohl erlaubt, der Weltgesundheitsversammlung (WHA), die einmal im Jahr stattfindet, als nicht-stimmberechtigter Teilnehmer beizuwohnen als auch bei dem Generaldirektor ein Memorandum einzureichen. Die folgende Abb. 10.4 illustriert diese Umweltbeziehungen, welche die WHO zu INGOs „in official relationship" hat. Darüber hinaus wird aber auch auf die Umweltbeziehungen der INGOs eingegangen, die mit der WHO zusammen arbeiten und selbst wiederum nationalen Gesellschaften als Mitglieder haben können, genauso wie es bei ISPRM der Fall ist. Die Umweltbeziehungen zu Nationalstaaten und nationalen, regionalen und lokalen Organisationen teilen sich schliesslich sowohl die WHO als auch die INGOs.

In welchem Ausmaß die Umweltbeziehungen der WHO genutzt werden, um die ICF zu verbreiten und zu implementieren, wird nachfolgend behandelt.

10.5 Ordnungsgenerierung durch Weltgesundheitsorganisationen am Beispiel der ICF

In Einklang mit der neo-institutionalistischen Weltkulturtheorie, die die Rolle von Weltorganisationen hervorhebt (Meyer et al. 1997, S. 163), kann angenommen werden, dass es primär die WHO und die INGOs in offizieller Partnerschaft zur WHO sind, die für die Weltordnungsgenerierung im Gesundheitssystem verantwortlich sind. 2009 waren es bereits 38 INGOs, die den Status einer offiziellen WHO-Part-

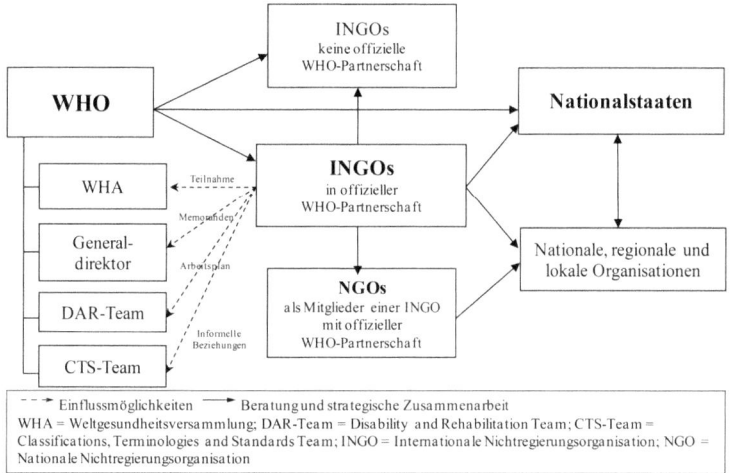

Abb. 10.4 Um-Weltbeziehungen der WHO im Gesundheitssystem (in Anlehnung an Reinhardt et al. 2009.)

nerschaft inne hatten. Dies lässt den Rückschluss zu, dass die WHO über ein großes Netzwerk verfügt, das auch für die globale Diffusion von Klassifikationen wie der ICF genutzt werden kann. Hinweise darauf geben die gemeinsamen Aktivitäten, die WHO und ISPRM jeweils separat und in ihren Kollaborationsplänen festgelegt haben.

Die WHO hat ihre 191 Mitglieder dazu aufgerufen, die ICF komplementär zu der ICD zu benutzen (Bruyère et al. 2005, S. 113). Auch wenn die WHO die genannten Inkonsistenzen in der ICF belassen hat und von Anfang an keine eindeutigen Anleitungen zur Implementation formulierte, gibt es doch seit kurzem Aktivitäten, die auf diesen dringenden Bedarf abzielen. Die Entwicklung von Anleitungen und technische Leitlinien für die ICF-Implementation (Stucki et al. 2009a, S. 846) ist zwar vorgesehen, aber noch nicht vollständig abgeschlossen. Diese sollen in Zusammenarbeit von den weltweit 13 WHO-FIC Kollaborationszentren (WHO-FIC Stragey and Work Plan 2006–2007) und dem extra ins Leben gerufenen WHO-FIC „Implementation Committee" (IC) und der „Functioning and Disability Reference Group" (FDRG) entwickelt werden. Heute gibt es bereits eine Checkliste zur Implementation der ICF auf Länderebene sowie Materialien für die Ausbildung in Gesundheitsorganisationen. Ein Forum für ICF-updates und Revisionen ist in der Entstehung (WHO-FIC 2009).

ISPRM hat auf ihrem Weltkongresses in Istanbul 2009 (Board of Governors Meeting 2009) die ICF übernommen und die ICF Core Sets als eigene Standards eingeführt. Seitdem strebt ISPRM die Implementation der ICF in allen zentralen Anwendungsfeldern an. Die Implementation der ICF durch die nationalen PRM Gesellschaften, die Mitglieder von ISPRM sind, wird ebenso verfolgt, steht aber bis heute weitestgehend aus (Stucki et al. 2009a, S. 846).

In den WHO-ISPRM Kollaborationsplänen wurde explizit die „Core set implementation in acute hospitals, early post acute rehabilitation and chronic conditions" (WHO-ISPRM 2008) beschrieben und später auch die „global implementation of the ICF at the clinical level and in population-based epidemiology" (WHO-ISPRM 2010) als primäres Ziel vereinbart. Studien zu deren Umsetzung liegen aber bis heute noch nicht vor.

10.6 Implementation in der Rehabilitationsmedizin

Während die ICF ein globaler Standard ist, der sich auf der Makroebene vor allem aufgrund der ordnungsgenerierenden Weltorganisationen WHO und INGOs mit offizieller WHO-Partnerschaft sehr erfolgreich ausgebreitet hat, ist der Status der ICF-Implementation eher unklar. Folgend soll deshalb überprüft werden, inwiefern die Implementation der ICF am Beispiel der Rehabilitationsmedizin zu verbesserten Kommunikationsstrukturen geführt hat.

10.6.1 Änderung der Praxis oder der Präsentation

Brunsson und Jacobsson (2000) unterscheiden zwei Prozesse einen Standard zu implementieren: Erstens durch eine Änderung der Praxis oder zweitens durch eine Änderung der Präsentation der Praxis. Diese Unterscheidung entspricht damit der bereits eingeführten Differenz von *action* und *talk*. Im ersten Fall, der Implementierung eines Standards durch die Änderung der Praxis, übersetzt eine Organisation entsprechend der organisationalen Notwendigkeiten den Standard in die gängige Praxis. Implementation meint hier also Änderung der Praxis. Darüber hinaus muss die Organisation kommunizieren, dass sie einen erwarteten Standard implementiert hat. Denn nur dadurch kann interne und externe Legitimität erreicht werden (Brunsson und Jacobsson 2000). In ähnlicher Weise argumentiert Luhmanns Konzept der Semantik, das die Wichtigkeit der Kommunikation struktureller Änderung und ihrer Gründe betont (Stäheli 1997, S. 127–131). Im zweiten Fall, der Implementation eines Standards durch die Änderung der Präsentation, verändert eine Organisation „its presentation of its practice, but it does not change the practice" (Brunsson und Jacobsson 2000, S. 218). Meyer und Rowan (1991) sprechen bei einem solchen Fall ganz ähnlich von „formal structure as a myth and ceremony", der auch als lose Kopplung bezeichnet wird. Das heißt, dass die Diffusion eines Standards unabhängig von seiner Implementierung ist. Eine lose Kopplung ist dann das Ergebnis von unterschiedlichen Erwartungen, denen sich eine Organisation ausgesetzt sieht. Dieser Entwicklung kann nur durch genaue Anweisungen, wie beispielsweise durch Richtlinien oder best-practice Beispiel, entgegengesteuert werden.

Die Implementierung eines Gesundheitsstandards wie der ICF auf der Mikroebene, hier der Rehabilitationsmedizin, könnte ein struktureller Mythos sein oder tatsächliche Änderungen in der Arbeit der klinischen Teams hervorrufen (Vogd 2007, S. 16; Scott et al. 2000). In diesem Kontext muss beachtet werden, dass ein abstrakter und vager Standard manchmal einfacher implementiert werden kann als ein zu spezifisch beschriebener: „If a standard is so abstract or unclear that it can be interpreted in different ways, it may attract more followers who can adapt their interpretation of the standard to their needs and preferences" (Brunsson 2000, S. 145). Die Vagheit eines Standards kann aber auch dessen Entkopplung von der praktischen Implementierung begünstigen (Drori et al. 2003).

Durch die Integration unpräziser Aspekte in die ICF, vor allem der Entkopplung des ICF Modells und des Klassifikationssystems, kann deren Übernahme und Implementierung im weitesten Sinne vereinfacht werden. Zum Beispiel könnte das ICF-Modell selbst angenommen werden, das Klassifikationssystem dagegen nicht. Andere Beispiele zur freien Interpretation in der ICF sind das Fehlen von Kategorien für die persönlichen Faktoren (Badley 2008, S. 2340–2341), die ungenaue Definition der Umweltfaktoren (Whiteneck et al. 2009) und das Fehlen einer klaren Unterscheidung zwischen den Modellkomponenten der Aktivität und Teilnahme in der Klassifikation. Im letzten Fall bietet der Anhang der ICF vier Möglichkeiten, um die Unterscheidung zwischen Aktivität und Teilnahme zu handhaben (Badley 2008, S. 2342–2343; WHO 2001). Die Kategorien Aktivität und Teilnahme können: 1) ohne Überschneidung und 2) mit einer partiellen Überschneidung verwendet werden. 3) Detaillierte Kategorien der Aktivität und umfassende Kategorien der Teilnahme mit oder ohne Überschneidung sind ebenso möglich, wie 4) die vollständige Übereinstimmung aller Dömanen beider Kategorien (WHO 2001, S. 234–237).

10.6.2   Der Nutzen der ICF für Rehabilitationszentren

Gerade auch wegen dieser Inkonsistenzen kommt die Frage auf, ob die ICF auf der Mikroebene genutzt werden kann, um die Effektivität der Rehabilitationszentren zu erhöhen. Im Folgenden werden zuerst die vermuteten Verbesserungen in der Rehabilitationsmedizin durch eine Implementation der ICF aufgeführt, bevor dann Studien vorgestellt werden können, die diesen vermeintlichen „Mythen" nachgegangen sind.

Rehabilitationszentren sind, genau wie andere Gesundheitsinstitutionen, konfrontiert mit Erwartungen, die den institutionellen Umwelten entstammen: Gesundheitsministerien, Verwaltungen, Patientenorganisationen, die die Verbesserung der Qualität der Pflege und klinische Ergebnisse und deren effiziente Handhabung zum Ziel haben (Gittell et al. 2000). In der Literatur (Stucki et al. 2007, S. 279–280) wird angenommen, dass die Implementation der ICF positive Auswirkungen auf den Rehabilitationsprozess und die Funktionsfähigkeit von Personen mit Behinderung hat. Die ICF soll zur Zielsetzung und Zielauswertung in der klinischer Rehabilitation, zur Einschätzung der Funktionsfähigkeit der Patienten, sowie zur Wahl der Interventionen und deren Auswertung eingesetzt werden können (Rauch et al. 2008, S. 329–330). Außerdem wird angenommen, dass ein Klassifikationssystem wie die ICF die Kommunikation und Koordination im Team verbessern kann (Tempest und McIntire 2006, S. 665). Es wird auch vermutet, dass die ICF und hilft, Rollen und Verantwortlichkeiten im Team zu klären sowie ein gemeinsames Verständnis des Rehabilitationsprozesses zu entwickeln (Rauch et al. 2008, S. 339–341).

Tempest und McIntire haben die mögliche Nutzbarkeit der ICF in einem Krankenhaus, spezialisiert auf die Rehabilitation von Schlaganfällen, untersucht. Basierend auf Untersuchungsgruppen mit einer unbekannten Zahl an Mitarbeitern des Rehabilitationszentrums haben sie festgestellt, dass die ICF die Kommunikation und die Klarheit der Rollen im Team und die Serviceangebote verbessert (Tempest und McIntire 2006, S. 666). Eine andere empirische Studie (Martinuzzi et al. 2010) untersuchte den Einfluss der ICF-Version für Kinder und Jugendliche (ICF-CY) in der Zielformulierung, Kommunikation und dem Arbeitspensum von den Mitarbeitern in einem italienischen Rehabilitationszentrum. Ein Jahr nach der Implementierung wurde die klinische Nutzung der ICF-CY von 17 Mitgliedern beurteilt. Die ICF-CY wurde als effizientes Arbeitsmittel angesehen, das einen Leitfaden für die Rehabilitation vorgibt. Trotzdem wurden der Arbeitsaufwand und Zeit für die ICF-CY Dokumentation als kritische Punkte angemerkt. Verhoef und seine Kollegen (2008) untersuchten den Einfluss der ICF auf die Mitarbeiterzufriedenheit in einem niederländischen Rehabilitationszentrum. Die Zufriedenheit des Teams wurden mit Fragebögen vor und ein Jahr nach der Einführung des ICF gemessen. 32 Mitarbeiter nahmen an der ersten Befragung teil und 28 Mitarbeiter an der zweiten. Die Autoren berichten, dass die ICF einen positiven Effekt auf die Zufriedenheit bei der Pflege der ambulanten Patienten hatte. Trotzdem sanken die

Zufriedenheitswerte in beiden Punkten bei der stationären Pflege. In beiden Fällen (ambulante und stationäre Pflege) stieg die Zeit, die für administrative Prozesse aufgewandt wurde (Verhoef et al. 2008, S. 28–29). In einer weiteren Studie wird berichtet, dass die Implementierung der ICF in der Rehabilitationsabteilung für Neurorehabilitation im Kantonsspital Luzern (Schweiz) die Kommunikation und Dokumentation in der multidisziplinären Arbeit verbessert hat (Rentsch et al. 2003). Ein großer Kritikpunkt der oben genannten Studien (Tempest und McIntire 2006; Martinuzzi et al. 2010; Verhoef et al. 2008; Rentsch et al. 2003) ist allerdings ihre qualitative und nicht repräsentative Natur. Schwer wiegt der Verdacht der „self-fulfilling prophecy" (Merton 1957), da sich die Implementatoren selbst evaluieren. Eine systematische Analyse der ICF-Implementation in Rehabilitationszentren steht demzufolge noch aus.

10.7 Schlussfolgerungen

In diesem Artikel sollte der Frage nach gegangen werden, welche Funktionen Weltorganisationen in der Diffusion und Implementation der ICF erfüllen (s. auch Coni-Zimmer, in diesem Bd.). Es konnte gezeigt werden, dass die ICF ein terminologischer Standard ist, der auf den universalen Menschenrechten gründet und als Model durch eine neuartige Verknüpfung von medizinischen und sozialen Aspekten von Gesundheit einzigartig ist. Das Klassifikationssystem ist dagegen zwar wissensbasiert, aber durch ein hohes Maß an Inkonsistenzen und somit losen Kopplungen zum idealtypischen ICF Model geprägt.

In einem zweiten Schritt konnte gezeigt werden, dass die globale Ausbreitung der ICF in den verschiedenen Anwendungsfeldern durchaus als Erfolg beschrieben werden kann. Inwieweit die ICF aber den funktionalen Erfordernissen der jeweiligen Anwendungsgebiete entspricht oder ob es sich vielmehr um eine Art Label handelt, von dem erwartet wird, dass er in allen Kontexten der Funktionsfähigkeitswissenschaften eingesetzt wird, konnte an dieser Stelle noch nicht beantwortet werden.

Die Rolle von Weltorganisationen für die Diffusion und Implementation der ICF wurde anhand der WHO und ISPRM aufgezeigt. Auch wenn die WHO im Bezug auf die ICF Diffusion über keine Mechanismen verfügt, die verbindlichen Charakter haben, so sind deren Umweltbeziehungen vor allem durch die offiziellen Beziehungen zu INGOs, wie bpsw. ISPRM, effektive Alternativen, um die Verbreitung der ICF weltweit durchzusetzen. Dass es bei der Überprüfung des ICF Implementationsprozesses im Bereich der Rehabilitationsmedizin zu keinen messbaren Verbesserungen in der Team-Kommunikation gekommen ist, lässt sich nicht

pauschal erklären. Es kann aber einerseits vermutet werden, dass das ICF-Klassi-
fikationssystem mit seinen Inkonsistenzen zu ungenau konzipiert wurde, um für
die Probleme in der Rehabilitationsmedizin eine tatsächliche Hilfe sein zu können.
Gleichzeitig ist der Mangel an Anleitungen und Richtlinien für die ICF Implementation gravierend. Hier ist die Initiative der Weltorganisationen gefordert, damit die
Umsetzung der erhofften Ziele der ICF auch erreicht werden können.

Abschließend wird vorgeschlagen Anleitungen und Richtlinien zur ICF-Implementation für jeden spezifischen Anwendungsbereich zu entwickeln. Die Balance
zwischen strikten Anleitungen und einfachen Empfehlungen zur ICF-Implementation sollte dabei abhängig vom Anwendungskontext immer wieder neu betrachtet
werden. Damit könnte dem Phänomen der losen Kopplung der ICF in der Anwendung entgegengesteuert werden. Diese Aufgabe kann nur durch Weltorganisationen, wie die WHO und ISPRM, erfüllt werden. Denn ohne die vielschichtigen
Netzwerke und Kooperationsmöglichkeiten dieser Weltorganisationen wird sich
die ICF nicht durchsetzen können. Es sind deshalb primär die Weltorganisationen,
die durch ihre Expertisen und weltweite Anerkennung als Moderatoren den Prozess der globalen Verbreitung und Implementation eines über nationalstaatliche
Grenzen hinweg initiierten Standards begleiten können.

Literatur

Ahrne, Göran und Nils Brunsson. 2006. Organizing the world. In Transnational governance:
    institutional dynamics of regulation, Hrsg. Marie-Laure Djelic, und Kerstin Sahlin-An-
    dersson, 74–94. Cambridge.
Albert, Mathias. 2006. World society theory. In Encyclopedia of globalization, Hrsg. Roland
    Robertson, und Jan Aart Scholte, 1304–1306. London.
Badley, Elizabeth. 2008. Enhancing the conceptual clarity of the activity and participation
    components of the International Classification of Functioning, Disability, and Health.
    Social Science and Medicine 66 (11): 2335–2345.
Bickenbach, Jerome E. 2009. Disability, culture, and the UN-convention. Disability and Re-
    habilitation 31 (14): 1111–1124.
Biering-Sorensen, Fin, Scheuriger Monika, Michael Baumberger, Susan W. Charlifue, Marcel
    W.M. Post, Frederico Montero, Nenad Konstansjek, und Gerold Stucki. 2006. Develo-
    ping core sets for persons with spinal cord injuries based on the International Classifica-
    tion of Functioning, Disability and Health as a way to specify functioning. Spinal Cord
    44:541–546.
Boli, John, und Georg M. Thomas. 1997. World culture in the world polity: A century of
    international non-governmental organization. American Sociological Review 62: 171–
    190.
Bowker, Geoffrey C., und Susan L. Star. 2000. Sorting things out. Classification and its con-
    sequences. Cambridge.

Brunsson, Nils. 1989. The Organization of Hypocrisy. Chichester.

Brunsson, Nils, und Bengt Jacobsson. 2000. The contemporary expansion of standardization. In A world of standards, Hrsg. Nils Brunsson, und Bengt Jacobsson, 1–17. New York.

Brunsson, Nils. 2000. Standardization and uniformity. In A world of standards, Hrsg. Nils Brunsson, und Bengt Jacobsson, 1–17. New York.

Bruyère, Susanne M., Sara A. Van Looy, und David B. Peterson. 2005. The classification of functioning, disability and health: contemporary literature overview. Rehabilitation Psychology 50 (2): 113–121.

Buse, Kent, Wolfgang Hein, und Nick Drager. 2009. Making sense of global health governance. A policy perspective. Basingstoke.

Cieza, Alarcos, und Gerold Stucki. 2008. The international classification of functioning disability and health: its development process and content validity.European Journal of Physical and Rehabilitation Medicine 44 (3): 303–313.

DiMaggio, Paul J., und Walter W. Powell. 1991. The new institutionalism in organizational analysis. Chicago, London.

Drori, Gili M., und Georg Krücken. 2009. World society. The writings of John W. Meyer. Oxford.

Drori, Gili M., John W. Meyer, und Francisco Ramirez. 2003. Introduction: Science as a world institution. In Science in the modern world polity. Institutionalization and globalization, Hrsg. Gili M. Drori, John W. Meyer, Francisco O. Ramirez, und Evan Schofer, 1–22. Stanford.

Gittell, Jody H., Kathleen M. Fairfield, Benjamin Bierbaum, William Head, und Robert Jackson. 2000. Impact of relational coordination on the quality of care, post-operative pain and functioning, and the length of stay: A nine-hospital study of surgical patients. Medical Care 38 (8): 807–819.

Hasse, Raimund, und Georg Krücken. 2005. Neo-Institutionalismusm. Bielefeld.

Hülsse, Rainer und Dieter Kerwer. Global Standards in Action: Insights from Anti-Money Laundering Regulation. Organization 14 (5): 625–642.

Imrie, Rob. 2004. Demystifying disability: A review of the international classification of functioning, disability and health. Sociology of Health and Illness 26 (3): 287–305.

Inoue, Keiko, und Gili S. Drori. 2006. The global institutionalization of health as a social concern: Organizational and discursive trends. International Sociology 21 (2): 199–219.

ISPRM Board of Governors Meeting. 2009. Minutes from June 13, 2009, 13:30 hours, session at Harbige Cultural Center Istanbul. Turkey (unpublished).

Jakob, Robert, Berdiran Üstün, Richard Madden, und Catherine Sykes. 2007. The WHO family of international classifications. Bundesgesundheitsblatt-Gesundheitsforschung-Gesundheitsschutz 7: 924–931.

Jacobsson, Bengt. 2000. Standardization and expert knowledge. In A world of standards, Hrsg. Nils Brunsson, Bengt Jacobsson, 40–49. New York.

Jacobsson, Bengt und Kerstin Sahlin-Andersson. 2006. Dynamics of soft regulation. In Transnational Governance. Institutional Dynamics of Regulation, Hrsg. Djelic, Marie-Laure, und Kerstin Sahlin-Andersson, 247–265. Cambridge.

Jelsma, Jennifer. 2009. Use of the international classification of functioning, disability and health: A literature survey. Journal of Rehabilitation Medicine 41 (1): 1–12.

Krücken, Georg. 2002. Amerikanischer Neo-Institutionalismus – europäische Perspektiven. Sociologia Internationalis 40: 227–259.

Lopez, Alan, C.D. Mathers, M. Ezzati, D.T. Jamison, und C.J.L. Murray. 2006. Global burden of disease and risk factors. New York.

Martinuzzi, Andrea, Annamaria Salghetti, Silvana Betto, Emanuela Russo, Matilde Leonardi, Alberto Raggi, und Carlo Francescutti. 2010. The international classification of functioning, disability and health, version for children and youth as a road-map for projecting and programming rehabilitation in a neuropaediatric hospital unit. Journal of Rehabilitation Medicine 42: 49–55.

McQueen, David V., Thomas Abel, Laura Balbo, Ilona Kickbusch, Jürgen M. Pelikan, und Louise Potvin. 2007. Health and modernity. The role of theory in health promotion. Heidelberg.

Merton, Robert K 1957. Social theory and social structure. New York.

Meyer, John W., und Brian Rowan. 1991. Institutionalized organizations: formal structure as myth and ceremony. In The new institutionalism in organizational analysis, Hrsg. W. Powell Walter, und Paul J. DiMaggio, 41–62. Chicago.

Meyer, John W., George M. Thomas, und Francisco Ramirez. 1997. World society and the Nation State. American Journal of Sociology. 103 (1): 144–181.

Okawa, Yayoi, und Satoshi Ueda. 2008. Implementation of the international classification of functioning, disability and health in national legislation and policy in Japan. International Journal of Rehabilitation Research 31 (1): 73–77.

Rauch, Alexandra, Alarcos Cieza, und Gerold Stucki. 2008. How to apply the international classification of functioning, disability and health (ICF) for rehabilitation management in clinical practice. European Journal of Physical and Rehabilitation Medicine 44 (3): 329–342.

Reinhardt, Jan D., und Gerold Stucki. 2007. Mobilität, Funktionsfähigkeit und Gesunderhaltung aus der Perspektive der Internationalen Klassifikation der Funktionsfähigkeit, Behinderung und Gesundheit (ICF) und am Beispiel von Rollstuhlfahrern. Public Health Forum 15 (56): 22–24.

Reinhardt, Jan D., Per M. von Groote, Joel A. DeLisa, John L. Melvin, Jerome E. Bickenbach, Leonard S. Li, und Gerold Stucki. 2009. International non-governmental organizations in the emerging world society: The example of ISPRM. Journal of Rehabilitation Medicine 41 (10): 810–822.

Rentsch, Hans P., P. Bucher, D. Nyffeler, C. Wolf, H. Hefti, E. Fluri, U. Wenger, C. Wälti, und I. Boyer. 2003. The implementation of the international classification of functioning, disability and health (ICF) in daily practice of neurorehabilitation: an interdisciplinary project at the Kantonsspital of Lucerne, Switzerland. Disability and Rehabilitation 25 (8): 411–421.

Rogers, Everett. 1962. Diffusion of Innovations. New York.

Schuntermann, Michael F. 2005. The implementation of the international classification of functioning, disability and health in germany: experiences and problems. International Journal of Rehabilitation Research 28 (2): 93–102.

Scott, Richard W., Martin Ruf, Peter Mendel, und Carol R. Caronna. 2000. Institutional change and healthcare organizations. Chicago.

Senge, Konstanze, und Kai-Uwe Hellmann. 2006. Einführung in den Neo-Institutionalismus. Wiesbaden.

Stäheli, Urs. 1997. Exorcising the popular seriously: Luhmann's concept of semantics. International Review of Sociology 7 (1): 127–145.

Stucki, Gerold, Alarcos Cieza, Szilvia Geyh, L. Battistella, J. Lloyd, D. Symmons, Nenad Kostanjsek, und J. Schouten 2004. ICF core sets for rheumatoid arthritis. Rehabilitation Medicine: Suppl. 44: 87–93.

Stucki, Gerold, Alarcos Cieza, und John Melvin. 2007. The international classification of functioning, disability and health (ICF): A unifying model for a conceptual description of the rehabilitation strategy. Journal of Rehabilitation Medicine 39 (4): 279–285.

Stucki, Gerold, und John Melvin. 2007. The international classification of functioning, disability and health: A unifying model for the conceptual description of physical and rehabilitation medicine. Journal of Rehabilitation Medicine 39 (4): 286–292.

Stucki, Gerold, Nenand Kostanjsek, Berdiran Üstün, und Alarcos Cieza 2008. ICF-based classification and measurement of functioning. European Journal of Physical and Rehabilitation Medicine 44: 315–328.

Stucki, Gerold, Per von Groote, Joel A. DeLisa, Marta Imamura, John L. Melvin, Andrew L. Haig, Leonard Li, und Jan D. Reinhardt. 2009a. The policy agenda of ISPRM. Journal of Rehabilitation Medicine 41 (10): 834–852.

Stucki, Gerold, Jan D. Reinhardt, Joel A. DeLisa, Marta Imamura, und John L. Melvin. 2009b. ISPRM achievements and challenges of ISPRM. Journal of Rehabilitation Medicine 41 (10): 791–797.

Tempest, Stephanie, und Anne McIntyre. 2006. Using the ICF to clarify team roles and demonstrate clinical reasoning in stroke Rehabilitation. Disability and Rehabilitation 28 (10): 663–667.

Timmerman, Stefan, und Steven Epstein. 2010. A world of standard but not a standard world: Toward a sociology of standards and standardization. Annual Review of Sociology 36:69–89.

Üstün, Bedirhan T., S. Somnath Chatterji, Jerome E. Bickenbach, Nenad Kostanjsek, und Marcie Schneider. 2003. The international classification of functioning, disability and health: A new tool for understanding disability and health. Disability and Rehabilitation 25: 565–571.

Üstün, Bedirhan T., S. Somnath Chatterji, und Nenad Kostanjsek. 2004. Comments from WHO for the journal of rehabilitation medicine special supplement on ICF core sets. Journal of Rehabilitation Medicine 44: 7–8.

Verhoef, John, P.J. Toussaint, H. Putter, J.H.M. Zwetsloot-Schonk, und T.P.M. Vliet Vlieland 2008. The impact of introducing an ICF-based rehabilitation tool on staff satisfaction with multidisciplinary team care in rheumatology. Clinical Rehabilitation 22:23–37.

Vogd, Werner. 2007. Organisation Krankenhaus im Wandel bei beständigen ärztlichen Handlungsorientierung.Berliner Journal für Soziologie 1: 97–119.

Walgenbach, Peter. 2001. The production of distrust by means of producing trust. Organization Studies 22: 693–714.

Weber, Max. 1921. Gesammelte Aufsätze zur Wissenschaftslehre. Tübingen.

Whiteneck, Gale G., und Marcel P. Dijkers. 2009. Difficult to measure constructs: conceptual and methodological issues concerning participation and environmental factors. Archives of Physical Medicine and Rehabilitation 90 (11): 22–35.

WHA—World Health Assembly. 2001. Resolution WHA54.21 on the ICF. Genf.

WHA—World Health Assembly. 2005. Resolution WHA58.23 on Disability, including prevention, management and rehabilitation, Genf, verfügbar unter: http://www.who.int/disabilities/publications/other/wha5823/en/index.html. Letzter Zugriff: 20. Feb. 2012.

WHO—World Health Organization. 1946. Constitution of the world health organization. Genf, verfügbar unter:http://apps.who.int/gb/bd/PDF/bd47/EN/constitution-en.pdf. Letzter Zugriff: 20. Feb. 2012.

WHO—World Health Organization. 2001. International classification of functioning, disability and health (ICF). Genf.

WHO—World Health Organization. 2007. The world health report. A safer future. Global public health security in the 21st century. Genf.

WHO—World Health Organization. 2008. What are international Health Regulations? Genf, verfügbar unter: http://www.who.int/features/qa/39/en/index.html Letzter Zugriff: 20. Feb. 2012.

WHO—World Health Organization. 2010. World health survey, Genf, verfügbar unter: http://www.who.int/healthinfo/survey/en/index.html. Letzter Zugriff: 20. Feb. 2012.

WHO—World Health Organization. 2011. Principles governing relations with nongovernmental organizations, Genf, verfügbar unter:http://www.who.int/civilsociety/relations/principles/en/index.html. Letzter Zugriff: 20. Feb. 2012.

WHO-FIC—World Health Organization-Family of International Classifications. 2005. The utilization of ICF in national legislation and policies in Japan. WHO-FIC B.5–1. Genf.

WHO-ISPRM. 2008. World health organization-family of international classifications and international society of physical and rehabilitation medicine. Collaboration plan. Genf.

WHO-ISPRM. 2010. World health organization-family of international classifications and international society of physical and rehabilitation medicine. Collaboration plan. Genf.

Wiegand, Niklas M., Julia Belting, Christine Fekete, Christopf Gutenbrunner, und Jan D. Reinhardt. 2012. All talk, no action? The global diffusion and clinical implementation of the International Classification of Functioning, Disability and Health (ICF). American Journal of Physical Medicine & Rehabilitation.

Zürn, Michael, und Christian Joerges. 2005. Law and governance in postnational Europe: Compliance beyond the Nation State. Cambridge..

Weltorganisationen – der „andere Blick" auf internationale Organisationen

11

Martin Koch

11.1 Einleitung

Ziel des Sammelbandes ist die Vorstellung und Diskussion von Weltorganisationen als begrifflich-konzeptionelle Alternative zu internationalen Organisationen. Dazu wird ein pluralistisches Vorgehen gewählt, die Beiträge greifen also nicht vollumfänglich auf das in der Einleitung eingeführte Konzept zurück, sondern nehmen einzelne Aspekte auf und entwickeln diese weiter, entwerfen eigene theoretische Zugänge und illustrieren den empirischen Gehalt des Konzepts sowie der drei Dimensionen (Weltsemantik, (Um-)Weltbeziehungen, Weltordnungsgenerierung). Auf diesem Wege diskutieren die in diesem Band versammelten Beiträge den analytischen Wert des Konzepts sowohl in theoretischer wie auch empirischer Hinsicht und kommen zu unterschiedlichen Einschätzungen, wie sich der Begriff für die weitere Forschung nutzen lässt. Mit diesem abschließenden Kapitel wird das Ziel verfolgt, Konsequenzen für die weitere Forschung zu ziehen und Konturen einer Forschungsagenda zu skizzieren. Dazu wird in einem ersten Schritt erläutert, warum es einer begrifflich-konzeptionellen Neuausrichtung bedarf und welche Vorteile das Konzept der Weltorganisation mit seinen drei Analysedimensionen bietet, die sich – das zeigen einige Beiträge in diesem Band – hinsichtlich der internen Operationen und Entscheidungsfindungsprozesse erweitern ließen. Daran schließt vor dem Hintergrund der Einzelbeiträge in diesem Band eine Diskussion der drei Dimensionen an, die zum einen der Illustration der Dimensionen und zum anderen der Überprüfung ihrer Validität dient. Darüber hinaus lassen sich erste vorläu-

M. Koch (✉)
Universität Bielefeld, Fakultät für Soziologie,
Universitätsstrasse 25, 33615 Bielefeld, Deutschland
E-Mail: martin.koch@uni-bielefeld.de

M. Koch (Hrsg.), *Weltorganisationen*, DOI 10.1007/978-3-531-18977-2_11,
© VS Verlag für Sozialwissenschaften | Springer Fachmedien Wiesbaden 2012

fige Schlüsse ziehen, ob und und inwiefern das Konzept und die Dimensionen modifiziert, intern ausdifferenziert oder durch weitere Dimensionen ergänzt werden können. In einem letzten Schritt werden Überlegungen für eine Forschungsagenda angestellt, die vor allem zwei Stränge miteinander verknüpft. Erstens ermöglicht das Konzept der Weltorganisationen mit seinen Dimensionen die differenzierte Untersuchung eines bestimmten Typs internationaler Organisationen; zweitens wird durch das Konzept der systematische Vergleich von Weltorganisationen ermöglicht und eine stärkere Ausdifferenzierung der Dimensionen, aber auch von Weltorganisationen vorbereitet.

11.2   Von internationalen zu Weltorganisationen

Ausgangspunkt des Sammelbandes ist die Beobachtung, dass internationale Organisationen seit dem Ende des Kalten Krieges einen Wandel erfahren haben und heute mit zum Teil weitreichenden Kompetenzen ausgestattet sind. Diesem Wandel wird in den Internationalen Beziehungen hinsichtlich der begrifflich-konzeptionellen Arbeit nicht hinreichend Rechnung getragen. Es dominieren vielmehr staatszentrierte Vorstellungen, durch die auf Wechselwirkungen zwischen Staaten und internationalen Organisationen abgestellt wird, aber internationale Organisationen nicht selbst zum Gegenstand werden. Es bedarf eines konzeptionellen Ansatzes, mit dem internationale Organisation selbst und ihre Einbettung in die Weltgesellschaft untersucht werden können. Um diesem Desiderat zu begegnen, wurde in der Einleitung zunächst ein organisationssoziologisches Paradigma vorgeschlagen, wonach internationale Organisationen als offene Systeme beschrieben werden, die in eine Umwelt eingebettet sind und mit dieser in Beziehungen treten. Ausgehend von dieser Annahme konzentriert sich dieser Band auf einen bestimmten Typus internationaler Organisationen, der hinsichtlich seiner Mitgliedschaftskriterien keine geographischen Restriktionen aufweist, sondern auf globale Vollmitgliedschaft abstellt (auch wenn diese freilich nicht vollständig realisiert sein muss). Dieser Typus wird als Weltorganisation bezeichnet, der mit Weltsemantik, (Um-)Weltbeziehungen, Weltordnungsgenerierung drei Dimensionen aufspannt. Obwohl hiermit ein neues Konzept vorgeschlagen wird, ist der Begriff der Weltorganisation bereits seit dem 19. Jahrhundert bekannt (s. Walter, in diesem Bd.). Er wird zu dieser Zeit allerdings vor allem als normatives Gegenprogramm zur nichtorganisierten Staatenwelt und für die Herstellung eines Weltfriedens zwischen den Staaten verstanden. Erstaunlich ist, dass, obwohl sich der Begriff historisch ähnlich verorten lässt wie der Begriff der internationalen Organisation (Lorimer 1884), an den letztgenannten wissenschaftlich angeschlossen wird, während erstgenannter nach dem Ende des zweiten Weltkriegs nur partiell – im Funktionalismus (Mitrany 1948) – aufkeimte, sich aber nicht durchsetzen konnte.

In der hier vorgeschlagenen Begriffsbestimmung stellt das Konzept nicht auf ein normatives Programm, sondern auf internationale Organisationen in der Weltgesellschaft, d. h. vor allem auf die Beziehungen internationaler Organisationen (als Weltorganisationen) zu ihrer (Um-)Welt, ab. Mit den drei genannten Dimensionen von Weltorganisationen wird ein analytisches Konzept vorgeschlagen, mit dem sich das Verhältnis von Weltorganisation und Welt dreierlei Hinsicht vermessen lässt: 1) welches Verständnis von Welt den Weltorganisationen innewohnt; 2) wie sie mit unterschiedlichen Akteure in ihrer Umwelt interagieren bzw. sich durch ihre (Um-) Welt irritieren lassen; und 3) inwiefern sie zu einer Genese globaler Ordnungsvorstellungen in unterschiedlichen Politikfeldern beitragen. Darüber hinaus legen die Beiträge von Ahrne und Brunsson auf der einen sowie Freistein und Liste auf der anderen Seite die Erweiterung des Konzepts der Weltorganisation um eine weitere, vierte Dimension nahe, um die *Innenwelt* von Weltorganisationen zu untersuchen. Mit der Innenwelt könnte etwa die Struktur, interne Dynamiken und die Herstellung von Entscheidungen analysiert werden. Zur Untersuchung dieser Innenwelt ließe sich das Konzept der Meta-Organisation (s. Ahrne und Brunsson, in diesem Bd.) nutzen, das ja gerade auf das Verhältnis von Meta-Organisation zu ihren Organisationsmitgliedern abstellt. Es wäre ferner interessant, nach unterschiedlichen Entscheidungstypen und Verfahren der Entscheidungsfindung zu fragen, die man in Weltorganisationen differenzieren könnte, um damit den „Prozess des Organisierens" (Weick 1985) nachvollziehen zu können. Dass die Analyse des Organisierens interessante Erkenntnisse verspricht, zeigt der Beitrag von Freistein und Liste, die durch die Differenzierung von organisationalen Operationen und intertextualen Praktiken die performative Natur von internationalen Organisationen als Weltorganisationen offenlegen. Auf diesem Wege lässt sich beispielsweise zeigen, wie und in welchen Maße Weltorganisationen in ihren Operationen auf ihre Umwelt Bezug nehmen und diese damit konstitutiv für organisationales Entscheiden werden, um sich selbst und ihre Umwelt damit gleichsam zu (re-)produzieren.

11.3   Die drei Dimensionen von Weltorganisationen

Mit dem Konzept der Weltorganisation wird – im Gegensatz zum Begriff der internationalen Organisation – der Versuch unternommen, die Organisation selbst in das Zentrum der Untersuchung zu stellen und dabei nicht, wie es durch das Attribut *international* insinuiert wird, auf die Beziehungen zwischen Staaten abzustellen. Rückt man die Organisation in den Mittelpunkt, so lässt sich zweierlei

beobachten: Die Innenwelt[1] sowie die semantische Bezugnahme von Weltorganisationen zu ihrer Welt auf der einen sowie die Außenbeziehungen und die durch
Weltorganisationen etablierte Weltordnung auf der anderen Seite. Mit Blick auf die
Weltsemantik konnte am Beispiel unterschiedlicher Weltorganisationen gezeigt
werden, dass diese ganz unterschiedliche Weltvorstellungen haben bzw. nur einen
ausgewählten Weltausschnitt in den Blick nehmen. So können in einigen Fällen
alle Menschen gemeint sein, die mit unveräußerlichen Rechten ausgestattet sind
(s. Sack und Kessler, in diesem Bd.), während in anderen Fällen die Welt als Staatenwelt oder als Welt der Unternehmen wahrgenommen wird (s. Coni-Zimmer,
in diesem Bd.). In anderen Fällen begrenzt sich der Weltausschnitt auf ein Politikfeld – etwa die Finanzwelt im Rahmen der Geldwäschebekämpfung (s. Jakobi, in
diesem Bd.) – oder aber auf Migration bzw. Migranten als Ausschnitt der Welt,
den die IMO wahrnimmt und aus dem das Management von Migration resultiert
(s. Geiger, in diesem Bd.).

Neben der Analyse organisationsinternen Prozessierens und der Weltsemantik erlaubt das Konzept der Weltorganisation die differenzierte Untersuchung der
Außenbeziehungen, indem zum einen die Umweltbeziehungen und zum anderen
die Weltordnungsgenerierung thematisiert werden. Einerseits wird damit der Anschluss an die Global Governance-Forschung geleistet und untersucht, wie Weltorganisationen zur globalen Ordnungsbildung beitragen (Avant et al. 2010; Dingwerth und Pattberg 2009; Karns und Mingst 2010); andererseits wird durch die Differenzierung neues Terrain erschlossen, indem mit Weltorganisationen ein besonders prominenter Akteur ausgewählt wird, der selbst systematisch analysiert und
hinsichtlich der Beziehungen zu seiner Umwelt befragt wird. Dazu werden hier die
Beziehungen von Weltorganisationen zu ihren Umweltakteuren bzw. ihrer Umwelt
zunächst einmal unabhängig von ihrem Beitrag zur Genese von Weltordnungen
untersucht. Umweltbeziehungen können sich somit durch ganz unterschiedliche
Facetten auszeichnen, sie können etwa durch Kooperation geprägt sein, indem ausgewählte Weltorganisationen zusammenarbeiten, um einen Standard zu etablieren
und dessen Durchsetzung zu forcieren (s. die Beiträge von Coni-Zimmer sowie
Wiegand und Reinhardt, in diesem Bd.); sie können arbeitsteilig geprägt sein, wenn
verschiedene staatliche und nicht-staatliche Organisationen ihre Aktivitäten untereinander koordinieren (s. Jakobi, in diesem Bd.); sie können aber auch durch Konflikte oder Konkurrenz gekennzeichnet sein, wenn etwa unterschiedliche (Welt-)
Organisationen um die Vorherrschaft in einem Politikfeld ringen, beispielsweise
um die Deutungshoheit eines Begriffs, einer Norm oder eines Standards (s. Sack

---

[1] Dieser Aspekt wird im vorliegenden Band nicht explizit ausgeführt, aber in einem anderen
Beitrag des Autors weiterverfolgt.

und Kessler, in diesem Bd.). Die Umweltbeziehungen können sich aber auch durch Tausch und Transfer auszeichnen, etwa den Austausch von Informationen, die Zuweisung von Ressourcen oder die Übertragung von Kompetenzen (s. die Beiträge von Jakobi sowie Winckler, in diesem Bd.). Die Dimension der Umweltbeziehungen spannt somit einen Raum für unterschiedliche Relationen zwischen Weltorganisation und Umweltakteuren auf, die nicht unmittelbar zur Generierung von Weltordnungen beitragen müssen. Ganz im Gegenteil können bestimmte Rezeptionen der Umwelt das Operieren und Prozessieren von Weltorganisationen irritieren oder stören. Dabei gilt, dass die Umweltbeziehungen und -akteure nicht ex ante bestimmt, sondern vielmehr empirisch im Rahmen des Prozessierens und Organisierens von und in Weltorganisationen ermittelt werden können. Dieses Resultat untermauern einige Beiträge in diesem Sammelband, so etwa Coni-Zimmer, Wiegand und Reinhardt oder auch, Geiger. Darüber hinaus zeigt der Beitrag von Winckler, dass sowohl die Außenbeziehungen als auch das Selbstverständnis einer Weltorganisation in dieser variieren können – abhängig davon, welche Organisationseinheit analysiert wird. Die Welt (sowohl die Weltsemantik als auch die Umwelt) ist im Hinterland Liberias eine andere als im UN-Hauptquartier (Winckler, in diesem Bd.).

Mit der Dimension der Weltordnungsgenerierung wird an die Global Governance-Forschung angeschlossen, die in den letzten Jahren einige Prominenz erlangt hat und unter Schlagworten wie Regieren jenseits des Nationalstaats (Zürn 1998) oder Weltinnenpolitik (Senghaas 1992) firmiert. Während im Rahmen der Global Governance-Forschung primär die Herausbildung globaler Ordnungen in den Blick genommen wird (Dingwerth und Pattberg 2006), wird mit Weltordnungsgenerierung hier der Beitrag von Weltorganisationen zu dieser analysiert. Diese sind häufig nicht allein für die Generierung verantwortlich, sondern auf weitere Akteure – etwa andere Welt- oder internationale Organisationen, Staaten oder auch Nicht-Regierungsorganisationen – angewiesen (s. oben). Gleichwohl zeigen die Beiträge in diesem Sammelband, dass Weltorganisationen in unterschiedlichem Maße an der Generierung, Verbreitung und Durchsetzung von Weltordnungen beteiligt sind. Diese können von Norm-, Regel- und Klassifikationskatalogen (s. die Beträge von Coni-Zimmer sowie Wiegand und Reinhardt, in diesem Bd.), über formal bindende Konventionen wie im Fall der Geldwäschebekämpfung (s. Jakobi, in diesem Bd.), die Verwaltung bzw. Steuerung (legaler) Migration (s. Geiger, in diesem Bd.), das Monitoring der Einhaltung von Menschenrechten (s. Sack und Kessler) bis hin zu militärischen Interventionen reichen (s. Winckler, in diesem Bd.). Unabhängig davon, welche konkrete Rolle Weltorganisationen im Rahmen der Weltordnungsgenerierung einnehmen, tragen sie durch das Aufgreifen globaler Ordnungsvorstellungen im Rahmen politischer Programme und Maßnahmen zur Verstetigung dieser bei. Man mag konkrete globale Probleme, wie beispielsweise die mangelnde Einhaltung der Menschenrechte, den Kampf gegen den Terrorismus oder Umweltkatastrophen, als solche wahrnehmen oder auch nicht, sobald sie von Weltorganisationen als Probleme markiert werden, erschaffen sie einen bestimmten Beobachtungshorizont, der durch die Benennung des globalen Problems vorstrukturiert ist (s. Einleitung). Auf diesen Aspekt haben auch Sack und Kessler hingewiesen und deutlich gemacht, dass Weltorganisationen zur Verstetigung von Beobachtungsperspektiven beitragen, indem sie im Rahmen des Menschenrechtsmonitorings konkrete Kriterien für die Einhaltung der Menschenrechte definieren, an denen sich gleichzeitig Verstöße ablesen lassen. Eine Negation oder Änderung von Beobachtungsperspektiven ist zwar prinzipiell möglich, aber äußerst voraussetzungsvoll, schließlich identifizieren Weltorganisationen in der Regel nicht nur ein globales Problem, sondern entwerfen auch Maßnahmen zur Lösung oder knüpfen die Zusage von (finanziellen) Ressourcen an die Bekämpfung des Problems (s. etwa Geiger, in diesem Bd.).

11.4 Konturen einer Forschungsagenda

Die hier vorgeschlagene Differenzierung von Weltorganisationen nach Weltsemantik, (Um-)Weltbeziehungen und Weltordnungsgenerierung eröffnet eine eigenständige und neuartige Forschungsperspektive auf internationale Organisationen. Weder die Beziehungen zu Staaten noch ihre Rolle als „pieces of global governance" (Karns und Mingst 2010, S. 4) stehen im Vordergrund, sondern die Organisation selbst ist Gegenstand der Untersuchung. Dazu werden Weltorganisationen nicht isoliert, sondern in ihrem Verhältnis zur Umwelt, d. h. zur Welt betrachtet. Diese Unterscheidung zwischen Weltorganisation und (Um-)Welt ist konstitutiv für das Verständnis derselben, d. h. um Aussagen über Weltorganisationen machen zu können, muss deren Verhältnis zur Welt, genauer zu *ihrer* Welt, geklärt werden. Dieses Verhältnis lässt sich in zweierlei Hinsicht untersuchen. Zum einen kann man fragen, was Weltorganisationen als ihre Welt begreifen und inwiefern sie sich als Teil der Welt verstehen. Diese Innenperspektive wird mit der Dimension der Weltsemantik abgedeckt und ließe sich durch die Dimension der Innenwelt ergänzen, um damit Strukturen, interne Operationen und Entscheidungsfindungsprozesse in den Blick zu nehmen. Zum anderen kann man die Außenperspektive von Weltorganisationen untersuchen und erstens danach fragen, wie und mit wem Weltorganisationen in ihrer (Um-)Welt interagieren bzw. wie Weltorganisationen auf Irritationen aus dieser reagieren; zweitens lässt sich analysieren, in welchem Maße Weltorganisation zu einer globalen Ordnungsbildung beitragen. Gleichzeitig resultiert aus der Ordnungsbildung, dass Mitglieder von Weltorganisationen – zumeist Staaten – einen Referenzrahmen vorfinden, durch den mitgliedstaatliches Verhalten strukturiert wird. Dieser ist gleichzeitig auch ein Referenzrahmen für Nicht- und Noch-Nicht-Mitglieder. Zwar müssen Nicht-Mitglieder die durch Weltorganisationen etablierten Ordnungsvorstellungen nicht implementieren oder befolgen, ihr Verhalten wird aber nach den durch den Referenzrahmen vorstrukturieren Erwartungshorizont beobachtet. Sie werden also – unabhängig davon, ob sie durch Mitgliedschaft den Referenzrahmen akzeptieren – so beobachtet, als würde dieser auch für sie zutreffen. Man denke dazu etwa an die Einhaltung von CSR-Normen (s. Coni-Zimmer, in diesem Bd.) oder Regelungen zur Geldwäschebekämpfung (s. Jakobi, in diesem Bd.), es ist unerheblich, ob Unternehmen oder Staaten die jeweiligen Verträge und Vereinbarungen unterzeichnet haben, die etablierten Standards und Regelungen erschaffen einen Beobachtungs- und Erwartungshorizont, durch den das Verhalten von Unternehmen und Staaten als konform oder non-konform beurteilt werden kann.

Neben der systematischen Untersuchung von Weltorganisationen durch die genannten drei Dimensionen lassen sich nicht nur vertiefte Erkenntnisse zu internationalen Organisationen gewinnen, das Konzept der Weltorganisation ermöglicht zudem den Vergleich von einer internationalen Organisationen über einen Zeitraum bzw. zu bestimmten Zeitpunkten (diachroner Vergleich) sowie den Vergleich zwischen internationalen Organisationen anhand der Dimensionen (synchroner Vergleich). Bislang liegen in der Forschung zu internationalen Organisationen hierfür nur recht rudimentäre Vergleichsdimensionen vor, etwa zur Mitgliedschaft (regional vs. universal), zur Zuständigkeit (umfassend vs. problemfeldspezifisch) (Archer 2001; Dingwerth und Pattberg 2006; Karns und Mingst 2010; Union of International Associations 2009) oder aber hinsichtlich ihrer Funktion (Programmorganisation vs. operative Organisation) (Rittberger et al. 2011). Aus diesen Vergleichen lassen sich unterschiedliche Erkenntnisse gewinnen, etwa hinsichtlich der Weltsemantiken und der unterschiedlichen Welt*en* von Weltorganisationen.[2] Denn obwohl durch Weltorganisationen wie z. B. die Welthandelsorganisation (WTO) oder die Weltgesundheitsorganisation (WHO) ein Bezug zur *Welt* hergestellt wird und beide die Welt adressieren, unterscheiden sich deren Welt-

---

[2] Mit der nachfolgenden Illustration am Beispiel der Welthandelsorganisation (WTO) und der Weltgesundheitsorganisation (WHO) werden zwei besonders prominente Weltorganisationen ausgewählt, die im Rahmen dieses Bandes nicht oder kaum als Weltorganisationen (s. Wiegand und Reinhardt) thematisiert wurden. Auf diesem Wege soll plausibilisiert werden, inwiefern der systematische Vergleich von Weltorganisationen anhand der drei Dimensionen zum Verständnis von Weltorganisationen beiträgt und eine weitere Binnendifferenzierung der Dimensionen bzw. eine Typenbildung von Weltorganisationen anleiten kann.

verständnisse ganz grundlegend. Einerseits behandeln beide Weltorganisationen unterschiedliche Ausschnitte der Welt, nämlich den Welthandel und die Weltgesundheit, die sich wiederum in Charakter und Ausprägung als Kollektivgut unterscheiden. Beide Organisationen versuchen, *ihre* Welt zu erfassen, in dem sie Daten über diese sammeln, auswerten und den Erfolg ihre Weltordnungspolitik an diesen Daten messen. Im Fall der WTO sind dies vor allem makroökonomische Daten von Staaten, während die WHO vor allem Daten über die Ausbreitung von Krankheiten sowie Sterblichkeitsraten erhebt. Andererseits ist die Welt der WTO völlig anders beschaffen als die der WHO. Während durch die WTO Staaten fokussiert werden, sind es bei der WHO kranke Menschen und solche, die durch die Ansteckung einer Krankheit bedroht sind. Auch die (Um-)Weltbeziehungen lassen sich systematischer miteinander vergleichen, indem analysiert wird, mit wem Weltorganisationen Beziehungen unterhalten? Sind es vornehmlich Staaten oder auch nicht-staatliche Akteure? Und welche Rolle spielen nicht-staatliche Akteure und die Beziehungen zu diesen? So kann man etwa mit Blick auf die WTO vermuten, dass nicht-staatliche Akteure nur eine nachrangige Bedeutung haben, während die WHO häufig mit nicht-staatlichen Organisationen kooperiert – so wird etwa durch die WHO und die Bill und Melinda Gates Stiftung das Projekt *Globale Allianz für Impfstoffe und Immunisierung* finanziert und verantwortet. In diesem Fall scheint auch ein systematisch vergleichender Blick auf die Umweltbeziehungen lohnenswert, um zu erheben, welche Art der Beziehung Weltorganisationen zu Akteuren in ihrer Umwelt unterhalten (s. oben). Darüber hinaus kann eine vergleichende Analyse der Weltordnungsgenerierung dazu beitragen, unterschiedliche Ausprägungen von Weltordnungen zu identifizieren. Handelt es sich etwa um Normen und Standards, um formal bindende Konventionen oder um die Verwaltung konkreter Probleme. Und welche ordnungsgenerierenden oder -unterstützenden Funktionen werden darüber hinaus von Weltorganisationen übernommen, z. B. die Überwachung der Einhaltung von Vereinbarungen, die Sanktionierung von Vertrags- und Normbrüchen, das Schlichten von Streitfällen etc.?

Gerade der Vergleich der Weltordnungsgenerierung würde auch einen Anschluss an die vergleichende Governanceforschung erlauben. Mehr noch, der systematische Vergleich von Weltorganisationen anhand der vorgeschlagenen Dimensionen könnte auch einen Beitrag zur vergleichenden Forschung von internationalen Organisationen als politische Systeme leisten, in denen die drei bzw. vier Dimensionen als Vergleichskategorien herangezogen werden könnten.[3] Diese

---

[3] An dieser Stelle ließe sich auch eine Parallele zur Vergleichenden Politikwissenschaft herstellen, die sich auf den Vergleich politischer Systeme konzentriert, dazu allerdings primär auf den Vergleich von Regierungssystemen abstellt.

Vergleichdimensionen können und müssen freilich weiter ausdifferenziert und ergänzt werden, sie liefern aber – das sollte deutlich geworden sein – eine Möglichkeit, internationale Organisationen als Weltorganisationen zu analysieren und diese sowohl über einen Zeitraum als auch miteinander zu vergleichen. Gleichwohl zeigen die bisherigen Überlegungen auch, dass, obwohl die Dimensionen sich analytisch trennen lassen, es inhaltliche Schnittstellen zwischen diesen gibt und Wechselwirkungen zwischen den Dimensionen vermutet werden können. So kann man annehmen, dass eine bestimmte Weltsemantik, wie etwa der WTO, sich auch in den Umweltbeziehungen dieser niederschlägt und wiederum Auswirkungen auf die Weltordnungsgenerierung hat. Daher könnte das Ergebnis einer vergleichenden sowohl diachronen als auch synchronen Untersuchung die Identifikation verschiedener Typen von Dimensionen sein, die wiederum zu einer Typisierung von Weltorganisationen beitragen könnte.[4]

Der Begriff bzw. das Konzept der Weltorganisation wurde im Rahmen dieses Buches für ausgewählte internationale Organisationen reserviert. Es wäre allerdings auch möglich, das Konzept auf nicht-staatliche Organisationen, wie z. B. multinationale Unternehmen oder internationale Nicht-Regierungsorganisationen, anzuwenden. Auch die drei bzw. vier Dimensionen lassen sich für andere Organisationen zur Anwendung bringen. In diesem Fall würde man über einen Organisationstyp sprechen, der quer zu den etablierten Differenzierungsformen – wie etwa staatliche vs. nicht-staatliche oder profit- vs. nicht-profitorientierte Organisationen – liegt. Zudem ließen sich die vorgeschlagenen Dimensionen in modifizierter Form auch für solche internationale Organisationen nutzen, die einen expliziten Regionalfokus haben – etwa europäische internationale Organisationen, nordamerikanische internationale Organisationen, asiatische internationale Organisationen etc. In diesem Fall würde man anstatt von Weltsemantik etwa von Europa-, Amerika- oder Asiensemantik sprechen, die allerdings – stärker als bei der Weltsemantik – etwa durch Erweiterungen einem höheren Wandlungsgrad aufweist, man denke etwa an die EU-Osterweiterung oder die Diskussionen zum EU-Beitritt der Türkei (Walter 2008). Auch die Ordnungsdimension müsste stärker auf den regionalen Kontext angepasst werden und es kann vermutet werden, dass sie wie schon die Regionalsemantik stärkeren Änderungen unterworfen ist – man denke etwa die Kompetenzen der Europäischen Kommission oder Europäischen Zentralbank. Die Dimensionen der Umweltbeziehungen und Innenwelt bedürfen in diesem Fall keiner Modifikation. Für die weitere Forschung zu Weltorganisationen, aber auch zu internationalen Organisationen bieten sich damit vielversprechende Perspektiven.

---

[4] Der systematische Vergleich von Weltorganisationen, daraus ableitbare Ausdifferenzierungen der Dimensionen und eine Typologie von Weltorganisationen werden in einem anderen Beitrag des Autors weiterverfolgt.

Insgesamt zeigen die hier zusammengeführten Beiträge, dass das Konzept der Weltorganisation ein vielversprechender Forschungsansatz für die Untersuchung von ausgewählten internationalen Organisationen darstellt. Die drei bzw. vier Dimensionen der Weltorganisation – Weltsemantik, Innenwelt, (Um-)Weltbeziehungen und Weltordnungsgenerierung –, deren Validität die Beiträge untermauern, erlauben einen systematischen sowohl diachronen wie synchronen Vergleich und ermöglichen eine differenzierte Analyse von internationalen Organisationen. In einem nächsten Schritt sollen diese Dimensionen stärker ausdifferenziert werden, um eine Binnendifferenzierung und Typenbildung voran zu bringen. Obwohl also die vielbeschworene Lücke zwischen Internationalen Beziehungen und Organisationssoziologie auch nach rund 25 Jahren nicht geschlossen ist (Ness und Brechin 1988), unterstreicht das Konzept der Weltorganisation das Potenzial für diese Forschungsrichtung und leistet gleichzeitig einen Beitrag zum Lückenschluss.

Literatur

Archer, Clive. 2001. *International Organizations*, 3. Aufl. London.

Avant, Deborah D., Martha Finnemore, und Susan K. Sell. 2010. Who governs the globe?. In *Who Governs the Globe?*, Hrsg. Deborah D. Avant, Martha Finnemore, und Susan K. Sell, 1–31. Cambridge.

Dingwerth, Klaus, und Philipp Pattberg. 2006. Global governance as a perspective on world politics. *Global Governance* 12 (2): 185–203.

Dingwerth, Klaus, und Philipp Pattberg. 2009. Actors, arenas, and issues in global governance. In *Global governance*, Hrsg. Jim Whitman, 41–65. Houndmills, Basingstoke.

Karns, Margaret P. und Karen A. Mingst. 2010. *International organizations: The politics and processes of global governance*, 2. Aufl. Boulder, CO.

Lorimer, James. 1884. The institutes of the law of nations. *A treatise of the jural relations of separate political communities*, Vol. 2. Edingburgh, London.

Mitrany, David. 1948. The functional approach to world organization. *International Affairs* 24 (3): 350–363.

Ness, Gayl D., und Steven R. Brechin. 1988. Bridging the gap: International organizations as organizations. *International Organization* 42 (2): 245–273.

Rittberger, Volker, Bernhard Zangl, und Andreas Kruck. 2011. *International organization*, 2. Aufl. Houndmills, Basingstoke.

Senghaas, Dieter. 1992. Weltinnenpolitik – Ansätze für ein Konzept. *Europa-Archiv* 47: 543–652.

Union of International Associations. 2009. *Yearbook of international organizations 2009/2010*. München.

Walter, Jochen. 2008. *Die Türkei –„Das Ding Auf Der Schwelle“: (De-)Konstruktionen Der Grenzen Europas*. Wiesbaden.

Weick, Karl E. 1985. *Der Prozeß des Organisierens*. Frankfurt a. M.

Zürn, Michael. 1998. *Regieren jenseits des Nationalstaats*. Frankfurt a. M.

If you have any concerns about our products,
you can contact us on
ProductSafety@springernature.com

In case Publisher is established outside the EU,
the EU authorized representative is:
Springer Nature Customer Service Center GmbH
Europaplatz 3, 69115 Heidelberg, Germany

Printed by Libri Plureos GmbH
in Hamburg, Germany